国家级一流本科课程配套教材
科学出版社"十四五"普通高等教育本科规划教材

金融科技

FINTECH

寇 纲 张博辉 赵 琳 李 丹 编著

科学出版社
北 京

内 容 简 介

本书是一部系统阐述金融科技理论与实践的综合性教材，旨在为读者提供全方位、深层次的理解。本书从金融市场的基本概念和发展概况入手，逐步对大数据、人工智能、区块链、云计算与物联网等核心技术展开详细介绍。随后，通过支付、货币、信贷、股票、投顾、保险等具体金融领域的应用分析，展示了金融科技如何深刻影响和重塑金融市场。最后一章则聚焦金融科技监管，探讨与之相关的风险及其管理策略。本书的一大特色在于紧密结合理论与实践，通过丰富的真实案例和深入浅出的解释，帮助读者掌握金融科技的关键技术和应用模式。

本书可供经济、管理、计算机等专业的本科生和研究生作为教材使用，也可供对金融科技感兴趣的研究人员、从业者以及具备一定基础知识的学习者参考阅读。无论是正在学习金融科技的学生，还是寻求深化理解的专业人士，都能从本书中获得有价值的见解和实用的知识。

图书在版编目（CIP）数据

金融科技 / 寇纲等编著. —北京：科学出版社，2024.8

国家级一流本科课程配套教材　科学出版社“十四五”普通高等教育本科规划教材

ISBN 978-7-03-070683-6

Ⅰ. ①金… Ⅱ. ①寇… Ⅲ. ①金融–科学技术–高等学校–教材 Ⅳ. ①F830

中国版本图书馆 CIP 数据核字（2021）第 232313 号

责任编辑：方小丽 / 责任校对：贾娜娜

责任印制：张　伟 / 封面设计：楠竹文化

科学出版社 出版

北京东黄城根北街 16 号

邮政编码：100717

http://www.sciencep.com

北京天宇星印刷厂印刷

科学出版社发行　各地新华书店经销

*

2024 年 8 月第　一　版　开本：787×1092　1/16

2024 年 8 月第一次印刷　印张：24 1/2

字数：581 000

定价：58.00 元

（如有印装质量问题，我社负责调换）

序

金融科技引领了一场全球范围内的颠覆性变革。2008 年金融危机以来，全球金融业发展显示出非常重要的趋势——传统金融与大数据、人工智能、区块链、云计算、物联网等一系列新兴科技的结合日益紧密。金融科技作为技术驱动的金融创新，是深化金融供给侧结构性改革、增强金融服务实体经济能力的重要引擎。

伴随着超大的市场规模、日益完善的基础设施、广泛普及的金融科技应用这几项优势，中国的金融科技在国际舞台逐渐从边缘走向中心。近些年来，金融科技应用场景不断扩大，在电子支付、数字货币、网络信贷、智能投顾等领域多面开花，成果卓著。根据中国银联发布的《2021 移动支付安全大调查研究报告》，2021 年我国移动支付在居民日常消费中占比八成。去中心化的区块链技术颠覆了传统信用中介扮演的中间人角色，新的商业模式和经济增长点层出不穷，更为广阔的生态金融圈逐渐形成。阿里巴巴、腾讯、京东等科技巨头不约而同地投身其中，成为金融科技领域的新玩家。2019 年，中国人民银行印发《金融科技（FinTech）发展规划（2019—2021 年）》，这是我国金融科技领域第一份科学、全面的规划。2022 年 1 月，随着《金融科技发展规划（2022—2025 年）》的印发，我国金融科技从“立柱架梁”全面迈入“积厚成势”的新阶段。

展望未来，金融科技有望成为我国经济高质量发展的重要驱动力。金融科技的广阔应用场景将不断扩展数字经济的范围，提升数字经济的效益，为金融供给侧结构性改革提供新动能；金融科技与普惠金融的深度碰撞，将有效引导金融资源配置，缩小城乡间、群体间、机构间数字化建设的鸿沟，成为助力乡村振兴、实现共同富裕的重要抓手；金融科技推动下，绿色融资租赁、绿色不动产投资信托基金、碳中和债等创新产品层见叠出，将成为实现“双碳”目标中至关重要的催化剂；金融科技与“一带一路”两大历史洪流汇合，将有力促进“一带一路”整体数字基础设施互联互通，为助力人民币国际化提供历史契机。在这样的浪潮里，如何加快实现金融科技领域更多关键核心技术“从 0 到 1”的突破，如何让金融科技创新成果更广泛、更深入、更公平地惠及广大人民群众，将会是一趟艰辛但意义非凡的拓荒之旅。

要实现这样的历程，需要更多人才，尤其是青年人才的加入。作为朝阳行业，金融科技人才具有复合型、专业化、稀缺性的特点。“金融科技抢人战”的新闻屡被报道，不管是传统的金融机构，还是创新型的金融机构以及互联网公司，对懂技术又懂金融业务的人才需求都较为迫切，因此，加快金融科技人才培养成为社会上下关注的问题。对于大学来说，开设金融科技课程是对社会需求的回应，而各大高校显然也意识到了这一点。根据教育部公布的普通高等学校本科专业备案和审批结果，在2019年到2021年三年间，就有79所高校成功增设金融科技专业。然而，如何带领学生“走没走过的路，看没看过的风景”，也对大学教育提出了艰巨的挑战。金融科技的人才培养能否科学、有序、高效，在很大程度上取决于教师和其选用的教材。虽然目前陆陆续续有一些相关教材面世，但不少教材内容还略显单薄。究其原因，金融科技课程兼具前沿性、交叉性、系统性与实践性，高校教师要驾驭这样的一门课程颇有难度。

我作为这本书的前几位读者，翻阅全篇，颇有一些欣喜。这本教材脱胎于寇纲老师领衔的国家级一流本科课程“金融科技”和张博辉与李丹老师在香港中文大学（深圳）为本科生及研究生教授的“金融科技”课程讲义，四位作者分别是计算机、金融与管理三个领域的专家，扎实的实践与学科的融合让我眼前的这本教材颇具亮点。第一，这本教材很好地展现了金融科技“文理兼修”的特点，平衡了金融与科技之间比重。金融科技的从业者未来既可能从事政策研究，也可能负责程序开发落地，因此，商业规律的领会与信息技术的掌握均是学习的重点，而该书实现了信息技术基础、商业模式分析到应用案例实践多模块无缝衔接。第二，作者在编写此书过程中考虑到了各方面读者的需要，几乎对所有的金融术语、技术概念都做了解释和论证，对于具有金融或计算机单一背景的学生而言，这会是一本有深度但不晦涩的教材，而对于想要一窥金融科技之门的初学者，该书深入浅出的语言、直观翔实的案例也会给人带来一些新的思考。第三，这本教材十分关注理论联系实践。教材中有不少生动有趣、与所学知识高度相关且比所学知识稍难的数据建模、案例分析等课后作业，能够很好地满足课堂数据分析、实践项目案例练习和课后学生自主学习的教学需求，有利于充分调动学生的积极性和主观能动性。第四，这本教材在内容上做到了国际视野和中国现实相统一。金融科技起源于国外，风靡于全球，了解其最新趋势对于指导现实具有前瞻意义。该书不仅以国际化的视角，从底层技术、领域应用、问题与展望全景式介绍金融科技，同时较多地选择了一些具有中国特色的案例，展现了几位作者关注现实的拳拳匠心。

因此，我认为，这是一本适合广大读者使用的较好的金融科技教材，相信它的出版一定会受到广大读者的欢迎。

柴洪峰
中国工程院院士
2023年9月

前　言

党的二十大报告指出："我们要坚持教育优先发展、科技自立自强、人才引领驱动，加快建设教育强国、科技强国、人才强国，坚持为党育人、为国育才，全面提高人才自主培养质量，着力造就拔尖创新人才，聚天下英才而用之。"教材是教学内容的主要载体，是教学的重要依据、培养人才的重要保障。在优秀教材的编写道路上，我们一直在努力。

金融科技是金融服务领域的技术创新，能够产生新的商业模式、应用、流程或产品，从而对金融市场和金融服务产生重大影响。金融稳定理事会（Financial Stability Board）于 2016 年提出的这一定义在国际范围内已产生了广泛共识。金融与科技的融合方兴未艾，国内外知名学府纷纷开设金融科技课程来应对金融市场的变化。

作为一门前沿、交叉的学科，金融科技知识范围广泛、结构复杂，因此，想要上好这样的一门课程颇有难度。一方面，金融科技涵盖经济学、金融学、管理学、计算机等多学科内容，既需要学生对现代金融学核心理论有所了解，又需要掌握一定的大数据挖掘与处理、程序设计相关的技术和算法，是文理商三科融合的典型。另一方面，金融科技与当下的热点问题、热门应用连接紧密，要求教师在教学过程中能够把理论与实际案例相结合、方法技术与实践操作相结合，因此颇具创新性和挑战性。

在本书编者的推动下，香港中文大学（深圳）于 2017 年开设数据科学理学硕士项目，于 2018 年开设金融工程本科专业并设立金融科技方向，开设"金融科技"课程，希望为社会培养更多金融科技复合型人才。2018 年，编者在西南财经大学开始面向本科生和研究生开设相关课程。在教学过程中，编者积累了一定的教学经验，同时也发现虽然金融科技领域的教材不断面世，但系统性和实践性还有待提升。

2020 年，西南财经大学"金融科技"课程获批教育部首批国家级一流本科课程，为本书的编写提供了契机。本着打造一门有广度（知识体系全）、有难度（学习挑战度大）、有高度（体现国家战略）的高质量金融科技教材的目标，本书编者在原有自编讲义基础上，重新梳理整合，不断碰撞修改，历时两年完成了编写工作。

本书共分为九个章节。第一章为变革，对金融科技的基本概念、发展概况做全景式介绍。第二章为技术，分别介绍大数据、人工智能、区块链技术、云计算与物联网等金融科技底层技术，旨在帮助学生掌握其基本原理和方法。第三章到第八章介绍科技对金融各个领域的渗透和重塑。其中，支付、货币是金融科技中最具代表性且最基础的变革对象，而信贷、股票、投顾、保险等市场主体应用场景广泛，正在成为金融科技创新前沿。第九章为监管，介绍与金融科技相伴而生的风险，带领读者从宏观层面了解金融科技监管的理念、原则、方法和实践。

本书适合作为各类高等院校经济、管理、计算机学科的本科、研究生教材或教学参考书，也可供具有一定大学通识知识的学生、研究人员或从业者阅读和参考。考虑到“有用、够用、实用”的原则，我们在每一章前设置了本章导读，在每一章结束后设置了课后习题，供学习参考。此外，为了平衡教材内容的普适性和专业性，每章取材均深浅搭配，读者可根据课程对象及自身基础自行选用。

本书的编写得到了西南财经大学大数据研究院、香港中文大学（深圳）经管学院、深圳高等金融研究院等单位的教师和同学的支持与帮助，并邀请了相关专家学者对书稿进行了试读与审阅，他们提出了大量宝贵的修改意见，在此一并表示感谢。同时，我们参阅了国内外许多同行的学术研究成果，谨向这些文献的作者表示感谢。本书在编写、出版过程中，得到了科学出版社的大力支持，在此表示诚挚的谢意。由于编者水平有限，书中难免会有不妥之处，恳请读者批评指正，以待今后改进。

编　者

2023 年 7 月

目　　录

第一章

变　革

📖 **本章导读：**

本章介绍金融科技的概念，给出金融市场的基本运行逻辑，阐述金融市场发展与信任的关系，解释普惠金融的含义、原则与发展，从个人主义和集体主义的角度理解金融科技的创新与发展，并介绍与金融紧密结合的新兴信息技术。

第一节　金融科技

金融科技是金融和技术合并后的简称，它是通过技术手段驱动的金融创新。金融科技借助现代科技成果简化供需双方的交易环节，降低资金融通的成本，推动金融机构各方面的持续优化，促进普惠金融的发展，提升金融监管的效率，为金融发展提供源源不断的创新活力。

金融科技是以制度保障、算力提升、基础设施建设和数据交易为基础支撑，利用大数据、区块链、云计算、物联网和人工智能等技术手段，在支付、货币、信贷、股票、理财和保险等金融领域发展出对金融市场、机构及服务产生重大影响的业务模式与技术应用。在支付领域，便捷的快捷支付模式已经深刻地改变了人们传统的支付习惯；在货币领域，去中心化的数字货币提供了一种安全便捷的交易方式；在信贷领域，网络借贷、供应链金融和众筹等新兴信贷模式给人们带来了新的融资选择，丰富的大数据风控手段提高了对债务人违约的预测能力；在股票领域，另类数据的挖掘为市场参与者提供了不同于传统财务数据的信息；在理财领域，智能投顾作为传统投顾业务的智能化实现，为投资者提供更加有效的资产配置建议；在保险领域，智能理赔和大数据反诈骗等科技应用帮助保险机构降低成本、控制风险、提升理赔效率。

近年来，全球金融科技发展迅速。公开数据显示，2014 年至 2023 年全球金融科技风险投资次数和风险投资总额整体呈上升趋势，此期间在 2021 年达到顶峰，如图 1-1 所示。另外，消费者对其接受度也逐渐提高。安永对六大洲 27 个国家进行了在线调查，发布了《2019 年全球金融科技采纳率指数》报告。金融科技采纳率是指在过去六个月中至少使用过一种金融科技服务的受访者占所有受访者的比例。该报告指出，全球金融科技采纳率从 2015 年的 16%上升至 2019 年的 64%，96%的受访者表示至少知道一种金融科技服务。除此之外，报告还分别列举了 27 个国家的金融科技采纳率，图 1-2 展示了部分国家的金融科技采纳率。中国的金融科技采纳率为 87%，远高于全球平均水平 64%，可见金融科技在中国发展水平高，潜力大。

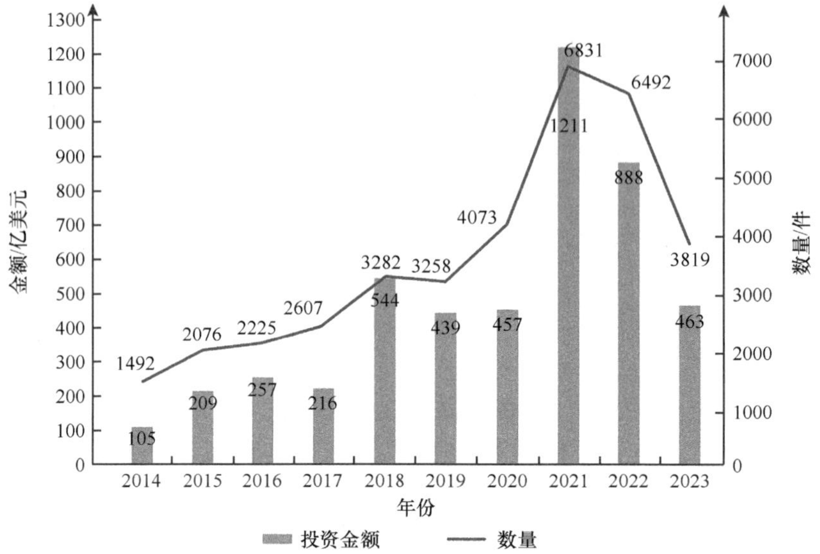

图 1-1 全球金融科技投资情况

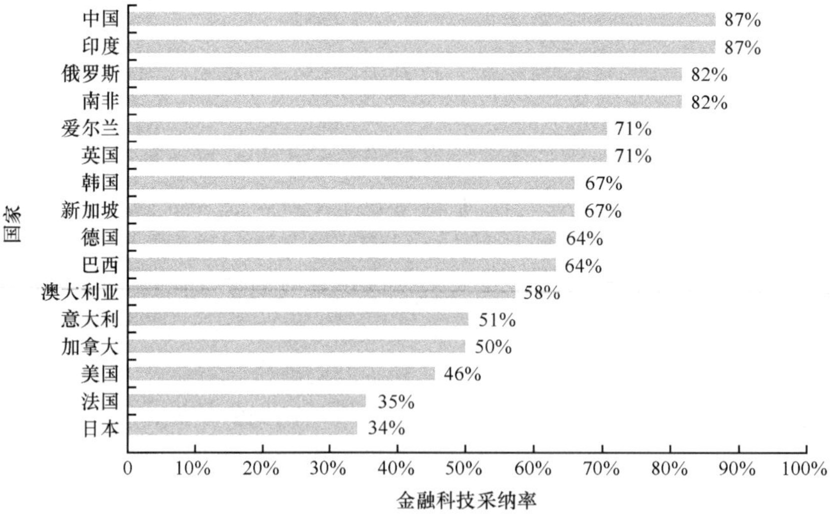

图 1-2 部分国家金融科技采纳率

第二节 金融本质

金融科技的根本属性仍是金融，深入了解金融科技前需对金融有基础性的认知。本节简要介绍金融本质，厘清金融市场运行逻辑和参与主体，阐述金融发展的核心问题。

一、金融市场概况

金融市场指进行金融产品交易的市场，包括股票、债券、外汇及衍生品等市场。

（一）金融市场基本功能

资金融通是金融市场最基本的功能。如图 1-3 所示，资金可以通过金融资产的交易或金融中介的匹配从资金供给者流向资金需求者。

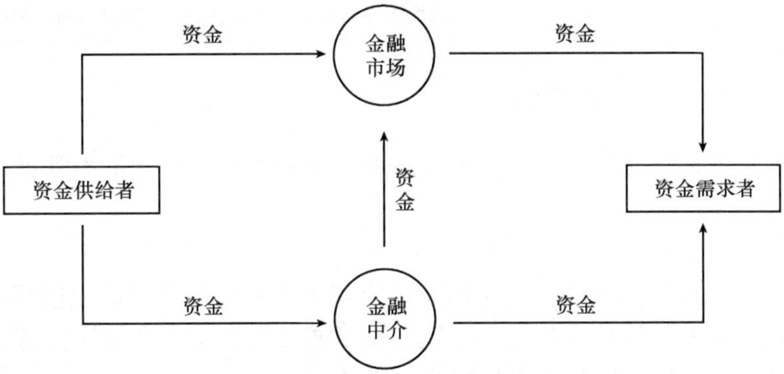

图 1-3 资金融通示意图

金融交易带来的资金流通从两个方面促进经济发展。一方面，可以帮助市场吸纳社会闲散资金进行投资。资金供给者若无可获利的投资机会，其资金将被闲置，而流通可帮助资金流向拥有投资机会的资金需求者。另一方面，可以实现资金的跨期配置，提高资金使用的长期效益。总的来说，资金借助金融市场从缺乏投资机会的个体转移给有投资机会且具备回报能力的个体，提高资金的利用效率和经济的产出水平。

（二）金融市场分类

金融市场可以分成不同的类型，表 1-1 展示了几种常见的分类方式。按照金融资产期限长短划分，期限较短的资产主要发挥类似货币的流通功能，交易此类资产的市场称为货币市场；期限较长的资产主要发挥投资功能，交易此类资产的市场称为资本市场。按照筹集资金的方式划分，债务市场中的产品交易主要反映债务关系，交易的资产有到期日；股权市场中的产品交易主要反映投资关系，交易的资产没有到期日。按照发行方式划分，一级市场中的交易对象主要为机构，二级市场则面向散户。按照金融交易的方式划分，直接市场中投资者直接面对被投资的对象；间接市场中投资者不直接面对被投资的对象，而是面对银行等中介。

表 1-1 金融市场的分类

分类依据	类型	说明
资产期限	货币市场	进行期限在一年以内的短期金融资产交易
	资本市场	进行期限在一年及以上的长期金融资产交易
筹集方式	债务市场	通过举债的方式筹集资金
	股权市场	通过发行股权的方式筹集资金
发行方式	一级市场	筹集资金的政府机构或公司将新发行的债券或股票等首次出售给购买者
	二级市场	将已经发行的证券进行转售交易，如股票交易所、外汇市场、期货市场等
交易方式	直接市场	没有金融中介机构介入，由资金供求双方直接进行资金交易
	间接市场	通过银行等金融中介机构作为媒介来进行资金交易

（三）金融市场业务类型

金融市场业务种类繁多，其中银行、证券、保险和投资基金最为常见。

1. 银行

19 世纪，在世界范围的资本主义国家中出现了大量的股份制商业银行。商业银行的主要功能是吸收各类存款并将资金用于发放贷款或投资，这一资金转换过程实际上是将存款者持有的资产转换为银行持有的资产，再将资金放贷出去进行投资，并从中获取利润。商业银行不仅通过存贷款业务加速了资金的周转，也通过充当个人和组织之间货币收付与结算的中间人，创造了支票转账等信用流通工具。

2. 证券

证券是各类财产所有权或债权凭证的统称，用来证明证券持有人有权依票面所载内容，取得相关权益的有价凭证。这种有价凭证本质上是一种交易合同，该合同赋予持有人根据合同规定，对合同约定的内容采取相应行为，并获得相应收益的权利。证券包括股票、债券、商业本票和存托凭证等，其中前两者最为常见。

1）股票

股票是股份公司为筹集资金而发行给股东作为持股凭证并借以取得股息和红利的一种有价证券。股票的持有者享有股东权利，包括出席股东大会、投票表决、分配股息红利等。股票没有到期日，持有者在需要现金时，可在开市时间段将其售出。企业股票价格可以反映企业的基本面和经营状况，是衡量企业发展的重要依据。股票价格指数可以看作宏观经济状况的晴雨表，股票价格指数上升，表示公众对未来经济发展预期较为乐观，反之则较为悲观。

2）债券

债券是债务人为筹集资金，按照法定程序发行并向债权人承诺于指定日期还本付息的有价证券，具有安全性高、流通性强、收益稳定等特点。根据发行主体的不同，债券可以分为政府债券和公司债券等。前者由政府发行，包括中央政府债券、地方政府债券和政府担保债券等，其中中央政府债券又称国债。后者由公司发行，是向公司提供贷款的凭证，反映一般的债权债务关系。公司债券一旦到期，公司须偿还本金并赎回债券。

3. 保险

保险是指投保人根据合同约定向保险人支付保费，保险人对合同约定中的事故所造成的损失进行赔偿的行为。根据标的物不同，保险可分为人身保险、财产损失保险、责任保险以及信用保证保险。人身保险以人的身体或生命为标的物，当被保险人发生疾病、身体损伤、死亡等事故时保险人给付保险金；财产损失保险以物质财产为标的物，保险人对物质财产的损失进行赔偿；责任保险以被保险人对他人依法应负的民事赔偿责任为标的物，当被保险人依照法律需要对第三者进行损失赔偿时，由保险人代其赔偿；信用保证保险以信用风险为标的物，用于保障企业应收账款的安全，当债务人无法履约时，由保险人进行赔偿。

4. 投资基金

投资基金是指按照共同投资、共享收益、共担风险的原则，将投资者分散的资金集中起来，由基金经理进行专业化投资和管理的业务。投资基金通常投资于股票、债券等金融产品或相关产业实体，以实现预期的投资目的。下面是几种常见的投资基金产品。

1）共同基金

共同基金指通过向众多小投资者发行股份募集资金以购买证券的金融中介，有两种组织方式：开放式共同基金和封闭式共同基金。前者的份额可以在任何时间兑现，兑现的价格与该基金资产价值挂钩。后者的规模和发行期在发行前已确定，在发行完毕后的规定期限内基金规模固定不变，投资者在基金存续期间内不能向发行机构赎回基金份额。

2）交易所交易基金

交易所交易基金是在交易所上市交易的基金产品。它以某一标的指数所包含的成分证券为投资对象，通过复制成分证券的种类和比例进行被动投资，从而获得与该指数基本相同的回报率。投资者可以像买卖股票一样去买卖标的指数的交易所交易基金。交易所交易基金普遍交易费用低，收益基本和跟踪的指数持平。

3）对冲基金

对冲基金是指由少数熟悉金融业务、以高回报率为目的的高净值人群或机构发起的一种特殊的共同基金，善于利用各种金融杠杆和套利技术进行投资。该类基金的规模虽然不大，但由于它投资方式机动灵活，流动性大，加之善于利用金融市场的薄弱环节和杠杆效应，所以给投资者和市场带来了潜在的系统性风险。

4）母基金

母基金（fund of funds）是一种专门投资于其他基金的基金，它通过持有其他证券投资基金而间接持有股票、债券等证券资产，运营成本较低，风险较小，收益也相对保守。

5）风险投资基金

风险投资基金简称风投基金，以一定的方式吸收机构和个人的资金，以直接权益投资的方式投资那些不具备上市资格的中小企业和新兴企业，尤其是高新技术企业。当被投资企业取得成功时，风投基金便可出售公司股票获得利润回报。风投基金对科技产业乃至整个社会经济的发展起到了重要的推动作用，许多耳熟能详的科技公司在创业初期都得到了风投基金的支持。

6）私募股权基金

私募股权基金指以非公开方式向一些特定投资者募集资金的投资基金。基金发起人通过电话、信函、面谈等方式直接向老客户、亲朋好友等投资者推销基金证券，并由其认购。一般来说，私募基金所需的手续和文件较少，受到的限制也相对较少，但以这种方式发行的基金证券一般数量不大且不能上市交易。

二、金融市场参与主体

（一）资金需求者

资金需求者在金融市场中扮演缺钱的角色，包括个人用户和企业机构用户，他们有资金需求却匮乏资金，需要借助金融工具来筹集资金，以实现自己对生产生活的目标。尽管资金需求者的融资目的大相径庭，但他们对融资有共同的偏好，体现在以下四个方面。第一，融资成本。资金需求者更愿意用较低的成本获得期望的资金，以实现低成本、高收益的目标。第二，资金使用权。资金需求者希望能够最大限度地控制资金的使用，自由地选择投资项目、风险回报组合等，以他们认为最佳的方式追求自身利益，不受外界干扰。第三，担保方式。在融资过程中，借方可能需要向贷方提供土地、房屋、有价证券或商品等实物作为抵质押品，由于合格的抵质押品成本较高，并且失去这些抵质押品带来的损失较大，资金需求者更偏好无需抵质押品的融资方式。第四，使用期限。资金需求者融资是为了实现投资收益的最大化，而追求最大化收益往往需要一定的时间，资金需求者希望资金的使用期限尽量匹配投资的时间要求。

（二）资金供给者

资金供给者拥有闲置资金并且寻求资金回报，通过购买有价证券或者放贷等方式实现钱生钱的目的。他们希望在保证本金安全的前提下尽可能谋求资本增值最大化。资金供给者在投资方面也持有共同的偏好，体现在以下四个方面。第一，投资回报。资金供给者追求投资收益最大化，更愿意在一定风险下获得更高的资金回报。第二，资金监控权。为了实现预期的投资回报率，资金供给者希望能够监控资金的使用过程。资金供给者会在交易合同中设置具体的条目，要求资金需求者披露相关信息，使资金供给者能够验证资金是否被正确使用。第三，抵质押。为了确保本金的安全，资金供给者更愿意与有抵质押品的资金需求者进行交易，并且希望抵质押品的价值具有较高的稳定性。第四，投资期限。为了降低投资的风险，同时在一定程度上约束资金需求者，资金供给者更愿意提供短期的资金。只有当资金需求者按照合同约定的条款行事时，合同才会展期。

（三）中间商

中间商是指在资金融通过程中，在资金供需者之间起媒介或桥梁作用的个人或组织。中间商作为资金供给者与资金需求者之间的润滑剂，能够增加资金流动性，帮助有钱人和缺钱人达成交易并赚取服务费。通常资金供给者的投资期限短于其购买的金融工具的到期日，中间商的存在使得资金供给者能够随时以合理的价格将持有的金融工具售出以应对不时之需。这不仅能增强资金供给双方的参与意愿，也能提高金融市场的活力。例如，在股票二级市场中，做市商的存在使得投资者可以将手中的股票随时出售变现。

（四）监管者

监管者是指为维护金融市场秩序而对金融市场参与主体和交易行为进行监督管理的特定政府机构，如中央银行、证券交易监督委员会等。金融市场中监管者要制定有效合理的监管政策，建立完备的制度和规则，约束和规范金融市场参与主体的行为，对不当行为进行治理，营造和谐有序的市场环境，用高效、发达的金融市场推动经济发展。

以上四类参与主体在金融市场业务中扮演着不同的角色。以中国为例，表 1-2 总结了四类参与主体在具体业务中的表现形式。

表 1-2 四类参与主体在具体业务中的表现形式

参与主体	资金供给者	资金需求者	中间商	监管者
银行业	存款者	贷款者	银行	中国人民银行、国家金融监督管理总局
证券业	投资者	证券发行者	投资银行、证券公司	中国证券监督管理委员会
保险业	投保者	出险者	保险公司	国家金融监督管理总局
投资基金业	投资者	投资对象	投资公司	中国证券监督管理委员会、国家金融监督管理总局

三、金融发展核心问题

在金融业发展过程中，信息不对称和交易摩擦是影响市场效率和金融稳定性的关键因素，是需要我们重点关注的核心问题。

（一）信息不对称

1. 基本概念

信息不对称是指交易中的各方拥有的信息在数量、质量、获取速度等方面存在差异的现象。掌握信息渠道并能快速获取信息的一方往往能够赢得先机，在交易中处于有利地位；反之，信息匮乏、信息获取迟缓的一方在交易中容易陷入被动，难以做出恰当的决策，从而居于劣势地位。在金融市场上，信息不对称问题主要是资金供给者对资金需求者的信息缺乏充分了解。作为信息匮乏的一方，资金供给者为防止资金被滥用，一般要求对资金保有一定的监督权和控制权。

信息不对称容易导致逆向选择和道德风险。逆向选择是一种类似劣币驱逐良币的现象，经营状况差的资金需求者获得资金供给的动机更强烈。金融市场中的逆向选择普遍存在，例如，在保险市场中，最有可能发生损失的人群往往具有更强烈的购买保险的动机，这就导致保险公司实际赔付率可能超过预期的损失发生率。道德风险是指签约一方不用完全承担风险后果时所采取的使自身利益最大化而导致另一方利益受损的自私行为。道德风险在金融领域广泛存在，给社会经济生活造成了诸多影响。企业因其自私行为引发的不良信贷问题便是其中之一。一些高负债低效益的企业，在明知无偿债能力的情况下，虚报经营状况，向银行借款，事后刻意拖欠银行债务，造成银行大量的坏账，使银行成为道德风险的承受主体。

2. 缓解措施

1）信息媒介

信息媒介，如会计师、审计师、金融分析师、新闻媒体等，通过信息搜集和分析活动缓解信息不对称问题。具体来说，会计信息可以反映企业财务状况、经营成果以及资金变动情况，是评价经营业绩进行再生产或投资决策的重要依据。审计信息是审计师在全面审查相关单位的经济活动过程中得出来的各种情报、资料，是反映企业问题的重要参考。金融分析师受雇于证券公司、投资银行、商业银行等机构，他们利用信息优势和专业能力，对公司未来发展的潜力进行评估，预测公司未来的收益，为投资者提供买卖股票的建议。新闻媒体通过新闻的发掘和披露向广大投资者传播相关信息，投资者依据新闻信息判断行业或公司前景，从而做出投资决策。

2）政府监管

政府通过信息披露制度帮助市场参与者获取相关信息，缓解金融市场中的信息不对称问题，从而提高金融市场效率。

3）金融中介

相较于个体投资者，金融中介机构有更加专业的信息搜集和加工能力，能够对企业的经济状况做出更准确的判断，降低信息不对称带来的影响。例如，商业银行可以对贷款用户的信贷风险等级做出评估，将从投资者手中吸收的资金贷给风险更低的个人或企业，降低投资者因信息不对称而做出错误决策的可能性。

（二）交易摩擦

1. 摩擦类别

交易摩擦反映了市场参与者在金融资产交易过程中所面临的阻力，可大致分为流动性摩擦和搜索摩擦。

1）流动性摩擦

因缺乏愿意交易的对手和不足的市场成交量，供求双方未能在理想的时点完成买卖，这一现象称为流动性摩擦。流动性摩擦通常用买卖价差来衡量。买卖价差是买方愿意为某资产支付的最高购买价格与卖方愿意接受的最低出售价格之差。买卖价差越小，意味着该项资产的流动性越高，流动性摩擦越小。

2）搜索摩擦

市场参与者在搜索合适的交易对象和交易品的过程中，需要耗费时间、劳动力以及资金等，由此产生了搜索摩擦。例如，在债券市场中，投资者想要寻找一只收益率较高但风险适中的债券，其花费的搜索精力越多，产生的搜索摩擦越大。

2. 缓解措施

1）降低信息不对称

降低信息不对称可以缩减搜索过程中所导致的时间、劳动力和资金等成本，缩小交易双方对交易价格认知的差距，促进交易的达成。

2）激发中介积极性

金融中介善于撮合买卖双方、为市场带来流动资金，中介的涌现会使市场参与者对市场流动性抱有更高的信心，进而更愿意交易。

3）发展信息技术

发展信息技术可以减少收集、储存、处理和交换信息的成本，对其合理运用有助于减少金融市场中的交易摩擦。例如，金融机构可以基于信息技术设计各种各样的算法和机制，提高买卖双方匹配的成功率，促使交易达成。

第三节 信 任 基 石

本节介绍金融市场最基础的问题——信任，并简要回顾技术发展带来的金融市场信任机制的变迁。

一、金融发展与信任

1974 年，诺贝尔经济学奖获得者阿罗（Arrow）在其著作《组织的极限》中提到，“信任是社会系统的重要润滑剂，它非常高效，对他人适当程度的信任可以省去很多麻烦”。2007 年 4 月，美国爆发了次级抵押贷款危机，这场危机席卷全球，被美国联邦储备委员会（简称美联储）前主席格林斯潘（Greenspan）称为“百年一遇的信用海啸”。

信任是金融交易的前提和基础，资金供需双方的信任程度是影响投资者是否愿意进入金融市场展开交易的重要因素。交易双方相互信任有利于减少交易中的不确定性，从而降低交易成本。

二、金融市场信任问题

金融市场的信任问题针对不同的参与主体所表现出来的形式各有不同。

（一）资金供需方信任问题

在金融市场中，资金供需双方均存在信任问题。例如，过桥贷款和高利贷是资金供给方违背信任关系的典型问题，财务报告舞弊、投资诈骗、内幕交易是资金需求方破坏信任关系的典型问题。一般而言，资金需求方产生信任问题的概率更大，下面主要介绍资金需求方产生的信任问题。

1. 财务报告舞弊

财务报告舞弊是指募集资金的公司为最大限度吸纳投资，做出虚假财务报告来误导投资者决策的行为，这对金融市场的秩序构成了威胁，影响了金融市场资源配置的有效性。

案例：安然丑闻案

2002年北美最大的天然气销售商——安然公司，因财务造假丑闻在几周之内宣告破产。安然凭借其复杂的业务模式，肆意修改资产负债表以显示出良好的业绩。首先，安然作为能源供应者和消费者的中间商，其收入主要是代理收入，但安然却将整个交易的价值计入了自己的收入，使得收入虚高；其次，安然在签订长期合同时，项目收入使用未来现金流的净现值衡量，即在没有收到现金的情况下，依旧增加账面上的财务收益，而当合同意外终止、公司遭受巨大损失时，安然却继续计入合同中的未来利润；最后，安然利用一些空壳公司进行避税、隐藏债务、对冲风险。这些会计问题、企业经营问题以及财务审计方面的疏漏，加上其连续的巨额收入逐渐引起一些分析师和投资者的怀疑，使得相关监管机构对安然公司展开调查。随着调查的深入，这桩财务造假丑闻慢慢浮出水面，安然的信用大打折扣，信用评级降至垃圾“CCC”级，导致企业无人收购，最终在巨额负债下破产。破产当天，安然股价从2001年初的83美元暴跌至0.61美元。此后，上市公司和证券市场丑闻不断。为重构投资者对金融市场的信任，2002年美国颁布了《上市公司会计改革和投资者保护法案》，加大了对财务报告舞弊的惩罚力度，同时对审计公司的公正独立性提出了更高要求，以杜绝此类事件的发生。

资料来源：根据公开资料整理

案例：康得新财务造假案

康得新复合材料集团股份有限公司（简称康得新）成立于2001年，以新材料、智能显示、碳纤维为主营业务，聚焦交通、新兴行业、新能源、医疗、智慧城市和智慧生活等六大市场。2010 年，康得新登陆深圳证券交易所（简称深交所）中小企业板。依靠资本市场，康得新逐步成为材料领域的龙头企业。高峰时期，康得新的股价达到 26.78 元，市值达到 948 亿元，并入选《福布斯》杂志 2017 年度“全球最具创新力企业”榜单，也是当年全球范围内唯一入选的材料企业。

然而，2019 年 1 月 15 日，康得新突然发布公告称，发行总额为 10 亿元的超短期融资券不能按期足额偿付本息，已构成实质违约。1 月 21 日，第二期 5 亿元的超短期融资券同样不能按期足额偿付本息。中国证券监督管理委员会（简称证监会）当即立案调查这种反常现象。经查明，康得新 2015 年至 2018 年年度报告存在虚假记载，合计虚增利润 115.3 亿元。康得新通过虚构销售业务等方式虚增营业收入，并通过虚构采购、生产、研发费用、产品运输费用等方式虚增营业成本、研发费用和销售费用，导致 2015 年至 2018 年年度报告虚增利润总额分别为 22.43 亿元、29.43 亿元、39.08 亿元、24.36 亿元，分别占各年度报告披露利润总额的 136.22%、127.85%、134.19%、711.29%。

2021 年 4 月 6 日，深交所披露了《关于康得新复合材料集团股份有限公司股票终止上市的公告》，决定对公司股票实施重大违法强制退市，公司股票终止上市。康得新 5 月 27 日晚间发布公告称公司当日收到深交所《股票终止上市复核决定书》。根据深交所相关规定，深交所作出维持对康得新股票终止上市的决定。

资料来源：《中国证监会行政处罚决定书（康得新、钟玉等 13 人）》，http://www.csrc.gov.cn/csrc/c101928/c1042302/content.shtml，2024 年 8 月 20 日

2. 投资诈骗

投资诈骗是指诈骗者违背有关金融法律，以非法占有为目的，使用诈骗手段非法销售金融工具、扰乱金融市场秩序的违法行为。庞氏骗局是金融领域投资诈骗的典型手法，源于名叫庞兹（Ponzi）的意大利人。第一次世界大战结束时，Ponzi 利用世界经济体系的混乱设计了一个投资方案，对外宣称该投资方案可以让所有投资者在 45 天内均获得 50%的回报，最初一批投资者在规定期限内确实获得了承诺的收益。该方案吸引了大量怀揣发财梦想的人，一年之内庞兹收到了约 1500 万美元的投资额。然而，庞氏骗局中前一批投资者的回报来自后一批投资者的本金，随着更多投资者的加入，资金逐渐入不敷出，Ponzi 最终破产，大量投资者蒙受金钱损失。庞氏骗局利用了人性中贪婪的一面，抓住投资者不劳而获的心理，以“低风险、高收益”为幌子诱使投资者上当。尽管金融市场在不断发展，庞氏骗局却难以根除，至今仍有生存的空间和土壤。

案例：金融史上最大庞氏骗局——麦道夫诈骗案

历史上各式各样的庞氏骗局不断涌现，纳斯达克前主席麦道夫（Madoff）也以身试法。Madoff 以股票经纪人的身份成立了一家资产管理公司，并通过自己的社交网络为基金公司募集资金。一方面，Madoff 凭借自身的社会地位进入精英俱乐部，寻找富有的客

户；另一方面，Madoff利用亲朋好友、生意伙伴发展下线，形成“金字塔”式的投资结构，少数处于塔顶的知情人通过榨取塔内和塔底的大量投资者来获利。同时，为了维持并拓展客户源，Madoff向客户保证了稳定且合理的回报率。然而，2008年的金融危机促使各投资者急需现金，Madoff面临70亿美元的资金赎回。巨大压力之下，他不得已向儿子坦白了这个精细的骗局，之后被儿子举报给联邦调查局。至此，这场惊天骗局才得以败露，许多银行、对冲基金和富商等资金供给方蒙受巨额损失。

资料来源：《麦道夫金融欺诈案史上最大“庞氏骗局”》，https://www.chinacourt.org/article/detail/2008/12/id/339101.shtml，2024年8月3日

案例：“北方第一大案”——山西璞真集团特大非法集资诈骗案

2003年，山西各地公安部门经过严密侦查侦破了一起涉案金额6.4亿元、集资者5万多人的特大非法吸收公众存款案件。犯罪嫌疑人聂玉声在山西先后成立晋闽食用菌有限公司和山西璞真灵芝酒业有限公司。由于经营不善，产品销售不出去。于是，聂玉声自创了“先树品牌，再搞销售，定牌生产”的经营理念，并于1999年10月开始非法集资活动。随后又注册成立了三个公司，与山西璞真灵芝酒业有限公司合称为“璞真事业机构”。

璞真事业机构主要诈骗手段是：①实施绿色财富计划——植树。璞真事业机构作为受托方负责组织实施“速生丰产林”项目，和客户签订委托合同，每投资1万元，五年后回报2.2万元，25年后回报50万元。②抵押销售，定期返本加高息。客户与璞真事业机构签订产品委托销售书，产品由璞真事业机构代销，客户仅需坐等返利。例如，客户购买1万元的璞真产品，半年后回收本金1万元，第7个月获利1000元，第8个月再获利1000元；③修建炎黄二帝塑像、炎黄帝博物馆以及建立炎黄帝研究会。客户投资1万元，马上返还3000元，一年以后再返还1万元；④建立安养中心。在阳泉、榆次、平遥、介休、灵石、武乡等县（市）建立安养中心，当地的孤寡老人与璞真事业机构签订协议，交2万元就可以到安养中心免费生活一年；一年后退出，2万元退还本人。如再住，再交2万元（晋中、阳泉、长治有9个安养中心，有90余名老人入住，安养中心未办任何手续）。⑤将他人生产的无牌酒、饮料等商品贴上“璞真”商标，冒充灵芝酒、灵芝饮料等灵芝产品进行销售。⑥以山西璞真假日俱乐部有限公司的名义，鼓励集资者交会员费办会员卡，承诺到期返还20%以上的回报。以升级为贵宾卡、至尊卡的更高回报引诱入会者发展下线。通过这些手段，庞大的璞真事业机构在三年时间内非法吸收公众存款超过6亿元，受害群众达5万多人。

最终，晋中市中级人民法院认为，山西璞真灵芝酒业有限公司及聂玉声构成非法吸收公众存款罪，且数额巨大。判处山西璞真灵芝酒业有限公司罚金50万元，聂玉声有期徒刑10年，并处罚金50万元。

资料来源：《山西破大案：非法集资6亿元 套取5万人血汗钱》，https://finance.sina.com.cn/g/20031106/1053506965.shtml，2024年8月3日

3. 内幕交易

内幕交易又称知情交易、内部人交易，是指证券交易人员利用内幕消息进行的证券交易活动。内幕人违反证券市场“公开、公平、公正”的原则，通过内幕消息买卖证券，扰乱了证券市场的秩序，破坏了证券市场的资源配置功能。

案例：基金经理“老鼠仓”

基金经理“老鼠仓”——韩刚一案就是典型的内幕交易事件。韩刚于 2009 年 1 月 6 日被任命为长城久富证券投资基金经理。任职期间，他利用职务之便获得基金投资决策信息，联合他人共同操作其亲属开立的账户，进行股票交易。他先在低位建仓，于其管理的久富基金买入相关个股，利用公募基金将股价抬到高位后，率先卖出个人仓获利，使其管理的基金遭受损失。同时，他也在久富基金建仓阶段买卖相关股票非法获利。2011 年 1 月，深圳市福田区人民法院公开判决，韩刚触犯利用未公开信息交易罪，被依法判处有期徒刑一年，并处罚人民币 31 万元，没收赃款 30.3 万元。

资料来源：《韩刚“老鼠仓”案细节披露》，https://epaper.cs.com.cn/zgzqb/html/2011-09/27/nw.D110000zgzqb_20110927_5-A03.htm?div=-1，2024 年 8 月 3 日

（二）金融中介信任问题

金融中介信任问题包括市场操纵、利益冲突和投资收益分配不合理。

1. 市场操纵

金融中介的市场操纵指的是金融中介为获取利益或减少损失，利用其在资金、信息、股份或者职权等方面的优势，人为地抬高或压低某种证券的价格，制造证券市场假象，诱使不知情的投资者盲目跟进从而获取利润的行为。在货币市场中，基准利率操纵是典型的市场操纵行为之一；在证券市场中，股价操纵是典型的市场操纵行为之一。

案例：LIBOR 操纵

2008 年的 LIBOR（London interbank offered rate，伦敦同业拆借利率）操纵案是基准利率操纵方面的典型案例。LIBOR 指伦敦同业拆借市场银行融资的最低无担保利率。LIBOR 指数作为政府政策和投资决策的重要参考，全球 800 多万亿美元金融衍生品的价格与其挂钩。当该指数出现轻微波动时，产品价值和交易盈亏都会发生剧烈变化。

2008 年 5 月，《华尔街日报》的一篇文章对 LIBOR 提出疑问。该报道指出花旗银行、西德意志银行、哈利法克斯银行等为了误导公众对其资金状况的判断，压低上报的同业拆借利率。这些银行联合操纵 LIBOR 的动机有两个：一是维持流动性声誉。各银行提交的 LIBOR 报价反映了其在银行间市场无担保借贷的成本，若 LIBOR 报价过高，可能会让市场和媒体对其流动性产生担忧，因而这些银行故意压低 LIBOR 报价。

二是利益驱动。一些银行在提交 LIBOR 报价时考虑了自身或其他银行的交易头寸可能导致提交报价失真，使得这些交易头寸从中获利。由于交易金额巨大，哪怕只推动 LIBOR 上涨或下跌 1 个基点，日积月累下来幕后操纵者也能获得可观的收入。研究显示，这些银行在 2001 年 1 月至 2010 年 12 月间通过操纵 LIBOR 获利达 331.15 亿美金。英国金融服务管理局和商品期货交易委员会对此展开了大规模调查，九大国际银行与监管者达成和解，累计罚款近 90 亿美元。美国里士满联邦储备银行主席拉克尔(Lacker)在路透社的采访中表示，利率基准操纵丑闻将加深公众对银行业的愤怒情绪，加剧民众对金融服务业的不信任。

资料来源：《华尔街日报》

案例：股价操纵——“华尔街之狼”

“华尔街之狼”是《福布斯》给美国股票经纪人贝尔福特（Belfort）的称呼，这位华尔街的传奇人物曾在三分钟内赚取 1200 万美元，并在 31 岁时坐拥亿万家产。然而，其巨额财富却是通过操纵股票市场非法获得的。1989 年，Belfort 与其好友合伙成立了股票公司 Stratton Oakmont。随后，他找到一个天然适合行骗的领域——粉单市场。粉单市场是美国场外交易市场中要求最低的市场，在这个市场挂牌交易的股票，既不用提供财务报告，也无须定期披露信息。一般而言，这些上市公司规模小，收益较少，容易被经纪商操纵。Belfort 发明了一种“拉高–抛售”（pump-and-dump）的市场操纵手法，不仅控制了股价，还控制了大股东和散户投资者的买卖节奏，根据美国证券交易委员会的调查报告，该操纵活动可以分成六个步骤。

（1）包装公司上市。Stratton Oakmont 的核心竞争力是向客户销售“一只潜力无限的公司的股票”。因此，Stratton Oakmont 会选择一家易于操纵的公司包装上市。公司申请上市被批准后，会向广大投资者发行一定数量的股票，其中有部分股票会在证券账户上开放，能够通过申购的方式获得，这一过程称为新股申购或者打新股。通常新股申购的价格要比上市第一天的价格低得多，一旦上市后股价大涨，投资者便可获利。一般而言，新股申购非常火爆。

（2）控制筹码。计划的关键是预先控制上市公司足够多的股权。美国证券法只准 Stratton Oakmont 这样的承销商持有上市公司 5%的股票。为了避开这种监管，Stratton Oakmont 先以每股 4 美元的价格发行给中间人，然后以每股 4.25 美元的价格私下买回，最终 Stratton Oakmont 获得上市公司的大部分股权。

（3）找好接盘方。Stratton Oakmont 的销售人员会让散户在少数首次公开募股（initial public offering，IPO）项目上获取小额收益，赢得投资者信任。一旦建立了信任，Stratton Oakmont 的销售人员会告知这些客户：一个能赚大钱的 IPO 项目即将到来，发行价为 4 美元，但上市后股价可能上涨至 20 美元，此时，一个拥有 10 万美元存款的客户可能会授权 Stratton Oakmont 的销售人员购买 2.5 万股 IPO 股票，然后将这 10 万美元转移到他的 Stratton Oakmont 账户。通过此手段，Belfort 能大概评估 Stratton Oakmont 客户的购买力。

（4）变换诱饵。将近 IPO 时，销售人员会打电话告诉客户：上市公司的 IPO 太火爆了，4 美元一股的新股申购额度很少。然而，销售人员可以创建购买订单，一旦股票开始上市交易就以市价买入股票。许多客户认为市价接近发行价 4 美元，所以他们就同意了，很少会有人拒绝。

（5）操纵市场。股票公开发行后，Belfort 就根据客户的购买力拉升股价，假如 Belfort 想抛售手上的 100 万股，而 Stratton Oakmont 的客户的购买力大约是 1200 万美元，Belfort 就联合其朋友开始下单，Stratton Oakmont 将同时使用“限价指令”出售股票，即只提供高于特定最低价格的股票出售。每次卖出后，Stratton Oakmont 会发出另一个卖出限价指令，其最低价格略有提高，而朋友的市场指令则会以一个更高的价格执行。市场记录的是在 4.25 美元、4.50 美元、4.75 美元的稳定交易，一直到 12 美元的目标价格。从 4 美元涨到 12 美元只需几分钟。这是 20 世纪 90 年代合法热门 IPO 股票的常见首日交易模式，所以操纵并不明显。

（6）收割财富。当股价涨到 12 美元时，Stratton Oakmont 全面执行客户委托的买单，也就是把 1200 万美元全部投进去，买入 100 万股，而 Belfort 控制的那些“老鼠洞账户”几乎是唯一的卖家，1200 万美元便转入了 Belfort 的腰包。

美国联邦调查局进行六年的调查后，才完整地收集了 Belfort 操纵股票市场、进行金融诈骗的证据，并将其送进了监狱，法院判决 Belfort 需向 1500 名投资受害者赔偿欠款约 1.1 亿美元。

资料来源：《华尔街日报》

2. 利益冲突

金融中介提供金融服务时，可能与被服务者存在某些利益冲突。利益诉求对立严重会导致金融中介难以高质量地履行承诺的服务，进而影响市场对中介的信任。

案例：美国电信危机和明星分析师格鲁布曼

20 世纪 90 年代末至 21 世纪初，美国电信业过度扩张。之后电信泡沫破灭，电信股价下跌了 95%甚至更高，约 2 万亿美元的资金打了水漂。而明星分析师格鲁布曼（Grubman）与这一结果似乎脱不了关系。

Grubman 任职于美国所罗门美邦公司，是华尔街炙手可热的电信分析师。起初，Grubman 对电信业的看好让许多投资者发了财。他在 1997 年末推荐的大都会媒体光纤网络，在短短 10 个月内股价就实现了 500%的惊人增长。在经历过一段疯狂的爆炸式增长后，电信行业股价开始暴跌。但股民对 Grubman 推荐的股票仍趋之若鹜，他们相信这位明星分析师会推荐他看好的股票。事实上，Grubman 与他所推荐的股票有着某种潜在的联系，其中较为典型的就是环球通信。从 1998 年 9 月到 2001 年 6 月，Grubman 对环球通信的股票至少发出了 16 次买入建议。起初该股飙升，在 1999 年达到 61.38 美元的高点。在 2000 年初股票开始下跌时，Grubman 仍继续兜售。2001 年 4 月，他在一篇题为《不要惊慌：新兴电信模式仍然有效》的报告中再次推荐了该股票。一个月后，他重申了买入评级，称环球通信是新品种之一，且资金充足。但事实与他的描述截然相反。

2001 年 10 月，当该公司股票跌至 1 美元左右并迎来成立四年来的第五位 CEO（chief executive officer，首席执行官）时，Grubman 最终将买入评级下调至中性。2002 年 1 月 28 日，环球通信申请破产，超过 550 亿美元就此蒸发，大量投资者遭受财产损失。

随着电信业的彻底崩溃，Grubman 面临史无前例的严斥和责难。2000 年至 2001 年间，电信业泡沫开始破裂，在其他分析师进行警告时，Grubman 还继续蛊惑股民买进电信股票。接受司法检查时，Grubman 极力为自己辩护，称自己是因为看好电信业的发展才大力推荐电信公司的股票。他承认对股票的预测有误，但否认有意误导股民。最终，这位华尔街明星分析师被指控参与欺诈性研究报告并被禁止进入证券行业。

资料来源：Is Jack Grubman the worst analyst ever?，https://money.cnn.com/2002/04/25/pf/investing/grubman/，2024 年 8 月 14 日

3. 投资收益分配不合理

金融中介高管奖金过高等投资收益分配不合理的现象也会破坏大众对金融中介的信任。2007 年美国次贷危机爆发后，人们惊讶地发现正在接受政府救助的金融机构的高管依旧享有丰厚的年度奖金。统计表明，2008 年至 2011 年间，前 1%的银行家的收入增加了 0.2 个百分点。奥巴马曾在访谈节目《60 分钟》中称银行家们是肥猫，并且严厉批评了那些仍在向高管支付高额奖金的金融中介公司。

（三）监管方信任问题

监管方高度可信才能激发金融市场参与者对监管政策和规则的敬畏感，并使其自觉遵守和维护金融市场秩序。监管方出现信任问题会严重削弱投资者对金融市场的信任。2008 年金融危机后，许多迹象表明金融市场参与者对监管方的信任程度有所降低。2017 年卡托研究所进行的一项全国抽样调查显示，48%的人对金融监管几乎没有信任，74%的人认为监管法规经常失效，75%的人认为相对于美国人福祉，金融监管机构更关心自身的工作和抱负。监管方信任问题日益凸显。

监管方的信任问题主要表现在监察不力与监守自盗两个方面。一方面，安然丑闻案、麦道夫庞氏骗局、“华尔街之狼”、LIBOR 操纵案等金融业丑闻，直接反映了监管方监察不力，未能及时发现不当行为，降低了投资者对监管方的信任。另一方面，监管方也存在监守自盗的问题。

案例：美联储内幕交易丑闻

2021 年 9 月 7 日与 8 日，媒体接连报道了达拉斯联储主席卡普兰（Kaplan）和波士顿联储主席罗森格伦（Rosengren）在 2020 年进行的几笔大型金融交易。作为美联储 12 家储备银行网络中两个银行的负责人，两人都参与设计了美联储应对新冠疫情的政策措施。

9 月 9 日，两位主席同时声明自己的金融交易遵守了美联储的准则，他们将在 9 月 30 日前抛售所持资产，并承诺在美联储高级官员任期内不再进行任何交易。

9 月 22 日，美联储主席鲍威尔（Powell）对媒体坚称在两位主席提交披露文件前，他并不知道这些交易。Powell 重申了美联储现有的限制措施，例如，不能在政策制定会议之前和会议期间进行交易。

9 月 27 日股市开盘前，Rosengren 宣布，由于肾脏状况恶化，他将提前退休。Kaplan 在收盘后表示，他将于 2021 年 10 月 8 日卸任。

9 月 30 日，Rosengren 退休。

10 月 8 日，Kaplan 退休。

10 月 21 日，Powell 宣布了严厉的新规则，禁止高级官员频繁交易、购买证券，只允许在金融市场压力不大时购买多样化的投资工具，例如共同基金。

资料来源：根据公开资料整理

三、科技重构信任关系

随着科学技术不断进步，尤其是数字技术的快速衍变，金融市场中的信任机制随之升级，从传统信任机制逐渐发展出基于数据的信任机制、去中心化的信任机制。

（一）传统信任机制

传统信任机制主要有基于凭证的信任、基于抵押品的信任和基于人际的信任，如表 1-3 所示。

表 1-3 传统信任机制

类型	说明
基于凭证的信任	通过特定凭证构建信任关系，如收汇款凭证、银行存单以及其他能证明需求方资质的实物
基于抵押品的信任	利用财产抵押建立信任关系，如房屋抵押贷款、车辆抵押贷款
基于人际的信任	依托血缘、地缘、语言等方面与他人建立基于情感认同和价值理性的信任，如民间借贷

（二）基于数据的信任机制

随着信息技术高速发展，数据存储、收集和共享能力快速提升，对多维度数据的合理利用有助于评估个体或组织的可信度。例如，个人失信行为可被记录下来，将对其生活产生很大的影响。2013 年，《最高人民法院关于公布失信被执行人名单信息的若干规定》发布，对失信被执行人进行全方位的监管和惩戒。失信被执行人被限制办理贷款和信用卡，被限制买房、出境等高消费，禁止乘坐火车软卧和飞机等。芝麻信用也联合淘宝、天猫、京东等一系列电商平台，在消费金融等场景下，限制失信人的消费活动。

（三）去中心化的信任机制

1. 区块链与去中心化

区块链是一种基于密码学的技术，是一种防篡改的、共享的数字化账本。去中心化是区块链的核心。区块链网络中的节点不依赖金融机构等第三方仲裁交易，而使用一致性协议来管理账本内容，使用密码哈希算法和数字签名确保交易的完整性。区块链记录的信息需要全网络节点确认，一旦生成将被全网记录，很难篡改。区块链超越了需要依赖第三方的传统信息验证模式，降低了建立全球信用体系的壁垒。

2. 去中心化金融

去中心化金融是一种以区块链为基础的金融模式。它不依赖金融中介提供金融工具，而是利用区块链上的智能合约技术，实现传统金融机构的功能。与传统金融最大的区别在于，去中心化金融不依赖第三方中介机构实现金融功能；通过自身协议的开放性和难篡改性保证整个系统的公开透明，使各方都能知道其交易对手的资本情况，看到资金如何部署。这种高透明度减轻了法律方面的负担，并能赢得弱势参与者的信任。

第四节　普 惠 金 融

本节阐述普惠金融的概念与发展原则，介绍其发展现状和问题，以及科学技术在普惠金融中的作用。

一、普惠金融概述

（一）普惠金融理念

在经济全球化背景下，如何缩小贫富差距、让更多贫困人口脱离贫困成为联合国密切关注的问题。经济学家发现在大多数发展中国家，仅有少数人能获得金融服务，大多数人没有储蓄账户，很少通过金融机构进行现金收付，缺乏从正规金融机构获得信贷的机会。金融服务的缺失又阻碍他们脱离贫困，形成恶性循环。发展中国家金融服务的有限覆盖成为国际社会高度关注的问题。

2003 年，联合国大会通过了决议《2005 年国际小额信贷年行动纲领》。会议上，秘书长安南（Annan）宣布将 2005 年定为国际小额信贷年，并呼吁构建普惠金融体系。2005 年，联合国“国际小额信贷年”会议上第一次明确提出普惠金融的概念。此后，普惠金融成为全球范围内的一项重要金融实践，得到了许多发展中国家的响应。中国在 2004 年进行了小额信贷发展的网络宣传，中国小额信贷联盟秘书长白澄宇提出使用“普惠金融体系”作为“inclusive financial sectors”的中文翻译。2015 年国务院印发《推进普惠金融发展规划（2016—2020 年）》，提出大力发展普惠金融，助力全面建成小康社会。

1. 基本定义

普惠金融是指立足机会平等要求和商业可持续原则，以可负担的成本为有金融服务需求的社会各阶层和群体提供适当有效的金融服务。金融服务对促进经济发展起着重要的推动作用，但传统金融服务的人力和运营成本较高，对服务对象有一定的门槛要求。很多低收入群体或小微企业难以达到这一门槛。普惠金融强调金融服务的普惠性，即“让所有阶层和群体能够以平等的机会、合理的价格享受到符合自身需求特点的金融服务”①。普惠金融需要金融机构乃至全社会的共同努力，不断丰富完善普惠金融服务的规范与种类。

2. 发展原则

第一，金融产品和服务的可得性，即能够通过手机、电脑等远程服务设备，有效地获得和使用各种金融产品或服务。

第二，金融产品和服务的多样性，即金融产品和服务可供消费者自由选择，以满足不同群体的需求。这些金融产品和服务应具备便捷、安全、覆盖面广、用户可负担和符合用户需求等特点。

第三，金融机构运营的可行性和可持续性，即金融机构在一定的成本下能够长期可持续地提供产品或服务。

第四，消费者权益保护和责任可追溯性，即产品和服务的具体条款要清晰披露、公开透明。普惠金融要公平地对待消费者，明确金融产品和服务的责任边界，建立高效合理的纠纷解决机制，保护消费者的权益不受侵害。

（二）普惠金融的发展

1. 发展路径

在商业可持续的原则下，普惠金融的发展需要投入更多的精力与成本来解决激励问题与信息不对称问题，不断提高数字技术创新能力和服务能力，注重金融的科技驱动和数据赋能，创新普惠金融产品。普惠金融可以通过创新商业模式、推出新兴的借贷助贷模式、为贷款人开展技能培训、普及金融与法律知识、借助信息技术手段等方式，保证贷款人享有正当权益的同时，提高其还款积极性。

案例：获得诺贝尔和平奖的尤努斯和他的格莱珉银行

尤努斯（Yunus）于达卡大学取得经济学学士和硕士学位后赴美留学，并于1972年回国，任吉大港大学经济系主任。1976年，在孟加拉国大饥荒时，Yunus走访考察乔布

① 《推进普惠金融发展规划（2016—2020年）》，https://www.gov.cn/gongbao/content/2016/content_5036266.htm，2024年8月5日。

拉村庄时看到一位农妇在编织竹凳。在与农妇的攀谈中，Yunus 得知这样一个事实：编织竹凳的妇女需要借钱买材料，但由于极度贫穷，她没有任何财产可以担保，银行不可能为她提供贷款。她只好向当地的高利贷借钱，而昂贵的利息让她无力还贷。如果不用支付高额利息，她的收入能提高 6 倍到 10 倍。这种情况在孟加拉国农村相当普遍。Yunus 看到高利贷者趁机敲诈穷人，他们以非常苛刻的借贷条件把穷人的收益盘剥一空。为了避免村民被高利贷剥削，Yunus 决心帮助穷人，他共借给 42 名贫困村民 27 美元。让 Yunus 意外的是，村民们最终按时还款，仅仅 27 美元的借贷却让 42 名制作竹凳的农妇摆脱了贫困。

起源于 27 美元的信贷，Yunus 以全新的视角去看待让穷人摆脱贫困的问题，并由此诞生了理想——成立一个专门为穷人服务的银行。1979 年，他在国有商业银行体系内部创立了格莱珉（Grameen）分行。1983 年 10 月 2 日，Grameen 银行正式独立，其向贫困人口发放贷款的方式自成体系，被称为 Grameen 模式。Grameen 模式的主要贷款对象是贫困家庭妇女，结合孟加拉国的具体国情与金融发展状况来看，其贫困人口多为妇女，低收入的女性比男性更难获得金融服务。女性的地位低下，面临着更恶劣的饥饿和贫困境况，同时还承担着照顾家庭的重任，所以他们认为女性会牢牢抓住任何可以帮她们改善生活的途径而勤劳工作。因此，银行以少量的金钱给到赤贫的妇女便可有效地帮助其改善处境、抚育孩子。

Grameen 首创了社交金融模式，来提高还款率。通过“互助小组+贷款中心”的模式，要求每个贷款申请人都必须加入一个由相同社会背景、具有相似目的的人组成的互助小组，每五个人一组，若干个贷款小组组成一个贷款中心。互助小组实际上是一个团体激励机制，用内生性的激励机制代替抵押担保制度，小组中的每一位代理人既是监督人也是其他代理人的被监督人。该模式培养人们的信任和团结，进而从内心激发他们的还款意愿，让贷款成为改善生活的原动力。此外，Grameen 还有“顺序放贷+分期还款”“联系人+定期会议”等模式。银行在小组内采用“2—2—1”顺序放贷，即最初只有两名成员可以申请贷款，根据他们的偿还情况，另两名成员再申请贷款，一名组长最后得到贷款，并监督还款情况。每个小组选出的组长与秘书负责与银行保持联系，在中心会议上推荐每个成员的贷款提议，并确保贷款的适当利用与准时偿还。Grameen 银行运行机制的可操作性强，规章制度都植根于借款人的实际情况，充分体现了务实和以人为本的精神。

1998 年，孟加拉国一场大洪水使大量贫困家庭资产受损，Grameen 银行险遭困境。Yunus 反思了银行二十多年的经营，推出了全新体系的第二代 Grameen 银行，取消了一些原有的贷款类型、贷款约束和团结小组，提供住房、高等教育等贷款，并根据借款人情况提供更灵活的贷款方式和年金储蓄方式。2001 年到 2004 年，Grameen 银行完成了转型，超过 6600 万人在 Grameen 模式下受惠。

2006 年 10 月 13 日，诺贝尔和平奖评审委员会宣布，为表彰 Yunus 推动经济和社会发展的努力，把 2006 年诺贝尔和平奖授予 Yunus 和 Grameen 银行。

资料来源：Yunus（2007）

在我国也存在类似的 Grameen 模式，它们因地制宜，发展出具有地方特色的普惠金融。例如，浙江泰隆商业银行在小微金融服务中提出了“三品三表”和“两有一无”的风控策略，即在评估企业的还款能力时，通过企业产品的发展前景、企业名下可抵质押的资产、企业主的人品三项指标，以及“三表”的数据来判断企业的生产和经营状况。“三品”指产品、押品、人品，“三表”指电表、水表、纳税申报表/海关报表。考虑到部分客群具有很强的项目制经营特征，资金需求小，无法提供规范的财务报表，便提出了“两有一无”作为补充。“两有一无”是指客户只要满足“有劳动意愿、有劳动能力且无不良嗜好”这三个最基本的条件，就有资格获得贷款。符合“两有一无”的标准，则诚信度高，违约概率低，这既能有效筛除高风险客户，又能为有实际需要的客户赋能，从而确保金融服务的普惠性。

案例：宁波鄞州农村商业银行践行数字普惠金融

一直以来，如何服务长尾客户和年轻客群是银行的难点。宁波鄞州农村商业银行（简称鄞州银行）通过完善和推出各类线上产品，为更多的长尾客群提供金融服务，提升银行金融服务的效率和覆盖度。截至 2019 年末，鄞州银行累计发放线上小额贷款 803.47 亿元，超 38 900 万笔，受益户数 404.54 万户，户均支用金额 19 861 元。

其中，线上贷款产品主要基于大数据金融风控，依托人行征信、特定场景消费数据、涉诉信息以及第三方数据信息开展反欺诈审核和产品定额定价。依托海量客户维度信息和人脸识别、移动支付等技术，该产品可以做到一步精准授信，支持贷款业务全流程线上办理、随借随还。该产品不收取任何附加服务费、手续费等，费用透明，使用放心。除此之外，基于大数据风控，鄞州银行可实现全面、便捷、高效的产品风险排查。

这类产品的推出提升了鄞州银行的数字金融服务能力，在一定程度上缓解了普惠金融触达难的问题。

资料来源：《宁波鄞州农村商业银行股份有限公司二〇一九年度社会责任报告》

2. *发展功效*

第一，普惠金融促进经济增长。普惠金融可以提供更平等广泛的金融服务，缓解居民与金融机构之间的信息不对称问题，降低居民交易成本，激发金融市场活力，带动地区经济增长，促进实体产业发展，提高居民收入水平。

第二，普惠金融支持创新创业发展。很多创新企业资产新、风险高，创业者自身担保能力较低，在传统银行信贷业务中缺乏优势，难以获得贷款。这导致创业者在创业资本方面比较匮乏，处于种子期的企业掌握了大量的无形资产，但由于融资难、融资贵，企业无法迅速完成生产力转化。普惠金融扩大了金融服务的受众群体，使创新创业者的资金来源有了更多保障。普惠金融还可以间接提高客户对金融产品的认识，提升用户金融知识储备和金融素养，对促进居民创业有一定积极作用。

第三，普惠金融有助于提升弱势群体的文化水平。普惠金融间接促进金融弱势群体学习金融知识，在一定程度上提高了他们的识字率和文化水平（Stein et al.，2020）。贫困家庭的成年人申请小额贷款时，会接触到金融、法律等方面的专业知识，增加自己的知识储备。接触过普惠金融业务的用户也会通过交流间接地将知识普及到弱势群体中，从而达到提升群体文化水平的效果。

3. 现状与问题

根据世界银行发布的《2021 年全球金融包容性指数报告》，2011 年至 2021 年，全球账户拥有量增加了 50%。数字支付使用率快速增长，全球约有 64.11%的成年人在过去一年中至少使用过一次基于账户的数字支付。与此同时，不同国家、人群间的金融服务差距广泛存在。如图 1-4 所示，高收入经济体的成年人账户拥有率比发展中经济体高，发展中经济体成年人账户拥有率的增长速度相对较快。在两类经济体中，男性的账户拥有率比女性高；相比于高收入经济体，发展中经济体的账户拥有率性别差异更大。该报告还指出，2021 年全球有 76.2%的成年人拥有银行账户，相比 2017 年的 68.5%有所上升，但仍有十几亿成年人的金融活动局限于民间金融，约有 2 亿家中小企业缺乏融资渠道，全球普惠金融发展水平仍有待提升。

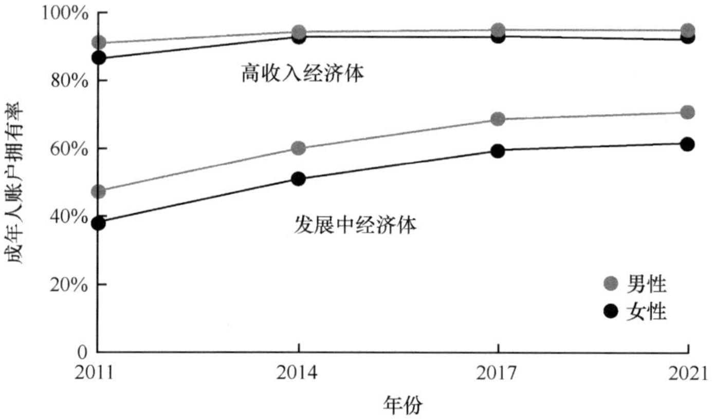

图 1-4　全球成年人账户拥有率

我国政府大力扶持和推进普惠金融发展。2013 年，党的十八届三中全会正式提出发展普惠金融，标志着普惠金融成为国家战略。在社会各界的共同努力下，我国普惠金融发展取得显著成效。为贯彻落实《推进普惠金融发展规划（2016—2020 年）》和 G20 普惠金融成果文件要求，2017 年起中国人民银行开始发布《中国普惠金融指标分析报告》。该系列报告显示，截至 2022 年末，全国人均拥有 9.97 个银行账户，相比于 2017 年的 6.60 个增长了 51.06%；人均持有 6.71 张银行卡，相比于 2017 年的 4.81 张增长了 39.50%；普惠小微企业贷款余额 23.8 万亿元，相较于 2017 年的 6.77 万亿元增长了 2.52 倍。我国普惠金融的发展水平和速度总体居于发展中国家前列，账户拥有率和数字支付使用率这两个核心指标处于领先地位。2023 年 9 月，央行副行长张青松出席第十二届中国支付清算论坛时指出，我国个人银行账户拥有率已超过95%，高于中高收入经济体平均水平，移动支付普及率达到86%，居全球第一。虽然我国普惠金融发展欣欣向荣，但发展水平存在明显的地域差异，东高西低。目前，我国普惠金融信用信息采集存在数据收集模式单一、采集难度大的短板。除此之外，金融监管基础设施配套不完善，小微企业融资困难的瓶颈问题仍需破解。

二、科技与普惠金融发展

随着人工智能、区块链、云计算、大数据等技术迅速发展，新技术在解决普惠金融面临的信息不对称、信用度量难、放款效率低、放贷成本高等难题上发挥越来越重要的作用。2016年杭州二十国集团（G20）峰会首次提出数字普惠金融的概念。数字普惠金融泛指通过数字金融服务促进普惠金融的所有行动，包括运用数字技术以负责任、成本可负担的方式，为社会各类群体尤其是城镇低收入人群、农村人口、偏远地区人口等特殊群体以及小微企业提供一系列正规金融服务，满足该群体的金融需求，同时对服务提供商而言是可持续的。

数字普惠金融通过数字或电子技术进行交易，如电子货币、支付卡或银行账户等，覆盖支付、转账、储蓄、信贷、保险、证券、财富管理等各类金融服务和产品。数据模型的运用将有效提高普惠金融的服务能力。银行、保险与证券行业通过整合系统中个人客户的消费信息，以及企业客户的生产、销售、财务等信息，运用大数据模型与云计算技术，提升普惠金融服务能力与风控能力，实现用户精准营销；通过挖掘数据实现增值业务发展；融合多种数据实现实时反欺诈等。

案例：蚂蚁金服与农村金融服务

2016年12月20日，蚂蚁金服全面开启农村金融战略，推出数据化金融平台、“线上+线下”熟人信贷和供应链金融服务三大业务模式，满足“三农”用户全方位的金融需求。

蚂蚁金服将有迫切金融需求的“三农”客户分为三大类：全国范围的涉农用户、从事小规模经营的农户和大型种养户。针对三大类客户的不同需求，蚂蚁金服推出了三大业务模式。

第一种业务模式为数据化金融平台模式，即通过蚂蚁金服的网商银行、支付宝平台和保险平台为全国范围的涉农用户提供综合金融服务。截至2016年12月中旬，蚂蚁金服在支付、保险、信贷方面服务的涉农用户数分别达到1.5亿、1.3亿、3300万。

第二种业务模式为“线上+线下”熟人信贷模式，即在信息化和金融服务欠缺的县域乡村，蚂蚁金服联合阿里巴巴村淘合伙人、中和农信的线下“熟人”，为用户提供经营性贷款等金融服务。该模式可以缓解农村地区因缺乏信息积累而借贷难的问题。例如，在河北雄县，大学毕业回村的盛巍在2015年底应征成为一名“村小二”。村民习惯先看货后付款，为村民垫资买东西成为很大的难题。根据盛巍每个月十几万元的业绩流水，蚂蚁金服给她批复了 3 万元的“村淘掌柜金”额度。村淘掌柜金是蚂蚁小贷协同淘宝启动的一项资金计划，为村淘掌柜提供资金作为在淘宝上为村民代购商品的周转金，大促时额度能提升到 6 万元，且可循环使用，享有最长 50 天的免息期。目前全国范围内有两万多名像盛巍这样的“村小二”，分布在 28 个省区市的 400 多个县。

第三种业务模式为供应链金融服务模式。蚂蚁金服与保险公司联合为大型种养户提供从贷款到销售的“融资+保险+农业”一体化金融服务。该服务不仅解决了大型种养户的资金困难，也减轻了龙头企业的产业链负担。

资料来源：《蚂蚁金服推出农村金融服务三大模式》，https://finance.china.com.cn/roll/20161222/4038320.shtml，2024 年 8 月 3 日

第五节 人口与文化

本节介绍人口演变如何影响人们对科技的态度，讨论文化差异对金融市场的作用。

一、人口演变

不同年龄段的人群成长环境与经历的事件存在差异，形成了不同的投资观念，对金融科技的态度也有差别。

（一）人口划分

出生于同一时代的群体实际年龄接近且生活经历相似，在生活习惯、工作方式和对待事物的态度等方面较为一致。出生于不同时代的群体，彼此之间的历史经验、社会背景和经济机会存在差异，对待事物的观点和看法有所不同。据此，皮尤研究中心提出了世代模型，基于出生年份将人口分为婴儿潮一代、X 世代、千禧一代与 Z 世代四类，以探究世代差异。

婴儿潮一代是指出生于 1946 年至 1964 年的人。这一代生活在 20 世纪 70 年代至 90 年代的经济繁荣时期，不少人都在青年或中年时期投资房地产和股票，希望为自己的老年生活积累财富。然而 2008 年的金融危机让他们财富缩水，许多人在股市和房地产泡沫中倾家荡产。此次金融危机影响了婴儿潮一代对待金融投资的态度，他们对高收益伴随的高风险有了更多的敬畏。

X 世代是指出生于 1965 年至 1980 年的人。相较于婴儿潮一代，X 世代的风险承受能力进一步增强，也有更强的投资意愿。但受到金融危机的影响，他们更偏向为退休后的生活进行储蓄。调查显示，X 世代中 90%的人会对自身未来的财富状况进行规划。然而，X 世代中只有少部分人会进行退休咨询，且他们缺乏财务知识，难以用科学合理的方式进行财富管理。

千禧一代是指出生于 1981 年至 1996 年的人。受到经济衰退的影响，大多数千禧一代成年后都需要进入经济衰退高峰期的劳动力市场。他们比其他世代更相信理财的作用，更愿意使用智能理财。虽然千禧一代中有很多个体没有接受过财务建议，但相较于

其他世代，他们对在未来接受专业的财务建议更有兴趣。

Z 世代是指出生于 1997 年至 2012 年的人。他们对经济衰退影响个人财务状况的看法比其他世代更乐观，更愿意学习投资知识。同时 Z 世代在金融方面的启蒙较早，接触金融科技产品也较早，相当一部分人可以利用数据分析方法进行理财。

结合我国国情与人口发展规律，可以将我国人口划分为传统的一代、幸运的一代、转型的一代以及新潮的一代。

传统的一代是指在 20 世纪 60 年代中期前出生的人群。他们经历了“文化大革命”等历史事件，教育条件落后，对集体主义认可程度高，认同奋斗精神。由于处于经济发展低谷期，这一代人的金融投资理念还处于萌芽状态，不会轻易投资。

幸运的一代是指在 20 世纪 60 年代中期到 80 年代出生的人群。恢复高考后，他们遇上了大学生毕业包分配、经济体制改革以及高考扩招等政策，他们集体主义与个体主义并重，注重实现自我价值，崇尚务实奋斗。由于经济体制改革，有不少人从体制内跳出来从事个体经营活动，诞生了一大批民营企业家，一部分人开始参与到金融市场中。

转型的一代是指在 20 世纪 80 年代到 90 年代出生的人群。这一时期中国加入世界贸易组织、实行独生子女政策，互联网也开始普及。这一代人逐渐朝着开放与个性化的方向发展，注重自我和现实感受，能够适应多变的环境，使命感相对较弱。经济发展迅速，国内金融市场也不断发展，不少人参与到金融投资中，投资理财的意识较强。

新潮的一代是指在 2000 年以后出生的人群。这一时期互联网和人工智能技术迅速发展，智能设备层出不穷。他们对新事物的接受程度高，勇于创新和尝试，对金融方面的知识也涉猎较早，理财意识较强，不少人已经开始使用智能投顾产品进行投资理财。

（二）对科技的态度

成长背景的差异导致了不同世代对新型科技产品和技术使用态度的差异。

婴儿潮一代的成长背景下科技发展水平相对落后，导致他们对新技术的理解能力较差。他们在接受新产品上比较谨慎，在其他人评论和推荐，朋友或家人尝试、测试和验证后才能产生足够的信任。

X 世代出生在技术迅速变化的时代，随着计算机的兴起而成长。他们了解技术，渴望更新知识并将其应用到实际工作中。X 世代对待科技的态度更加开放包容，愿意接受一些现代科技产品。

千禧一代在互联网爆炸式增长期间成长，新型技术和科技产品融入了生活的方方面面。他们比婴儿潮一代和 X 世代更了解技术，能够迅速适应技术的创新和变化，习惯于用技术手段解决问题。

Z 世代是在互联网世界中长大的一代。他们享受着移动互联网时代的红利，通过移动互联网接触到大量信息，习惯于通过各种社交媒体呈现和扩散信息。相对于其他几个世代，Z 世代对科学技术的接受程度更高，使用现代科技更频繁，对现代科技更加依赖。

总的来说，千禧一代和 Z 世代在成长过程中接触新技术较多，对金融科技的接受度明显高于前两个世代。

二、文化差异

文化是影响金融发展的重要因素。处于不同文化背景下的个体对金融产品和服务的认知不同，对投资风险的偏好不同，对数据和隐私的理解及重视程度也存在差异。

（一）个人主义与集体主义

个人主义和集体主义是文化的重要维度。研究人员发现，个人主义更加强调隐私权、重视自由和独立精神，属于任务优先型；而集体主义更加强调归属感、重视集体荣誉和团结精神，属于关系优先型（Hofstede，1991，2011）。图 1-5 展示了霍夫斯泰德编制的部分国家个人主义指数的分布情况。其中，个人主义与集体主义国家的典型分别是美国和中国，美国文化强调自由、独立和个人权利，更加偏向个人主义；中国传统文化强调家国思想、团结和集体荣誉，更加偏向集体主义。

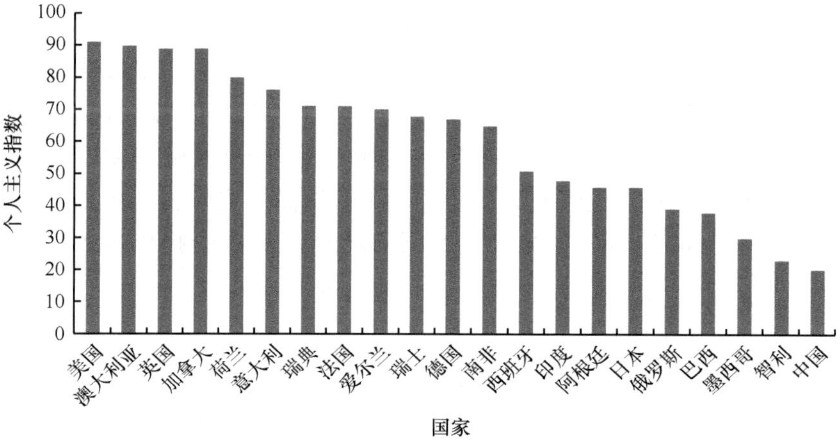

图 1-5　部分国家个人主义指数分布

（二）文化差异与金融

1. 文化差异影响个体金融决策

文化差异是导致个体金融决策差异的重要原因。个人主义文化背景下的个体在进行金融决策时往往更加独立自信，依靠自己的能力和经验对金融风险进行判断，更愿意冒险。当所处国家个人主义水平较高时，投资者对风险的态度更加包容，会更愿意投资风险资产（Breuer et al.，2014）。

个体所处的文化背景不同，表现出的金融交易行为也截然不同。当个人主义水平较高时，个体对其获取和分析信息的能力更有信心，受周围决策者的影响较小，不盲目从众，金融交易行为更具独立性。当集体主义水平较高时，个体更强调人的互依性，进行金融决策时较少关注自己得出的信息，更多关注同行的共识，易受集体决策行为的影响，可能跟风盲从，交易行为更具依赖性。股票价格联动性程度反映了单个公司或行业股票价格变动与市场平均变动间的关联性。研究人员对美国、澳大利亚、加拿大、德国、中国等国家的研究发现，个人主义水平与股票价格联动性存在显著的负相关关系。如图 1-6 所示，个人主义水平越高的国家，股票市场的联动性越低（Eun et al.，2015）。文化可能会影响投资组合多元化的效率，在构建证券投资组合时，投资者需要考虑国家文化对股价波动的影响。

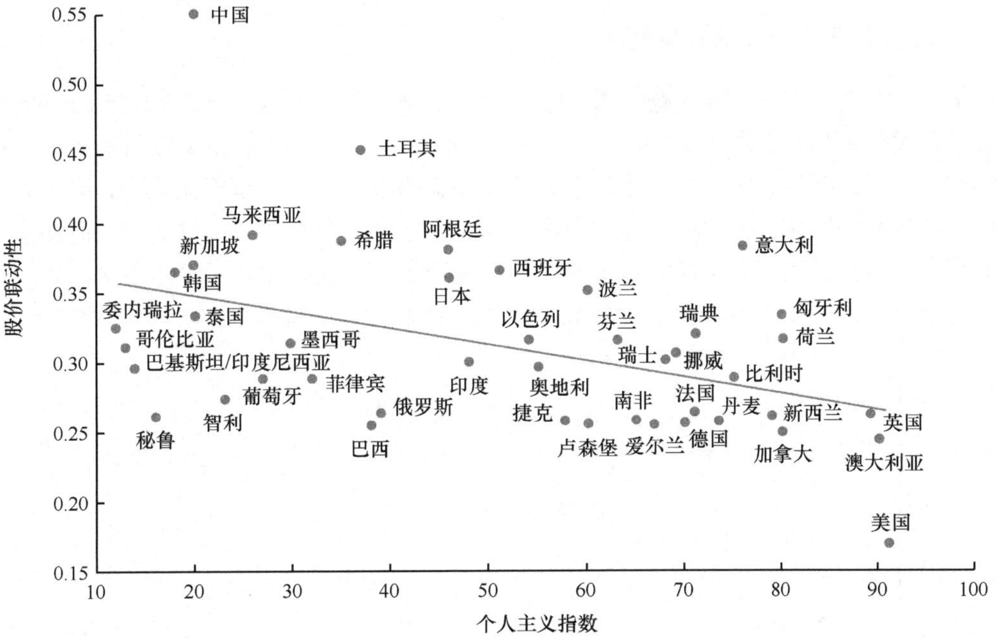

图 1-6 部分国家股价联动性与个人主义指数关系

2. 文化差异影响金融市场稳定性

金融市场的平稳运行关乎地区资本的流通和经济的发展，而市场参与者的行为会影响到整个金融市场的运行。地区文化影响人们的决策行为，进而影响到金融市场运行。个人主义国家更加强调独立性和个人成就，过度自信和过度乐观现象可能更为普遍，这在一定程度上会增加银行倒闭的可能性（Berger et al.，2021）。

个人主义文化程度还可能与股市崩盘风险存在关联（An et al.，2018）。在个人主义国家，经理人有高度自由决定的空间，拥有对坏消息隐藏与否和隐藏程度的决定权。公司普遍倾向于对个人成就进行奖励，而披露坏消息会影响经理人的薪酬和职业发展，所以经理人往往更倾向于隐藏坏消息。他们普遍对公司未来的效益抱有过度乐观的心态，认为隐藏的坏消息可以被公司未来的良好表现抵消。多种现象表明在个人主义盛行的国家，企业股价崩盘风险较高，金融市场波动可能更剧烈。在全球金融危机期间，个人主义越强的国家金融市场崩盘的风险可能性越大。个人主义还可以通过海外市场的投资者传播，加剧当地企业崩盘的风险，以及企业风险承担和盈余管理对崩盘风险的影响。

3. 文化差异影响金融发展水平

个人主义程度的不同对国家的金融系统发展具有潜在影响。高度个人主义的国家往往有发达的金融系统，如澳大利亚、荷兰、英国和美国；相反，在安哥拉、萨尔瓦多和塞拉利昂等金融系统不发达的国家，大众的价值取向更偏向于非个人主义。在推行个人主义的社会中，基于利润最大化的目标，资金更有可能流向具有长期增长能力的高产和创新领域；在推行集体主义的社会中，可能存在通过裙带和徇私分享经济收入的行为，金融系统配置资源的能力容易遭到破坏（Ang，2019）。

4. 文化差异影响金融科技发展

个人主义程度影响国家金融科技创新与普及。根据全球金融科技智库 Findexable 发布的金融科技创新指数，图 1-7 绘制了主要上榜经济体的金融科技创新指数与个人主义指数之间的散点图，可见个人主义指数与金融科技创新指数呈一定的正相关关系，即个人主义文化程度越高的国家，金融科技的创新度越高。这是因为个人主义文化下的人们探索新事物的好奇心更强，从而在金融科技创新方面表现更强烈。相较而言，集体主义文化国家的人民对集体成果的认可度和接受度较高，限制了他们在金融科技创新方面的探索。

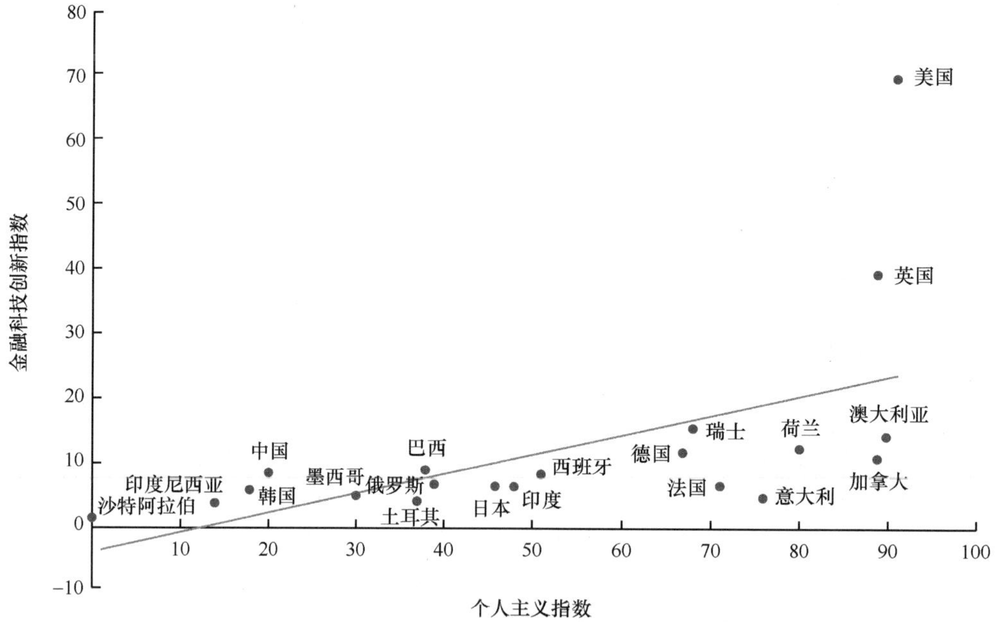

图 1-7 个人主义指数与金融科技创新指数

根据安永发布的 2019 年金融科技采纳指数，图 1-8 绘制了主要上榜经济体的金融科技采纳指数和个人主义指数之间的散点图，可见个人主义文化程度对金融科技的采纳程度也有一定的影响，二者几乎呈负相关关系，即一个国家的个人主义文化程度越高，其采纳金融科技的比例可能越低。崇尚个人主义文化的人们更加重视个人权利和隐私，并不认可组织随意收集或使用自己的信息的行为。即使收集个人数据可以给他们带来某些好处，他们也会保持谨慎。当金融科技产品需要个人信息授权时，他们会在一定程度上减少使用。相较于推行个人主义的人们，崇尚集体主义的人们更多地受到群体规范和传统权威的指导，能够为集体责任感和共同利益牺牲个人利益，会适当授权个人信息的使用来获得行动上的便利性。面对金融科技产品在个人数据方面的授权请求时，他们更容易接受。

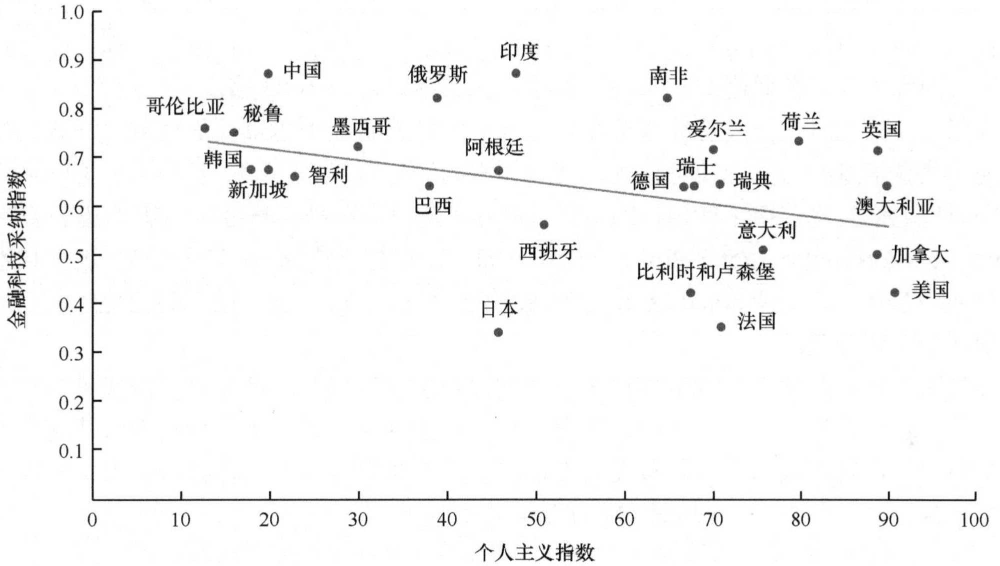

图 1-8 个人主义指数与金融科技采纳指数

第六节 技 术 发 展

本节简要回顾信息技术的发展历程，介绍大数据、人工智能、区块链、云计算和物联网等与金融发展密切相关的信息技术。

一、信息技术发展历程

随着生产力的进步，信息技术也不断发展。迄今为止人类社会经历了工业时代、计算机时代、信息时代和大数据时代四个阶段，如表 1-4 所示。

表 1-4 信息技术的发展历程

时代	时代特征
工业时代	机械设备被引入生产生活中，极大地提高了劳动效率
计算机时代	计算机技术和劳动生产相结合，纯体力劳动向脑力劳动转化，优化了生产要素配置效率，加快了科学技术转化为直接生产力的速度
信息时代	人们有能力自由传递和获取信息，信息类无形产业成为关键资源，社会通信和传播结构催生出了一个崭新的社会
大数据时代	通过智能化方法挖掘海量数据背后隐藏的有价值信息，洞察用户的行为规律，实现精准商业决策

第一，工业时代。工业时代起源于英国的纺织业。第一次工业革命后，大规模的机械化工厂取代了传统的手工生产。在文艺复兴等科学思潮的洗礼下，科学和生产紧密结合，极大地提升了生产效率。

第二，计算机时代。20世纪前半叶，新型理论和技术如雨后春笋般涌现，但当时人工无法满足新理论研究所需的大量计算。直到第二次世界大战（简称二战），军方希望通过技术发展获取战争优势，促进了科学技术的发展。世界上第一台电子计算机就是在美国军方的大力支持下研制的，它的运算速度比其他设备快1000倍。

第三，信息时代。随着计算机在各行各业中扮演着越来越重要的角色，计算机相互连通、共享信息的需求推动了计算机网络技术的诞生。20世纪70年代末，美国网络工程师通过电信技术连接了计算机网络。1986年，美国国家科学基金会创建了基于TCP/IP（transmission control protocol/internet protocol，传输控制协议/因特网互联协议）技术的骨干网络NSFNET（National Science Foundation Network，国家科学基金会网络），形成了现在互联网的基础。

第四，大数据时代。1980年以来，硬件设备和计算能力不断发展，现代科技产生的数据越来越多。如何有效地存储、处理大数据等技术问题促进了大批新型科技的发展，包括海量并行处理数据库、分布式文件系统、分布式数据库、数据挖掘、人工智能、云计算平台、5G①互联网、区块链和可扩展存储系统等。

二、信息技术与金融发展

随着科技日新月异的发展，信息技术与金融行业深度融合，其中与金融发展紧密相关的技术包括大数据、人工智能、区块链、云计算和物联网等。

1. 大数据

大数据是指超出传统数据库收集、存储和管理能力的数据集。通过分析海量数据，能够找出数据背后隐藏的知识或规律，有利于提高决策准确度。随着大数据技术与金融的深度结合，传统金融的困境被不断突破。基于大数据的信用评价体系把银行信贷数据、电商平台数据、个人社交信息、税务和电信数据等纳入其中，更精准地刻画了用户的特征，使信用评价的结果更精准。基于大数据的共享信息和融合信息可以提升金融机构的经营管理水平。大数据技术还可以帮助金融机构优化终端市场配置，提升资源配置收益。

2. 人工智能

人工智能是研究利用计算机来模拟人的某些思维过程和智能行为的学科，正逐渐以新兴技术的方式与各行各业融合。在金融领域中，利用人工智能技术进行风险管理和信用评级，能大幅提高分析决策水平，促进金融市场资源的有效配置。人工智能技术在金

① 即5th generation mobile communication technology，第五代移动通信技术。

融界不断渗透，推动了新产品和新商业模式的出现，改变了原有产业形态。

3. 区块链

区块链是通过密码学中哈希编码的方式串联并保护的文字记录，一个文字记录称为一个区块，每个区块都包含了前一个区块的加密散列、相应时间记录和交易资料等信息。简单来说，区块链通过多个节点进行分布式记账，上面的数据由所有节点共同保存和管理，信息存储的位置可随时变动、多重备份，有效避免了信息篡改和伪造，提高了金融行业的安全壁垒，在相互弱信任和不信任的情况下建立了一套可信系统。另外，区块链作为一种多方参与的共识系统，可以将金融行业的海量信息纳入其中，基于区块链的数字身份可以有效避免信息重复，提高数据流转效率，降低金融行业的合规成本。

4. 云计算和物联网

云计算是一种基于互联网的计算方式，用户可以根据自己的需求使用服务提供商共享的软硬件资源和信息，无须自己搭建相关的系统和平台，大大提高了资源的利用效率。云计算可以扩展金融服务的覆盖领域，实现服务的网络化，更好地服务偏远地区的金融客户群体，打破传统的空间局限。物联网是指把所有物品通过网络连接起来，实现人与物、物与物之间信息交换和管理。利用物联网对物品的信息进行追踪，可以实现资金流、信息流、实体流三流合一，让实体经济与虚拟经济更好地融合。云计算、物联网和金融的融合可以打通传统行业的上下游，实现线上线下各类数据的汇总，提高数据的完整性和真实性，有助于决策者进行整合分析，发现新的商机。

课后习题

1. 简述普惠金融的四项发展原则。

2. 金融市场上有哪些参与者？请从银行业、证券业、保险业和投资基金业四类金融市场业务中选择一项，分析各方参与者的交易动机分别是什么。

3. 金融市场的信任问题分为哪几类，针对不同参与主体分别有怎样的表现？

4. 金融脆弱性的概念由来已久，金融稳定委员会在《2022 年金融稳定委员会年度报告：促进全球金融稳定》中将金融脆弱性描述为全球金融体系由于存在薄弱环节，容易受到冲击的影响而变得不稳定的性质。全球债务水平上升、资产价格上升、市场参与者风险偏好的变化等因素都是可能突破金融系统的薄弱环节，从而对金融系统的稳定造成威胁的冲击。结合本章讲述的金融市场的内在矛盾，剖析金融脆弱性的根源是什么，在金融科技的背景下会有哪些表现形式。

5. 近年来，金融科技在中国迅猛发展，持续推进金融服务的数字化转型，产品和应用日益丰富，效率和包容性大幅提高。2019 年中国人民银行行长易纲在中德“金融科技与全球支付领域全景—探索新疆域”视频会议的开幕致辞中提到，电子支付特别是移动支付的普及不断提升基本金融服务的覆盖面。对于部分欠发达地区，存在着传统金融机构难以覆盖的“长尾客户”。金融科技公司提供服务的边际成本较低，可为这些客户提供移动支付等金融服务。

金融科技通过推动移动支付的普及促进了普惠金融的发展。2021 年，我国非银行移动支付业务的交易规模达到 355.46 万亿元，同比增长率为 20.67%。目前，我国的存款、取款和汇款几乎都实现了实时到账。基于应用程序的支付服务占据了中国第三方支付市场的主导地位，其交易规模占比超过了 90%。网上消费蓬勃发展，城乡居民生活更加方便。

阅读上述材料并回答：

（1）随着信息技术的进步，我国的移动支付有怎样的发展前景，将为农村居民和小微企业的金融活动带来哪些便利？

（2）金融科技为普惠金融的发展注入动能，除了移动支付，还能从哪些方面助力普惠金融发展？

6. 政策制度因素、技术进步因素以及金融需求因素都对中国金融科技创新发挥了驱动作用。适当的政策制度可以为金融科技创新创造一个良好的外部环境，促进整个金融科技市场健康发展。科学技术的发展进步能够不断推动金融产品、服务创新，节约交易成本，提升服务效率，驱动中国金融科技创新。而随着收入水平的提升和信息技术的发展，居民拥有了多元化的新型金融需求，这也驱动着中国金融科技创新快速发展。请对中国金融科技创新的驱动因素进行实证分析。

请从各地区统计年鉴、中国人民银行官方网站、全球统计数据分析平台、北京大学数字金融研究中心获取国内 31 个省区市 2011 年至 2022 年的年度数据，对政策制度因素、技术进步因素以及金融需求因素对中国金融科技创新的驱动作用进行实证分析。

（1）有关变量见表 1-5，请构造变量并进行描述性统计。

表 1-5　金融科技创新的驱动因素变量说明

类型	变量名称	变量含义
被解释变量	金融科技创新	中国数字普惠金融数字化程度指数
解释变量	政策制度	财政压力（财政预算支出与收入的差/地区生产总值）
	技术进步	发明专利申请授权数
	金融需求	中国数字普惠金融使用深度指数
控制变量	地区经济发展水平	人均地区生产总值
	受教育程度	每十万人口高等学校平均在校生数
	城镇化水平	城镇人口/总人口
	传统金融发展水平	银行业金融机构存款余额/地区生产总值

（2）选择恰当的模型构建回归方程，检验政策制度因素、技术进步因素以及金融需求因素对中国金融科技创新的影响。

（3）将总体样本的 31 个省区市分为东部地区、中部地区、西部地区三个子样本，分别进行回归分析，对比政策制度因素、技术进步因素、金融需求因素对不同区域金融科技创新的驱动作用存在怎样的差异，并分析背后的原因。

资料来源：郭正阳（2021）

7. 文化影响人们的思维方式和行为方式，进而影响他们做出决策，包括商业和战略决策。霍夫斯泰德认为人们根据共同的态度、价值观和信仰聚集在一起，这些态度、价值观和信仰会影响社会和商业系统中的人类行为。

（1）霍夫斯泰德文化维度理论将文化分为六个维度，包括权力距离、个人主义与集体主义、不确定性规避、男性化与女性化、长期导向与短期导向、放任与约束。金融科技能够提高企业经营绩效，请从理论上分析不同文化维度如何影响金融科技和企业经营绩效的关系，并提出相应的假设。

（2）所需变量如表 1-6 所示，请以 2011 年至 2022 年经济合作与发展组织成员国为样本，构造变量并进行描述性统计。金融科技发展指数可从 Crunchbase 数据库（https://www.crunchbase.com/）获取，公司财务数据可从万得数据库获取，文化维度数据可从霍夫斯泰德的网站（https://geerthofstede.com/research-and-vsm/dimension-data-matrix/）获取。

表 1-6 国家文化调节金融科技和企业经营绩效关系变量说明

变量类型	变量名称	变量含义
被解释变量	净资产收益率	净利润与平均净资产的比率
解释变量	金融科技发展指数	金融科技发展指数的自然对数
控制变量	权力距离	霍夫斯泰德权力距离分数
	个人主义	霍夫斯泰德个人主义分数
	男性化	霍夫斯泰德男性化分数
	不确定性规避	霍夫斯泰德不确定性规避分数
	长期导向	霍夫斯泰德长期导向分数
	放任	霍夫斯泰德放任分数
	现金持有量	现金占销售额的比例
	公司规模	资产的自然对数
	杠杆	资产负债率
	企业成长性	年销售额增长

（3）请选择恰当的模型，检验（1）中提出的假设，分析国家文化如何调节金融科技对企业经营绩效的影响。

资料来源：Abbasi 等（2021）

8. 请制作一份调查报告，分析我国 2005 年至 2023 年普惠金融发展情况。

（提示：制作调查报告需要翔实的数据支撑，我国在信息化建设过程中，建立了健全数据披露机制。例如，工业和信息化部披露了工业和信息化方面的数据，包括工业增加值、通信业务收入等；中国政府网披露了政府工作方面的数据；国家统计局披露了国家经济和社会发展方面的数据，包括 GDP、人口普查数据等。请查找普惠金融相关数据，可围绕中国人民银行每年发布的《中国普惠金融指标分析报告》列举的使用情况、可得性、质量三个维度展开分析。）

参 考 文 献

郭正阳. 2021. 中国金融科技创新及其驱动因素研究. 长春：吉林大学.

Abbasi K，Alam A，Du M，et al. 2021. FinTech，SME efficiency and national culture: evidence from OECD countries. Technological Forecasting and Social Change，163：120454.

An Z，Chen Z A，Li D H，et al. 2018. Individualism and stock price crash risk. Journal of International Business Studies，49（9）：1208-1236.

Ang J B. 2019. Culture，legal origins，and financial development. Economic Inquiry，57（2）：1016-1037.

Arrow K J. 1974. The Limits of Organization. New York：W. W. Norton & Company.

Berger A N，Li X M，Morris C S，et al. 2021. The effects of cultural values on bank failures around the world. Journal of Financial and Quantitative Analysis，56（3）：945-993.

Breuer W，Riesener M，Salzmann A J. 2014. Risk aversion vs. individualism：what drives risk taking in household finance？. The European Journal of Finance，20（5）：446-462.

Eun C S，Wang L L，Xiao S C. 2015. Culture and R^2. Journal of Financial Economics，115（2）：283-303.

Hofstede G. 1991. Cultures and Organizations：Software of the Mind. Maidenhead：McGraw-Hill：260-261.

Hofstede G. 2011. Dimensionalizing cultures：the Hofstede model in context. Online Readings in Psychology and Culture，2（1）[2024-05-30]. https://doi.org/10.9707/2307-0919.1014.

Stein L C D，Yannelis C，Cornelli F. 2020. Financial inclusion，human capital，and wealth accumulation：evidence from the Freedman's savings bank. The Review of Financial Studies，33（11）：5333-5377.

Yunus M. 2007. Banker to the Poor：Micro-Lending and the Battle Against World Poverty. Ashland：Blackstone Audio Inc.

第二章

技　　术

📖 本章导读：

大数据、人工智能、区块链、云计算与物联网等是支撑金融科技发展的关键技术，本章主要从概念、原理、算法、应用等角度介绍这些技术，帮助读者了解金融科技的底层技术逻辑。

第一节　大　数　据

信息技术的高速发展使得商业活动的方方面面均能以数据形式被记录，形成了海量的大数据。这些数据蕴含着重要的商业价值，值得我们发展各类技术进行挖掘和探索。

一、大数据概述

（一）大数据特征

大数据是指海量的、复杂的数据集，具有规模性（volume）、高速性（velocity）、多样性（variety）、价值性（value）和真实性（veracity）五个特点。

1. 规模性

规模性是指当今社会产生的数据总量爆发式增长，全球创建、捕获的数据规模巨大。国际数据平台 Statista 的调查显示，2010 年至 2023 年，全球每年生成的数据总量呈指数级稳步上升，如图 2-1 所示。

2. 高速性

高速性是指数据的增长速度空前加快。中国信息通信研究院发布的《下一代数据存

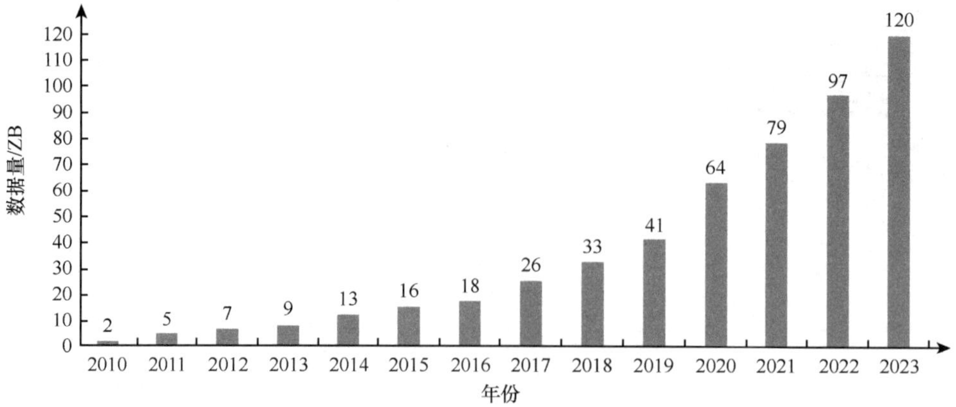

图 2-1　2010 年至 2023 年全球每年产生数据估算

储技术研究报告（2021 年）》显示，天猫平台在 2020 年“双十一”当晚 0 点到 0 点 30 分，订单创建的峰值为每秒 58.3 万笔，是 2009 年第一次开展“双十一”活动峰值的 1457 倍。

3. 多样性

多样性是指数据种类的复杂多样，既包括传统的结构化数据，也包括各种非结构化数据，如文档、网页、图片、视频等。对于不同种类的数据，分析和处理的方法也有所不同。

4. 价值性

价值性是指数据之中包含着巨大的价值。这些价值往往存在于海量的数据中，我们可以使用大数据分析技术将这些价值挖掘出来为人所用。

5. 真实性

真实性是指数据是在真实世界中真实产生的，与真实世界息息相关。数据的真实性和可信赖程度越高，数据的质量就越高。

（二）大数据分类

按照数据类型可以把大数据分为结构化和非结构化数据。结构化数据是具有标准化格式的数据，通常以表格形式呈现，其中行和列清楚地定义数据属性，如一个包含名称、地址和电话号码等列的结构化客户数据表。非结构化数据是除结构化数据以外的一切数据，通常以文本、图像、音频、视频等形式存在。

按照数据来源可以把大数据分为自有系统生成的数据、网络数据和外购数据。自有系统生成的数据是日常活动中自有应用程序产生和储存的数据。网络数据是指通过技术手段从网络上采集的数据。外购数据是指为了经营或研究从第三方或政府处购入的数据。

二、大数据技术

根据大数据处理的流程，大数据技术主要包含大数据的采集、存储、预处理、分析以及可视化技术。

（一）数据采集

大数据处理的第一步是数据采集。当今时代可以采集到的数据十分广泛，例如，企业中不同数据库系统产生的海量数据，如人员事项、企业账目等；业务平台生成的系统日志数据；在网页中利用网络爬虫技术提取的网络数据；从传感器、摄像头等智能终端设备收集到的信号、图片或录像等。

（二）数据存储

数据存储是后续数据处理的基础，可以分为传统关系型数据库存储和非关系型数据库存储。前者将复杂的数据简化为二维表的形式，就像一个大型的 Excel 表格，数据可以分散在不同的表中，这些表相互关联便于查找。常见的关系型数据库包括 SQL Server、MySQL 等。后者能存储文档、音频、视频和图像等各类非结构化数据。常见的非关系型数据库包括 HBase、远程字典服务等。

（三）数据预处理

数据预处理是指对存在缺失、噪声等问题的低质量数据进行预先处理，避免数据质量影响分析结果。数据预处理包括数据清理、数据集成、数据规约、数据变换等过程。

1. 数据清理

数据清理是指发现并纠正数据中可判断的错误，主要包括缺失数据处理和噪声数据处理。前者可以通过忽略该条存在缺失的数据、人工填补缺失值、利用默认值填补缺失值以及利用均值或同类样本的均值填补缺失值进行处理。后者是对被测变量的随机误差和变化进行处理，可以通过计算样本的统计特征来删除偏差较大的数据，或通过分箱、回归等方法等来光滑数据。

2. 数据集成

数据集成是将多个数据源的数据合并形成一个统一数据集合的过程。在数据集成时可能涉及实体识别问题和单位冲突问题。前者是指对来自不同数据源的实体进行识别时需要考虑属性含义是否相同，例如，“电脑”可能指所有类型的电脑或专指笔记本电脑。后者是指现实世界中的同一个概念可能有不同的计量单位，在合并数据库时要避免单位冲突，例如，“价格”可能以美元或人民币等作为单位。

3. 数据规约

数据规约是指从一个较大的数据集中获得一个精简的数据集表示，并使其保持原有数据集信息的完整性，其目的在于减少在庞大数据集上进行分析所需的时间和计算成本。数据规约包括维数规约、数量规约和数据压缩。维数规约通过检测和消除无关、弱相关或重复的属性来实现。最常用的方法是主成分分析，即一种在损失尽可能少信息的前提下把多个指标转化成几个综合指标（主成分）的方法。数量规约是用具有代表性的较小的数据替换原始数据。数据压缩是对数据进行变量变换，以压缩原始的字段或内容。

4. 数据变换

数据变换将不同渠道、不同量级的数据转化成统一的形式。数据变换策略主要包括规范化、数据泛化、属性构造等。规范化是将数值属性按比例进行缩放，以消除不同属性因取值范围的差异而造成的分析结果的偏差，常见的方法包括 Z 分数规范化、最小–最大规范化和小数定标规范化。数据泛化是用更抽象或者更高层次的概念来替代低层次的概念或数据对象，例如，街道社区属性就可以泛化到城市、国家等高层次概念。属性构造是由已有属性集构造新的属性以帮助进行数据分析，例如，通过长和宽属性构造新的面积属性。

（四）数据分析

数据分析是通过统计学、数据挖掘、机器学习等领域的模型和方法对数据进行处理，从而为分析者提供有用信息。这里简要介绍数据挖掘和机器学习领域中常用的三种数据分析方法：关联分析、分类分析和聚类分析。

1. 关联分析

关联分析旨在识别选项之间的相互依存关系，常被用于解决“购物篮分析”问题。通过关联分析，我们可以得到顾客购买一种商品后再购买另一种商品的概率，以此来分析顾客的购物习惯。

1）基本概念

关联分析中选项的集合称为项集。项集 Ω_1 和 Ω_2 同时发生的概率称为关联规则的支持度，记作 $\text{support}(\Omega_1 \Rightarrow \Omega_2) = P(\Omega_1 \cup \Omega_2)$；项集 Ω_1 发生则项集 Ω_2 发生的概率称为关联规则的置信度，记作 $\text{confidence}(\Omega_1 \Rightarrow \Omega_2) = P(\Omega_2|\Omega_1)$。设定支持度的最小值，达到最小支持度阈值的项集称为频繁项集；设定置信度的最小值，频繁项集所蕴含的关联关系达到最小置信度阈值称为强关联规则，否则称为弱关联规则。

表 2-1 展示了八个订单所包含的商品明细。将每个商品称作项，将商品的订单称作项集，k 个项的项集称为 k 项集，如订单 1 中的{A，B}就是 2 项集。设 count(T)为项集的总数，count(X)为包含选项 X 的项集个数，可知表 2-1 中同时购买商品 A 和 B 的订单数有 4 个，所以 $\text{count}(\text{A} \cup \text{B}) = 4$，支持度为 $\text{support}(\text{A} \Rightarrow \text{B}) = \dfrac{\text{count}(\text{A} \cup \text{B})}{\text{count}(T)} = \dfrac{4}{8} = 50\%$。设最小支持度阈值为 30%，项集{A，B}的支持度大于该阈值，所以该项集为频繁项集。

表 2-1 订单明细

订单号	商品
1	A，B

续表

订单号	商品
2	B，D
3	B，C
4	A，B，D，E
5	A，C
6	B，C
7	A，B，C，E
8	A，B，C

频繁项集{A，B}可以构成两个关联规则，分别为$A \Rightarrow B$和$B \Rightarrow A$。在表 2-1 中，购买商品 A 的订单一共有 5 笔，其中有 4 笔也一起购买了商品 B，因此满足$A \Rightarrow B$关联规则的个数为 4，置信度为$\text{confidence}(A \Rightarrow B) = \frac{\text{count}(A \cup B)}{\text{count}(A)} = \frac{4}{5} = 80\%$。同理，购买商品 B 的订单一共有 7 笔，其中有 4 笔也一起购买了商品 A，因此满足$B \Rightarrow A$关联规则的个数为 4，置信度为$\text{confidence}(B \Rightarrow A) = \frac{\text{count}(A \cup B)}{\text{count}(B)} = \frac{4}{7} = 57\%$。设最小置信度阈值为 60%，那么只有$A \Rightarrow B$达到最小置信度阈值，是强关联规则，表明顾客在购买商品 A 时很大可能也购买商品 B。

2）关联规则挖掘

关联规则挖掘通常分为两步。第一，计算支持度，找出所有的频繁项集；第二，计算所有频繁项集所蕴含的关联关系的置信度，从而找出强关联规则。关联规则挖掘中，在庞大的数据集中搜寻频繁项集并不容易，需要通过特定的算法来实现。常见的有 Apriori 算法、频繁模式增长（frequent pattern growth，FP-growth）算法等，下面介绍 Apriori 算法。

Apriori 算法的思想源自一种先验性质，即频繁项集的所有非空子集也一定是频繁的。基于此性质，我们可以从频繁（k–1）项集中找到频繁 k 项集，这样就缩小了搜寻范围，提高了频繁项集的产生效率。具体地，为找出频繁 k 项集，先通过频繁（k–1）项集自身两两合并产生候选 k 项集，然后扫描所有候选 k 项集获得支持度，判定其任一（k–1）项子集是否频繁，若频繁则保留，若不频繁则删除，该过程称为剪枝。利用这一过程，从频繁 1 项集产生频繁 2 项集，再从频繁 2 项集产生频繁 3 项集，以此类推，直到找不到满足最小支持度阈值的频繁项集为止。

Apriori 算法的应用过程如图 2-2 所示。假设最小支持度阈值为 25%，设 I_k 为候选 k 项集的集合，L_k 为频繁 k 项集的集合。

第一，对数据集进行第一次扫描，获得{A}、{B}、{C}、{D}、{E}五个候选 1 项集的集合 I_1，分别对每个项集的出现次数计数。

第二，通过比较支持度，I_1 中所有项集均满足最小支持度阈值，生成频繁 1 项集的集合 L_1。

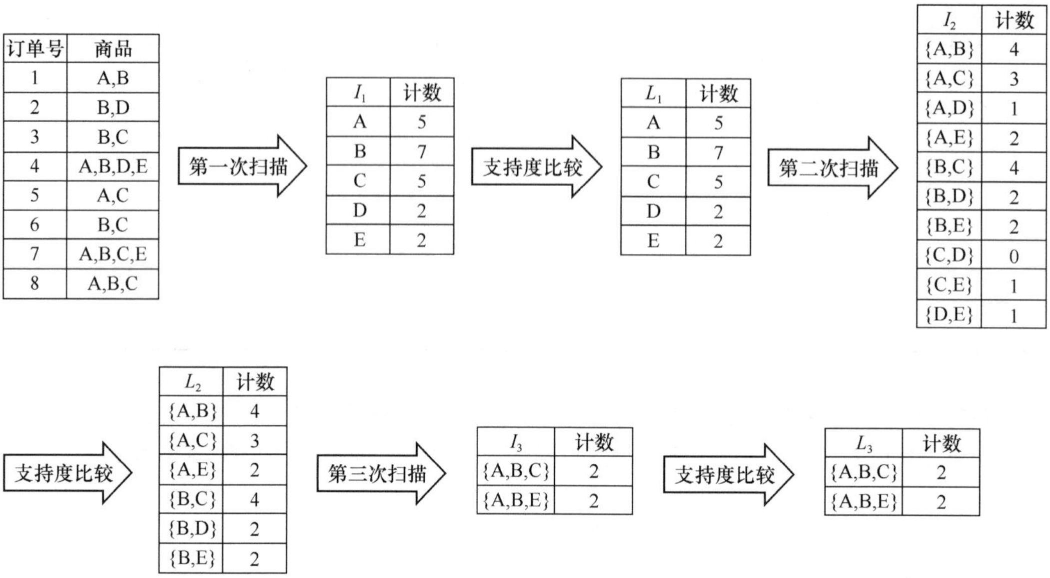

图 2-2 Apriori 应用过程

第三，为了发现频繁 2 项集的集合 L_2，将频繁 1 项集两两合并产生候选 2 项集的集合 I_2。扫描数据集，计算 I_2 中每个候选项集的支持度。

第四，与最小支持度阈值比较，得到频繁 2 项集的集合 L_2。

第五，经两两合并由 L_2 产生候选 3 项集的集合 I_3={{A, B, C}，{A, B, E}，{A, B, D}，{A, C, E}，{B, C, D}，{B, C, E}}。根据先验性质，频繁项集的所有子集必须是频繁的，可以确定后四个候选一定不是频繁的，需要被减去，这样得到频繁 3 项集的集合 L_3。

第六，经两两合并由 L_3 产生候选 4 项集的集合 I_4={A, B, C, E}，根据先验性质，项集{A, B, C, E}被剪去，因为{A, C, E}不是频繁的。这样，$I_4=\varnothing$。至此 Apriori 算法结束，找出了所有的频繁项集。

在通过 Apriori 算法找出所有的频繁项集之后，接下来需要由频繁项集找出强关联规则。例如，频繁 3 项集{A,B,C}可以产生的关联规则及其置信度如下：

$$\{A,B\}\Rightarrow\{C\}，\text{confidence}=\frac{2}{4}=50\%$$

$$\{A,C\}\Rightarrow\{B\}，\text{confidence}=\frac{2}{3}=66.7\%$$

$$\{B,C\}\Rightarrow\{A\}，\text{confidence}=\frac{2}{4}=50\%$$

$$\{A\}\Rightarrow\{B,C\}，\text{confidence}=\frac{2}{5}=40\%$$

$$\{B\}\Rightarrow\{A,C\}，\text{confidence}=\frac{2}{7}=28.6\%$$

$$\{C\}\Rightarrow\{A,B\}，\text{confidence}=\frac{2}{5}=40\%$$

当最小置信度阈值为 60%时，只有关联规则$\{A,C\} \Rightarrow \{B\}$达到该条件，是强关联规则，即如果一个人购物时同时买了 A 和 C 两个商品，那么他就很大可能会购买 B 商品。

2. 分类分析

分类分析通过对已有不同类别数据的特征进行学习，从而构建分类模型对未知数据的类别进行判断和预测。

1）基本过程

分类过程包含两个阶段：学习阶段和分类阶段。其基本过程如图 2-3 所示。在学习阶段，利用分类算法学习已知类别的训练集的分类规律以获得合适的模型参数；分类阶段则使用得到的分类模型对新的未知类别的数据进行分类。但在这之前，先要用测试数据评估分类模型的可靠性。若未通过测试，需要返回学习阶段继续改进模型；若可靠性在可接受范围内，则该模型为可用分类模型，然后再使用该模型对新数据进行分类。

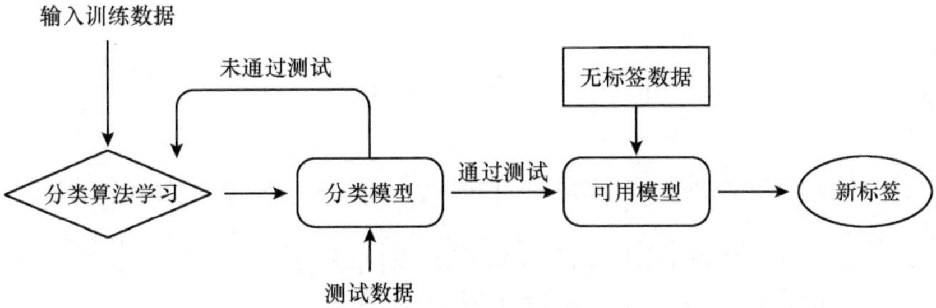

图 2-3　分类基本过程

2）决策树算法

常用的分类算法包括决策树算法、k-最近邻方法、朴素贝叶斯算法、支持向量机算法等。决策树算法因分类过程简单、分类结构容易理解而应用广泛，下面介绍该算法。

决策树的工作过程类似于树形流程图：树的顶层节点是根节点，每棵树的内部节点表示在某个划分属性上的测试，每个分支代表测试结果的输出，每个叶节点上存放一个类标号。图 2-4 展示了一棵决策树，图中的内部节点用矩形表示，末端节点用椭圆形表示。构造决策树的关键是内部节点划分属性的选择，我们需要尽可能找到好的划分属性，使得最后获得的类别中的数据基本都属于一类，减少误分类情况。迭代二叉树 3 代，简称 ID3，该算法用信息增益来度量样本集的信息的不确定性变化。信息增益越大，信息的不确定性减少程度越大。因此，选择信息增益最大的属性作为划分属性。

给定带标签数据集 D，其中有类 C_i（i=1, 2, ⋯, n）和划分属性 F_j（j=1, 2, ⋯, m），其中属性 F_j 具有 w_j 个取值$\{f_{j1_j}, f_{j2_j}, \cdots, f_{jw_j}\}$。例如，一个贷款申请数据集中有类 C_1“同意贷款”和类 C_2“不同意贷款”。该数据集包括 4 个属性：“年龄”“是否有工作”“是否有房子”“信贷情况”。其中，属性“信贷情况”具有 3 个取值：{一般，好，非常好}。

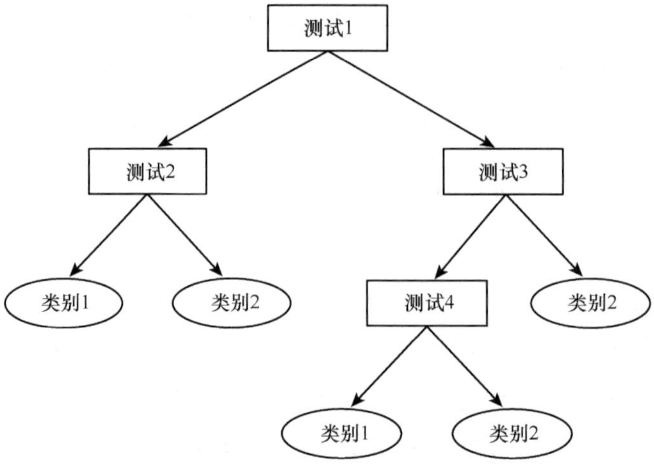

图 2-4　决策树

熵（entropy）是根据标签分类度量数据集信息的不确定性。数据集 D 的熵由下式给出：

$$\text{Info}(D) = -\sum_{i=1}^{n} p_i \log_2(p_i) \tag{2-1}$$

其中，p_i 表示第 i 类样本所占的比例，即 $p_i = \dfrac{|C_i|}{|D|}$，$|C_i|$ 为属于类 C_i 的样本个数，$|D|$ 为样本个数。熵越大，数据集 D 的信息的不确定性就越大。

若属性 F_j 作为划分属性，该属性将数据集 D 划分为 w_j 个子集 $\{D_{1_j}, D_{2_j}, \cdots, D_{w_j}\}$，这些子集就是新产生的 w_j 个分支节点。其中，第 k 个分支节点 D_{k_j} 包含数据集 D 中属性 F_j 取值为 f_{jk_j} 的样本。条件熵是给定属性 F_j 划分数据集后的条件下度量数据集的信息不确定性，由下式给出：

$$\text{Info}_{F_j}(D) = \sum_{k=1}^{w} \frac{|D_{k_j}|}{|D|} \times \text{Info}(D_{k_j}) \tag{2-2}$$

其中，D_{k_j} 的熵 Info(D_{k_j})由式（2-1）计算得出。$|D_{k_j}|$（k=1, 2, ⋯, w）表示按属性 F_j 将数据集划分为 w_j 个子集后，第 k 个子集所包含的数据的个数。信息增益表示使用属性 F_j 划分后数据集 D 的信息的不确定性减少的程度，即 $\text{Gain}(F_j) = \text{Info}(D) - \text{Info}_{F_j}(D_{k_j})$。信息增益越大，则使用该属性划分后的纯度提升越大，因此选择信息增益最大的属性作为决策树内部节点的划分属性，不断迭代生成决策树分类模型，并根据此分类模型对未知类别的数据进行分类。

3）计算示例

以股票发行价格为例，我们想要通过市场上已有公司的股票发行价格情况来构造分类模型，从而预测还未进行 IPO 的公司的发行价格是高还是低，表 2-2 展示了 7 家公司股票发行情况的详细信息。本示例使用 ID3 算法，使用信息增益作为决策树内部节点的划分属性的选择标准。

表 2-2 公司股票发行信息

上市公司	利润水平	公司前景	风险水平	市场需求	发行价格
1	较低	优秀	有风险	较高	低
2	较低	优秀	有风险	一般	低
3	中等	优秀	有风险	较高	高
4	较高	较差	有风险	较高	高
5	较高	普通	安全	较高	高
6	较高	普通	安全	一般	低
7	中等	普通	安全	一般	高

在本例中，记公司股票发行情况的数据集为 D，包含的样本量个数为 7，用 $|D|$ 表示。“发行价格”有 2 个不同值，即{高，低}，设类 C_1 对应于“高”，类 C_2 对应于“低”。有 4 个属性，分别为“利润水平”“公司前景”“风险水平”“市场需求”。首先计算数据集 D 的熵：

$$\text{Info}(D)=-\sum_{i=1}^{n}p_i\log_2(p_i)=-\frac{4}{7}\log_2\left(\frac{4}{7}\right)-\frac{3}{7}\log_2\left(\frac{3}{7}\right)=0.985$$

然后计算使用各个属性划分后数据集 D 的条件熵。以“利润水平”为例，该属性将数据集 D 分为 3 个子集，D_1、D_2、D_3 分别是属性“利润水平”取值为“较低”、“较高”和“中等”的样本子集。其中隶属于“较高”子集的数据有 3 个，即 $|D_2|=3$。由此计算使用属性“利润水平”进行划分后的数据集 D 的条件熵：

$$\begin{aligned}\text{Info}_{\text{利润水平}}(D)&=\sum_{k=1}^{w}\frac{|D_k|}{|D|}\times\text{Info}(D_k)\\&=\frac{2}{7}\times\left(-\frac{0}{2}\log_2\left(\frac{0}{2}\right)-\frac{2}{2}\log_2\left(\frac{2}{2}\right)\right)+\frac{3}{7}\times\left(-\frac{2}{3}\log_2\left(\frac{2}{3}\right)-\frac{1}{3}\log_2\left(\frac{1}{3}\right)\right)\\&\quad+\frac{2}{7}\times\left(-\frac{2}{2}\log_2\left(\frac{2}{2}\right)-\frac{0}{2}\log_2\left(\frac{0}{2}\right)\right)\\&=0.394\end{aligned}$$

最后，计算属性“利润水平”对数据集 D 的信息增益：

$$\text{Gain}(\text{利润水平})=\text{Info}(D)-\text{Info}_{\text{利润水平}}(D)=0.985-0.394=0.591$$

该结果表示在按照“利润水平”划分的情况下，数据集 D 的信息的不确定性程度将会减少 0.591。同理，可计算出“公司前景”“风险水平”“市场需求”这三个属性的信息增益分别为：Gain(公司前景)=0.198，Gain(风险水平)=0.020，Gain(市场需求)=0.128。“利润水平”属性的信息增益最大，选其作为划分属性。图 2-5 展示了基于“利润水平”属性对根节点进行划分的结果。

“利润水平=较低”和“利润水平=中等”可直接分类预测发行价格，接下来仅对“利润水平=较高”分支节点做进一步划分。该节点包含子集合 D_2 中的{4, 5, 6}，基于

D_2 计算出各属性的信息增益：Gain(D_2, 公司前景)=0.252；Gain(D_2, 风险水平)=0.252；Gain(D_2, 市场需求)=0.918。可见“市场需求”取得了最大的信息增益，选其作为划分属性。最终得到决策树如图 2-6 所示。

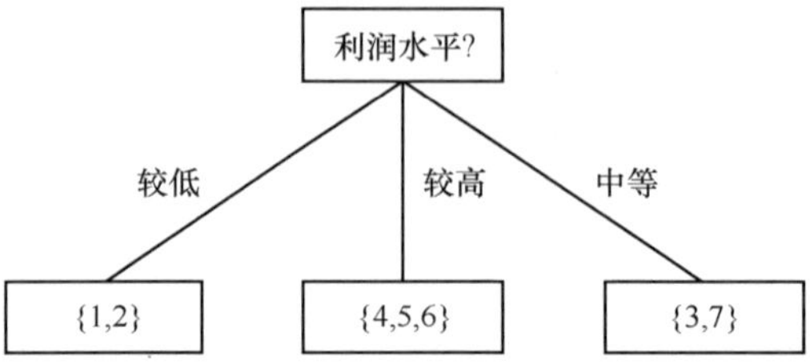

图 2-5 基于“利润水平”属性对根节点进行划分

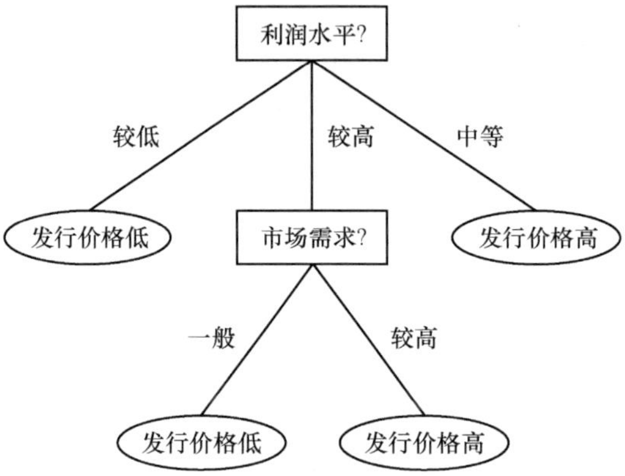

图 2-6 基于信息增益生成的决策树

3. 聚类分析

聚类分析与分类分析最大的不同在于，聚类时并不知道对象所属的类别，而是让算法根据对象间的相似和相异程度划分成若干类别，这个类别在聚类中被称为簇。聚类的最终目标是使簇内对象尽可能相似，而簇间对象尽可能相异。

1）*K*-均值算法

聚类分析具有代表性的算法有 *K*-均值、均值偏移等。其中 *K*-均值算法容易实现，聚类效果不错，应用十分广泛。*K*-均值算法的基本过程如下：首先从数据集中随机选择 *K* 个对象作为初始簇中心，然后计算每个对象到各个簇中心的距离，并把每个对象分配到离其最近的簇中，再重新计算每个簇的均值，这个均值就是新的簇中心。*K*-均值算法就是不断重复上述过程，直到各个簇内的对象不再发生变化。

2）计算示例

为了帮助读者更好地理解算法过程，下面给出一个 *K*-均值算法具体实例。某证券公司打算根据客户投资基金和股票的不同比例, 将 10 个客户分为 4 类。这 10 个客户的基金、股票投资金额如下：A(7, 5)，B(2, 7)，C(6, 2)，D(5, 4)，E(1, 2)，F(7, 7)，G(3, 1)，H(5, 3)，I(1, 8)，J(2, 2)。其中，字母代表客户，括号中的数字分别代表基金、股票的投资金额。下面利用 *K*-均值算法对这 10 个客户自动进行聚类。假设初始的 4 个簇中心分别是 A、B、C、

D 四个客户，距离度量使用欧氏距离，其计算公式为 $d=\sqrt{(x_1-x_2)^2+(y_1-y_2)^2}$ 。

第一步，计算距离，划分簇。表 2-3 展示了各数据点到簇中心的欧氏距离，如 A、B 之间的欧氏距离为 $\sqrt{(7-2)^2+(5-7)^2}=\sqrt{29}$ 。根据各点到簇中心的欧氏距离，将每个点分配到与其最近的簇中，得到以下 4 个簇：簇 1——A，F；簇 2——B，I；簇 3——C，G；簇 4——D，E，H，J。

表 2-3 各点到簇中心的欧氏距离

数据点	A(7,5)	B(2,7)	C(6,2)	D(5,4)
A(7,5)	0	$\sqrt{29}$	$\sqrt{10}$	$\sqrt{5}$
B(2,7)	$\sqrt{29}$	0	$\sqrt{41}$	$\sqrt{18}$
C(6,2)	$\sqrt{10}$	$\sqrt{41}$	0	$\sqrt{5}$
D(5,4)	$\sqrt{5}$	$\sqrt{18}$	$\sqrt{5}$	0
E(1,2)	$\sqrt{45}$	$\sqrt{26}$	$\sqrt{25}$	$\sqrt{20}$
F(7,7)	$\sqrt{4}$	$\sqrt{25}$	$\sqrt{26}$	$\sqrt{13}$
G(3,1)	$\sqrt{32}$	$\sqrt{37}$	$\sqrt{10}$	$\sqrt{13}$
H(5,3)	$\sqrt{8}$	$\sqrt{25}$	$\sqrt{2}$	$\sqrt{1}$
I(1,8)	$\sqrt{45}$	$\sqrt{2}$	$\sqrt{61}$	$\sqrt{32}$
J(2,2)	$\sqrt{34}$	$\sqrt{25}$	$\sqrt{16}$	$\sqrt{13}$

第二步，更新簇中心。计算簇内所有样本的均值，从而构成新的簇中心 C_i 。

$$C_1=\left(\frac{7+7}{2},\frac{5+7}{2}\right)=(7,6)$$

$$C_2=\left(\frac{2+1}{2},\frac{7+8}{2}\right)=(1.5,7.5)$$

$$C_3=\left(\frac{6+3}{2},\frac{2+1}{2}\right)=(4.5,1.5)$$

$$C_4=\left(\frac{5+1+5+2}{4},\frac{4+2+3+2}{4}\right)=(3.25,2.75)$$

计算得到新的簇中心分别为(7, 6)、(1.5, 7.5)、(4.5, 1.5)、(3.25, 2.75)。

第三步，算法迭代与终止。不断重复上述计算步骤，直到各个簇内的对象不再发生变化。最终的簇中心为：$C_{\text{end}-1}$ =(7, 6)，$C_{\text{end}-2}$ =(2, 4.5)，$C_{\text{end}-3}$ =(5.33, 3)，$C_{\text{end}-4}$ = (1.67, 3.67)。相应的簇划分为：簇 1——A，F；簇 2——B，J；簇 3——C，D，H；簇 4——E，G，I。

经过以上分析，能够初步判断不同簇中客户的投资偏好。如簇 1 的客户基金和股票都经常投资，簇 2 的客户相比基金更喜欢股票，簇 3 的客户相比股票更喜欢基金，簇 4

的客户很少投资基金。

（五）数据可视化

数据可视化是利用图表和图像等视觉元素，以更直观的方式呈现数据的价值，有助于用户理解复杂的数据并支持决策和交互探索。数据可视化将海量数据转化为图像和动画等，允许用户通过选择、悬停等操作与数据互动，生成自定义数据或分析以支持实时决策。例如，在金融领域，将金融数据可视化可以帮助分析师和决策者更好地理解市场趋势、资产分布和投资风险。常见的可视化工具主要有 Tableau、Power BI、ECharts 等。

第二节　人工智能

以机器学习和深度学习为代表的人工智能算法旨在挖掘并有效地利用海量复杂数据，形成符合数据规律的数学模型，实现智能化决策。

一、人工智能概述

（一）人工智能概念

人工智能概念起源于图灵测试（Turing，1950）。图灵测试是指在测试者与被测试者分隔的情境下，测试者通过键盘等装置向被测试者随意提问，然后测试者通过被测试者的回答来判断被测试者是人还是机器。如果多次测试下，机器使得测试者的平均误判率超过 30%，那么这台机器就算通过测试，被认为具有人类智能。

人工智能这一正式术语是由麦卡锡（McCarthy）于 1956 年在美国达特茅斯会议上首次提出的。他认为，“人工智能是机器所做出的行为，看起来像是自然人在生活和工作中所表现出来的会思考并且会执行的智能行为一样”。自此之后，不同学者结合自身研究背景从不同角度赋予了人工智能不同的定义。例如，麻省理工学院教授温斯顿（Winston）在《人工智能》一书中指出，“人工智能就是研究怎样运用计算机技术来完成过去只有自然人能够完成的工作的学科”。近年来，学术界将人工智能界定为用于模拟和扩展人的智能，辅助甚至代替人们实现包括识别、认知、分析、决策等功能的一种横跨计算机科学、统计学、数学、社会科学等诸多领域的交叉学科。

（二）人工智能分类

人工智能根据是否真正具备自我意识以及思考和解决问题的能力强弱被分为弱人工智能、强人工智能和超强人工智能三种类型。

1. 弱人工智能

弱人工智能在特定领域表现出一定的智能行为，但其没有自主意识，不能真正地实现推理，唯一的标准就是任务程序能够自动正确执行。

2. 强人工智能

强人工智能是在各领域能和人类比肩的人工智能。强人工智能可以通过模拟人类感知系统来获得听觉、视觉等感知能力，并以一定自我意识来解决问题。

3. 超强人工智能

超强人工智能是人工智能发展的终极形态。人工智能思想家博斯特罗姆（Bostrom）认为：“超强人工智能是在包括科学创新和社交技能在内的几乎所有领域都比人类大脑聪明的智能系统。”

（三）人工智能的发展历程

1. 第一阶段：初创时期（1936—1956年）

人工智能始于20世纪30—50年代，这一时期有几项与人工智能相关的重要科学技术相继产生。首先是早期的计算机技术，冯·诺依曼（von Neumann）所提出的计算机体系架构为现代计算机发展指明了方向，奠定了人工智能的硬件基础。其次是人工神经元模型，1943年美国心理学家麦卡洛克（McCulloch）和数理逻辑学家皮茨（Pitts）合作提出一种模拟人脑生物神经元的数学神经元模型，这是人工神经网络的雏形。最后是由美国数学家维纳（Wiener）于1948年提出的控制论，控制论是一种关于具有自我调整、自适应、自校正功能的机器的理论。控制论研究的许多问题与人工智能不谋而合，为人工智能的发展提供了坚实的理论基础。

2. 第二阶段：形成时期（1957—1969年）

20世纪60年代，为了模拟复杂的人类思考过程，科学家针对人工智能诸多问题进行了深入的研究，如人工神经网络、知识表达、学习算法等，使得这些方面的理论基础都出现了长足的进步。虽然囿于当时的计算机性能，很多理论并未得以实现，但它们为20年后人工智能的实际应用奠定了基础。

3. 第三阶段：发展时期（1970—1992年）

20世纪70年代初，美国学者霍兰德（Holland）创建了以达尔文进化论思想为基础的计算模型，称为遗传算法。1982年，美国生物学家霍普菲尔德（Hopfield）提出了Hopfield神经网络模型，在人工智能的诸多应用问题上取得了良好的效果。人工智能研究者纷纷将目光聚焦于人工神经网络上。人工神经网络助力了当代深度神经网络和深度学习技术的全面爆发，推动人工智能的发展进入了第四阶段。

4. 第四阶段：大突破时期（1993年至今）

21世纪初，以深度学习为代表的人工智能技术取得巨大的成功，对于人工智能的发展而言达到了大突破时期。例如，在全世界最知名的图像识别竞赛ImageNet中，基于深度学习的算法每年都刷新着识别正确率的最高纪录。2015 年，ImageNet 竞赛中的冠军 ResNet 算法已经达到了比人眼更高的识别准确率。自然语言处理、计算机视觉、推荐算法等领域也在这一时期凭借着深度学习的发展获得了空前的进步。

知识拓展：ChatGPT

2022 年 11 月 30 日，美国人工智能实验室 OpenAI 推出全新的对话式通用人工智能工具 ChatGPT。根据全球财富管理机构 UBS（瑞银集团）发布的研究报告，ChatGPT 仅在两个月内就吸引了上亿月活跃用户，成为有史以来用户增长最为快速的消费者应用程序，掀起了人工智能领域的技术浪潮。

ChatGPT 的核心技术主要包括特定的 GPT 基础模型以及训练这一模型的钥匙，即基于人工反馈的强化学习。GPT 模型是一种使用 Transformer 架构的自然语言处理模型，通过学习网络上已有的大规模文本数据，如 BooksCorpus、Wikipedia、Common Crawl、ROOT 等，获得了语言理解和文本交互能力。虽然 GPT 可以生成流畅的回复，但有时回复内容并不符合人类的预期。OpenAI 认为符合人类预期的回复应该具有真实性、无害性和有用性，为了具备以上特征，OpenAI 在 2022 年初发表的工作论文“Training language models to follow instructions with human feedback”（《通过人类反馈的指令训练语言模型》）中提出引入人工反馈机制。这种基于人工反馈的训练模式称为基于人类反馈的强化学习，它是按照人类指令尽可能生成无负面影响结果的重要技术，能够在很大程度上减小大模型生成回复与人类回复之间的偏差。

ChatGPT 充分发挥了 GPT 自然语言处理模型和基于人类反馈的强化学习等技术作用，使其能够理解和生成多轮对话，文本交互能力接近于人类水平，具备强交互、强理解和强生成三大能力。强交互能力表现在通过多轮对话，ChatGPT 可以对过往聊天内容进行再学习，在对话中不断改进输出文本的质量；强理解能力表现在能够分析用户模糊的语言，准确理解用户意图，辨别对话中不正确的提问，拒绝不适当的请求；强生成能力表现在能够按照要求生成用于不同场景、不同形式的文字，包括邮件、小说、论文和代码等。

二、人工智能技术

（一）人工智能的技术体系

人工智能按照从下到上的层次结构可以划分为基础层、算法层、技术层和应用层。算力、数据、算法是人工智能的关键要素。基础层提供了训练所需的数据和计算力。算法层是使得计算机具有智能行为的方式和途径。技术层所开发的通用技术，如计算机视觉、语音识别、自然语言处理等技术，为人工智能实际应用提供了支撑。应用层解决实践问题，实现不同领域场景下的落地应用，提供产品、服务和解决方案。

1. 基础层

基础层为人工智能提供数据资源和计算力支持。基础层中的传感器和数据库技术负责数据的收集和存储，计算硬件为数据计算提供所需的计算能力。

2. 算法层

作为人工智能的核心，算法层赋予机器智能。机器学习算法使得计算机能够从过去的数据或经验中学习；深度学习算法源自神经元以及神经网络的研究，通过模拟人脑进行分析学习，解释数据。随着技术发展和应用的深入，深度学习逐渐成为人工智能领域的研究热点和前沿。

1）机器学习

机器学习算法是从有限的观测数据中学习出具有一般性的规律，并可以将总结出来的规律推广到未观测样本上，即从数据中学习得到模型并在新的数据上运用模型。基于学习方式的不同，可以将机器学习划分为监督学习、无监督学习、半监督学习三种模式。

监督学习是指从有标签的训练数据中推导出预测模型，根据模型来推测新的数据样本的学习方式。其中提到的标签可理解为结论，如房价预测问题中未来的房价、图片分类任务中图片上动物的种类。常见的监督学习算法包括逻辑回归、支持向量机、神经网络等。

无监督学习的训练数据均没有标签。这意味着人类不提供任何经验信息，让计算机独自探索数据中的内部结构以及规律。常见的无监督算法包括聚类和降维等。

半监督学习只有一部分的训练数据包含标签。通常训练数据中无标签的样本居多，带有标签的样本较少。半监督学习算法包括图论推理算法、流形学习算法等。

2）深度学习

深度学习以原始数据作为输入，通过构建多隐藏层神经网络模型和海量训练数据，来学习更有用的特征，最终提升分类或预测的准确性。常见的深度学习算法主要包括卷积神经网络、循环神经网络，它们通过模仿生物神经网络的结构和功能，让机器能够像人类一样思考和判断。

3. 技术层

为了让智能体对图片、文本、语音等各种形式的信息具备感知、识别、理解的能力，衍生出了计算机视觉、语音识别、自然语言处理等几大技术，如图 2-7 所示。这些技术所展现出的功能也越来越完备和强大，能够在一定程度上实现对人脑功能的拟合和替代，甚至在某些领域的能力已经超过了人类。计算机视觉是指利用计算机实现人的视觉功能，对图像、视频等目标进行识别、定位、跟踪和判断决策，使得计算机处理的信息变成更适合人类观察或传输给机器自动检测的形式。语音识别是指以语音为研究对象，通过语音信号处理和模式识别让机器自动识别和理解人类语音，实现对人类听觉系统的模拟。自然语言处理是指利用计算机来处理、理解以及运用自然语言文本，完成机器翻译、对话、问答等任务，使得机器理解并生成人类的语言。

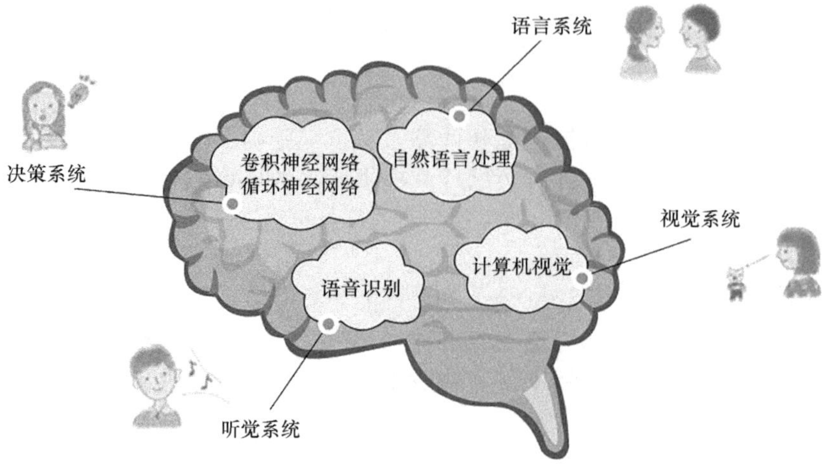

图 2-7　人工智能技术体系与人脑功能的对比

4. 应用层

在实际应用中，人工智能可以为人们提供智能化的服务和产品，代替人类完成某些工作，使得人们的生产生活更加高效便捷。

第一，人工智能实现自动化应用。人工智能将耗时耗力、重复的管理任务委托给机器，让人们能专注于更复杂、更具挑战性和创造性的工作内容。例如，手写字符识别通过使用自然语言处理技术和文字识别技术自动识别手写文档中字符、数字或符号，减少了人工干预的需求，大幅提高了工作效率。

第二，人工智能实现功能化应用。人工智能能够处理文本、图像、视频等更复杂的信息，从而代替人类实现某些功能。例如，语音识别接口能够处理人类的语音信息并执行语音指令，完成降低温控器温度或打开电视频道等任务。

第三，人工智能实现预测性应用。人工智能不仅可以深入了解已经发生的事情，还能分析正在发生的事情和预测未来可能发生的事情，并且随着处理数据量的增加，人工智能观察和预测的准确性不断提高。例如，根据在电商平台上浏览或购买历史数据，人工智能预测用户可能需要的物品，辅助企业进行营销决策。

案例：阿里云 ET 城市大脑

阿里云 ET 城市大脑是国家首批新一代人工智能开放创新平台，可以对城市进行全局实时分析，自动调配公共资源，修正城市运行中的缺陷，帮助每个城市的管理者实现城市的智能化管理，让数据成为城市的核心竞争力。

城市大脑体系架构如图 2-8 所示。城市大脑为城市治理、城市服务、城市产业等提供了一系列的数据智能解决方案。例如，在城市事件感知和智能处理方面，城市大脑通过视频识别交通事故，融合互联网数据及接警数据，即时对全面的城市突发情况进行感知，结合智能车辆调度技术进行联合指挥调度，事件发生后处理的平均时长降低；在社区与安全方面，城市大脑用视频分析技术为整个城市建立索引，并使用算法对视频进行

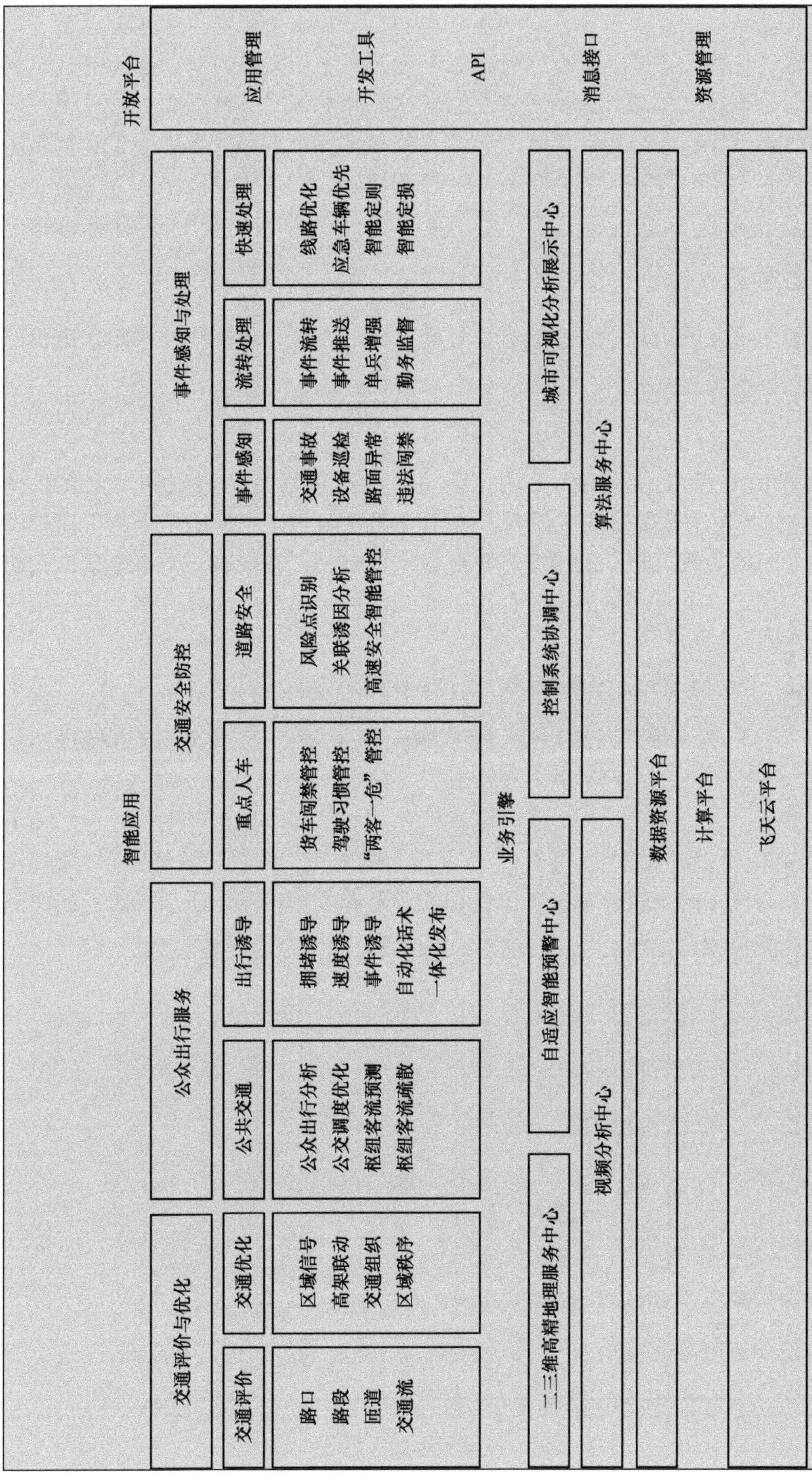

图 2-8　城市大脑体系架构

API 即 application program interface，应用程序接口

实时识别和分析，提升城市安全质量；在交通拥堵和信号控制度方面，城市大脑通过电子地图、交警微博、视频数据等的融合，对高架和地面道路的交通现状做全面评价，精准分析和锁定拥堵原因，优化调控全城的信号灯，从而降低区域拥堵程度、缩短通行时间。在杭州萧山的试用阶段，杭州有128个信号灯路口由城市大脑管理，其中在杭州主城区，城市大脑调控了24个区域的红绿灯，通行时间减少了15.3%。

资料来源：阿里云官网

（二）机器学习

本节介绍机器学习发展历程中一些具有里程碑意义的方法，包括线性回归、逻辑回归、神经网络和支持向量机。

1. 线性回归

线性回归属于监督学习中常用的方法，由19世纪生物学家兼统计学家高尔顿（Galton）在研究父代与子代身高关系时首次提出。线性回归试图使用一个超平面刻画自变量和因变量之间的关系。超平面维度与自变量个数有关，若仅含一个自变量，则超平面为一条直线。仅含一个自变量的模型称为一元线性回归模型，而含有多个自变量的模型称为多元线性回归模型。

给定含有 m 个样本的原始数据集，$D=\{(x_1,y_1),(x_2,y_2),\cdots,(x_m,y_m)\}$，其中 $x_i=(x_{i1},x_{i2},x_{i3},\cdots,x_{id})^{\mathrm{T}}$ 为 d 维列向量，每一维代表一个自变量，$y_i \in R$，多元线性回归模型可以表示为

$$\hat{y}_i=\langle w,x_i\rangle+b \tag{2-3}$$

其中，w 为 d 维列向量；b 为标量；$\langle w,x_i\rangle$ 为 w 与 x_i 的内积。以一元线性回归为例，w 和 b 从几何意义上可以理解为线性函数图像的斜率与截距，如图2-9所示。线性回归的核心问题为寻找最优参数 w^* 和 b^*，使其函数线段能最大限度拟合样本集数据分布。

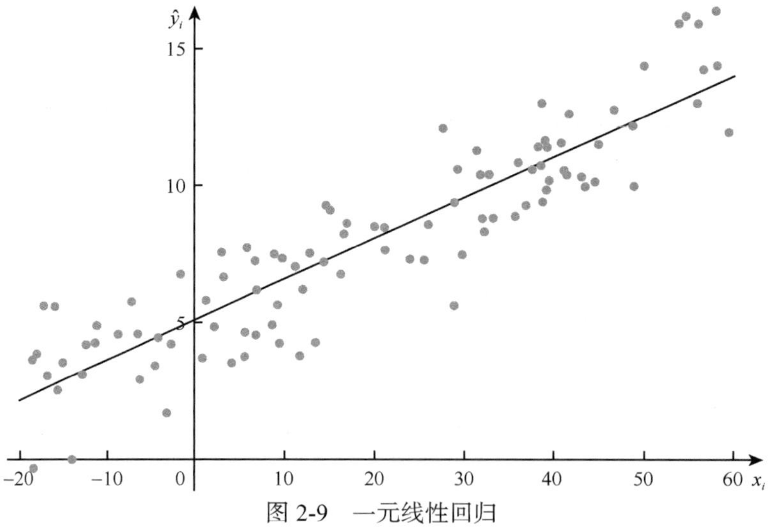

图2-9 一元线性回归

任意取一组 w 和 b，均可根据输入的 x_i 得到对应预测值 $\hat{y}_i$，但需要确定一个指标来评价拟合效果“好”还是“不好”。一个直观的想法是，若预测值 $\hat{y}_i$ 与真实值 y_i 相差甚远，便说明这个超平面并不能很好地拟合数据的分布。因此根据均方误差最小化定义最小二乘损失函数：

$$L(w,b)=\sum_{i=1}^{m}\left(y_i-\hat{y}_i\right)^2 \tag{2-4}$$

将式（2-3）代入式（2-4），得到式（2-5）：

$$\left(w^*,b^*\right)=\underset{w,b}{\arg\min}\sum_{i=1}^{m}\left(y_i-\langle w,x_i\rangle-b\right)^2 \tag{2-5}$$

求解 w 和 b 使 $L(w,b)$最小化的过程称为线性回归模型的最小二乘参数估计。可以分别对 w、b 进行求导运算，直接得到最优的 w^*、b^*，也可以使用梯度下降法对 w、b 进行迭代更新，直到满足预定义的终止条件。

2. *逻辑回归*

逻辑回归属于监督学习的方法，但与线性回归适用的场景不同，逻辑回归主要用于分类问题，原因在于两者的因变量不同。线性回归要求因变量为连续变量，而逻辑回归要求因变量为离散变量。如图 2-10 所示，当因变量为离散值如{0, 1}时，我们无法用一条直线来很好地拟合数据分布，此时可以利用概率映射函数，将预测输出值 $\hat{y}_i$ 转换为预测该样本属于某一类的概率 p。

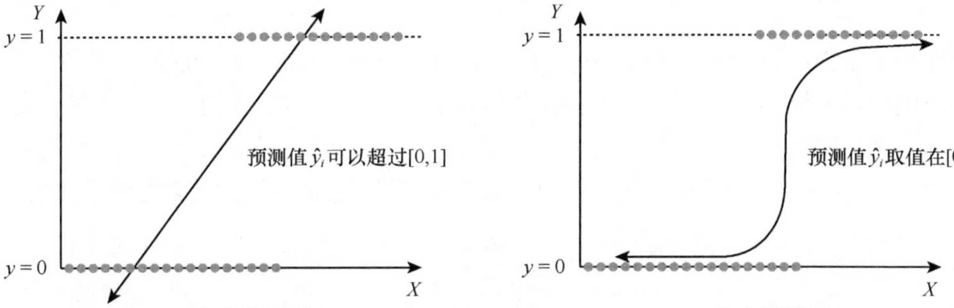

图 2-10 线性回归与逻辑回归

以二分类问题为例，逻辑回归采用的概率映射函数为 Sigmoid 函数，表示为 $g(z)=\dfrac{1}{1+\mathrm{e}^{-z}}$。$g(z)$ 的值域为[0, 1]，符合概率分布情况。由于逻辑回归的目的是把线性回归的预测值转化为概率，其形式为

$$f(x)=\frac{1}{1+\mathrm{e}^{-(\langle w,x\rangle+b)}} \tag{2-6}$$

通常，我们认为 $f(x_i)$ 代表 x_i 属于正样本的概率，则 $1-f(x_i)$ 代表 x_i 属于负样本的概率，则有式（2-7）和式（2-8）：

$$P\left(y_i=1\middle|x_i\right)=f\left(x_i\right)=\frac{1}{1+\mathrm{e}^{-(\langle w,x_i\rangle+b)}} \tag{2-7}$$

$$P\left(y_i=0\middle|x_i\right)=1-f\left(x_i\right)=\frac{1}{1+\mathrm{e}^{(\langle w,x_i\rangle+b)}} \tag{2-8}$$

其中，y_i为类别标签，取值 1 或 0，分别代表正样本和负样本。假设训练样本集为（x_i，y_i），$i=1, 2, \cdots, m$，其中 x_i 为 n 维特征向量，y_i 为类别标签，取值为 1 或 0。由于各个样本之间相互独立，我们可以通过极大似然法来估计模型参数 w 和 b，定义似然函数为

$$L(w,b)=\prod_{i=1}^{m}P\left(y_i\middle|x_i,w\right) \tag{2-9}$$

其中，$P(y_i\mid x_i,w)=f\left(x_i\right)^{y_i}\left(1-f\left(x_i\right)\right)^{1-y_i}=\left(\frac{1}{1+\mathrm{e}^{-(\langle w,x_i\rangle+b)}}\right)^{y_i}\left(\frac{1}{1+\mathrm{e}^{(\langle w,x_i\rangle+b)}}\right)^{1-y_i}$。似然函数代表数据集内所有样本被 w 和 b 正确分类的概率，我们的目的是寻找到最优参数 w^* 和 b^*，使得似然函数最大化。由于连乘求导困难，我们将似然函数对数化，对数化不改变函数单调性也不影响最终参数的估计，更利于计算，则有式（2-10）：

$$\left(w^*,b^*\right)=\arg\max_{w,b}\left(\ln L(w,b)\right)=\arg\max_{w,b}\left(\sum_{i=1}^{m}\left(y_i\ln f(x_i)+(1-y_i)\ln\left(1-f(x_i)\right)\right)\right) \tag{2-10}$$

式（2-10）是一个关于 w, b 的凸优化问题，利用一些常见的优化算法如梯度上升法、共轭梯度法等均可解出最优参数。

3. 神经网络

神经网络于 20 世纪中叶提出，是一种模仿生物神经网络结构和功能的计算模型，神经网络体现出的学习能力类似于生物大脑接收外界刺激后，大脑下达指令进行调整、做出反应的过程。神经网络模型通常分为输入层、隐藏层和输出层，层与层之间采用全连接的方式，而同一层神经元之间则相互独立。图 2-11 展示了只包含一个隐藏层的神经网络。

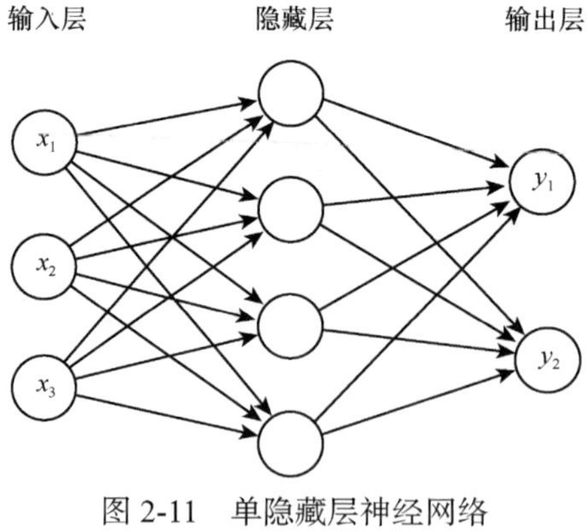

图 2-11　单隐藏层神经网络

神经元是神经网络最基础的运算单位，组合在一起构成形如生物神经网络的网状模型，单个神经元的结构如图 2-12 所示。在这个结构中，神经元先接收来自其他神经元的

n 个输入，这些输入在求和节点内与连接权重 $(w_1, w_2, \cdots, w_n)$ 做内积，再与偏置项 b 相加，接着通过激活函数 f 进行非线性变换后，得到该神经元的输出 t，作为下一层的神经元的输入继续参与运算。

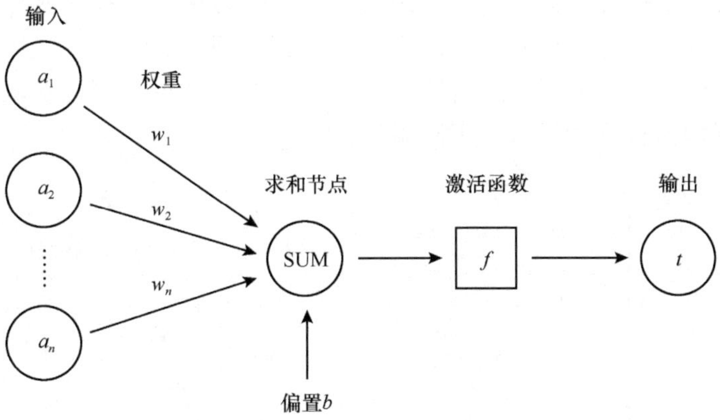

图 2-12 单个神经元结构

激活函数在神经网络中的作用是引入非线性因素，倘若没有激活函数，神经网络的每一层输出都将为初始输入的线性变换。激活函数使神经网络拥有了逼近复杂非线性函数的能力。常见的激活函数包括 Step、ReLU 以及 Sigmoid，如图 2-13 所示。

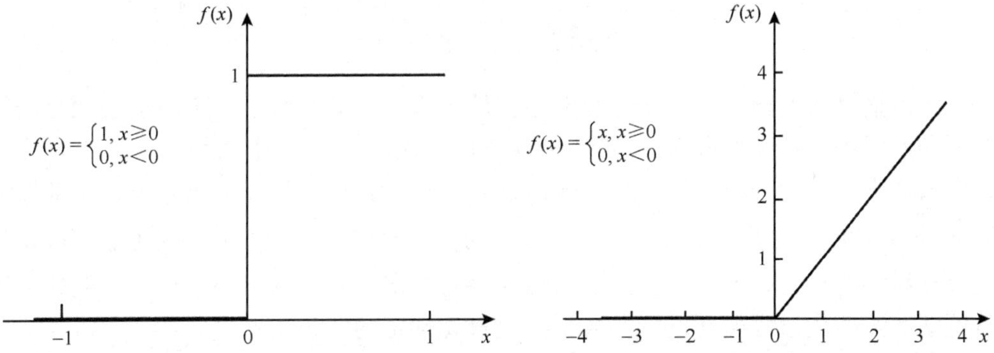

（a）Step （b）ReLU

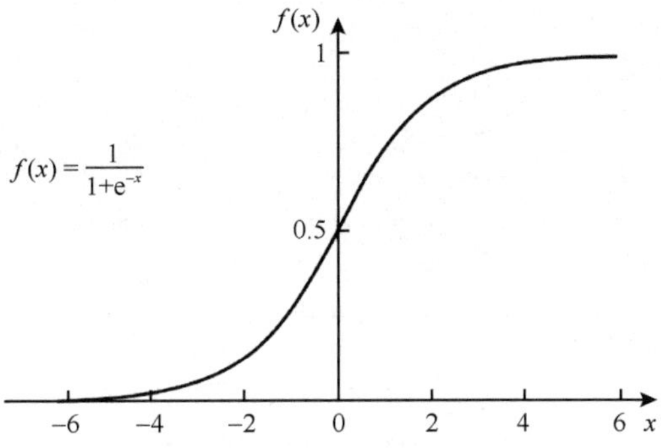

（c）Sigmoid

图 2-13 Step、ReLU、Sigmoid 激活函数

神经网络的学习方式为通过训练调整连接权重以及偏置项的数值。很长一段时间内，神经网络的发展都被训练算法的效率所制约，直到 1974 年美国科学家韦伯斯（Werbos）在他的博士论文中提出了反向传播（back propagation，BP）算法，为神经网络的学习训练提供了一种高效可行的解决途径。反向传播算法基于梯度下降策略，以目标的负梯度方向对参数进行调整。它的提出使得神经网络的训练过程从无梯度的数值方法中脱离出来，大幅提高了神经网络的运算效率。图 2-14 展示了二次函数的梯度，从中可以看出损失函数沿梯度的反方向下降最快。

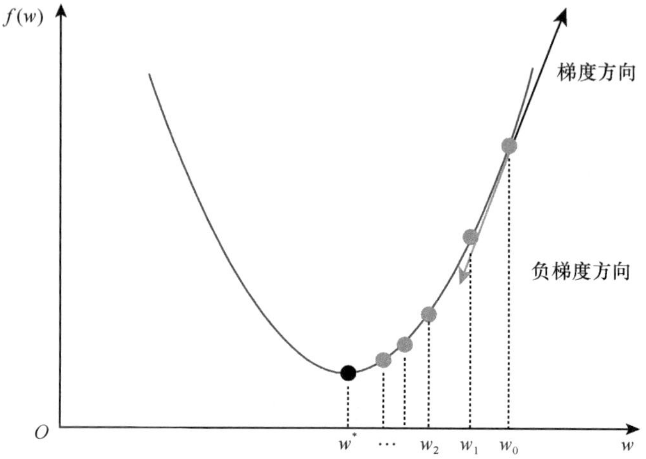

图 2-14　二次函数的梯度

反向传播算法的核心思想是神经网络在外界输入样本刺激下，不断动态调整网络连接权重和偏置项，以使网络输出不断地接近期望的输出，其工作流程如图 2-15 所示。首先，输入样本，经过神经网络运算后输出预测结果；其次，计算输出层误差，即模型预测值 $\hat{y}_i$ 与真实值 y_i 的差异，再将这个误差反向传播至隐藏层神经元，利用输出误差估计隐藏层神经元的误差；最后，根据隐藏层神经元的误差来对网络中的权重与偏置项进行调整更新。该迭代过程循环进行，直到满足事先预定的终止条件。

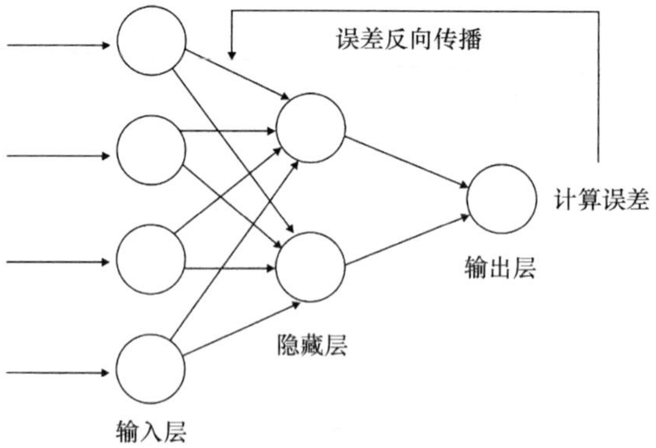

图 2-15　反向传播工作流程

4. 支持向量机

支持向量机是一种监督学习分类方法，由“统计学习理论之父”万普尼克（Vapnik）于 1995 年提出。支持向量机的提出源于这样一个问题：给定一个二分类样本集 $D=\{(x_1, y_1), (x_2, y_2), \cdots, (x_m, y_m)\}$，其中 $i=1, 2, \cdots, m$, x_i 是训练元组，具有类标号 y_i。每个 y_i 可以取值+1 或–1，分别对应正样本和负样本，即 $y_i \in \{-1, +1\}$。假定这个样本集是线性可分的，则可以寻找到很多超平面能将样本划分开，我们应该选择哪一个呢？直观来看，应该选择两类样本最“中间”的超平面，即最大边缘超平面，如图 2-16 所示。

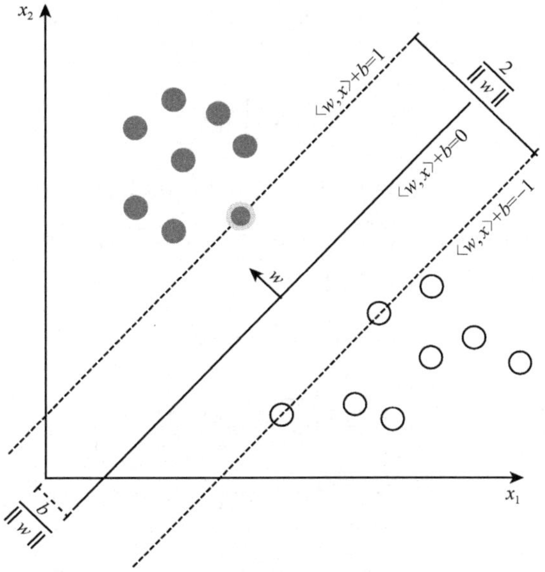

图 2-16 线性可分数据集上的分类超平面

如果这些训练数据是线性可分的，此时称之为硬间隔支持向量机。硬间隔支持向量机是指存在一个超平面 $\langle w,x\rangle+b=0$ 将不同类别的样本分开，其中 $w=(w_1, w_2, \cdots, w_n)$ 为分隔超平面的法向量，n 为属性数，b 为截距，$\langle w,x\rangle$ 表示线性乘积。样本空间中任意点 x 到超平面（w, b）的距离为

$$d=\frac{|\langle w,x\rangle+b|}{\|w\|} \tag{2-11}$$

其中，$\|w\|$ 为欧几里得范数，即 $\sqrt{w\times w}$。假设超平面（w,b）能够正确地将两类训练样本点划分开，对于正样本，即 $y_i=+1$，则有 $\langle w,x\rangle+b>0$；对于负样本，即 $y_i=-1$，则有 $\langle w,x\rangle+b<0$。结合两个不等式得到 $y_i(\langle w,x\rangle+b)\geqslant 0$，$i=1, 2, \cdots, m$。通过调整权重使得定义边缘“侧面”的超平面可以记为 $\langle w,x\rangle+b\geqslant 1$，$y_i=+1$；$\langle w,x\rangle+b\leqslant -1$，$y_i=-1$。结合两个不等式得到：

$$y_i(\langle w,x\rangle+b)\geqslant 1,\quad i=1, 2, \cdots, m \tag{2-12}$$

如图 2-16 所示，距离超平面最近的样本点使得式（2-12）的等号成立，它们被称为支持向量。其中超平面 $\langle w,x\rangle+b=1$ 和 $\langle w,x\rangle+b=-1$ 的距离称为间隔，即 $\frac{2}{\|w\|}$。我们的目标是找到具有最大间隔的超平面，也就是找到能满足式（2-13）中约束的参数 w 和 b，使得 $\frac{2}{\|w\|}$ 最大，即

$$\begin{aligned}&\max_{w,b}\ \frac{2}{\|w\|}\\ &\text{s.t.}\quad y_i\left(\langle w,x_i\rangle+b\right)-1\geqslant 0,\ \ i=1,2,\cdots,m\end{aligned}\tag{2-13}$$

该模型等价于：

$$\begin{aligned}&\min_{w,b}\ \frac{1}{2}\|w\|^2\\ &\text{s.t.}\quad y_i\left(\langle w,x_i\rangle+b\right)-1\geqslant 0,\ \ i=1,2,\cdots,m\end{aligned}$$

上式就是支持向量机的原问题，注意到这是一个凸二次规划问题，我们可以利用一阶条件得到最佳参数 w^* 和 b^*，分类函数如下所示：

$$\begin{aligned}f(x)&=\operatorname{sgn}\left(\langle w^*,x\rangle+b^*\right)\\ &=\operatorname{sgn}\left\{\sum_{i=1}^{N}\alpha_i y_i\langle x_i,x\rangle+b^*\right\}\end{aligned}$$

即如果 $\langle w^*,x\rangle+b^*>0$，支持向量机会将样本标签标记为+1；如果 $\langle w^*,x\rangle+b^*<0$，则标记为−1。

在实际情况中，若遇到无法完全线性可分的数据集，我们可以使用软间隔支持向量机，对错分的点进行一定的惩罚，以此处理线性不可分数据集。此外，还有一种方式是利用核技巧，将样本映射到高维空间进行分类，此时称之为核支持向量机。

（三）深度学习

1. 卷积神经网络

1962 年神经生物学家胡贝尔（Hubel）和威泽尔（Wiesel）在研究猫的脑皮层工作中发现视觉皮层中的单个神经元不会对整个输入图像进行处理，而是只接受某一区域的刺激，并逐层向下传递。每个神经元所能反应的刺激区域被称为感受野。在卷积神经网络中，感受野可以理解为神经网络中每一个输出层上的元素在输入层上映射的区域，如图 2-17 所示。简单神经网络需要处理的参数个数多，从而降低计算速度并容易产生过拟合现象。卷积神经网络的提出则是利用自身网络特性，降低参数个数以解决这些问题。卷积神经网络具有如下特点：第一，局部连接，每个神经元不需要连接到前一层的所有神经元，而是仅连接部分神经元，从而减少参数和加速收敛过程；第二，权重共享，参与卷积过程中的卷积核的元素保持不变，也就是说，不同的感受区域可

以共享相同的权重，从而进一步减少训练参数；第三，池化操作通过降低数据维度达到减少参数个数的目的。

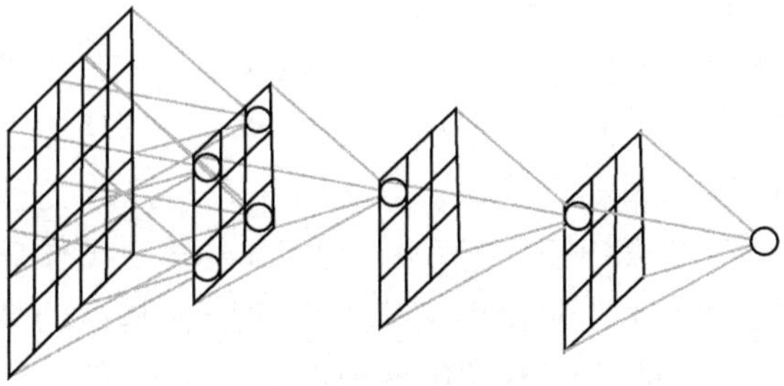

图 2-17 感受野

卷积神经网络常用于图像分类任务。此处以图像为例，对卷积神经网络的用途与结构进行分析。卷积神经网络是利用感受野的思想将输入数据转变为特征向量，进而完成图像的分类。卷积神经网络的基本结构包括输入层、卷积层、池化层、全连接层及输出层。灰度图像作为彩色图像中的单一通道，在计算机中以数值为 0 到 255 之间的二维矩阵表示，其中每一个元素代表其所在位置像素的灰度值。如图 2-18 所示，A 表示灰度图像的输入矩阵，K 表示卷积过程中的卷积核，B 是特征图，又称为特征向量，是输入矩阵与卷积核经过卷积计算后的结果。

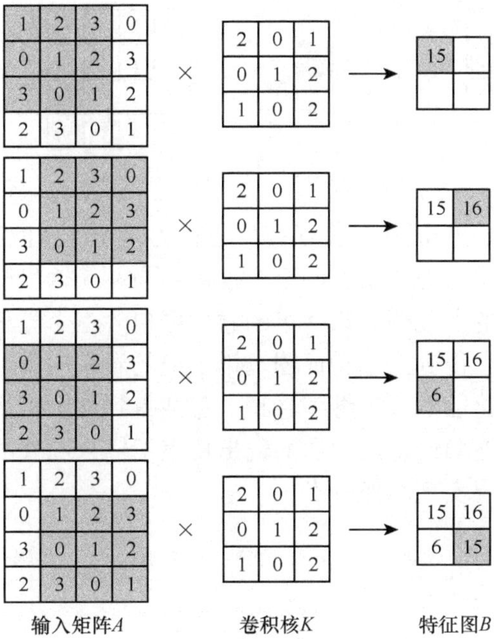

图 2-18 卷积计算流程

卷积计算可以表示为式（2-14）：

$$B(i,j)=\sum_{m=1}^{3}\sum_{n=1}^{3}K(m,n)A(m+i-1,n+j-1) \tag{2-14}$$

其中，m 和 n 为卷积核元素位置，上界为 3 表示卷积核大小为 3×3；i 和 j 为特征图元素位置，此式代表了特征图 B 中的每一个元素为输入矩阵的阴影部分与卷积核对应元素的点乘，例如，特征图 B 中第一个元素为

$$B(1,1)=1\times 2+2\times 0+3\times 1+0\times 0+1\times 1+2\times 2+3\times 1+0\times 0+1\times 2=15$$

对于同样的输入矩阵，不同的卷积核可以生成不同的特征图，从而实现诸如图像边缘检测、锐化和模糊等不同卷积操作。卷积核由神经网络的前向传播与反向传播自动优化生成，避免了手动提取特征。卷积神经网络在卷积操作后通常会使用激活函数在神经网络中引入非线性特征。池化层又称下采样层，其目的是降低特征图的维度，并且保持重要的信息。常用的池化方式包括最大值、最小值与平均值池化。图 2-19 详细展示了最大池化的流程，输入矩阵阴影部分中的最大值构成输出矩阵的元素。全连接层代表该层神经网络的所有神经元都与下一层的所有神经元连接。卷积神经网络中的卷积层与池化层会对输入矩阵进行特征提取。全连接层则是利用提取好的特征，最终完成分类任务。

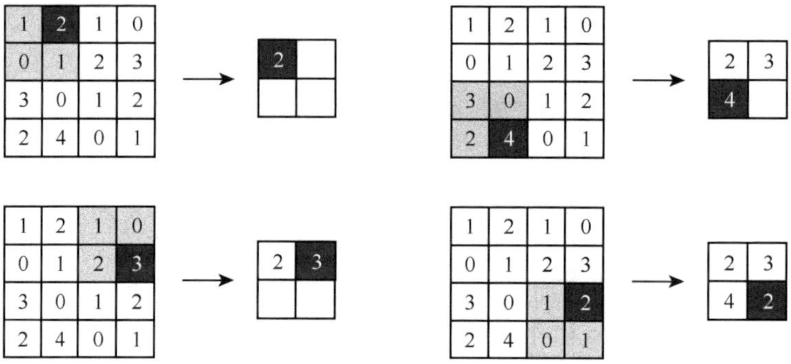

图 2-19　最大池化流程

图 2-20 展示了一个用于图像分类任务的完整的卷积神经网络结构。该网络包括输入层，两组卷积层、激活层与池化层，两个全连接层与一个输出层。输入层为一张彩色图片，可以分为三个通道的灰度图。第一组的卷积层包含三个卷积核，分别对三个通道的灰度图像进行卷积操作，得到三个特征图。第二组的卷积层中存在六个卷积核，每个卷积核分别对第一组的池化层的输出继续卷积，总共得到六个特征图，然后这六个特征图继续进行池化操作。最终第二组池化层的输出代表了输入图像的抽象特征，将其作为全连接层的输入，在输出层实现图像分类。

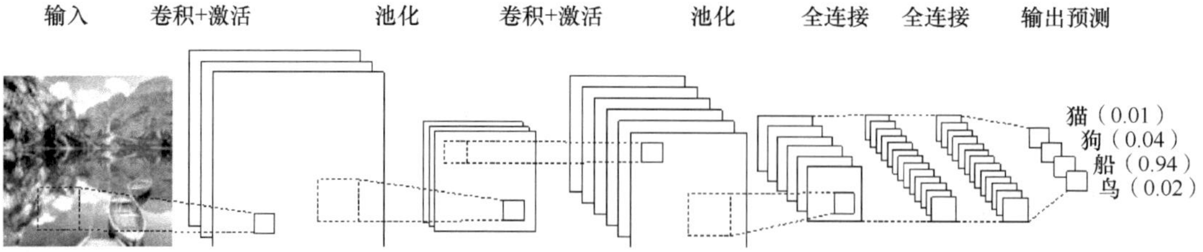

图 2-20　卷积神经网络结构

卷积神经网络在金融领域具有广泛的应用前景。投资者情绪与股票市场波动密切相关，以往从新闻中挖掘投资者情绪的研究着眼于对新闻文本的分析。视觉心理学研究表明，图片会比文字更有效地传递情感信息，原因在于人们阅读图片时会进行语义加工，这个过程增强了对图片所表达情感的认知。投资者情绪通过影响投资行为进而影响股票价格。消极情绪和积极情绪分别促使投资者大量抛售股票和买入股票，使得股票价格非理性下跌和上涨。随着情绪的减弱，股票价格会回归市场价值。Obaid 和 Pukthuanthong（2022）从《华尔街日报》14 余万篇新闻报道的照片中提取投资者情绪，证实了投资者情绪和股票价格的关系。他们通过卷积神经网络判断每张照片传递的情绪是积极还是消极，使用每日消极情绪照片数量的占比 PhotoPes 衡量投资者情绪的消极程度，然后对未来一周股票市场指数回报进行回归，公式如下：

$$R_t = \beta_1 \text{PhotoPes}_{t-1} + \beta_2 \text{PhotoPes}_{t-2} + \beta_3 \text{PhotoPes}_{t-3} + \beta_4 \text{PhotoPes}_{t-4} + \beta_5 \text{PhotoPes}_{t-5} + \beta_6 X_t + \varepsilon_t \quad (2\text{-}15)$$

其中，被解释变量 R_t 为股票市场指数的对数日回报率；PhotoPes_{t-i} 为未来第 i 个交易日的投资者情绪；X_t 为星期、市场活跃程度等控制变量。回归结果如表 2-4 所示，PhotoPes_{t-1} 的系数显著为负，说明投资者的消极情绪会使未来首个交易日的股票市场指数下跌。PhotoPes_{t-2} 和 PhotoPes_{t-5} 的系数显著为正，说明消极情绪引起的市场指数下跌会在接下来第二个和第五个交易日出现反转效应，体现了图像信息在股票收益预测方面的重要性。

表 2-4　PhotoPes 对股票市场指数日回报率的回归结果

变量	股票市场指数的对数日回报率
PhotoPes_{t-1}	-0.041^{*}（-1.80）
PhotoPes_{t-2}	0.051^{*}（1.89）
PhotoPes_{t-3}	-0.030（-1.21）
PhotoPes_{t-4}	0.024（1.05）
PhotoPes_{t-5}	0.059^{**}（2.23）
控制变量	控制
调整后的 R^2	0.038
样本量	3044

注：括号内的数字表示 t 值

*、**分别表示显著性水平为 10%、5%

一图胜过万语千言。卷积神经网络能够将图像中的丰富内容转化为金融研究的关键指标，帮助人们发现金融市场的运行规律。人工智能技术的发展为挖掘金融市场的信息提供了新的技术手段，为利用多样的数据开展研究创造了便利。

2. *循环神经网络*

简单神经网络通常用于处理截面数据，当输入数据具有关联性且是序列模式时，简单神经网络往往难以取得良好的模型表现。1990 年埃尔曼（Elman）提出了循环神经网络，循环神经网络通过让隐藏层中神经元相互交流信息，使得隐藏层上的回路连接能将前一时刻的网络信息传递给当前时刻，当前时刻的信息再次传递给下个时刻，因此循环神经网络适用于处理序列数据。循环神经网络的结构包括了输入层、隐藏层和输出层。典型循环神经网络在 t 时刻展开，如图 2-21 所示，X_t 是输入层的输入，S_t 是隐藏层的输出，O_t 为输出层的输出。此外，从图 2-21 中可以看出，S_t 同时取决于 X_t 与 S_{t-1}。循环神经网络的计算方法可以用式（2-16）和式（2-17）来表示：

$$O_t = g\left(V \times S_t\right) \tag{2-16}$$

$$S_t = f\left(U \times X_t + W \times S_{t-1}\right) \tag{2-17}$$

其中，V 为隐藏层到输出层的权重矩阵；f、g 为神经网络的激活函数；U 为输入层到隐藏层的权重矩阵；W 为隐藏层时点之间的权重矩阵。因为该结构可以保持数据中的依赖关系，所以循环神经网络串联的网络结构非常适合于序列数据，如音频、视频和文本等。

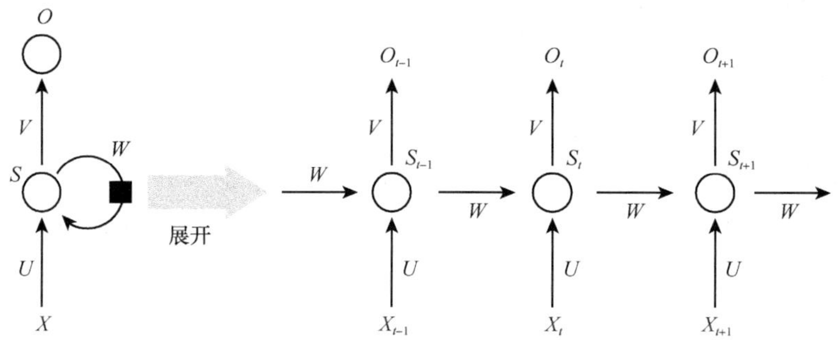

图 2-21 循环神经网络结构

循环神经网络利用样本间的相关信息，能够很好地处理序列化数据并做出预测与分析。由于人类的语言文字是序列化数据，因此循环神经网络在自然语言处理领域有着极其广泛的应用，如文本生成、智能问答等。

第三节 区块链技术

随着第一个去中心化交易的比特币系统出现并成功运行至今，其背后的区块链技术受到了广泛关注。本节介绍比特币的产生动机、交易机制、技术体系，以及区块链的发展历程及核心技术。

一、比特币产生动机

在线支付系统为人们使用电子货币完成支付活动提供了便利。然而，目前的在线支付系统大都是中心化的系统，即货币的收付清算是通过中心机构如中央银行进行的，而不是收付双方直接进行，因此存在以下问题。第一，系统的运作依赖中心机构，攻击者一旦获得对中心机构的访问权就能通过篡改记录进行双重支付，即重复使用已经使用过的货币，或是破坏中心机构使整个系统无法运行。第二，中心机构垄断货币的发行，可能加剧通货膨胀。第三，中心机构在交易、清算、结算等环节收取服务费，增加了支付成本。第四，交易者须将个人信息提供给中心机构，可能面临信息泄露的风险。为了解决这些问题，2008年中本聪（Nakamoto）提出了一种比特币支付系统，使支付能够在无需中心机构的情况下点对点地进行。该系统使用分布式账本记录所有交易，利用密码学技术和账本的链式结构提高篡改记录的成本，有效降低双重支付发生的可能。通过将支撑系统运作的能力分散在各个节点，避免系统因单一节点受到破坏而停止工作，保障支付活动的安全。

二、比特币交易机制

比特币系统是一个分布式公共账本，这个账本与物理账本类似，根据粒度从小到大可分为交易、区块和区块链，对应物理世界的交易记录、账页和账本。比特币系统的功能、机制和技术支撑如图2-22所示。

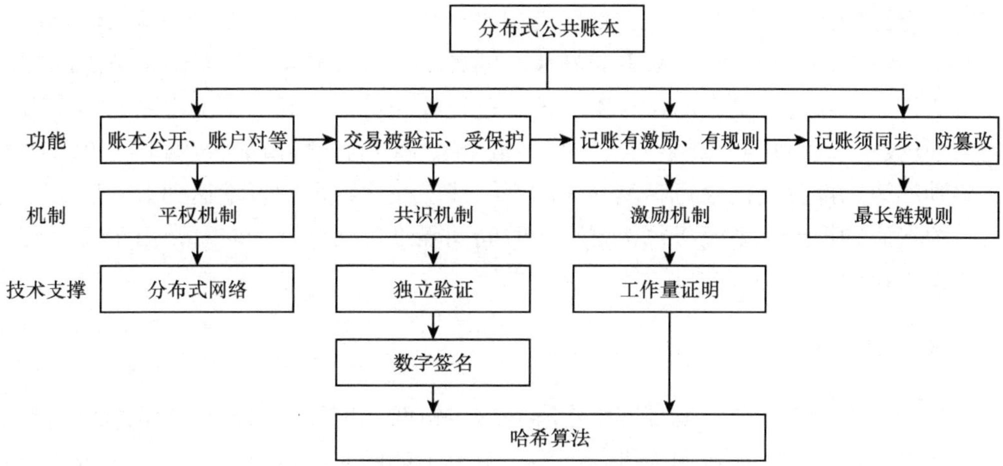

图2-22 比特币系统的功能、机制和技术支撑

（一）比特币系统的功能

要维护好该账本，比特币系统需要具备以下四个功能。第一，账本公开、账户对等。系统中的所有节点须具有平等参与记账的权利，并且可以查看完整账本，保障账本的真实可信。第二，交易被验证、受保护。每一笔交易的有效性都须经过所有节点的独立验证，通过节点的共同认可确保交易的安全。第三，记账有激励、有规则。系统激励节点自发参与记账，遵守统一规则，为记账创造公平竞争的环境。第四，记账须同步、防篡改。篡改交易记录会带来双重支付的问题。系统制定规则促使各节点就账本的更新达成一致，同步更新总账本，有效防止交易记录被篡改。

（二）比特币系统的机制

比特币系统通过以下四个机制来保障系统功能的实现。

1. 平权机制

任何人都可以随时加入系统成为节点。系统中无特殊地位的节点，所有节点在验证交易、参与记账等各项事务中的权利平等。整个系统只有一个账本，向全网公开，节点可自行搭载数据库模块进行下载。

2. 共识机制

所有人无须身份验证即可自由加入或退出系统，并能完全匿名地进行交易。为防止恶意行为，系统设置了一系列规则对交易的有效性进行验证，只有通过验证的交易才能得到执行。由于没有权威中心节点，交易是否有效取决于各节点验证后形成的共识。

3. 激励机制

为激励节点参与记账，系统对每一次记账赋予奖励。奖励分为两部分，第一部分是一笔特定金额的比特币，由系统直接转入记账者的账户，这也是发行比特币的手段。由于比特币系统去中心化，转账从发起到执行的各个环节都需要经过系统中节点的共同验证，最终记账者获得一笔新的比特币，这个过程称为铸币交易。每次记账的比特币奖励最初为 50 枚，以后每四年减半一次，直到整个系统中的比特币数量达到 2100 万枚的上限。奖励的第二部分是记录每一笔交易的手续费。在比特币发行量达到上限后，系统仅通过手续费激励记账。系统将每次记账的时间间隔维持在十分钟左右，由于铸币交易通过记账得到执行，比特币的供应能够维持稳定。

4. 最长链规则

最长链规则是指当节点发现网络中存在多条链时，应该沿着最长的链继续记账，其作用首先是保证节点的记账同步进行。多个节点可能同时制造出新区块，并向其他节点广播。由于信息在网络中的传递存在延时，不同节点最先收到的区块可能不同，导致账本出现分歧。根据最长链规则，只要延长等待时间，就会产生一条唯一的最长链成为公认的正确链。其次是防止交易记录被篡改。账页按时间顺序链接成链，这一链式结构使得最长链上的记录最难被篡改。只要掌握大多数算力的节点都能遵守最长链规则，就能不断提高篡改记录的成本，从而避免双重支付的发生。

最长链规则是节点权衡利弊之后的自愿选择。节点获得的记账奖励只有在得到 100 次确认，即记账沿着最长链继续进行 99 次后才被允许消费。制造分叉链取代现有最长链要求节点控制的算力超过最长链上所有节点控制算力的总和，需要的成本使其几乎不可能实现，即使实现，也会因信任崩溃造成比特币贬值而使节点得不偿失。

（三）比特币的节点

为实现以上机制，网络中的节点需具有四个不同功能：第一，路由功能，用于在节点之间传递信息，使所有节点都能访问完整账本；第二，钱包功能，用于管理账户和发起交易，使交易不断产生，是系统运行的基础；第三，数据库功能，用于验证交易，使交易的真实性得到保障；第四，挖矿功能，用于记账，使交易得到执行，也保证交易记录不被篡改。所有节点均具有路由功能，根据其他功能的配置情况可以将节点分为全节点、轻节点和挖矿节点三类。如图 2-23 所示，不同节点通过形成不同的功能性网络，共同支持比特币系统的运行。

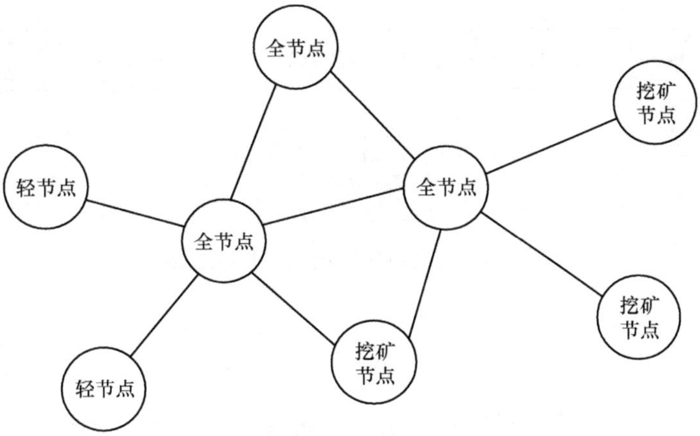

图 2-23　比特币系统的网络结构

1. 全节点

全节点是具有数据库功能的节点。全节点同步并存储了完整账本，能够独立验证记账内容的有效性，起着维护比特币系统运行的作用。运行全节点需要的存储空间大，对终端的硬件和运行时长有较高要求。

2. 轻节点

轻节点是具有钱包功能的节点。轻节点可以验证节点发起的交易是否被写入账本，但不参与整个系统的维护。由于无须保存完整账本，需要的存储空间小，普通的笔记本电脑、手机就能运行。

3. 挖矿节点

挖矿节点是具有挖矿功能的节点。“挖矿”是节点记账的过程，该过程需要付出较高的成本且获得的奖励随时间递减，与矿工挖掘贵金属的过程相似，因此称为“挖矿”，挖矿者称为“矿工”。由于挖矿需要验证交易，挖矿节点可以向相邻的全节点请求数据，或者自行搭载数据库功能成为独立挖矿节点。成功记账需要通过竞争算力的方式赢得记账权，因此挖矿节点通常会搭载算力出众的专业设备。

图 2-24 展示了比特币系统的运作流程，即交易不断发起并得到执行的过程。节点发起交易并广播至全网，在通过验证后会被记录进区块，验证后的区块被链接至最长链末尾标志着交易的完成。

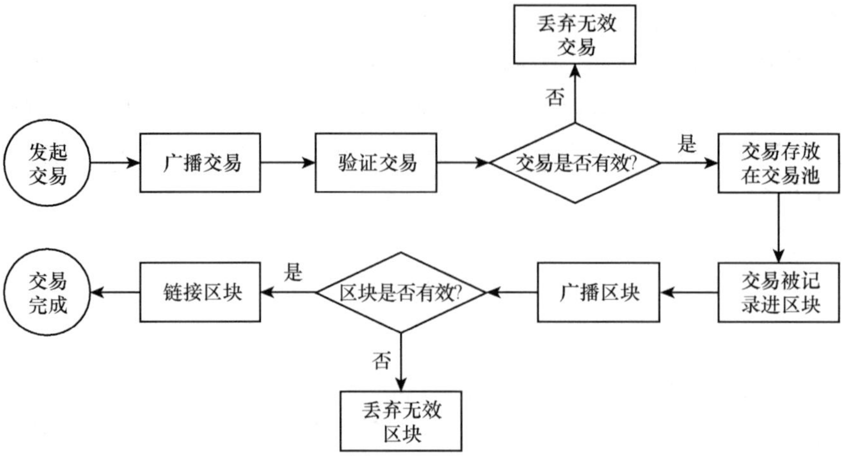

图 2-24　比特币系统的运作流程图

三、比特币技术体系

比特币系统的技术体系包括哈希算法、分布式网络、独立验证、数字签名、工作量证明等五种技术。其中，哈希算法是比特币系统运行的基础，在数字签名、工作量证明中都会用到；分布式网络支撑了平权机制；独立验证支撑了共识机制，其核心是通过数字签名支撑进行身份验证；工作量证明支撑了激励机制。

（一）哈希算法

哈希算法是一种映射方法，能够将任意长度的输入映射输出为固定长度的字符串，这个字符串即为哈希值。比特币系统的数字签名和工作量证明使用的哈希算法是安全哈希算法 256，简称 SHA-256。该算法可以将任意长度的输入映射输出为 256 位字符串。SHA-256 具有以下三个特点。

1. 单向性

SHA-256 输出的哈希值为 256 位字符串，存在 2^{256} 种可能。记 SHA-256 为函数 H，已知输入为x，可根据 SHA-256 算法求出输出 $y=H(x)$；而若已知输出为y，根据 SHA-256 算法反求输入 x，使得 $H(x)=y$ 成立，在计算上不可行。

2. 输入敏感

输入信息发生任何微小变化，输出的哈希值就会完全不同，即 $H(x')\neq H(x)$，保证了输入与输出的一一对应。

3. 抗碰撞性

碰撞指不同的输入产生相同的哈希值输出。通常哈希函数的输出达到 2^n 位字符串时，碰撞概率会在 $2^{\frac{n}{2}}$ 次运算后超过 50%。SHA-256 要使任意两个输入碰撞概率大于 50%，则需要进行 2^{128} 次运算。因此在实践中，碰撞的情况几乎不可能发生。

知识拓展：SHA-256 的计算过程

SHA-256 生成哈希值的过程包括补位、分块和更新三个步骤。以输入字符串 abc 为例进行说明。

1. 补位

将输入信息转换为二进制编码，编码长度为 l。首先，在编码末尾补一位“1”；其次，补上 k 个“0”，其中 k 为使 l+1+k 除以 512 的余数为 448 的最小非负整数；最后，在编码末尾补上编码长度为 l 的 64 位二进制表示，使得补位完成后的编码长度为 512 的倍数。

abc 的二进制编码为 01100001 01100010 01100011，首先在编码末尾补上一位“1”，得到 01100001 01100010 01100011 1；根据编码长度 $l=24$ 可得 $k=423$，因此在编码末尾继续补 423 个“0”，得到 $01100001\,01100010\,01100011\,1\underbrace{00\cdots0}_{423}$；最后，补充 $l=24$ 的二进制表示 $00\cdots011000$，得到 $01100001\,01100010\,01100011\,1\underbrace{00\cdots0}_{423}\underbrace{00\cdots011000}_{64}$，补位完成后的编码位数为 512 位。

2. 分块

将补位后的编码以 512 字节为单位分为 N 块：$M^{(1)},M^{(2)},\cdots,M^{(N)}$，对于每一块 $M^{(i)}$，再以 32 字节为单位分为 $M_0^{(i)},M_1^{(i)},\cdots,M_{15}^{(i)}$。

对于 abc，$M^{(1)}=01100001\,01100010\,01100011\,1\underbrace{00\cdots0}_{423}\underbrace{00\cdots011000}_{64}$，$M_0^{(i)}$ 对应 $M^{(1)}$ 的前 32 位，$M_1^{(i)}$ 对应第 33 位至第 64 位，以此类推，$M_{15}^{(i)}$ 对应第 481 位至第 512 位。

3. 更新

SHA-256 的计算过程是根据式（2-18）将 $H^{(i-1)}$ 不断更新为 $H^{(i)}$ 的过程。更新 N 次后得到的 $H^{(N)}$ 即为最终的哈希值。

$$H^{(i)}=H^{(i-1)}+C_{M^{(i)}}\left(H^{(i-1)}\right),\ i\in Z_1^N \tag{2-18}$$

初始哈希值是 $H^{(0)}=\left(H_1^{(0)},H_2^{(0)},\cdots,H_8^{(0)}\right)$，其中各元素分别是通过对自然数中前 8 个素数（2、3、5、7、11、13、17、19）进行平方根运算，取其结果的小数部分，将小数部分的前 32 位以十六进制表示：$H_1^{(0)}=6a09e667$，$H_2^{(0)}=bb67ae85$，$H_3^{(0)}=3c6ef372$，$H_4^{(0)}=a54ff53a$，$H_5^{(0)}=510e527f$，$H_6^{(0)}=9b05688c$，$H_7^{(0)}=1f83d9ab$，$H_8^{(0)}=5be0cd19$。公式中的加法是 mod2^{32} 加法，即将两个数加在一起，结果对 2^{32} 取余。C 是逻辑运算，包括按位异或、按

位与、补位、右移和循环右移，对 32 位字节 $M_j^{(i)}$ 进行操作，并输出 32 位字节。

abc 的分块数量 N 为 1，因此通过 $M^{(1)}$ 更新 $H^{(0)}$ 就能得到 abc 对应的哈希值为 ba7816bf 8f 01cfea414140de5dae2223b00361a396177a9cb410f f 61f20015ad。

（二）分布式网络

比特币系统采用网状拓扑结构构建分布式网络。网络中的节点通过 P2P（peer-to-peer，点对点）协议进行通信，并在通信后协调彼此的行为达到统一。整个系统中没有中心化的第三方或者任何享有特殊地位的节点，所有节点具有平等参与各项事务的权利，因此去中心化是比特币系统的核心特征。

（三）独立验证

为使节点不因其他节点的行为而改变自身行为，各节点的验证须相互独立。各节点遵循相同的规则验证交易，能够就每一笔交易的有效性形成共识。验证规则包括，交易记录的数据结构和语法必须正确，交易者身份合法，交易输入大于或等于交易输出。各节点验证接收到的每一笔交易，存储并广播有效交易，丢弃无效交易，使得只有有效交易会传播至整个网络并得到执行。

（四）数字签名

交易验证的核心是身份验证，即确认比特币的所有权。在中心化系统中，用户向唯一的中心提交身份证明即可确认资产的所有权，而在去中心化系统中，由于没有权威中心机构对用户的身份进行审核，用户须向各节点提供可证明身份的信息，利用节点验证后形成身份有效的共识来证明身份。电子信息可以进行复制，且在传输过程中存在被窃取和篡改的风险，使用户难以通过生成特定的信息证明自己的身份，数字签名技术解决了这个问题。

数字签名技术（Diffie and Hellman，1976）利用密码学技术证明数字资产的所属，其包括三个步骤：第一，密钥生成，即通过密钥生成算法生成一对公钥和私钥，公钥对外公开，私钥由签名者自己保存，二者的关系可以类比银行卡号和对应的密码；第二，签名，即签名者利用私钥生成对文件的签名，然后把附有签名的文件向网络公开；第三，验证，使用签名者的公钥即可验证数字签名的真实性。

比特币系统采用椭圆曲线数字签名算法（Johnson et al.，2001）作为密钥生成算法。用户申请比特币账户时，系统随机生成一个 256 位的二进制数作为用户的私钥 k，然后通过椭圆曲线算法为私钥生成一个唯一对应的公钥 K。公钥和私钥之间存在数学关联，尽管理论上可以根据公钥计算私钥，但椭圆曲线数字签名算法使得实际操作中因计算量过大而不可行，因此用户只需保管好私钥就能确保账户安全。公钥通过哈希算法生成用于接收比特币的钱包地址，利用哈希算法单向性的特点，无法通过钱包地址反推公钥。私钥、公钥和钱包地址的关系如图 2-25 所示。

图 2-25 私钥、公钥和钱包地址的关系

数字签名技术保证了交易的真实性和安全性。在只公开公钥的情况下就能使签名者的身份得到验证，从而证明比特币的所有权，同时表示签名者对该笔交易的认可。签名和验证的流程如图 2-26 所示。

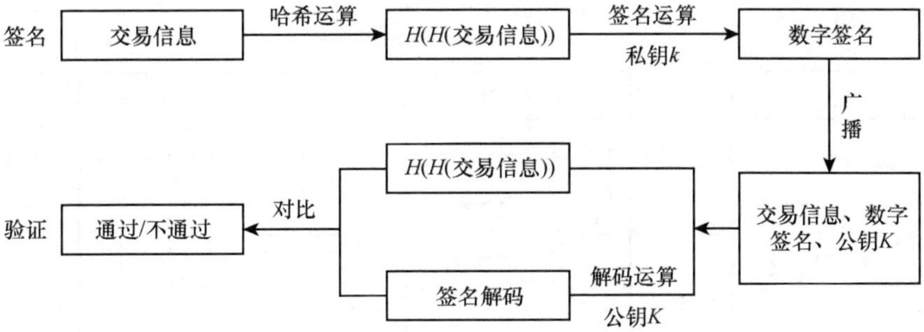

图 2-26 数字签名的签名和验证流程图

1. 签名

（1）对交易信息进行双重哈希运算，得到 $H\left(H\left(\text{交易信息}\right)\right)$。

（2）记椭圆曲线数字签名算法为 E。根据私钥 k，签名函数 E，对 $H\left(H\left(\text{交易信息}\right)\right)$ 进行签名运算，得到数字签名 Sig：

$$\text{Sig} = E\left(H\left(H\left(\text{交易信息}\right)\right), k\right)$$

（3）向邻居节点广播交易信息、数字签名 Sig 和公钥 K。

2. 验证

（1）对收到的交易信息进行双重哈希运算，得到 $H\left(H\left(\text{交易信息}\right)\right)$。

（2）根据公钥 K 对签名 Sig 进行解码运算，得到签名解码 Sig^{-1}：

$$\text{Sig}^{-1} = E^{-1}\left(E\left(H\left(H\left(\text{交易信息}\right)\right), k\right), K\right)$$

（3）对比 $H\left(H\left(\text{交易信息}\right)\right)$ 和 Sig^{-1}，若相等则验证通过，说明数字签名 Sig 是使用公钥 K 对应的私钥 k 生成的，也就证明了签名者的身份。

验证通过还能说明交易信息在传输过程中保持完好。哈希算法具有输入敏感的特点，如果交易信息改变，$H\left(H\left(\text{交易信息}'\right)\right)$ 将和 $H\left(H\left(\text{交易信息}\right)\right)$ 不同。

下面以张三、李四、王五之间的交易来说明比特币的交易，如图 2-27 所示。张三完成记账后，系统通过交易 1 赋予 12.5 枚比特币的奖励。由于转账方为系统，无须数字签名证明身份。收款方是张三，通过张三的公钥指明。接下来，张三使用交易1所得向李四转账10枚比特币。由于每一笔交易都需要收支平衡，在交易2中，10枚比特币转给李四，2.5枚比特币继续转给张三。交易2包含了交易1的信息，还包含张三使用私钥对交易2生成的数字签名，任意节点都可使用张三的公钥验证签名的有效性，从而验证张三对交易1中比特币的所有权和对交易2的认可。在交易3中，李四把从交易2获得的10枚比特币全部转给王五，使用数字签名证明对这10枚比特币的所有权和对交易3的认可。交易实现了比特币在账户之间的转移。由于每一笔交易都包含了先前的交易信息，每一笔比特币的来源都可以被追溯，保证了交易信息的真实性。

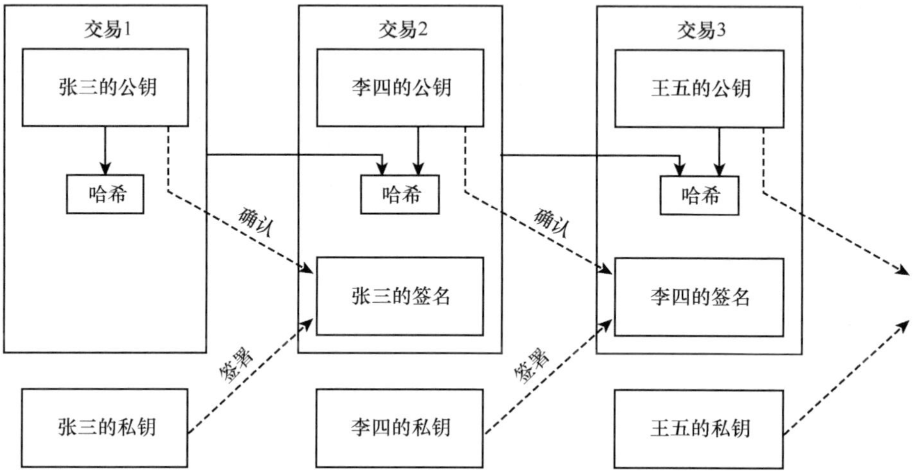

图2-27 比特币的交易图示

案例：比特币与实物的兑换

现实世界中第一笔比特币交易发生在2010年5月22日。美国佛罗里达州程序设计员豪涅茨用10 000个比特币兑换了价值25美元的比萨。人们为了纪念比特币购买实物成功，将5月22日定为“比特币比萨节”。一个比特币在当时的价值为0.25美分，按照2022年8月的价格计算，10 000个比特币价值约2.5亿美元，可以说是一笔巨款。但在比特币刚出现时，人们并没有意识到这种新生事物在未来将会引起的宏大技术变革。

资料来源：《一个用1万枚比特币买披萨的男人》，https://www.thepaper.cn/newsDetail_forward_23190334，2024年8月7日

（五）工作量证明

在比特币系统中，记账权平等地下放到系统中的节点，每一次记账具体由哪个节点记录需要竞争决定。为防止节点虚假记账，系统要求节点需要付出一定的代价才能获得记账权，这个代价就是计算资源。监测付出的过程是低效的，通过对付出的结果进行认证，从而判断工作量的方法是高效的，这种方法称为工作量证明。系统给定获得记账权

需要付出工作量的大小，节点通过求解一道数学题证明付出了相应的工作量，率先提供证明的节点即可获得记账权。题目的形式如下：

$$f(\text{param nonce}) < \text{target} \quad (2\text{-}19)$$

其中，param 为和区块有关的参数；nonce 为随机数；target 为目标值。节点需要找到一个随机数，使得公式左边算出的数值小于系统给定的目标值。

题目和区块内容有关，区块由区块体和区块头组成。区块体记录具体的交易数据，包括节点自行创建的铸币交易和来自其他节点广播的交易。区块头使用默克尔树根记录汇总的交易信息，减少了需要的存储空间。默克尔树是一种数据存储结构，最底层的每一个节点是每一笔交易的哈希值，节点两两串联得到新的哈希值，最终得到一个总结了所有交易信息的哈希值，即默克尔树根。区块头中还包含版本、上一个区块哈希值、时间戳、目标、随机数。

区块由矿工制作，使用交易信息构造出区块体，填充区块头各字段的内容即完成了制作。除了随机数，区块头中的数据随区块的生成而确定。以矿工 A 制作的区块 749005 为例，区块头的内容如表 2-5 所示。

表 2-5 区块 749005 的区块头

字段	定义	数据（十六进制）
版本	版本号，标识验证规则	202a4000
上一个区块哈希值	上一个区块的区块头对应的哈希值	0000000000000000000056d57e284deb3fcc8 37f5bcc954c6f23c74795d67dd73
默克尔树根	由区块记录的交易创建的默克尔树根	92d8ae23e828e5f5772fe388db4d3de812fbe 75752b181f7358babbf4f56bc04
时间戳	区块的创建时间	62f52fb7
目标	区块的工作量证明目标	1709fd7e
随机数	用于工作量证明的参数，默认值为 0	00000000

题目中 f 的形式具体是什么？关键在于需要保证无法通过目标值反推出随机数，也就是矿工必须通过随机尝试的方法对可能的值逐个进行正向运算，才能找到符合要求的随机数，从而起到证明付出了相应工作量的作用。比特币系统使用 SHA-256，对应的题目为 $H(H(\text{header}))<\text{target}$。header 是区块头数据，通过对区块头中六个字段的内容进行转换和拼接得到。转换的规则是从右往左依次取两个字符，交换字符次序后从左往右排列；拼接的规则是按区块头中的顺序将转换后的数据依次连接。根据规则可得区块 749005 的区块头数据为

00402a2073dd675d79743cf2c654c9bcf537c8fcb3de84e2576d0500000000
000000000004bc564fbfab8b35f781b15257e7fb12e83d4ddb88e32f77f5e52
8e823aed892b72ff5627efd091700000000

不等式右边的目标值由区块头中的“目标”转换得到，转换方法是目标值=系数×

$2^{(8\times(\text{指数}-3))}$，指数和系数分别为“目标”的前两个数字和后六个数字，可得本例中 target = 0000000000000000009fd7e0000000000000000000000000000000000000000。比较 $H(H(\text{header}))$ 和 target 的大小。$H(H(\text{header}))$ 和 target 均是长度为 64 位的十六进制数，从高位到低位逐位比较。十六进制数每一位的取值为 0、1、2、3、4、5、6、7、8、9、a、b、c、d、e、f，其中 a—f 分别表示十进制数的 10—15。由于此时的 $H(H(\text{header}))$ 大于 target，该区块不是有效区块。

接着，矿工 A 不断改变区块头中随机数的取值，其中取值范围是 0 到 2^{32} 之间的整数。区块头数据随之改变，直到不等式 $H(H(\text{header})) < \text{target}$ 成立。其余节点也通过相同的流程寻找随机数。由于各节点记录的交易和创建区块的时间可能存在差异，区块头中的默克尔树根和时间戳也可能不同，但难度由目标值决定，保证了竞争的公平。目标值从高位到低位连续为 0 的位数越多，求解难度越大，系统根据全网的算力每 14 天调整一次难度，使求解时间维持在 10 分钟左右。本例中，在经过了 9 分钟的尝试后，A 率先找到了符合要求的随机数 702532720。此时 $H(H(\text{header}))$ = 00000000000000000001fcbf9a779b140bf5e7c4ab821ccdd8ff7440cb7e4073。根据 $H(H(\text{header}))$ 和 target 的前 19 位均为 0，第 20 位分别为 1 和 9，可得 $H(H(\text{header})) < \text{target}$。这个随机数就是矿工 A 的工作量证明。

矿工 A 将包含工作量证明的区块向邻居节点广播，邻居节点验证区块的有效性，通过同步和转发区块，并在该区块的基础上挖掘下一个区块表示对区块的接受。区块验证的流程类似交易验证，如果矿工有任何的作弊行为，都会导致区块被其他节点拒绝，挖矿付出的工作量也就白费了，从而促使矿工自愿诚实记账。

知识拓展：比特币和区块的诞生

2009 年 1 月 3 日，中本聪创建了一笔金额为 50 枚比特币，收款方为自己的铸币交易，随后通过挖矿将这笔交易记录进区块，实现了最初 50 枚比特币的发行。后来，人们将这个区块称为创世区块。挖掘创世区块的过程包括制作区块和完成工作量证明。由于只有铸币交易一笔交易，区块体使用铸币交易构建，区块头的版本号为 01000000，上一个区块的哈希值使用 64 个 0 填充，默克尔树根是铸币交易的哈希值，时间戳是创建区块的时间，目标由系统给定，随机数是默认值。根据区块头的内容得到 header，求解使 $H(H(\text{header})) < \text{target}$ 成立的随机数就挖掘出了创世区块。

如图 2-28 所示，创世区块中还包含了一段文本：“The Times 03/Jan/2009 Chancellor on brink of second bailout for banks”，即“《泰晤士报》 2009 年 1 月 3 日 财政大臣正处于对银行实施第二轮紧急援助的边缘”，表明这一区块生成于 2009 年 1 月 3 日。

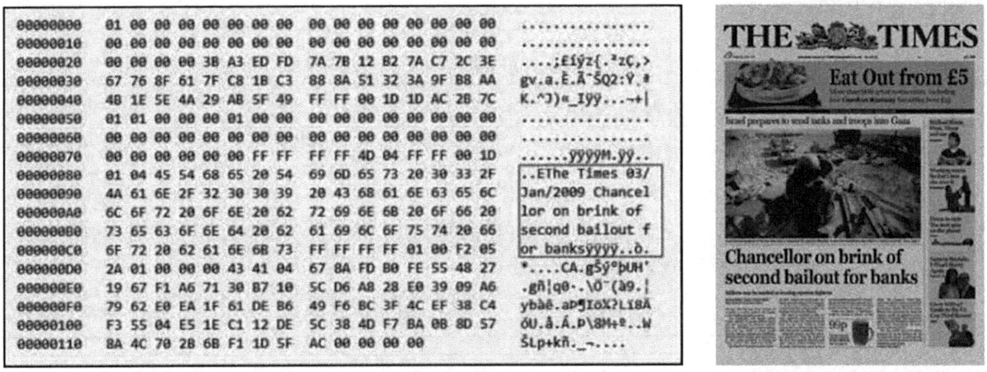

图 2-28 创世区块原始数据和《泰晤士报》2009 年 1 月 3 日的头版

四、区块链

（一）区块链的发展历程

区块链起源于比特币。在《比特币：一种点对点的电子现金系统》一文中，中本聪只提到了区块和链，区块与区块按照时间顺序连接起来，形成一个链条，这就是区块链最初的概念。区块链出现之初被应用在以比特币为代表的加密数字货币上。使用以区块为单位的链状数据结构创建去中心化的公共账本，通过所有节点共同记录和维护确保内容的真实可信，利用哈希算法、工作量证明等技术保障账本安全，实现对转账汇款等与数字化支付相关业务的优化。

之后，区块链引入了智能合约，以以太坊为代表，利用程序算法替代人执行合同。相关节点对规则协商一致后创建合约代码，并将其写入区块链，一旦满足触发条件，预定义的代码逻辑自主执行，执行后的结果不可更改。智能合约在提出之初由于缺少可信的执行环境而难以实现，区块链技术提供的去中心化、去信任的环境，使得智能合约的概念得以实现，进而将区块链技术的应用从加密数字货币拓展到金融领域，如股权、债权和产权的登记、转让，证券和金融合约的交易、执行等。

最后，区块链逐步发展成为以分布式数据库作为数据载体，通过 P2P 网络进行信息传输，通过密码学技术确定资产所有权和保护隐私安全，通过共识机制保障账本一致性的系统的统称。区块链技术的应用范畴或将拓展到人类社会生活的各个方面，涵盖医疗健康、知识产权、物联网、社会管理、慈善公益等（Zheng et al.，2018）。通过技术构建信任关系，为人们提供更加高效便捷的生产和生活方式。

（二）区块链的分类

区块链系统按照参与权限的不同，可以分为公有链、联盟链和私有链。公有链是任何人都能参与的区块链，联盟链是由多个相互已知身份的联盟成员参与的区块链，私有链是不对外开放，只由个别实体或个人参与的区块链。公有链、联盟链和私有链特点的对比如表 2-6 所示。

表 2-6　公有链、联盟链和私有链的对比

项目	公有链	联盟链	私有链
访问权限	不限	联盟成员	链的所有者
性能	慢	快	快
去中心化程度	较高	偏低	极低
激励机制	需要	可选	无
共识机制	证明类共识算法	传统共识算法	传统共识算法

（三）区块链的特点

区块链具有去中心化、可追溯性、安全性和匿名性四个重要特点。第一，区块链没有中心化的权威机构，所有节点具有完全平等的权利，共同承担系统的运行和维护，任何一个节点的退出或破坏都不会对整个系统的运作产生影响。第二，区块链系统记录着自诞生以来的全部数据，向所有节点公开，使任意节点都能够追溯每一笔记录的由来，共同监督数据记录的真实完整。第三，区块链的数据记录在区块中，区块和区块通过哈希值链接成链，哈希算法使得篡改数据的成本高、收益低，因此数据安全能够得到保证。第四，区块链使用户在匿名的状态下就能够获得账户，解除了真实身份和交易的关联，保护了用户的隐私。

（四）区块链的核心技术

区块链继承了比特币的核心技术，包括哈希算法、分布式网络、独立验证、数字签名、工作量证明。采用 P2P 网络架构构建分布式网络，使用哈希算法保障数据安全，通过数字签名技术确定数字资产的所属权，再利用工作量证明等技术使节点在无需信任基础的情况下就数据的记录达成一致，从而创造可信的节点交互环境。

第四节　云计算与物联网

本节介绍云计算的基本模式和分类，以及物联网的基本模式和发展趋势，并探讨二者在金融领域中的应用价值。

一、云计算

（一）云计算的基本模式

1. 云计算的发展与定义

20 世纪 50 年代左右，支持在多个用户之间同时共享一个计算资源的思想逐渐出现。

1961 年，“人工智能之父”McCarthy 在一次公开演讲中说道：“如果我设想的那种同时支持多人共同使用的计算机能够成真，计算机应用将成为一种全新的、重要的公用基础设施。”在之后的几十年中，随着网络技术的不断进步，云计算技术逐渐崭露头角并迅速发展。

2006 年，亚马逊推出简单存储服务和弹性计算云服务，使得企业可以通过“租赁”计算能力和数据存储容量来运行企业的应用程序。2007 年，IBM（International Business Machines Corporation，国际商业机器公司）发布云计算商业解决方案，推出“蓝云”计划。2008 年 4 月，谷歌发布 Google App Engine，为开发者提供了一体化的云计算服务平台。2008 年 10 月，微软发布其公共云计算平台 Windows Azure Platform。中国的云计算研究计划在 2007 年启动。2010 年 5 月，中国移动发布“大云计划 BC1.0”操作系统。2011 年 7 月，阿里巴巴推出阿里云官网，开始大规模对外提供云计算服务。2015 年，华为在中国区发布了企业云服务。同年，百度也正式开放运营其公有云平台“百度云”。随着云计算服务相继推出，云计算逐渐被大众知悉并得到广泛应用。

业界广泛接受的云计算定义是，云计算是一种可以实现随时随地便捷、按需地从可配置计算资源共享池中获取所需的资源的模型，其中资源包括网络服务器、存储应用程序及服务等，这些资源可以快速供给和释放，使管理的工作量和服务提供者的介入降低至最少（Mell and Grance，2010）。

随着云计算技术不断发展创新，国内外企业争相布局云计算市场，云计算的市场规模快速增长。中国信息通信研究院发布的《云计算白皮书（2024 年）》显示，2023 年全球云计算市场规模为 5864 亿美元，同比增长 19.4%。在人工智能不断深化发展的刺激下，云计算市场将保持长期稳定增长，预计 2027 年全球云计算市场规模将突破万亿美元大关。2023 年中国云计算市场规模为 6165 亿元，同比增长 35.5%，仍保持较高活力，预计 2027 年中国云计算市场规模将突破 2.1 万亿元。

知识拓展：阿里云的发展历程

淘宝、支付宝等平台用户量和业务量的激增产生了海量的数据，这给阿里巴巴的存储和计算能力带来了挑战。在亟须搭建全新技术架构的情况下，阿里巴巴在 2008 年确定了“云计算”战略，并在 2008 年 10 月正式组建阿里云团队。

尽管当时中国完全没有研发云计算的经验，但阿里云在创立之初就坚持走自主研发道路，决定要做中国自己的云计算操作系统。阿里巴巴将这一云计算系统取名为“飞天”。阿里云创立初期，“飞天”系统曾频繁遭遇计算稳定性不高、处理速度较慢等各式各样的问题。阿里巴巴多次向阿里云投入资金但始终不见成效，一度导致阿里巴巴内部对阿里云的质疑甚嚣尘上。

为了解决上述问题，阿里巴巴制订了“云梯计划”。让代号为“云梯 1”的机群搭载开源的 Hadoop 大数据系统，代号为“云梯 2”的机群承载阿里云自主研发的“飞天”系统。两个机群的研发团队相互竞争，优胜劣汰。阿里云团队在承担巨大压力的情况下解决了许多技术难题。2013 年 6 月，基于阿里云“飞天”云计算系统的“云梯 2”打败了“云梯 1”，首先达到能够独自调度 5000 台服务器的目标，使阿里云成为中国第一个对外提供集群 5000 台服务器计算能力的公司，这是阿里云“飞天”系统研发历史的里程碑事件。

正是在一次次解决问题和迎接挑战的过程中，阿里云计算技术不断进步。2014 年至 2016 年间，阿里云的云服务逐渐从对内转变为对外输出，同时开始全球布局。2017 年至 2019 年间，阿里云的云服务规模化发展，在全球市场格局中成为前三大公有云服务商，同时向智能云转型，成为数字经济时代企业数字化转型的基础设施。目前，阿里云服务面向 200 多个国家和地区，服务客户超过 300 万个，超过 40%的《财富》中国 500 强企业、近一半中国 A 股上市公司、80%的中国科技公司都是阿里云的客户。

2. 云计算的基本架构

云计算基本架构包括基础设施层、平台层、服务层和应用层，如图 2-29 所示。

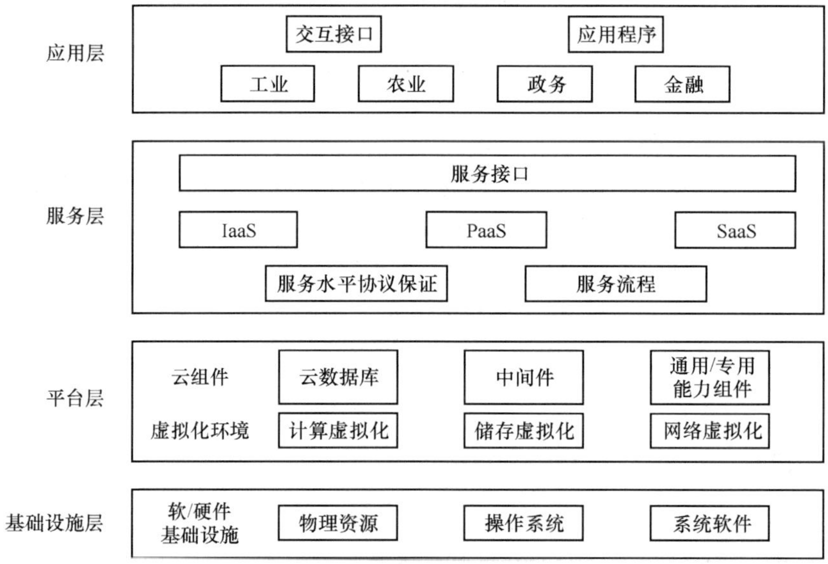

图 2-29　云计算基本架构图

IaaS 即 infrastructure-as-a-service，基础设施即服务；PaaS 即 platform-as-a-service，平台即服务；SaaS 即 software-as-a-service，软件即服务

1）基础设施层

云计算的底层架构是基础设施层，包括物理资源、操作系统以及系统软件等。物理资源主要是计算服务器、交换机、路由器、存储组件以及其他的物理设备。云操作系统是实现底层物理资源管理、资源整合的关键。部署操作系统后，物理设备就可以灵活实现分布式资源聚合处理或虚拟化隔离处理。为了便于高效运营和维护云数据中心，还需要部署一些系统软件，便于对底层硬件的资源使用情况、设备健康状况以及原始数据进行监控、调配和管理。

2）平台层

平台层是各类云服务的承载基础，包括虚拟化环境以及各类云组件。通过统一的云平台可以利用虚拟化技术对计算机的各种实体资源进行逻辑抽象，如将一台物理计算机抽象为多台虚拟计算机、将物理存储设备抽象为虚拟存储设备、将物理路由器和交换机抽象为虚拟网络等，这些共同构成了虚拟化环境（Erl et al.，2013）。虚拟化技术是云计算的关键核心技术之一，其主要目的是对基础设施和资源管理方式进行简化，将软件与硬件分离，最大化利用计算机资源以节约成本。虚拟化技术有利于云计算更高效地对资源进行分配、操作、释放、监控和控制。在平台层中还可实现各类云数据库、中间件、通用或专用能力组件等云组件的统一化管理，为云服务的开发者提供支持。

3）服务层

服务层主要为用户提供标准化的云计算服务，以及与服务相关的管理运营工作。服务层可以提供基础设施、平台、软件等服务，并提供配套的自动化服务流程和服务接口，从而根据用户的实际需求为用户提供有效支撑。同时，云供应商还将与用户协商制定服务水平协议，使得双方对服务质量的需求达成一致，保证云计算所提供服务的可靠性（Buyya et al.，2008）。

4）应用层

应用层是指在各种运行环境中面向用户提供的交互接口以及应用程序。应用层直面用户的需求，搜集整理用户所需的各项应用软件和服务请求，并提交给云计算中心进行处理。应用层使得云用户可以通过网络门户随时随地访问各项应用和服务，降低了软件的使用难度，也是工业云、农业云、政务云、金融云等各类云计算应用的充分展现。

3. 云计算的基本特性

云计算具有资源池化、弹性可扩展、按需自助式服务、网络化资源接入和服务可度量等特点。资源池化是指云供应商将服务器、存储、应用和网络等资源汇集在一起，以共享资源池的方式进行集中管理和输出；弹性可扩展是指云计算系统可以随时根据用户需求和运行环境的变化，快速、自动地对资源进行分配和管理，提供资源扩展或资源释放功能；按需自助式服务是指当云用户与云供应商达成协议之后，云用户就可以根据需求自助式地获取云供应商提供的云计算资源；网络化资源接入是指云供应商将存储、计算、内存等资源封装为不同的应用后通过网络提供给最终的用户，使用户可以随时随地通过互联网访问云计算服务；服务可度量是指云计算系统可以监视、控制和报告资源使用情况，根据服务类型和适当的度量指标对服务资源进行计量并收取费用。

（二）云计算的基本分类

1. 按照服务模式分类

依据服务模式，通常将云计算提供的服务分为基础设施服务、平台服务、软件服务三大类。借助这些云服务，用户可以便捷地获取和使用计算、存储、网络、数据库等资源。

1）基础设施服务

基础设施服务是指将存储能力、计算能力等通过网络提供给用户，并根据用户对资源的实际使用量进行计费的一种服务。

2）平台服务

平台服务是指将一个完整的计算机平台，包括应用设计、应用开发、应用测试和应用托管，都作为服务提供给用户。常见的平台服务提供商包括国外的 Google Cloud Platform、Microsoft Azure、IBM Cloud 等，以及国内的阿里云、腾讯云、华为云等。

3）软件服务

软件服务是指服务提供商将应用软件提供给用户。在这种模式下，应用软件作为一项服务托管，通过网络提供给用户。软件服务可以帮助用户更好地管理企业经营活动，确保线上应用的质量和性能，监控它们的在线业务。

2. 按照服务对象分类

根据资源部署的方式以及面向服务的对象不同，可以把云服务分为公有云、私有云和混合云三类。每一类云服务都有自己的特点，如表 2-7 所示。

表 2-7 不同部署模型的特点

分类	服务对象	特点
公有云	云端资源向社会大众开放	多租户、快速获取资源、按需取用
私有云	云端资源仅供内部用户使用，外部用户无权访问	安全可控、数据私密性好、高服务质量
混合云	部分云端资源仅供内部用户使用，部分云端资源可向外部用户开放	可扩展、成本控制、架构灵活

（三）云计算与金融

利用云计算的运算和服务优势，可以将金融业的数据、服务等分散到“云”中，提升运算能力且优化用户体验，进而提升金融服务水平。云计算给金融行业带来的价值主要体现在以下两个方面。

1. 降低金融机构的资源错配风险

云计算提供资源池及使用资源池的工具和技术，让金融机构可以不受时间地点的限制，动态地获取所需的云端资源，使其可以实时观测用户实际需求的变化并主动调整云上的各种资源。这样既不会造成资源闲置，也避免了由资源配置不当导致的风险。

2. 降低金融机构的数据处理成本

云计算服务商基于规模效应和专业化分工，以更低的价格向金融机构提供服务，并分配专业人员定期维护基础设施。金融机构无须耗费人力、物力、财力去购买或构建基础设施和应用程序等软硬件资源，从而有效降低金融机构的数据处理成本。

案例：富途证券——系统整体上云

富途证券成立于2012年，是一家为投资者提供美股和港股交易服务的互联网证券公司。近年来，富途证券的同时在线人数、新增客户数、官网访问量、交易量都出现了较为迅猛的增长，这对公司系统的响应速度和并发处理能力提出了更高的要求。

基于此，富途证券依托腾讯云的云计算技术，构建了弹性的基础设施，实现了所有系统上云，并满足了自研交易系统和核心应用的要求。在云上系统的支持下，富途证券同时在线人数和新增客户数均创新高，官网访问量及交易额也出现爆发式增长；从香港机房到腾讯云内地机房，平均时延为20 ms，相比于公网平均时延100 ms大幅度下降。在基础设施的维护和管理中，腾讯云承担了所有日常维护和复杂管理，而富途证券可以专注于从底层构建交易、行情系统。系统整体上云让富途证券可以为用户提供更为快速及安全稳定的金融服务体验。

资料来源：根据公开资料整理

二、物联网

（一）物联网的基本模式

1. 物联网的基本概念

物联网是通过互联网将各种物理设备、车辆、家电、传感器以及其他物品连接起来，使这些设备能够互相通信、交换数据，并且可以远程控制和管理。

物联网功能的实现需要用到大量数据采集和处理的工具、软件和设备。其中，网关设备是多个网络间提供数据转换服务的计算机系统或设备。可以说网关设备就是不同网之间的连接器。网关设备能够将采集的数据传输到互联网中，通过网络将物理设备连在一起。

物联网中的“物”要接入网络需要具备以下条件：第一，具有数据发送器；第二，具有相应信息的接收器和数据传输通路；第三，具有一定的存储功能；第四，具有中央处理器；第五，具有操作系统；第六，具有专门的应用程序；第七，遵循物联网的通信协议；第八，在网络中有可被识别的唯一编号。

2. 物联网的发展历程

物联网最早于20世纪90年代被提及并确认概念，之后经历了思想萌芽期、初步发展期和快速发展期三个阶段。

1）思想萌芽期

物联网理念最早可追溯到微软创始人比尔·盖茨于 1995 年出版的《未来之路》一

书。书中指出，虽然目前因特网很发达，但仅仅实现了计算机的联网，并没有做到万事万物的联网。1999 年，美国麻省理工学院首先将物联网定义为通过射频识别技术等信息传感设备使任何物品与互联网连接起来，实现智能化识别和管理的网络，此后物联网关注度逐渐提升。2003 年，传感网络技术被美国《技术评论》列为改变未来人们生活的首要技术。2004 年，日本和韩国分别提出了泛在网络的 u-Japan 和 u-Korea 计划，以构建随时、随地、任何物体、任何人均可连接的泛在网络社会，其中 u 代表 ubiquitous。至此，物联网开始萌芽，也开始了从思想走向构建的尝试。

2）初步发展期

2005 年，国际电信联盟发布了年度技术报告，该报告提出了“machine-to-machine”的概念，即机器与机器之间的信息交流与传递，拓展了物联网的范畴，不再局限于以往射频识别技术的框架，这标志着物联网行业进入到初步发展阶段。同年，韩国将物联网作为三大基础建设之一。随后，首个国际物联网会议于 2008 年在瑞士苏黎世召开，物联网在全球范围内呈现出快速发展的趋势。

3）快速发展期

2009 年，美国政府将新能源和物联网确立为振兴经济与提高国际竞争力的两大重点，并将促进物联网发展上升至美国国家战略。同年，时任国务院总理温家宝在无锡视察时发表重要讲话，提出“感知中国”的战略构想①，这标志着中国政府着手在物联网行业进行战略部署。美国和中国在物联网行业的部署行动标志着物联网的发展进入新的阶段。

3. 物联网的层次结构

物联网包含了感知层、网络层和应用层三个层次，如图 2-30 所示。

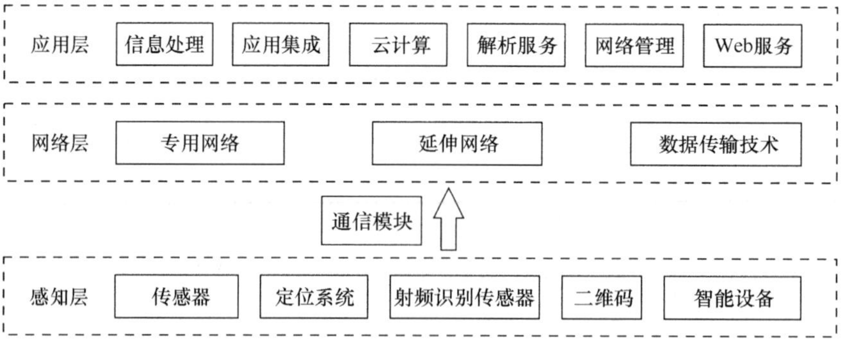

图 2-30 物联网的层次结构

1）感知层

感知层又称感知识别层。感知识别作为物联网的核心技术，是连接物理世界和信息世界的媒介。物联网时代的一个重要特征是物品触网。物联网的“触手”是位于感知层

①《温家宝江苏考察：让经济发展更具可持续性竞争力》，https://www.gov.cn/ldhd/2009-08/09/content_1387039.htm，2024 年 7 月 22 日。

的大量信息生成设备，既包括采用自动生成方式的传感器、定位系统、射频识别传感器、二维码等，也包括各种智能设备，如智能手机、多媒体播放器、笔记本电脑等。

2）网络层

网络层是物联网的中间层，包括各种私有网络、互联网、有线通信网络和无线通信网络等专用网络，以及延伸网络和数据传输技术等，负责传递和处理感知层获取的信息。在延伸网络中，物联网网关发挥着关键作用，用于实现设备或传感器与物联网平台或云服务之间的通信和数据交换。不同类型的网络在不同的环境中发挥作用，高效便捷地通过通信模块将感知层的设备接入网络，是实现物物互联的重要基础。其中，通信模块通常指物联网边缘网关设备，可通过 Wi-Fi（wireless fidelity，无线保真）、蓝牙等无线通信技术和以太网、半双工收发接口等有线通信技术，将采集到的数据传输到云端或其他设备进行处理和分析。

3）应用层

应用层是物联网的最顶层，其功能是利用经过分析处理的感知数据为用户提供丰富的特定服务。通过物联网的应用层平台与各行业专业应用的结合，可以实现广泛智能化的解决方案。应用层通过对感知层搜集的数据进行计算、处理和知识挖掘，实现对物理世界的实时观测和精准调控。

4. 物联网的基本特征

物联网在不同的层次具有不同特点：在感知层具有感知透彻化的特点，在网络层具有异构设备互联化的特点，在应用层具有应用服务链条化的特点。

1）感知透彻化

在感知层中，感知透彻化体现在三点：第一，感知一切可接入物联网之物，通过感应技术可以使任何物品都变得有感知、可识别，可以接收来自他“物”和网络层的指令。第二，互动感知。物联网在感知层更强调信息的互动，即人与感知物的“实时对话”或感知物与感知物的“动态交流”。第三，多维感知。感知层中的人机交互包括视觉、听觉、触觉等多维综合感知。

2）异构设备互联化

在网络层中，各种设备通过无线通信模块和标准通信协议，构建成自组织网络，不同网络的运行遵守不同的协议，但可以通过“网关”互联互通，实现网际信息共享及融合。物联网将大规模数据快速、准确地组织起来，为上层行业应用提供智能的支撑平台。

3）应用服务链条化

在应用层中，链条化是物联网应用的重要特点。例如，在工业生产领域，利用物联网技术可以实现从原材料引进、生产调度、节能减排、仓储物流，到产品销售、售后服务等各个环节的数据采集、传输和处理，这已经成为提高企业整体信息化水平的有效途径。物联网技术在一个行业的应用将牵动相关上下游产业，最终服务于整个产业链。

（二）物联网的发展趋势

1. 物联网与边缘计算

物联网产生的海量数据通过网络传输到云计算平台后进行存储和计算，随着接入物联网的设备快速增长以及数据形式逐渐丰富，云计算模型逐渐暴露了一些弊端。例如，在将数据传输到云计算中心进行处理的过程中，传输和处理速度会受到网络带宽、服务器响应速度等影响，容易造成数据传输的延时。数据在传输过程中会面临窃听、跟踪、攻击、个人信息泄露等问题。

由此，边缘计算的概念应运而生。边缘计算是指在靠近物或数据源头的网络边缘侧，融合网络、计算、存储、应用核心能力的分布式开放平台，能够就近提供智能服务。由于传输链路的缩短，边缘计算能够在数据产生侧快捷高效地响应业务需求，数据的本地处理规避了传输过程，也可以提升用户隐私保护程度。由于降低了服务对网络的依赖，边缘计算在离线状态下同样可以提供基础业务服务。

在 5G、物联网、产业互联网协同发展的推动下，全球边缘计算产业蓬勃兴起。随着应用和数据量激增，网络带宽与计算吞吐量均成为计算的性能瓶颈，同时终端设备产生海量“小数据”等实时处理需求高速增长，带动边缘计算成为数据时代技术落地的重要计算平台，成为满足行业数字化转型中敏捷连接、实时业务、隐私保护等关键支撑。数据公司 Statista 的调查显示，近年来全球边缘计算市场规模持续增长，2023 年全球边缘计算市场规模达 2170 亿美元，相比于 2019 年的 1390 亿美元增加了约 56.12%，如图 2-31 所示。

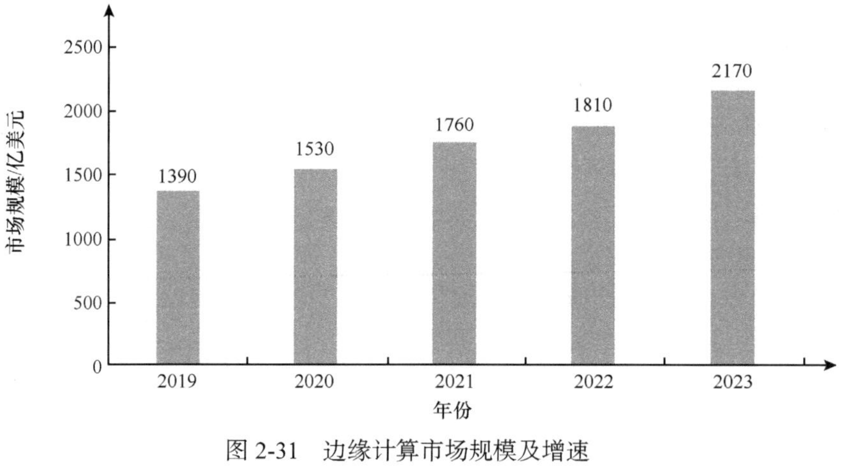

图 2-31　边缘计算市场规模及增速

> **知识拓展：边缘计算与智慧交通**
>
> 城市道路交通的监控摄像头会产生海量的视频数据，这些数据可以帮助人们进行实时决策。在云计算中心对这些数据进行储存和实时分析，对网络带宽和计算能力是一个巨大的挑战。借助边缘计算，可以实现实时的智能交

通控制。例如，边缘计算可以实时分析监测到的交通状况，根据车流量车流速度来判断是否会发生拥堵。

深圳交警借助华为 FusionServer 高性能边缘计算服务器，搜集实时交通数据，将交通信息存储、过滤、处理后，传回到华为开发的交通大数据平台，依据拥堵区域、道路和位置点等多维度数据对交通拥堵情况进行每秒 5 亿条数据的实时分析，再将智能分析后的结果传到边缘侧，实现从被动采集到主动感知的信号调优，从而有效地制定信号配时策略、交通诱导设置策略、疏导指挥策略等，整体提升交通管制效率。

2016 年，深圳拥堵率排名全国第 6 位，从 2016 年第二季度开始，深圳交警携手华为，借助边缘计算能力，使整体拥堵有了大幅度的缓解。根据高德地图联合交通运输部规划研究院等单位发布的《2018Q1 中国主要城市交通分析报告》，深圳拥堵率下降到了全国第 46 位。

2. 物联网与 5G

5G 是具有高速率、低时延、大连接等特点的新一代宽带移动通信技术，其用户速率可达 1 Gbps，时延低至 1 ms，同时每平方千米可以接入 100 万个设备。

在基于 5G 的物联网应用中，数据可以凭借 5G 网络的高速率在终端和计算中心直接实现快速且实时的传输。以无线网络技术 Wi-Fi 6 为例，其理想状态下的上下行速率为 9.6 Gbps，而 5G 的理想下行速率可达 20 Gbps，上行速率达到 10 Gbps，能够改善传统物联网数据传输限制导致的网络堵塞与时延问题，及时优化用户的每一步操作，实现对信息的实时处理。此外，5G 物联网能够为用户提供较低时延性的服务。当前 4G 网络的延迟在几十毫秒，而 5G 网络能够使其端到端时间最低降至 1 ms，这对一些需要高速率和低时延的物联网场景，如工业、医疗、交通等，具有重要意义。

在万物互联的背景下，接入物联网的终端也将越来越多，目前的物联网技术主要通过无线网络接入网络，无线网络的主要应用场景集中于室内部分，Wi-Fi 6 最多可与八个设备通信，因此在实际应用中不可避免地会出现需要连接过多设备或传输数据过大的情况，5G 的大连接服务在每平方千米可以添加 100 万个设备，并且室内室外全覆盖，能解决网络容量不足的问题。

知识拓展：从 1G 到 5G

“G”是指 generation，即“代”的意思，1G 至 5G 网络分别指的是第一代至第五代移动通信技术，每代技术都具有各自的特点。

1G，模拟信号时代。1978 年底，美国贝尔试验室研制成功了全球第一个移动蜂窝电话系统。1G 是模拟蜂窝移动通信，移动性和蜂窝组网的特性就是从第一代移动通信开始的。1G 使用模拟通信技术只能打电话，不能上网，信号易受干扰，语音品质低，覆盖范围窄，还有打电话时串音的问题。

2G，数字通信时代。20世纪90年代，以时分多址技术为核心的2G面世。2G采用的是数字调制技术，相较于1G多了数据传输的服务，手机不仅可以用于语音通信，还能够发送和接收短信。同时数字电路的应用使得一个小小的芯片就可以替代模拟电路的几十个芯片，所以2G时代的手机更加便携。

3G，移动宽带多媒体通信。1G和2G中，不同国家和地区的通信标准化组织各自制定了通信标准，没有国际通用的标准。国际电信联盟在1997年向各国发出通函，要求符合IMT-2000（International Mobile Telecom System-2000，国际移动电话系统-2000）的标准才能被接纳为3G技术。该标准确立3G标准需要满足移动终端以车速移动时数据传输速率为144 Kbps，室外静态数据传输速率为384 Kbps，室内静态数据传输速率为2 Mbps。在3G之下，有了高频宽和稳定的传输，影像电话和大量数据的传送更为普遍，行动通信有更多样化的应用，因此3G被视为开启行动通信新纪元的关键。

4G，移动互联新高度。2008年3月国际电信联盟在其移动通信标准化工作组会议中制定了满足4G标准的要求，命名为IMT-Advanced规范。该规范要求达到4G标准必须满足室内外静态数据传输速率达到1 Gbps，在以车速移动状态下可以达到100 Mbps。4G是集3G与WLAN（wireless local area network，无线局域网）于一体，能够传输高质量视频图像，以及图像传输质量与高清晰度电视不相上下的技术产品。除了与现有网络的可兼容性外，4G要有更高的数据吞吐量、更低时延、更低的建设和运行维护成本、更高的鉴权能力和安全能力，可提供可视电话、电话会议、虚拟现实等业务类型。

5G，万物互联。成立于1998年12月的第三代合作伙伴计划在2018年9月、2020年7月、2022年3月制定了三个版本逐渐完善的5G标准。2013年2月，欧盟宣布，将拨款5000万欧元加快5G移动技术的发展，计划到2020年推出成熟的标准。2020年7月，国际电信联盟无线通信部门国际移动通信工作组第35次会议成功召开，会议确定第三代合作伙伴计划标准成为唯一被国际电信联盟认可的5G标准。国际电信联盟提出了5G的应用场景，包括增强移动宽带、超高可靠低时延通信和海量机器类通信等。5G的目标是提供高数据速率、减少延迟、节省能源、降低成本、提高系统容量和支持大规模设备连接。

（三）物联网与金融

在现代市场经济中，物联网技术能够使金融服务发生新的突破。物联网金融所具有的海量数据感知分析、智能决策分析、即时互联互通等特性为广大用户提供了便捷化服务。

1. 物联网推动金融创新，提升风控能力

以物联网为动力源的技术进步引发了大量金融创新。物联网和金融业务流程的整合，能够低成本、大规模地帮助银行提升企业贷款的贷前、贷中、贷后风控能力。通过物联网技术，金融机构可以更准确地了解企业的生产经营情况，从而减少对抵押物、核心企业兜底或第三方担保的要求。在企业授权的情况下，通过物联网数据与企业经营数据、财务报表数据的交叉验证，能够提升银行风控模型的可信度。

2. 物联网推动建立共享机制，减少金融风险

风险控制是金融发展和创新的关键。在物联网技术的支持下，金融机构可建立动态风险控制体系及企业信用信息的共享机制，帮助银行实时评估企业信用，缓解银企之间的信息不对称问题，减少金融业务风险。

3. 物联网变革金融经营管理模式，提升管理效能

借助于物联网感知、AI边缘计算等技术，能够加强以物管物的能力。例如，可在印章、发票、凭证等重要物件管理流程中，实施实时感知和跟踪定位功能。结合移动物联定位等技术，能够实现资产使用过程中变化信息自动感知和更新的功能，替代人工操作实现业务全流程的自动化处理。在物联网时代来临之前，金融业主要使用互联网数据，而互联网数据与实体经济缺少连接，无法做到线上和线下信用信息的实时更新，导致这些数据无法得到快速有效验证。物联网则打破了互联网金融的桎梏，打通了线上和线下各类数据的连通渠道，将客观物理数据和实体经济打通，起到提升运营管理效能的作用。

课后习题

1. 人工智能通用模型指的是具备广泛的普适性、具备大规模计算能力、拥有大量模块和参数的能满足常规需求的通用型人工智能模型。围绕本章介绍的人工智能的分类和技术体系，谈谈你对人工智能大模型预算机理和商业价值的理解。

2. 中本聪在比特币系统中设计了哪些机制，请围绕传统支付系统和比特币支付系统之间的差异，分析这些机制分别如何应对传统支付系统存在的局限。

3. 银行和互联网金融公司在开展信贷业务时，通常通过构建评分卡来评估用户的信用风险，进而决定是否向用户放贷。请在Python环境下编写程序，使用梯度上升法在网址提供的数据集（网址：https://github.com/pbharrin/machinelearninginaction）上训练一个用于对用户信用水平进行分类的逻辑回归模型。

4. 假设某银行推出了A、B、C、D、E、F六种理财产品，已知交易数据库中购买记录如下。购买记录1：A，C，E，F。购买记录2：B，C，D，E。购买记录3：A，B，C，F。购买记录4：B，C，D。购买记录5：A，B，C。购买记录6：A，C，F。购买记录7：A，B。请使用Apriori算法找出所有频繁项集，并找出包含最多项构成的强关联规则，设最小支持度support=30%，最小置信度confidence=80%。

5. AlexNet是一种卷积神经网络，在2012年的ImageNet竞赛中准确性遥遥领先。CIFAR-10是经典的机器学习数据集，共有60 000张32像素×32像素的彩色图片，包含10个不同的种类，分别是飞机、汽车、鸟、猫、鹿、狗、青蛙、马、船、卡车。请根据

以下流程训练 AlexNet，并使用 AlexNet 对 CIFAR-10 数据集进行分类。

（1）导入 CIFAR-10 数据集 60 000 张图片，将其分为 40 000 张训练集图片，10 000 张验证集图片，10 000 张测试集图片。

（2）设置学习率为 1×10^{-4}，训练次数为 50 次，随机初始化卷积核参数。

（3）依照 AlexNet 原始网络结构设定神经网络的层数、类型、每一层网格的卷积核大小以及个数。

（4）采用交叉熵损失函数评估损失，Adam 优化器调整梯度与学习率。当网络完成 50 次训练，或是验证集上的 10 000 张图片的损失函数不再降低或下降速度非常慢时，停止训练。

（5）用训练好的模型对测试集上的 10 000 张图片分类，记录分类的准确率。

（提示：为得到更好的实验效果，实验中可以调整的参数包括学习率、训练终止次数 epoch、网络的层数和类型、每一层网络的参数。）

6. 2010 年，中国工商银行启动了基础设施云项目，该项目采用云计算技术，对业务的开展提供基础设施资源服务，包括计算能力、存储资源和网络服务等，有针对性地解决中国工商银行实际问题。到 2022 年，中国工商银行全行应用节点入云率已经超过 91%。

云计算通过网络形成虚拟的会计信息系统，使得企业通过虚拟的系统来完成真实的会计工作。中国工商银行通过将云计算技术与会计信息化结合，实现了银行与企业的会计信息同步更新。这使得企业的会计核算能够通过云平台进行自动化处理，不仅有利于企业的会计核算工作，也有利于银行在面对庞大的客户财务信息数据时做出更好的分析与管理。

（1）云计算具有哪些特点，通过云计算技术建立会计信息系统，能够为银行开展会计工作带来哪些好处?

（2）结合云计算的特点，讨论云计算在银行还有哪些应用场景。（提示：针对零售客户、特约商户、小微企业、供应链企业分别讨论）

7. 朴素贝叶斯分类是以贝叶斯定理为基础并且假设特征条件之间相互独立的方法，其核心思想是利用贝叶斯公式根据某特征的先验概率计算出其后验概率，然后选择最大后验概率作为该特征所属的类。如表 2-8 所示，现有 7 个样本，已知各样本的性别、职业、身材以及患病类型。请用朴素贝叶斯的方法实现疾病预测，判断身材肥胖的女性教师，更有可能得颈椎病还是糖尿病。

表 2-8　患者职业、性别、身材和患病类型

样本	职业	性别	身材	患病类型
1	教师	男	标准	颈椎病
2	公务员	男	标准	糖尿病
3	程序员	男	标准	颈椎病
4	公务员	女	瘦	颈椎病
5	教师	女	肥胖	糖尿病
6	程序员	女	瘦	颈椎病
7	公务员	男	肥胖	糖尿病

8. 目前的互联网房屋租赁系统大都是中心化的系统。所有的数据都被系统控制，使得平台和用户之间的信息不对称，房屋租赁数据的真实性难以保证。如何实现房屋租赁应用的去中心化管理以及提高房源数据的真实性是目前亟待解决的问题。区块链的去中心化以及防篡改特性为设计房屋租赁系统提供了新的思路。

（1）请设计一个基于区块链的房屋租赁系统，实现房源数据的去中心化可信存储以及房屋租赁的去中心化可信交易，并画出包含系统实现的功能、对应的机制和技术支撑的设计图。

（2）请画出房屋租赁交易的交易流程图。房屋租赁的输入包括房源数据和交易数据，每一笔房屋租赁交易的输入都必须来源于上一笔交易的输出，房屋租赁交易的输出主要包括交易时间戳、租赁时间以及承租人和房东的信息。对于第一笔房屋租赁交易，交易的输入为房源数据交易。

（3）比特币系统中利用数字签名技术保证转账交易只能由转账者本人发起，转账交易必须包含转账者的签名，否则交易无法完成。在房屋租赁系统中，数字签名技术可以实现验证租客身份的功能。请简述在你设计的房屋租赁系统中，签名和验证签名的过程。

资料来源：程志轩（2022）

参 考 文 献

程志轩. 2022. 基于区块链的可信房屋租赁应用的研究. 南京：南京邮电大学.

Buyya R，Yeo C S，Venugopal S. 2008. Market-oriented cloud computing：vision，hype，and reality for delivering it services as computing utilities. The 10th IEEE International Conference on High Performance Computing and Communications.

Cortes C，Vapnik V. 1995. Support-vector networks. Machine Learning，20：273-297.

Diffie W，Hellman M E. 1976. New directions in cryptography. IEEE Transactions on Information Theory，22（6）：644-654.

Elman J L. 1990. Finding structure in time. Cognitive Science，14（2）：179-211.

Erl T，Puttini R，Mahmood Z. 2013. Cloud Computing：Concepts，Technology & Architecture. Upper Saddle River：Prentice Hall.

Galton F. 1886. Regression towards mediocrity in hereditary stature. The Journal of the Anthropological Institute of Great Britain and Ireland，15：246-263.

Hubel D H，Wiesel T N. 1962. Receptive fields，binocular interaction and functional architecture in the cat's visual cortex. The Journal of Physiology，160（1）：106-154.

Johnson D，Menezes A，Vanstone S. 2001. The elliptic curve digital signature algorithm（ECDSA）. International Journal of Information Security，1（1）：36-63.

Mell P M，Grance T. 2010. The NIST definition of cloud computing. Communications of the ACM，53（6）：50.

Nakamoto S. 2008. Bitcoin：a peer-to-peer electronic cash system. https://bitcoin.org/bitcoin.pdf[2024-05-28].

Obaid K，Pukthuanthong K. 2022. A picture is worth a thousand words：measuring investor sentiment by combining machine learning and photos from news. Journal of Financial Economics，144（1）：

273-297.

Turing A M. 1950. Computing machinery and intelligence. Mind，49：433-460.

Werbos P J. 1974. Beyond regression：new tools for prediction and analysis in the behavioral sciences. Cambridge：Harvard University.

Winston P H. 1984. Artificial Intelligence. Cambridge：The MIT Press.

Zheng Z, Xie S, Dai H N, et al. 2018. Blockchain challenges and opportunities: a survey. International Journal of Web and Grid Services，14（4）：352-375.

第三章

支　　付

📖 **本章导读：**

作为金融系统运行的基础，支付是金融科技发展的重要领域。本章将追溯支付体系的历史演变，探讨信息技术如何重塑传统的支付方式，并阐述支付科技如何影响我们的日常生活与经济活动。

第一节　支付概述

本节首先介绍支付的定义以及支付体系的发展历程，然后阐述支付清算系统的相关概念，并分析支付市场现状。

一、支付定义

支付是完成交易双方均可接受的财产或货币转移的经济活动，是金融系统正常运行的基础。经济学家格林斯潘指出，“如果你试图使美国的经济瘫痪，只需要拿掉它的支付系统。”1995 年，诺贝尔奖得主默顿（Merton）提出了金融体系的六大主要功能：清算和支付、经济资源时空转移、信息提供、融资和权益细化、风险管理、交易双方激励的协调。其中，支付因其基础性和不可替代性而排在首位。

二、支付体系的发展

支付体系的发展与经济社会的演进密切相关，它从原始社会至今经历了物物交换、货币即时结算和现代支付三个阶段。

（一）物物交换

在原始社会时期，人类主要通过物物交换进行交易。早期小范围的物物交换仅为了满足个体消费的需求，随着从事农业、手工业和畜牧业生产的部落兴起，部落之间开始交换不同种类物品，交易范围扩大。但由于携带实物往往不够便利，物物交换的交易范围仍然受限。

（二）货币即时结算

随着物物交换的发展，人们采用一种一般等价物来统一衡量其他一切商品的价值。如图 3-1 所示，在“1 只羊=2 个贝壳=30 斤粮食”的价值等式中，贝壳作为一般等价物衡量了羊和粮食的价值。随后，固定充当一般等价物的特殊商品发展成了货币，如金银。

图 3-1 一般等价物的交换

货币即时结算是指使用货币当场支付的结算方式。货币便携、易用的特点扩大了交易范围，货币也逐渐成为主要的交易媒介。货币即时结算至今仍被广泛应用于商品支付中，但货币容易在流通过程中受到磨损、伪造和盗窃。

（三）现代支付

随着全球商品交换的扩张，以现金为主要媒介的货币即时结算方式已无法满足人们安全高效的支付需求。以电子货币为主的支付方式快速发展，形成了标准化的现代支付流程及支付体系。

1. 现代支付流程

国际清算银行支付结算体系委员会将现代支付流程划分为交易、清算和结算三个环节，分别对应支付行为的产生、信息的交换和资金流动的确认。

1）交易

交易是支付活动的起始环节，包括支付的发起、支付的确认和支付行为的发送。以李四向商户付款 100 元为例，交易流程如图 3-2 所示。首先，营业员在 POS 机上输入金额 100 元，李四刷储蓄卡并输入密码，这是支付的发起；其次，POS 机将该交易指令发送到李四所持储蓄卡的发卡行 A 银行，A 银行对李四的身份、储蓄卡余额、交易合法性等进行验证，若验证通过，则在系统内部记录该笔交易，这是支付的确认；最后，A 银行从李四的账户里扣除 100 元, 并将该支付数据报送到清算组织, 这是支付行为的发送。至此，李四完成了交易，但银行间的资金划拨尚未开始。

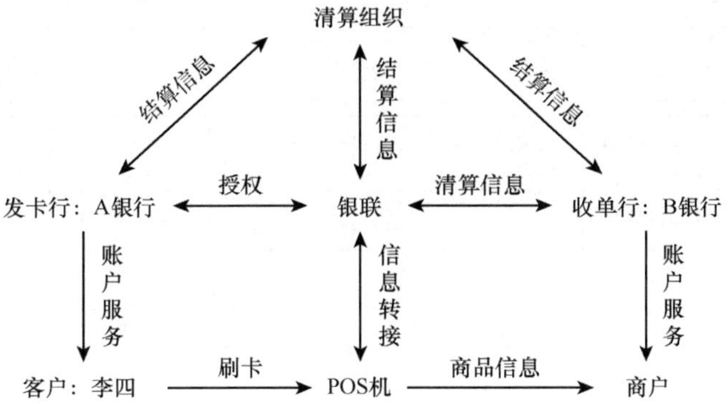

图 3-2　储蓄卡交易过程示意图

2）清算

清算是各金融机构对债权、债务进行计算和记录的环节。在上例中，A 银行和收单行 B 银行间的清算由银行间清算机构完成。交易金额由本金和刷卡手续费构成。假设手续费占 3%，由发卡行、收单行和清算机构平分，那么该笔交易中本金为 97 元，手续费为 3 元。A 银行应付 99 元，B 银行应收 98 元，清算机构应收 1 元。经济社会中，类似的交易活动频繁发生，因此清算机构需要准确地计算并记录所有的账户数据。

清算机构需要持有相应的牌照，我国的清算机构包括：中国人民银行清算总中心，主要服务于银行业金融机构，负责建设及管理支付清算系统；中国银联股份有限公司，专门从事银行卡清算业务；网联清算有限公司，主要处理非银行支付机构与银行间的网络支付业务；城银清算服务有限责任公司, 服务于城市商业银行、民营银行、直销银行、村镇银行等中小银行业金融机构；农信银资金清算中心，服务于农村信用社、农村合作银行、农村商业银行、村镇银行、民营银行和直销银行等中小银行业金融机构；跨境银行间支付清算有限责任公司，主要处理银行间跨境人民币支付清算业务。

3）结算

结算是对实际资金进行收付操作的环节，包括收集待结算的债权并检验完整性、检验结算资金的合法性、结清金融机构之间的债权债务并进行记录等具体步骤。在上例中，假设当天清算机构计算得出 A 银行需向 B 银行付款 1000 万元，那么清算机构将该信息上报至央行，由央行的大额支付清算系统完成最后的资金划拨。至此，银行间结算完成，整个支付过程结束。然而并非所有的结算都需要上报央行，如银行内部业务的结算可在银行系统内完成。

2. 现代支付体系

现代支付体系由支付组织、支付清算系统、支付工具及支付监管构成，如图 3-3 所示。

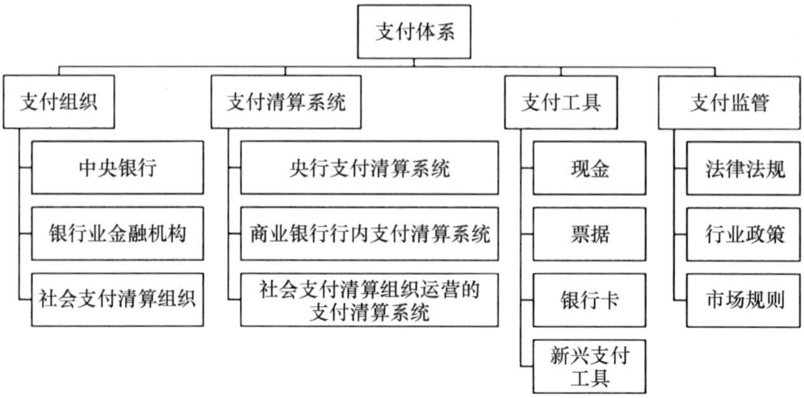

图 3-3 现代支付体系

1）支付组织

在支付中提供交易、清算和结算服务的组织均可视为支付组织，包括中央银行、银行业金融机构以及社会支付清算组织等。中央银行是支付体系规章制度的制定者和法定监督管理者，具有维护支付市场正常运行等法定职责，也是商业银行间资金转移等服务的法定提供者，具有为商业银行等金融机构开立结算账户并办理资金往来业务的功能。银行业金融机构作为支付组织的主要组成部分，业务种类多、覆盖面广，通过直接为个人、机构提供各类支付服务，将社会资金和各类经济活动有机联系在一起。社会支付清算组织指提供专业化支付清算服务的非银行机构或组织，其业务包括提供支付工具，维护支付系统，传递和处理支付信息等。

2）支付清算系统

支付清算系统是支付体系的基础，负责传输支付要求、清算应付和应收资金以及实现资金划转。按照支付组织的层级，支付清算系统包括央行运营的银行间支付清算系统、票据支付清算系统等，以及商业银行行内支付清算系统和社会支付清算组织运营的支付清算系统。

3）支付工具

支付工具作为支付业务的载体，具有传递收付款人支付指令、实现资金转移的功能。根据涉及的媒介可分为现金和非现金支付工具。现金在支付过程中不涉及支付清算系统或银行等金融机构，主要用于小额或面对面的交易。非现金支付工具则主要包括票据、银行卡、新兴支付工具等，其中新兴支付工具包括支付宝、虚拟货币、网络账户货币、数字货币等。新兴支付工具无疑是全球经济高速发展的产物，加速推动了非现金支付业务的发展。

4）支付监管

支付监管是为降低支付系统的系统性风险，促进系统高效、安全运转所实施的公共政策行为，包括制定法律法规、行业政策及市场规则三个层次。各国通常通过法律明确中央银行在整个支付体系中建设推动者、运营者、制度制定者及监督者的地位。立法机构制定相关法律法规及政策，并由中央银行负责实施管理以规范支付行为。支付市场在发展过程中逐步形成支付秩序，从而构建了支付市场的规则。

三、支付清算系统

支付过程中，支付信息的传输和资金的划转均依赖支付清算系统。本部分介绍支付清算系统的作用和分类，并分析该系统中可能存在的风险。

（一）支付清算系统的作用

作为经济活动的“血管”，支付清算系统发挥着多重作用：通过加速资金周转满足经济活动的资金需求，提高社会资金的使用效益；通过系统功能的升级换代促进支付工具的创新；通过规章制度、运营规范和风险准备等措施防范支付过程中的风险，保障金融稳定。

（二）支付清算系统的分类

支付清算系统可根据清算机制、服务对象和服务区域分类，如表 3-1 所示。

表 3-1 支付清算系统的分类

分类方式	种类	定义
清算机制	实时全额支付清算系统	在逐个指令基础上实时全额进行资金的转账、清算服务
	延迟净额支付清算系统	轧差的基础上以净额方式计算债权债务，固定时间进行资金转账、清算服务
服务对象	大额支付清算系统	处理交易金额较大和紧急程度要求较高的支付需求
	零售支付清算系统	处理金额相对较小和紧急程度要求较低的支付需求
服务区域	境内支付清算系统	处理一国境内的支付需求
	跨境支付清算系统	处理两个及以上的国家或地区之间的支付需求

1. 实时全额支付清算系统和延迟净额支付清算系统

实时全额支付清算系统是在逐个指令基础上实时全额进行资金清算的清算系统，延迟净额清算系统是在双边或多边轧差的基础上以净额方式计算参与方债权债务的清算系统，其清算及结算服务一般在日终或日间几个固定的时间延迟进行。这两种支付清算系统的对比如表 3-2 所示。

表 3-2 实时全额支付清算系统与延迟净额支付清算系统

项目	实时全额支付清算系统	延迟净额支付清算系统
是否轧差	否	是
清算方式	实时连续、全额清算	固定时间、净额清算
交易对手	交易参与方	双边延迟净额：交易参与方 多边延迟净额：清算机构
适用场景	涉及金额相对较大、紧急程度要求较高	涉及金额相对较小、紧急程度要求较低

实时全额支付清算系统要求每一次支付都需要足额的资金，这增加了参与者的流动性压力。但该系统的逐笔、实时、全额处理机制降低了参与者信用违约的可能性，被广泛应用于各类大额支付中。

延迟净额支付清算系统根据清算时轧差的对象数目分为双边净额支付清算系统与多边净额支付清算系统。双边净额支付清算系统主要针对参与交易的双方，通过固定时间对交易双方的所有支付进行轧差，得到应收或应付资金净额，在结算时各参与方只需支付该资金净额。该系统因其良好的流动性节约机制而广泛应用于零售支付领域。多边净额支付清算系统与双边净额支付清算系统最大的差别在于它是在一定时间间隔后对所有参与者的支付进行轧差，并将清算机构设置为共同交易对手，使其成为所有参与者的债权及债务方。相较于实时全额和双边净额支付清算系统，多边净额支付清算系统具有更高的资金处理效率。

延迟净额支付清算系统能够降低各参与方结算时的成本，对支付参与者的流动性要求较低。但资金清算结算的时延为参与者提供了信用违约的机会，若信用违约大规模蔓延，可能给整个金融系统带来风险。因此，应用该系统需要能够有效预防和处理参与者的信用违约，以避免潜在风险。

2. 大额支付清算系统和零售支付清算系统

大额支付清算系统通常由中央银行运行，以实时全额资金结算的方式处理大额、紧急的支付业务，是金融市场资金结算的主要渠道。零售支付清算系统通常用于处理金额相对较小、交易较为频繁的支付业务。二者的区别如表 3-3 所示。

表 3-3 大额支付清算系统与零售支付清算系统

项目	大额支付清算系统	零售支付清算系统
交易额度	大额交易	小额交易
支付效率	无时滞	存在时滞
主要适用范围	银行间交易	商品或服务交易
主要参与者	中央银行和商业银行	商业银行、消费者、商户和非银行金融机构
支付工具	相对单一	具有多样性
创新速度	相对缓慢	相对较快

第一，交易额度及支付效率不同。大额支付清算系统通过实时全额清算的方式处理金额相对较大的支付需求，支付过程中不存在时滞；零售支付清算系统通过延迟净额清算的方式处理小额交易，支付过程存在时滞。

第二，主要适用范围及主要参与者不同。大额支付清算系统面向银行间交易，其参与者主要是中央银行和商业银行；零售支付清算系统面向市场的商品或服务交易，其主要参与者是商业银行、消费者、商户和非银行金融机构。

第三，支付工具及创新速度不同。大额支付清算系统通常追求稳定，面对的是标准化的固定应用场景，因此其支付工具相对单一，创新速度相对缓慢；零售支付清算系统面对更为复杂、多变且分散的应用场景，如移动支付、在线支付等，注重消费者的支付体验，因此对支付工具的多样性和系统的创新性要求较高。

3. 境内支付清算系统和跨境支付清算系统

境内支付清算系统是用于处理一个国家境内货币的支付交易、结算和清算的系统，可以理解为大额支付清算系统和零售支付清算系统在地域上的拓展。下面主要对跨境支付清算系统进行介绍。

1）国际常用的跨境支付清算模式

目前国际常用的跨境支付清算模式包括代理行、清算行、非居民账户及其他专门的跨境支付清算系统模式等。

第一，代理行模式。这是指境外银行在具有国际结算资质的境内代理行开立货币同业往来账户，通过境内代理行同境内结算银行之间完成跨境贸易货币结算资金划拨的方式。以人民币的跨境支付为例，如图 3-4 所示，境外银行通过环球银行间金融电信协会（Society for Worldwide Interbank Financial Telecommunication，SWIFT）的报文传输系统向境内代理银行发送跨境支付信息，境外银行与境内代理银行之间通过开设人民币同业往来账户进行资金划转，代理银行再与境内结算银行在央行人民币结算系统［中国现代化支付系统（China National Advanced Payment System，CNAPS）］进行资金划拨。

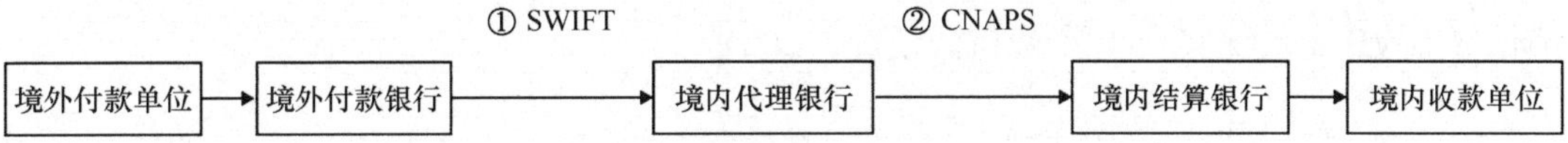

图 3-4 代理行模式下的人民币跨境支付流程

第二，清算行模式。这是指境外银行可以在境外清算行开办同业往来账户，通过境外清算行与境内结算银行之间完成跨境贸易货币结算资金划拨的方式。境外清算行是指经境外当地金融管理当局认可并被货币发行国的中央银行清算体系授权可以进行境外货币清算业务的境外商业银行。以人民币支付为例，如图 3-5 所示，境外银行可以在港澳人民币清算银行，如中银香港、中银澳门等开设人民币账户。境外付款银行通过 SWIFT 系统通知港澳人民币清算银行在其人民币清算账户中进行相应的清算操作、划拨人民币头寸，然后港澳人民币清算银行通过 CNAPS 向境内结算银行进行人民币头寸划拨。

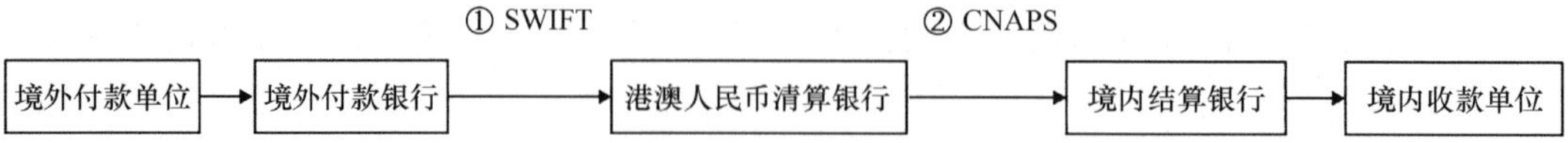

图 3-5 清算行模式下的人民币跨境支付流程图

第三，非居民账户模式。这是指有跨境支付需求的境外企业经货币发行国中央银行批准后，在境内银行开通非居民结算账户，直接通过境内支付清算系统进行跨境资金的支付清算模式。该模式不需要借助 SWIFT 系统进行跨境支付信息的传递。仍以人民币支付为例，如图 3-6 所示，符合中国人民银行要求的境外机构在审批通过后可在境内银行开立人民币账户，境内银行可直接通过 CNAPS 向境内结算银行进行人民币头寸划拨。此模式下账户的开立和监管比较复杂，因而使用不多。

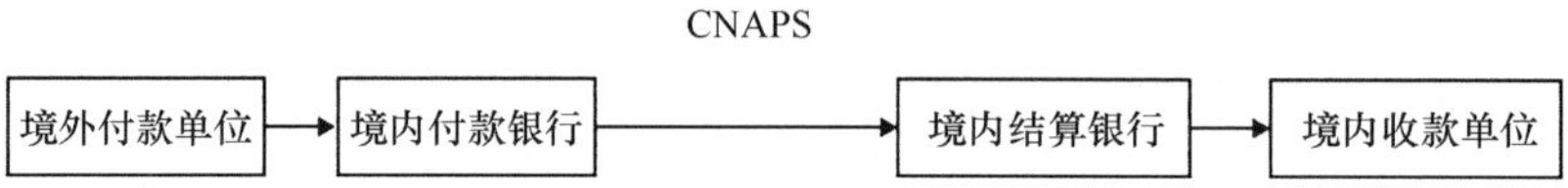

图 3-6 非居民账户模式下的人民币跨境支付流程

第四，专门的跨境支付清算系统模式。这是指针对特定货币建立支付清算系统的模式，如针对美元跨境支付建立纽约清算所银行同业支付系统（Clearing House Interbank Payment System，CHIPS），针对人民币跨境支付建立人民币跨境支付系统（Cross-border Interbank Payment System，CIPS）等。

前三个跨境支付模式存在的问题有：代理行和清算行模式对 SWIFT 系统的依赖性高，具有较大的系统性风险；SWIFT 报文和 CNAPS 报文需要转换，使得清算效率低；非居民账户模式流程复杂。此外，境内资金和境外资金易混淆，监管难度大。

2015 年 10 月，由中国人民银行主导的 CIPS 正式上线，该跨境支付清算系统兼具清算系统和报文系统的功能，在报文设计方面充分考虑了 SWIFT 系统报文转换要求，便于跨境业务的直通处理及未来业务的发展。CIPS 将参与者分为直接参与者和间接参与者两类。直接参与者不再依赖 SWIFT 系统，而是通过在 CIPS 开立账户，实现人民币的实时划转、数据的安全监管；间接参与者需要通过直接参与者获得相应服务，二者之间的通信依靠 SWIFT 系统实现（陈尧和杨枝煌，2021）。

知识拓展：SWIFT 报文传输系统

SWIFT 成立于 1973 年，是国际银行间非营利性的合作组织，通过提供银行间信息传递的通道实现该组织成员间国际金融信息的快速传输。不同于支付清算系统，SWIFT 系统不持有客户基金，不具有清算、结算等功能，是一个类似于“金融服务互联网”的国际网络，其信息传递机制如图 3-7 所示。目前，SWIFT 报文传输系统仍然是国际支付中主要的信息传输网络。2021 年，SWIFT 日发送信息达 4200 万条、日结算额达 6 万亿美元。

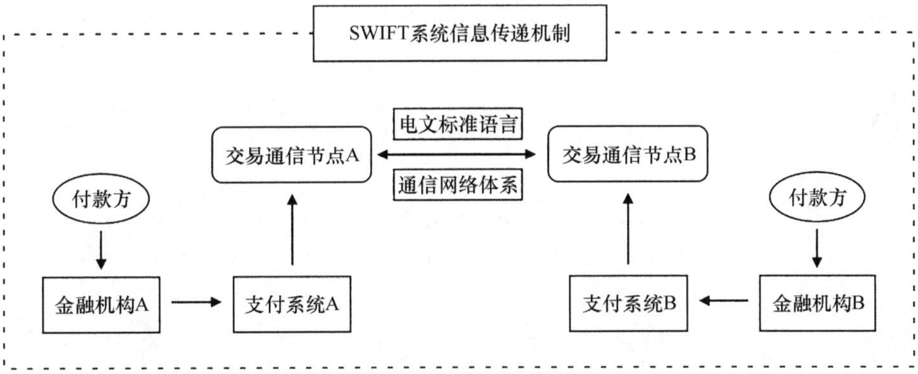

图 3-7 SWIFT 信息传递机制

受美元的国际中心货币地位及美国金融体系在国际金融体系主导地位的影响，美国逐步获得了 SWIFT 的主导权。美国能够从 SWIFT 系统中获取账户级别的资金流通、金融资产交易等信息，为实施金融制裁提供了便利。

此外，SWIFT 系统的安全性也不尽完美，历史上发生过多起系统受到攻击的事件。例如，2016 年 2 月，朝鲜黑客利用 SWIFT 系统中存在的某些薄弱环节，从孟加拉国央行在纽约联邦储备银行的账户中窃取了 8100 万美元。

2）基于区块链技术的跨境支付模式

传统的跨境支付依赖 SWIFT、CIPS 等中心机构，存在支付费用高、安全性低等问题。区块链技术的去中心化特性可以实现跨境支付的点对点对接，在降低跨境支付成本的同时也提高了支付效率。区块链公开透明的特性还使得跨境支付中的各参与方有了实时、可信的信息验证渠道，可以对支付信息进行检查和追溯，从而提高跨境支付的安全性。

基于区块链的跨境支付场景已部分实现。2018 年 6 月，全球首个基于区块链的跨境汇款服务在支付宝香港版 AlipayHK 上线，汇款流程如图 3-8 所示。该支付系统是由 AlipayHK、渣打银行和菲律宾钱包 GCash 共同维护的分布式账本，通过密码学技术保护支付信息，使得任何一方难以篡改、抵赖，保障支付的安全。跨境汇款业务在系统中可以随时随地发起，最短仅需 3 秒即可完成，而此前一般耗时在 10 分钟到几天。

（三）支付清算系统的风险

支付清算系统的风险包括交易对手风险、流动性风险、操作风险及运营中断风险等。

1. 交易对手风险

交易对手风险指系统某个参与者不能按时履行偿还义务，导致其他参与者出现不可

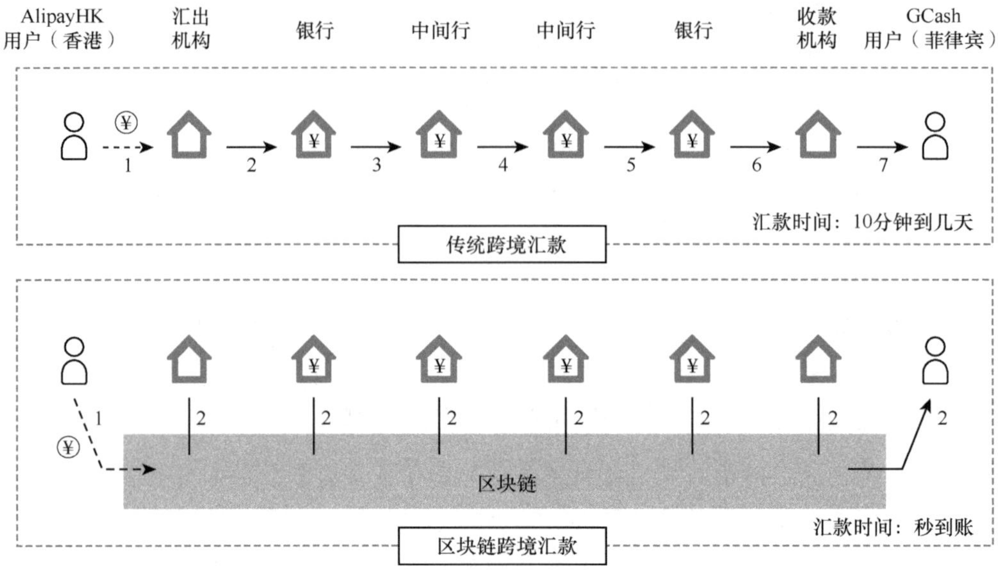

图 3-8　传统跨境汇款与区块链跨境汇款

预见的损失的风险。延迟净额清算模式下，交易的发生与最终清算、结算之间具有时滞，系统中某个参与者结算失败就会触发交易对手风险，并可能导致风险在系统中传染。例如，A 指示其开户行 X 银行向 B 在 Y 银行的账户付款 100 元，付款结束后，Y 银行中 B 的账户余额增加 100 元，B 可以立即使用这笔资金。在结算期，X 银行和 Y 银行通过中央银行对其应收或应付资金净额进行结算。由于在付款结束到最终结算之间存在一定的时滞，Y 银行面临 X 银行最终结算失败的风险。

2. 流动性风险

流动性风险指付款方的资金头寸无法偿付收款人，即由参与者流动性不足导致支付失败的风险。在实时全额清算模式下，银行需要准备更多的流动性资金以应对交易的实时结算，因此可能面临更高的流动性压力。

3. 操作风险

操作风险指由操作失误或系统技术故障、恐怖袭击、非法入侵、自然灾害等导致的支付失败的风险。随着支付清算系统的信息技术水平日益提高，其操作风险也逐渐凸显。支付清算系统的内部控制缺陷可能造成系统拥堵、信息遗失等不良后果。非法外部入侵也可能导致信息篡改、资金盗用等风险事故。

4. 运营中断风险

运营中断风险指由支付清算系统供应商财务压力等因素导致服务供给中断或终止而带来的风险，该风险可能导致整个支付清算系统关闭。

四、支付市场现状

近年来，全球支付业务收入持续上涨，支付业务成为经济发展的主要动力之一。

（一）全球支付收入持续上涨

近年来支付行业取得了长足进步，全球支付收入不断上涨。根据波士顿咨询发布的《2023 年全球支付报告》，从 2017 年到 2022 年，全球支付总收入以 8.3%的年均复合增长率增长，到 2022 年底，收入总额约为 1.6 万亿美元。预计到 2027 年，全球支付总收入的年均复合增长率可能会放缓至每年 6.2%，届时收入总额将达到约 2.2 万亿美元，如图 3-9 所示。

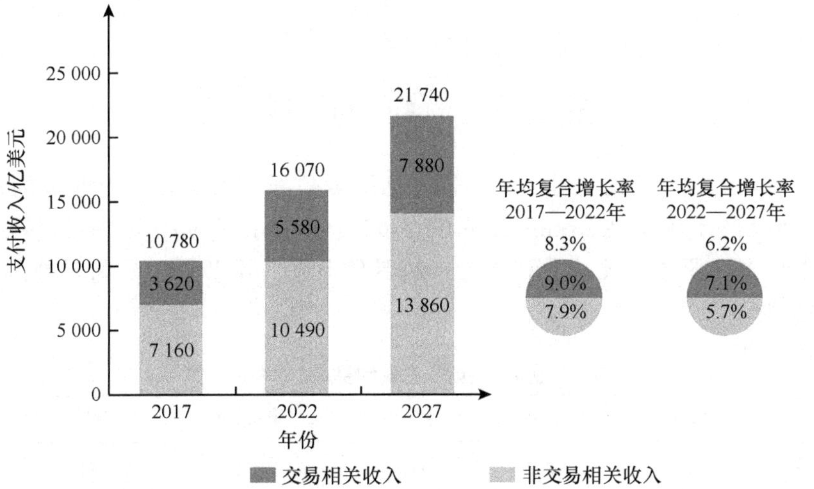

图 3-9 全球支付收入

（二）非现金支付逐年扩大

随着数字支付基础设施的日益完善以及新型支付工具[移动支付、二维码、A2A(area to area，区域到区域）支付] 的普及，非现金支付日趋流行。根据凯捷（Capgemini）咨询发布的《2023 年世界支付报告》，全球非现金支付交易规模逐渐扩大，2021 年达到了 1.02 万亿美元，预计在 2022—2027 年继续以 15%的复合年增长率不断增长，到 2027 年将增长到 2.30 万亿美元（图 3-10）。

（三）支付应用场景不断丰富

全球支付业务持续发展，吸引了大量金融科技公司涌入其中，如蚂蚁金服、财付通、PayPal 等。金融科技公司在为支付市场注入活力的同时，也在不断拓展支付活动的应用场景。以支付宝为例，其电子支付功能除了应用于电商支付，还扩展到了账单支付、生活缴费，甚至是线下销售点终端（point of sale，POS）支付。

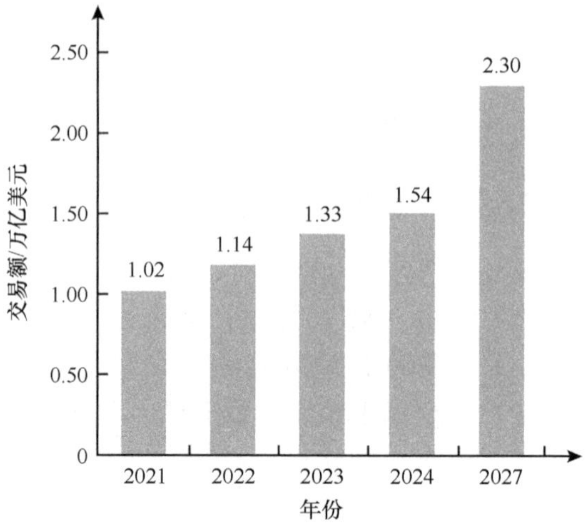

图 3-10　全球非现金支付交易额

第二节　支付科技

在金融科技的助力下，支付业务的创新活跃度位居金融科技所有业务的首位。表 3-4 显示了国际专利统计平台 Relecura 发布的 1995 年至 2015 年间金融科技各项业务专利申请数，其中与支付业务相关的专利数量远超其他业务。本节介绍支付科技的扩散以及快捷支付的发展。

表 3-4　金融科技相关专利数量（单位：件）

项目	支付业务	银行业务	财富管理	资本管理	保险	借贷
数据和分析工具	19 246	15 236	8 225	6 382	6 675	5 296
物联网	23 545	12 400	5 829	5 761	3 807	4 601
移动平台	19 419	15 834	7 505	5 296	7 353	6 013
安全	8 790	3 797	6 686	1 791	1 376	1 351
云计算	5 378	4 461	3 157	2 310	2 479	2 037
加密货币	1 336	3 300	2 736	4 663	1 259	2 022

一、支付科技的扩散

新产品扩散是指产品从进入市场到被消费者广泛接受和采用的过程。支付科技作为一种创新也需要扩散到应用领域才能给用户带来便捷。

（一）支付科技市场扩散的影响因素

1. 微观影响因素

微观主体从效用最大化的角度出发，从新支付方式的使用价值和支付方式的使用惯性两个方面考虑是否采纳新支付方式。前者包括用户感知到的产品有用性和易用性等，例如，支付科技填补了现有的落后支付设施就是其有用性的一种体现，智能手机和互联网的普及度则是支付科技的易用性指标之一。后者会阻止用户从现有支付方式转向新的支付方式，例如，信用卡/借记卡的高渗透率会诱发用户的使用惯性，对新支付技术的担忧也会带来惯性障碍。

支付科技作为一种基于双边平台的典型产品，在支付发起者和支付接受者等微观主体间发挥中介作用，因而其市场扩散还受到利益相关的微观主体间的相互影响，即网络效应。以客户和商户为例，使用同一产品的客户可以直接增加其他客户的效用；客户对支付科技的使用率会影响商户在支付科技上的投入；支付科技的商户数量将影响用户的使用便捷度。

2. 宏观影响因素

1）文化因素

文化会影响市场对创新技术的态度，从而影响支付科技的采用和扩散。例如，公民社会地位的平等程度、社会对不确定性的担忧程度、集体主义程度等都将影响市场对支付科技的接纳度。

2）市场因素

支付基础设施及相关法律法规的支持是支付生态系统发生跨越式发展的关键动力。创新型支付技术更容易进入原有支付基础设施薄弱、相关法律法规监管不完善的市场。例如，条码支付在东亚地区得到快速普及，而在银行卡支付体系更为成熟的欧美地区则发展较为缓慢。

3）人口因素

不同人群对创新技术的态度和有关的支付科技技术知识的了解情况等存在显著不同，这对支付科技服务的推广有重要影响。例如，年轻客户购买力强、对支付体验需求更高，对支付科技接受度也更高。

4）学习效应

学习效应是产品扩散的重要决定因素之一，对支付科技相关知识的学习情况将影响用户对支付科技的接受程度。

（二）支付科技市场扩散的衡量

支付科技的市场扩散情况可以通过商户采纳情况和客户采纳情况来衡量。商户采纳情况以支付科技采纳增长率度量，客户采纳情况则通过 Bass（巴斯）扩散模型将其分为创新效应和模仿效应来度量。创新效应指在没有任何市场口碑等外部力量的推动下用户主动使用新技术的概率；模仿效应指用户因为各种渠道受到口碑等影响而使用新技术的概率。

Bass 扩散模型是 Bass 于 1969 年针对创新产品、技术的采用和扩散提出的，该模型可估算出创新系数和模仿系数，从而预测新产品、新技术的市场需求。Bass 扩散模型的公式如下所示：

$$\frac{f(t)}{1-F(t)}=p+qF(t) \tag{3-1}$$

其中，$F(t)=\frac{N(t)}{m}$ 为第 t 期的市场扩散比例，$N(t)$ 代表在第 t 期市场中使用该创新产品的数量，m 代表市场潜力，即潜在使用者总数；$f(t)=\frac{\mathrm{d}F(t)}{\mathrm{d}t}$ 为第 t 期的新增市场扩散比例；p 为创新系数；q 为模仿系数。

在智能手机和互联网的推动下，移动支付发展迅猛，促进了支付科技行业的增长。为分析移动支付在市场中的扩散情况，Kumar 等（2021）利用 30 个国家的相关数据对影响用户移动支付采纳率的驱动因素进行了建模分析。

表 3-5 展示了相关驱动因素对商户支付科技采纳率的回归结果。结果显示，客户采纳对商户采纳存在积极影响，双边市场效应显著；而商户的支付使用惯性对商户采纳存在消极影响。从国家层面来看，基础设施建设越好的国家，商户越愿意接受支付科技；在长期主义倾向和集体主义倾向越强、不确定性规避倾向越弱的国家，商户越愿意采纳支付科技；越晚推出支付科技的国家，商户的学习时间越短，对支付科技的采纳程度越低。

表 3-5　商户采用移动支付的驱动因素

参数	估计系数	p 值
截距	+	<0.0001
客户采纳：以平均增长率为指标	+	<0.0001
商户感知到的价值：以本国无银行账户人口的变化率为指标	–	<0.0001
商户的支付使用惯性：以商户当前使用状态为指标	–	<0.0001
调节效应：感知价值 × 使用惯性	–	<0.0001
国家类型：高 GDP 的发达国家	+	<0.0001
低 GDP 的发达国家	+	<0.0001
高 GDP 的新兴国家	+	<0.0001
文化因素：长期主义倾向	+	<0.0001
集体主义倾向	+	0.0008
不确定性规避倾向	–	<0.0001
学习效应：移动支付进入该国的年限	–	<0.0001

表 3-6 展示了相关驱动因素对客户支付科技采纳率的回归结果。对于创新效应 p，客户感知到的价值越高，越愿意作为创新者接受支付科技；客户的支付使用惯性越大，越不愿意接受支付科技，这种惯性对感知价值与创新采纳之间产生负向调节作用。在国家层面，基础设施建设越好、集体主义倾向越强、推出支付科技越早的国家，客户越愿意作为创新者接受支付科技。而对于模仿效应 q，商户采纳的支付科技终端越多，客户越愿意作为模仿者接受支付科技；客户的支付使用惯性越大，则越不愿意接受。在国家

层面，支付基础设施建设越差的国家，客户越会因为原本支付方式的不便利而愿意接受支付科技；在不确定性规避倾向越强的国家，客户越愿意作为模仿者接受支付科技。

表 3-6　客户在 POS 机上采用移动支付的驱动因素

参数	创新效应		模仿效应	
	估计系数	p 值	估计系数	p 值
截距	+	0.0052	+	<0.0001
商户采纳：以估计的商户采纳增长率为指标			+	<0.0001
客户感知到的价值：以信息技术基础设施建设为指标	+	<0.0001	+	0.0606
客户的支付使用惯性：支付终端的信用卡使用率	−	<0.0001	−	<0.0001
调节效应：支付终端的信用卡使用率×感知到的价值	−	0.0001	+	<0.0001
国家类型：低 GDP 的发达国家	+	0.0021	−	<0.0001
高 GDP 的新兴国家	+	0.0015	−	<0.0001
文化因素：不确定性规避倾向			+	<0.0001
集体主义倾向	+	<0.0001	−	0.2536
学习效应：快捷支付进入该国的年限	+	<0.0001	−	0.1216
人口结构：该国人口年龄中位数	−	0.8245	−	0.3195

二、快捷支付

移动终端的普及催生了新的支付需求，促进了快捷支付的诞生及发展。至今，快捷支付已成为支付科技的重要组成部分。

（一）快捷支付的模式、特征与技术

快捷支付最初是为克服网关支付流程弊端而提出的支付理念。网关支付提升了网络支付的效率，降低了电子商务企业独立构建支付系统的成本，但支付页面交互性差、操作流程复杂，仅适合企业用户进行大额资金转账。个人用户则需要一种更加便捷、简单的支付方式，快捷支付应运而生。如图 3-11 所示，区别于网关支付，第三方支付平台在向银行提供了多项风险保证后，获取了快捷支付接口以校验并匹配用户信息，成功简化了支付流程。

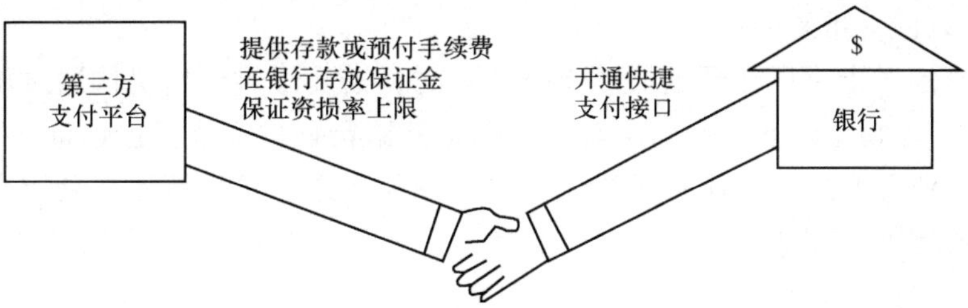

图 3-11　快捷支付的产生

1. 快捷支付业务的典型模式

快捷支付模式按照其电子指令发起方式分为两类：一类是互联网快捷支付模式，如支付宝快捷支付、银联在线快捷支付；另一类是移动快捷支付模式，如 NFC（near field communication，近场通信）支付。

1）互联网快捷支付模式

互联网快捷支付模式是通过将用户个人信息与第三方支付平台的个人账户进行绑定，从而对互联网支付业务进行简化的模式。用户开通快捷支付时，需要将身份信息、银行账户信息等与其第三方支付账户进行绑定，第三方支付平台通过银行快捷支付接口对用户信息及卡信息进行校验。在快捷支付业务开通后，用户在进行支付时只需利用第三方支付平台确认交易信息、完成身份验证和相关风险评估，此后由平台向银行提交支付指令，银行根据支付指令进行资金划转，从而完成支付流程，如图 3-12 所示。

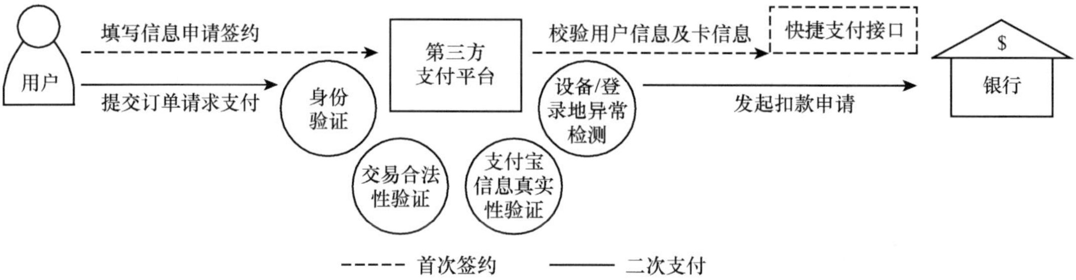

图 3-12　互联网快捷支付流程图

2）移动快捷支付模式

移动快捷支付模式是通过移动设备利用近场支付技术完成支付流程的模式，其中近场支付是指消费者在购买商品或服务时，即时应用 NFC、红外、蓝牙等技术，实现与自动售货机以及 POS 机的本地通信。目前 NFC 支付是近场支付的主要模式。以 Apple Pay 为例，用户在支持 Apple Pay 的移动设备上打开“钱包”应用并添加相应的银行卡完成审核和绑定；依靠 NFC 技术，用户在进行身份验证的同时靠近其 POS 终端就可完成支付。与互联网快捷支付模式不同，用户在使用移动快捷支付时不需要联网，只需靠近相应设备并完成身份验证即可。

2. 快捷支付主要特征

1）一次认证，重复使用

“一次认证”指用户在开通快捷支付业务时，需要经过支付机构通过用户的手机号码、银行账户、有效身份证件等信息对用户绑定的银行账户完成身份认证。“重复使用”则指快捷支付业务开通后，用户进行支付时无须再次进行身份认证，利用支付机构的实时信息进行校验即可完成。

2）交易信息汇集

在快捷支付业务出现前，交易信息主要集中在银行等传统支付机构中。快捷支付方式的出现将银行从交易、清算与结算的前台逐步转变为代理清算、结算服务的后台，使此前银行独有的用户实名资料、交易数据等流入了以快捷支付为主的第三方支付机构。

3. 快捷支付的科技支撑

1）安全保障技术

信息加密技术是快捷支付业务乃至整个网络支付业务中采取的主要安全保障技术。重要的金融信息数据需以密文形式进行传送，到达目的地后再用相应的手段进行还原，以避免在途中被非法截获，如图 3-13 所示。信息加密技术包括密钥及算法两个主要元素。密钥指与信息编码、解码相关的参数；算法将可理解的信息或文本与密钥结合，生成不可理解的密文。

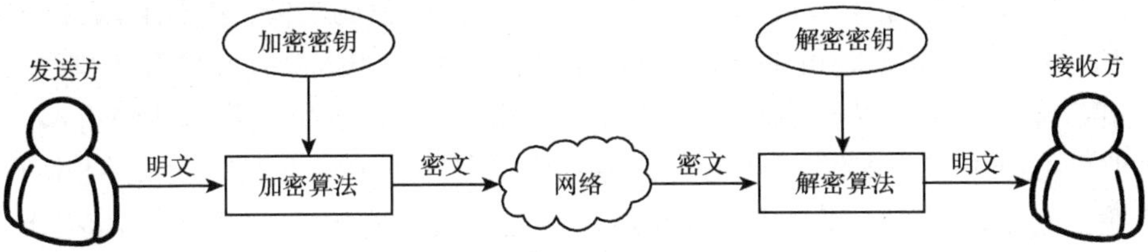

图 3-13　加密示意图

身份认证是保证支付交易安全的关键安全保障技术。目前，快捷支付领域常用的用户身份认证方法包括静态密码、动态密码和生物识别等。其中，静态密码由用户自行设定，其部署和使用都比较简单，但容易被木马程序截获和伪造，安全性较差。动态密码相较于静态密码更为安全，常见的有短信密码和动态口令。短信密码是指在进行身份认证时生成可以证明身份的密码，并以短信的形式发送至用户的移动终端；动态口令依据算法生成不可预测的、一次性的随机数组合，是目前快捷支付领域应用最为安全的身份认证方法之一。生物识别技术是将生物技术与信息技术相结合，以数字化人体固有的生理特征，如指纹、虹膜和面部特征等，并通过计算机技术进行个人身份鉴定。指纹支付技术是一种常见的生物识别技术，它将指纹的原始图像转换成指纹特征数据，每个指纹可以生成至少 490 个独立可测的特征数据，以确保识别的可靠性，如图 3-14 所示。在验证时，通过模糊比较等方法将实时采集的指纹信息与后台存储的信息进行比对，通过计

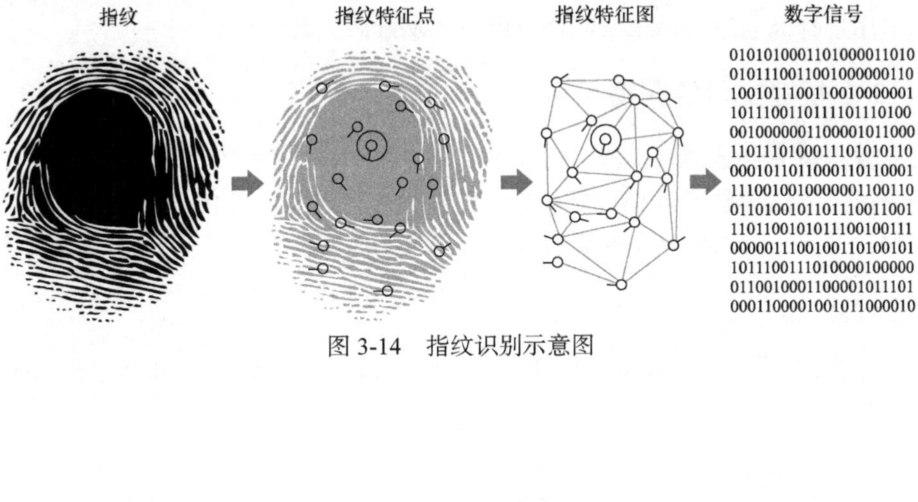

图 3-14　指纹识别示意图

算相似度判断是否匹配。目前，手机等移动设备大多搭载有指纹识别功能，可以利用指纹验证用户对相关银行账户或第三方支付账户的所有权来实现指纹支付。由于具有指纹识别功能的收款设备成本通常较高，且指纹信息被商户采集会带来隐私泄露的风险，目前指纹支付主要应用于个人端的快捷支付中。

2）移动支付技术

手机等移动终端的普及催生了支付业务“掌上化”“移动化”的需求，促进了移动支付技术的发展。在多种移动支付技术中，NFC 支付技术和二维码支付技术因操作便捷、成本低廉等特点被广泛使用。NFC 支付技术主要应用于票务、交通等领域，二维码支付技术主要应用在日常购物消费中。

NFC 技术是由非接触式射频识别和互联互通技术整合演变而来的新兴技术。通过在单一芯片上集成感应式读卡器、感应式卡片和点对点通信的功能，搭载 NFC 技术的移动设备、智能控件等工具之间可进行短距离无线通信，实现非接触式互联和识别，如图 3-15 所示。NFC 支付技术不受网络连接的限制，让用户能够把手机当作实体银行卡，无须打开手机即可便捷地完成支付。2013 年，主机模拟卡片技术的发展使 NFC 技术不再依赖移动终端中的硬件设施，通过应用模拟或云端服务器就能实现，降低了设备设计生产成本，促进了 NFC 技术的广泛应用。

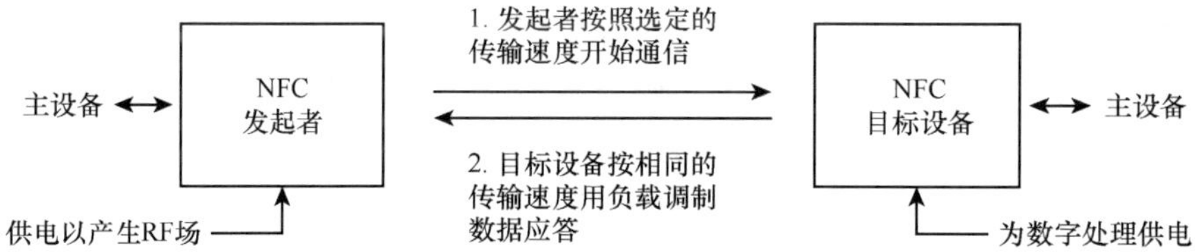

图 3-15　NFC 工作模式示意图

RF 即 radio frequency，射频

2013 年以来，二维码支付在移动支付领域飞速发展。二维码使用特定的几何图形按某种规律在二维方向上分布黑白图形以记录数据信息。由于能够在横向和纵向两个方向表达信息，利用很小的面积就可以表达出大量的信息。在二维码的数字储存区域中，除了目标数据信息外还包括纠错信息，使二维码技术有较强的容错能力和较高的可靠性。二维码技术的使用成本低、应用简便。如图 3-16 所示，商户生成相应的二维码后，不同场景下的用户都能通过扫描二维码进行消费（丛砚敏，2016）。

（二）快捷支付的典型平台

第三方支付平台是指与银行签约提供交易支持，具有一定实力和信誉保障的、非银行的独立第三方机构投资运营的网上支付平台。本部分将介绍 PayPal、Grab、Nexi、支付宝和财付通五个国内外典型的第三方支付平台。

1. PayPal

PayPal 公司创立于 1998 年，总部位于美国加利福尼亚州，于 2002 年在纳斯达克上

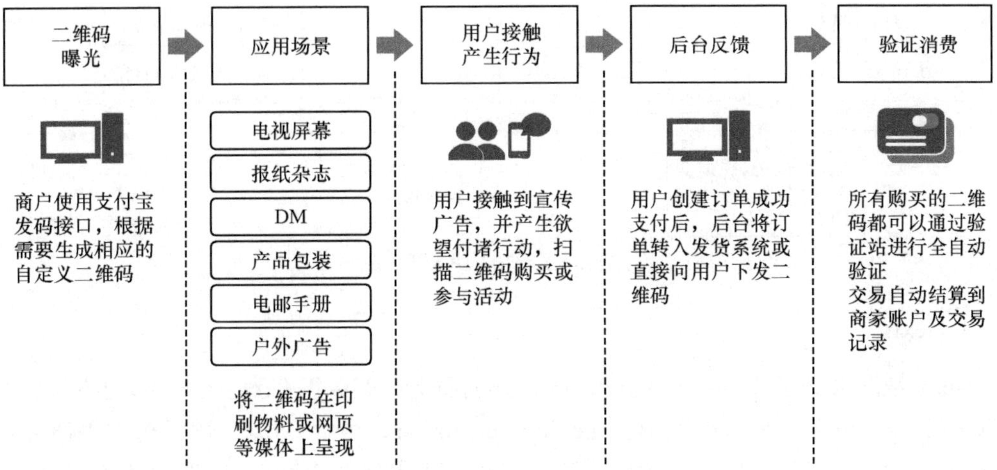

图 3-16 二维码应用流程图

市，是美国最大的第三方支付平台，其用户量仅次于支付宝和财付通。发展至今，PayPal 通过兼并收购完成了产品精进和业务开拓，逐步实现了多元化布局和全球性扩张，如图 3-17 所示。作为一家跨国金融科技公司，PayPal 在全球 200 多个国家提供在线支付服务，用户能够使用超过 100 种国际流通货币进行外贸收付款、国际采购等。PayPal 的全球化网络资源使得跨境商户无须在当地投入大量精力发展关系和信息网络就能实现交易，降低了跨境商户的货币兑换风险，缓解了跨文化障碍，促进了跨境业务的开展。

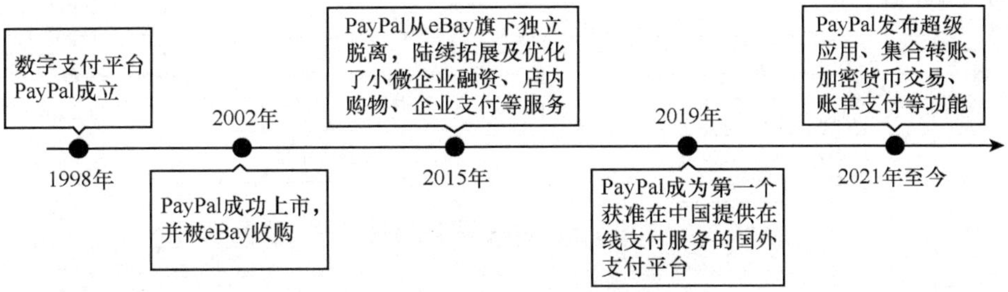

图 3-17 PayPal 发展历程

2. Grab

Grab 于 2012 年在马来西亚成立，总部现位于新加坡，以出行和送餐服务起家，业务遍及东南亚大部分地区。自成立以来，Grab 发展迅猛，拓展出了多项业务，并于 2021 年 12 月 2 日成功在纳斯达克上市，其发展历程如图 3-18 所示。2016 年，Grab 公司推出 GrabPay 无现金数字钱包服务，以解决司机乘客收付两难的痛点。次年，GrabPay 开始接入第三方商家，可用于在零售店或餐厅购买各种商品和服务。GrabPay 作为东南亚超级应用 Grab 的内置电子钱包，提供支付、出行、叫餐、快递等日常业务。用户可通过 GrabPay 进行网购、转账，也可在线下餐厅和商店使用二维码支付等。

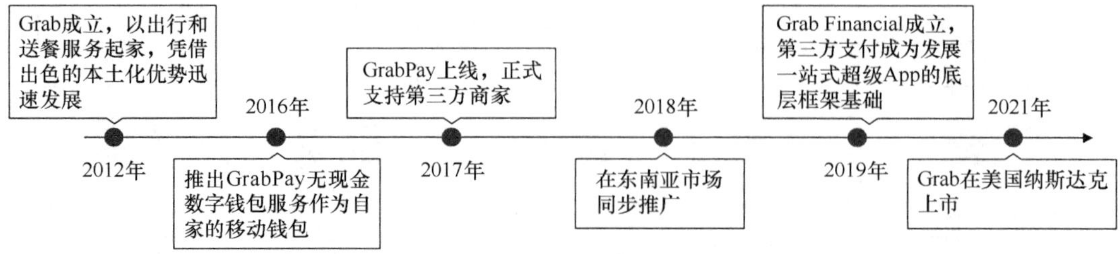

图 3-18　Grab 发展历程

3. Nexi

Nexi 是意大利最大的支付科技企业，其前身为 1939 年在米兰创立的地方性银行联盟 ICBPI(Istituto Centrale delle Banche Popolari Italiane, 意大利地方性银行中央研究所)，旨在向地方性银行提供服务。2017 年 11 月 ICBPI 更名为 Nexi。图 3-19 展示了 Nexi 的发展历程。截至 2019 年，Nexi 共为约 3000 万名持卡人和约 90 万家商户提供服务，与大约 150 家银行建立了长期合作关系，覆盖了意大利国内 80%的支行。2019 年，Nexi 在米兰证券交易所上市。2020 年 10 月 5 日，Nexi 宣布与竞争对手 SIA 合并，支付系统领域的第一个欧洲集团由此诞生。Nexi 的核心业务涉及商户服务、卡和数字支付以及数字银行，并为用户提供线下和线上支付产品。Nexi 通过卡和数字支付业务，与合作银行共同为客户提供支付卡的供应、发卡和管理等服务，还通过旗下子公司 Nexi Payments SpA 经营 ATM 管理、清算以及数字企业银行等业务。

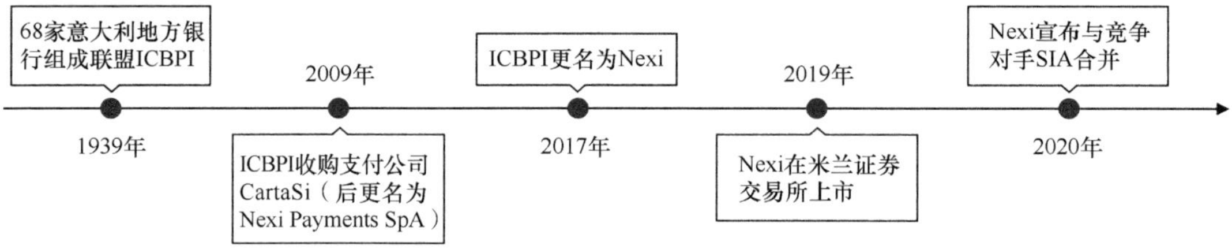

图 3-19　Nexi 发展历程

4. 支付宝

支付宝于 2003 年由淘宝网推出，最初是在平台买卖双方的交易流程中充当资金中介的角色以解决卖家与买家之间的信任问题。2004 年，支付宝从淘宝网分拆独立，开始向更多的合作方提供支付服务。在获得国内首批第三方支付牌照后，支付宝 App 上线了快捷支付、二维码支付等服务，其中快捷支付的服务场景从线上向线下延伸，逐步扩展到如公共交通、旅游、菜场、商超等领域，解决了小微企业经营收款便捷度低的问题。2013 年，支付宝上线余额宝服务，不仅打造了更丰富的消费支付场景，还降低了传统金融理财的门槛，增加了金融产品的可及性。2020 年，支付宝宣布从金融支付平台升级为数字生活开放平台，其发展历程如图 3-20 所示。

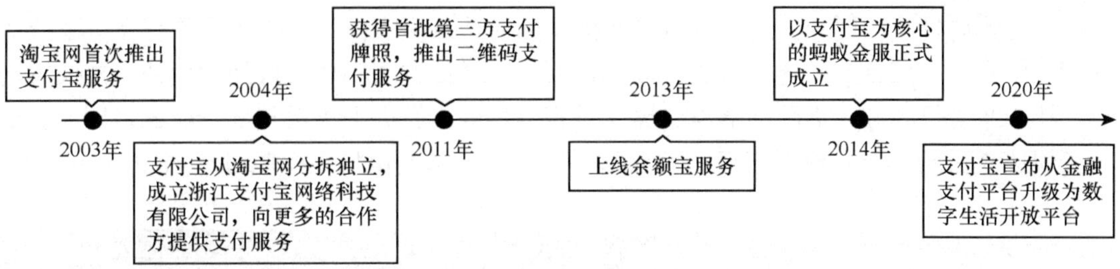

图 3-20 支付宝发展历程

5. 财付通

财付通于 2005 年正式上线，是腾讯公司旗下的第三方快捷支付平台，其发展历程如图 3-21 所示。2011 年，财付通获得第三方支付牌照，成为第一批获得央行支付牌照的企业。2013 年，财付通推出了以微信支付为代表的快捷支付产品，并将其嵌入微信生态链中以满足“用户之间相互转账的社交需求”，解决了支付社交黏性不足的痛点。2014 年，微信红包上线。凭借强大的社交关系网络和与中国用户使用习惯的契合，微信支付已实现扫码支付、微信商家公众号支付、App 跳转支付等功能，并推出企业红包、代金券、立减优惠等营销新工具，能够满足用户在不同支付场景的需求。用户只需在微信中关联一张银行卡，就可以使微信变身成为“全能钱包”。基于微信支付，财付通平台主要针对日常生活中交易额度较小、交易频率较高的业务场景。截至 2020 年，财付通商业支付日均交易规模超 10 亿元，服务超过 5000 家商户。

图 3-21 财付通发展历程

（三）快捷支付的社会影响

快捷支付以其便捷和低成本等特点在实际运用中逐渐成为大众青睐的支付方式，在社会层面引发了深刻的变革。

1. 金融业

快捷支付的推广促进了电子货币的普及。快捷支付要求货币以电子货币的形式存在，降低了货币的交易和贮藏成本，也提高了日常支付和投资时的安全性。快捷支付的推广让消费者认识到电子货币具有的独特优势，促进了电子货币的广泛应用，减少了实体货币的使用需求。

快捷支付促进了货币基金发展。随着快捷支付的发展和创新性金融支付平台的兴起，用户对第三方支付机构虚拟账户的认识得以提升。基于虚拟账户，用户不仅能持有电子货币以满足预防性货币需求，还能持有平台提供的货币基金产品。这些产品具有高于银行活期存款的利息，部分产品还具有类存款的性质，无最低购买门槛、可即时赎回，并提供购物、转账缴费等服务。货币基金与快捷支付相辅相成，促进了货币基金产业的发展，也推动了快捷支付的普及，使得银行活期存款外流至货币基金市场中（Buchak et al.，2021）。

案例：支付宝推动货币市场基金发展

支付宝作为中国最大的第三方支付平台聚集了大量的用户资金，据 2013 年中国第三方互联网支付市场交易规模数据，支付宝的客户备付金日均余额在 500 亿元左右。根据中国人民银行 2010 年 6 月发布的《非金融机构支付服务管理办法》，支付机构的实缴货币资本与客户备付金日均余额的比例不得低于 10%。因此，支付宝应实缴货币资本在 50 亿元左右，远高于支付宝当时 10 亿元左右的注册资本额，给支付宝带来了巨大的资本压力。出于对自身财务和流动性的考虑，并提高用户资金利用效率，支付宝于 2013 年 6 月推出了货币基金产品——余额宝，以降低自身备付金水平，满足用户需求。

余额宝投资门槛低、申赎灵活方便且相比传统的银行储蓄产品收益率更高，是一种便捷、安全、低风险的理财产品。在余额宝推出前两年内，其投资回报率曾一度达到 6%，并长期保持在 4%至 5%，越来越多的用户选择将闲置资金甚至银行存款存入余额宝。对比余额宝推出前后银行存款和货币市场基金情况，如图 3-22 所示，余额宝出现后货币市场基金行业推出大量类存款型产品，货币市场基金规模剧增，给传统银行主导的家庭存款市场带来了冲击。银行存款的外流促使银行推出类似的货币基金产品，逐步减弱了对个人存款利率上限的限制。

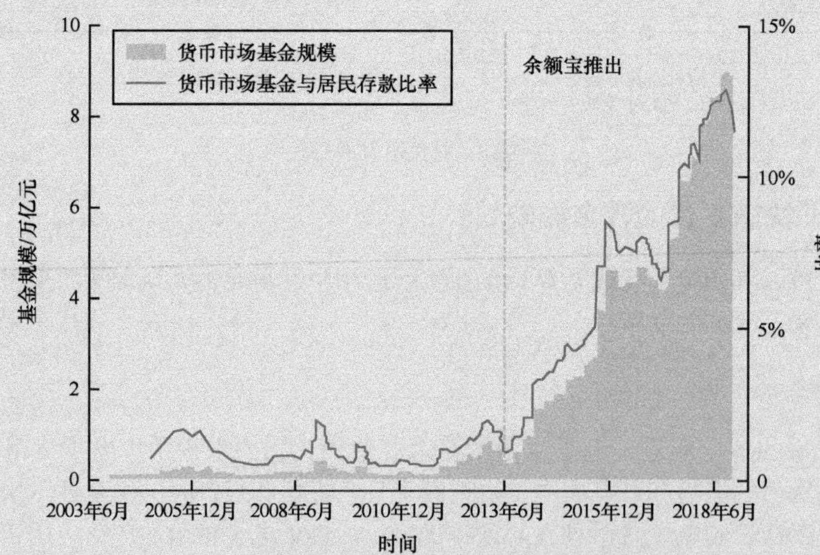

图 3-22 货币基金行业与银行业对比

个人存款利率具有上限是发展中国家金融市场普遍存在的现象，它是政府干预金融活动导致金融体系受到抑制的一种体现。政府干预对金融市场的发展会造成正负两种影响，政府干预对金融稳定有支撑作用，但同时也可能降低金融资源配置效率，不利于经济增长。然而以国有商业银行为主导的银行业基于自身原因不愿做出改变，使自上而下推行改革并不容易，余额宝的出现为存款利率市场化带来了助力。为了刻画这一影响，将城市层面从银行存款流入余额宝的资金作为被解释变量 Y，以城市层面的余额宝渗透率作为解释变量，将城市类型、城市重要性、GDP、人口、人均 GDP 增长率等作为控制变量 X，其中余额宝渗透率定义为某一地理区域内余额宝的活跃用户数量除以当地人口。考虑城市层面数据进行如下回归：

$$Y = \beta_0 + \beta_1 \text{余额宝渗透率} + \beta_2 X + \varepsilon \tag{3-2}$$

表 3-7 展示的基准回归结果显示，余额宝渗透率对银行存款外流有显著影响，验证了余额宝与银行间的竞争关系。面对余额宝的竞争，银行通过提供具有市场利率的竞争产品来回应，促进了自下而上的利率自由化。

表 3-7 余额宝渗透率对银行存款外流的影响

项目	城市层面余额宝货币基金资金流入（2013 年 6 月至 2014 年 5 月）	
	模型 1 不含控制变量	模型 2 含控制变量
余额宝渗透率	1.527***（0.063）	1.013***（0.034）
城市类型	—	0.000（0.041）
城市重要性	—	0.201***（0.047）
GDP	—	0.110**（0.050）
人口	—	0.816***（0.053）
人均 GDP 增长率	—	−0.004（0.003）
样本数	323	302
调整的 R^2	0.68	0.98

注：小括号内的数字表示标准误差

、*分别表示显著性水平为 5%、1%

为了应对这种竞争，银行也陆续推出了类似余额宝的“宝”类产品。以银行是否引入“宝”类产品为被解释变量，进一步检验这些“宝”类产品在银行市场化方面的激励作用，发现在余额宝环境暴露程度越大的银行越有可能引入“宝”类产品与其进行竞争。这种银行“宝”类产品的存款替代效应推动了利率市场化进程，削弱了对个人存款利率的限制。

余额宝的快速发展和高收益率引起了监管部门的关注。为保障用户的资金安全和金融市场稳定，中国人民银行和中国证券监督管理委员会等监管部门对余额宝等类似产品进行了管理规范。2015 年 12 月，中国证券监督管理委员会和中国人民银行发布《货币市场基金监督管理办法》，规定了货币市场基金的投资范围、投资比例和投资限制等。2017 年 8 月，中国证券监督管理委员会在《公开募集开放式证券投资基金流动性风险管理规定》中又进一步对货币市场基金的投资者集中度进行了限制。这些规定降低了余额宝等类似产品的流动性风险和杠杆率，使得余额宝的收益率开始逐步下降。

资料来源：Buchak 等（2021）

2. 产业发展

首先，快捷支付降低了企业的经营成本。快捷支付模式下，企业交易信息的完备性、准确性提高，这降低了企业的会计成本，提高了企业资金管理的能力。其次，快捷支付便利了线上线下交易支付渠道，企业无须在货款回收渠道上投入过多资金，能够以较低的成本扩大经营规模。再次，快捷支付助推了企业的业务拓宽。快捷支付可以突破地域、空间的限制，让消费不再受基础设施的影响，有助于企业建立起线上的服务渠道。最后，快捷支付缓解了企业的信贷约束。第三方支付机构可以利用快捷支付模式收集企业的海量交易数据，并据此评估企业信用，针对企业推出小额借贷等金融服务，缓解企业的信贷压力。

案例：快捷支付缓解企业的信贷约束

随着移动互联网的发展，二维码支付已成为当前主流的快捷支付方式之一，其积极影响不仅体现在交易支付业务的便利化处理，更在于对小微商户的普惠性提升。二维码支付主要服务于线下商户，将金融科技延伸至数字化程度较低的小微商户，为其带来显著的便利。

Beck 等（2022）以 50 万家中国小微企业为样本展开对企业信贷获取的研究。这些企业的信贷获取渠道包括蚂蚁集团下属的网商银行发放的科技信贷和传统商业银行发放的一般信贷。研究发现，基于二维码收付数据的科技信贷促进了中国小微企业普惠金融新模式的生成。

作为银行体系的补充，二维码支付以较低的成本简化了企业的收款工作，产生的交易数据能够用于评估客户的风险概况，帮助科技信贷机构更好地进行筛选、监测。如图 3-23 所示，企业在支付中使用二维码的时间与其获得科技信贷的可能性呈正相关关系。在使用二维码支付系统 25 个月后，小微企业获得科技信贷的概率超过 80%，其中大部分企业都未曾在传统银行获得过贷款。

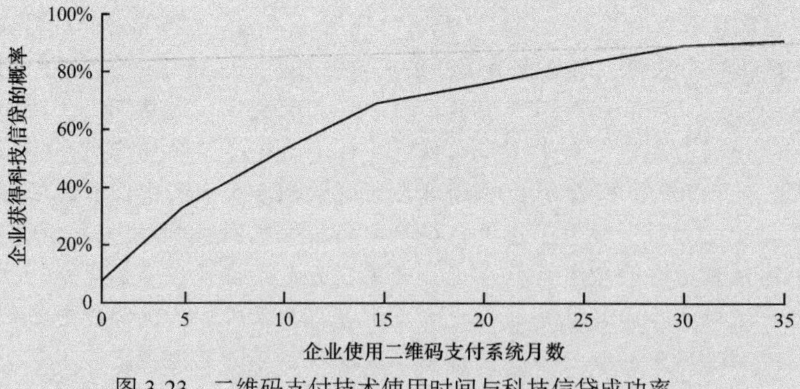

图 3-23　二维码支付技术使用时间与科技信贷成功率

二维码支付不仅有助于小微企业从科技信贷公司获得贷款，而且给传统商业银行信贷也带来了溢出效应。表 3-8 显示，在获得了网商银行提供的科技信贷后，样本中的小微企业从传统商业银行获得贷款的概率提高了 8.9 倍，当单独考虑无担保银行信贷或有担保银行信贷时，结果均保持相似。

表 3-8 科技信贷对银行信贷的溢出效应

项目	企业使用银行信贷的概率		
	银行信贷	有担保银行信贷	无担保银行信贷
是否使用科技信贷	2.188*** (0.04)	1.901*** (0.08)	2.441*** (0.04)
常规信用变量	控制	控制	控制
控制变量	控制	控制	控制
时间固定效应	控制	控制	控制
省份固定效应	控制	控制	控制
宏观经济控制变量	控制	控制	控制
样本数	8 319 705	8 363 872	8 386 574

注：小括号内的数字表示标准误差

***表示显著性水平为 1%

资料来源：Beck 等（2022）

3. 社会福利及消费

1）对社会福利的影响

快捷支付的发展和普及提升了信息透明度，但也引发了消费者隐私保护的担忧（Hoofnagle et al.，2012）。尽管信息透明化增加了社会福利，但对消费者隐私的侵害又使得社会福利下降。

在快捷支付模式下，第三方支付机构能够低成本地收集多领域、多维度的支付数据信息，从而帮助企业预测用户的消费偏好和趋势。然而，这一模式涉及用户的个人信息、账户信息、交易信息等，带来了个人隐私泄露风险。企业可能利用支付数据进行用户画像，从而对用户实行价格歧视，对社会福利产生负面影响，或是通过支付设备向用户发送垃圾短信或邮件，干扰用户的正常生活。此外，不法分子可能侵入用户虚拟账户或移动设备，窃取用户信息和资产。

2）对消费的改变

快捷支付改变了消费者的消费习惯。快捷支付的兴起催生了无人商超、自动售卖机、外卖、在线购物等多种消费模式，为消费者提供了更加便捷的购物体验，甚至满足了消费者足不出户的消费需求。

快捷支付减轻了消费者的支付疼痛感。支付疼痛感可以抑制冲动反应、减少消费者的“冲动消费”，因此快捷支付对消费产生了一定的促进作用（Thomas et al.，2011）。快捷支付免除了密码输入或账单签字等环节，显著降低了支付行为给消费者带来的疼痛感。此外，通过信用支付实现“先消费后付款”的延期支付方式，使得消费者在使用信用支付购买商品及服务时感受到的支付痛苦随时间推移而下降，这也导致了人们的非计划购买和负债的增加。

4. 就业

快捷支付促进就业率的提升。快捷支付可以改善企业现金流状况，减缓企业融资约束，对就业产生积极作用。在存在逆向选择或道德风险的情况下，企业可能难以从外部获得资金而被迫削减投资项目来缓解资金紧张，这间接影响了企业的招聘决策。当企业需要投入招聘和培训成本时，增加就业人数意味着企业需要更多资金覆盖增加的人工成本。在融资受到约束的情况下，企业倾向于减少招聘人数，使就业率受到抑制。此外，客户付款时间与企业履约时间的错配同样会影响就业率。在客户付款之前，企业可能因缺少现金流而无法支付生产过程中所需的人工成本。在这种情况下，即使订单需要大量的劳动力，企业也可能因未收到客户付款而不得不减少招聘。快捷支付通过帮助企业快速回笼资金、增加流动性，从而提升就业率。

案例：联邦快速支付改革对就业的影响

2008 年金融危机后，全球经济虽缓慢复苏，但就业率增长仍旧迟缓。金融机构向非金融企业提供的贷款规模收缩对实体经济产生了较大影响，尤其是对小型企业。加之小型企业在其他渠道获取融资成本高昂，使其面临较强的融资约束。为应对小型企业的融资困境，美国政府在 2011 年实施了一项名为“Quickpay”的改革来缩短政府向小型企业承包商付款的时间。改革实施后，政府机构需在 15 天内向小型企业承包商付款。小型企业是创造和增加就业机会的主要动力，政府希望通过这一改革来缓解其融资困难问题，进而提升就业率。

Barrot 和 Nanda（2020）通过对比改革实施前后接受改革和未接受改革的小型企业的就业情况变化研究快速支付在就业方面产生的影响。从企业层面来看，将企业就业人数变化和付款信用评分变化作为被解释变量，企业是否在改革前两年内获得合格合同作为解释变量。合格合同是指政府付款时间超过 15 天的合同，意味着企业有资格接受快速支付改革。若企业有此类合同则取值为 1，否则为 0。回归结果如表 3-9 所示，对于接受改革的企业，企业付款信用评分变化及企业就业人数对数变化的系数均为显著为正，表明在政府加快对小型企业付款后，小型企业就业率得到提升。小型企业在快速收回资金后现金流得到改善，可以及时向客户付款，信用评分提高，融资约束进一步缓解。

表 3-9 快速支付对企业信用评分及就业的影响

项目	企业付款信用评分变化	企业就业人数对数变化
接受改革企业	0.553***（0.182）	0.017**（0.008）
样本数	3 376 225	7 129 157
R^2	0.270	0.145

注：小括号内的数字表示标准误差

、*分别表示显著性水平为 10%、1%

从整体劳动力市场来看，以职位空缺数与失业人数的比值将劳动力市场分为紧缺劳动力市场和宽松劳动力市场，其中职位空缺数小于失业人数为宽松劳动力市场，反之则为紧缺劳动力市场。考虑快速支付在不同劳动力市场层面对就业的影响，将企业就业人数对数变化作为被解释变量，合格合同数与工资之比作为解释变量来刻画改革对于劳动力市场工资的影响。回归结果如表3-10所示，在宽松劳动力市场中，就业人数对数变化系数显著为正；而在紧缺劳动力市场中，该系数不显著。在宽松劳动力市场中，企业接受改革后融资约束得以缓解，向市场投放的空缺职位增多，新增职位满足了失业人员的就业需求，改革促进了整体劳动力市场就业。在紧缺劳动力市场中，空缺职位数量大于失业人数，企业在人员招聘上的竞争加剧，提高了整体市场劳动力薪资水平。同时未接受改革的企业由于融资约束未得到缓解，薪资水平上升可能对其人员招聘产生负面影响，进而影响改革对整体劳动力市场的促进效果。

表 3-10 快速支付在劳动力市场层面对就业的影响

项目	就业人数对数变化	
合格合同数与工资之比	0.025** (0.010)	
合格合同数与工资之比×宽松劳动力市场		0.032*** (0.009)
合格合同数与工资之比×紧缺劳动力市场		0.006 (0.012)
控制变量	是	是
样本量	693	693
R^2	0.228	0.241

注：小括号内的数字表示标准误差

、*分别表示显著性水平为5%、1%

资料来源：Barrot 和 Nanda（2020）

（四）快捷支付的发展问题与监管

1. 发展问题

随着快捷支付的深入发展，新兴的互联网企业和传统企业都开始涉足这一领域。竞争者的进入有力地促进了行业的发展，但同时也带来了一系列风险。

1）安全风险

快捷支付系统中的各功能块紧密相连，形成环环相扣的支付链，链条中任何一个环节的漏洞都可能为整个支付系统带来风险。例如，快捷支付扣除银行卡款项时，用户通过手机验证码就能完成支付，无须经过银行卡支付密码的验证，一旦手机验证码或个人信息泄露，则大大增加被盗刷的风险。

2）资金风险

在进行线上交易时，买家首先会将支付款转入第三方平台以保证交易的安全性。直到买家确认收货，支付款才由第三方平台支付给卖家完成交易，如图3-24所示。买家支付款项和卖家收到款项之间通常存在3—7天的时间间隔，期间支付款会留存在第三方平台中，这部分资金称为沉淀资金。在起步初期，许多第三方快捷支付平台会利用沉淀资金进行资本运作获取利润，然而政策的不稳定和潜在的市场风险会影响平台的资金流与市场预期，一旦平台出现资金链问题或挤兑现象，平台的资金将出现结构性风险。为了规范沉淀资金的归属问题和利用，中国已出台了相关法律，这在一定程度上起到了防范平台的资金风险的作用。

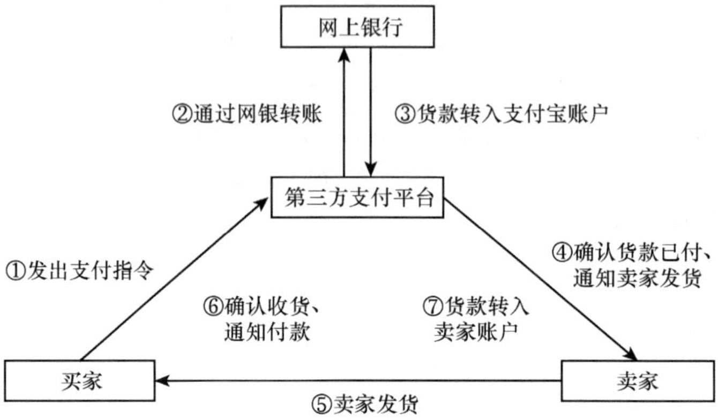

图 3-24 线上交易资金转移流程

3）洗钱风险

不同快捷支付平台的开户政策和监管力度不同，犯罪分子可以利用这些漏洞，盗用他人信息开设非法账户并虚构交易记录，将“黑钱”伪装成正常的交易付款以躲避追查。

4）信息泄露风险

快捷支付可能导致用户的信息泄露，使商家能够从消费者那里收集可识别的个人身份信息，并将数据传输到支付网络。相比于传统金融行业，快捷支付的准入门槛较低，各平台的注册资金规模、资质参差不齐，导致部分平台对于用户的资金、个人信息的保护力度不强。第三方快捷支付机构又往往在各银行都有多个备用金账户，使得快捷支付的安全系统面临更大的用户信息泄露风险。

2. 监管体系

1）监管主体

目前，我国对第三方快捷支付平台的监管由中国人民银行及其分支机构来负责，按照属地原则，以中国人民银行为主，行业自律管理、商业银行监督为辅进行监管。

2）法律体系

在发展初期，我国对快捷支付的法律监管是相对宽松的。2005 年，《国务院办公厅关于加快电子商务发展的若干意见》的颁布推动了中国快捷支付行业和电子商务的发展。同年，央行发布了《电子支付指引》，初步规范了电子支付交易额的上限，制定了争端处理办法。

2010 年，国家出台《非金融机构支付服务管理办法》，明确提出提供支付服务的非金融机构应取得“支付业务许可证”，并依法接受中国人民银行的监督管理。明确了“支付业务许可证”的申请条件、注册资本最低限额、有效期和回收流程，并规定由中国人民银行负责颁发和管理。随后，国家陆续出台技术认定要求、客户实名制要求、反洗钱和反恐怖融资要求、外资机构进入中国市场管理办法。

2017 年 8 月，中国人民银行支付结算司印发《关于将非银行支付机构网络支付业务由直连模式迁移至网联平台处理的通知》，规定自 2018 年 6 月 30 日起，支付机构受理的涉及银行账户的网络支付业务全部通过网联平台处理。2021 年 1 月，中国人民银行发布《非银行支付机构客户备付金存管办法》，规定备付金全额集中交存至中国人民银行或符合规定的商业银行，并详细规定了备付金出金、入金以及自有资金划转的范围和方式，明确了支付机构间开展合规合作产生的备付金划转应当通过符合规定的清算机构办理。

3）监管内容

第一，技术安全。第三方快捷支付机构的企业规模、技术储备、运营能力直接影响其应对突发事件时的表现，监管机构不仅在发放许可证前要求其获得技术安全证明，而且严格审查平台业务相关外包公司的资质、评估外包业务的信息安全风险并制定平台对用户数据的管理规范。

第二，反洗钱。由于早期支付宝直接跳过银联和银行谈判签约，后续的其他支付机构也采纳了相同的方案，导致银联无法监管第三方快捷支付机构的资金流向，给反洗钱、金融监管、货币政策调节、金融数据分析等工作带来了巨大的挑战。2017 年 8 月，中国人民银行支付结算司印发《关于将非银行支付机构网络支付业务由直连模式迁移至网联平台处理的通知》，加大了对第三方快捷支付平台洗钱的监管力度。

第三，准入机制和退出机制。我国《非金融机构支付服务管理办法》第九条规定了申请人拟在不同范围内从事支付业务的注册资本最低限额要求，第八条、第十条规定了申请人以及申请人的主要出资人应具备的条件。这在一定程度上抑制了短期投机行为，保障了平台的技术实力和安全性。《非金融机构支付服务管理办法》还规定了“支付业务许可证”的回收流程，其他市场退出机制也在进一步完善中。

第四，沉淀资金管理。为规范沉淀资金管理，我国先后于 2017 年和 2018 年出台《中国人民银行办公厅关于实施支付机构客户备付金集中存管有关事项的通知》和《中国人民银行办公厅关于支付机构客户备付金全部集中交存有关事宜的通知》，要求自 2018 年 7 月 9 日起按月逐步提高支付机构客户备付金集中交存比例，到 2019 年 1 月 14 日实现 100%集中交存。第三方快捷支付机构依靠沉淀资金获取利润的行为受到严格的限制，沉淀资金的安全也得到了保证。

第五，消费者权益保护。我国关于用户个人信息隐私保护和企业使用用户个人信息的立法还有待完善，仅在《非银行支付机构网络支付业务管理办法》中要求第三方支付机构妥善保管用户关键信息，不得向其他机构或个人提供用户的隐私信息。监管机构应尽快制定法律法规以规范第三方快捷支付机构收集、记录消费者客户信息的权限，明确消费者隐私信息安全的权责和第三方快捷支付机构提供隐私信息的权限。同时，还需明确第三方快捷支付机构违规的处罚对象和处罚力度，对于重大安全事故应责令机构停业整改甚至收回其“支付业务许可证”，防止更大的风险事件发生。

课后习题

1. 支付方式及工具随着经济发展的阶段经历了怎样的变化？

2. 什么是一般等价物？具有何种属性的商品可以作为一般等价物，请举例说明。

3. 现代支付体系流程包括交易、清算和结算三个环节，请以在书店购买一本《金融科技》为例，说明各环节的运作过程。

4. 对比跨境支付清算系统与境内支付清算系统的特点，分析跨境支付清算系统中存在哪些独特的风险，并为强化该系统安全体系的建设提出相应的对策。

5. 今日中国，无论是北上广深的都市群落还是西部偏远的乡村阡陌，手机“扫一扫”等移动支付已经成为人们在日常消费中最常用的支付手段之一，这在过去是难以想象的。移动支付的发展从根本上改变了传统支付模式，为经济发展、民生改善提供了新动能。

（1）移动支付的主要关联行业包括餐饮、教育、医疗、金融、零售等。请选择一个行业，分析移动支付涉及的业务环节，思考移动支付对行业经济业态和发展产生了怎样的影响。

（2）移动支付在为人们带来便利的同时可能会引发信息泄露、系统漏洞等问题。请通过文献调研和实践调研，剖析移动支付发展过程中面临的潜在风险和可能造成的影响，并思考相应的应对措施。

6. 在日常的资金流动过程中，平台通常保留一定数量的资金，这部分资金数量比较稳定，称为沉淀资金。2010 年央行发布的《非金融机构支付服务管理办法》中指出，“支付机构接受的客户备付金不属于支付机构的自有财产”“禁止支付机构以任何形式挪用客户备付金”。2011 年 11 月，央行发布《支付机构客户备付金存管暂行办法（征求意见稿）》，规定“支付机构可将计提风险准备金后的备付金银行账户利息余额划转至其自有资金账户”，即第三方支付平台无权支配备付金账户的资金，只能获得微薄的利息收入。

支付宝平台通过余额宝将备付金变为可支配的资金。余额宝是支付宝与天弘基金管理有限公司联手推出的一款理财产品，支付宝用户将资金转入余额宝账户中，就完成了对天弘基金管理有限公司的货币基金的购买，可以获得相应的投资收益。余额宝的收益比同期银行活期存款高，这激励用户将资金存入余额宝账户，使平台中的沉淀资金数额越来越庞大。

美国法律将第三方支付平台上滞留的资金视为负债，而非联邦银行法中定义的存款。第三方网上支付平台的留存资金需存放在美国联邦存款保险公司银行的无息账户中。在州监管层面，一般要求第三方支付机构不得从事银行的存贷款业务，不得擅自留存、使用客户交易资金，要求其保持交易资金的高度流动和安全。为保障客户资金安全，第三方支付机构必须持有一定金额的担保债券或保持相应流动资产。

阅读以上材料回答：

（1）平台使用沉淀资金从事金融活动可能引发哪些风险，会导致怎样的经济后果？

（2）对比我国支付平台与美国支付平台管理方式的差异，分析背后的原因。思考如何对我国第三方支付平台进行监管才能更好地控制风险、保证平台的良好运营。

7. 为了全方位优化消费者购物体验，第三方支付服务商争相推出生物识别支付方式。随着5G时代的到来，人脸识别、指纹识别、虹膜识别等一系列支付技术发展迅速。这类技术通过可靠、稳定且唯一的人体生理学与行为特征，结合计算机技术、网络技术和生物传感器等科技手段进行图像处理和模式识别，以验证用户身份。用户接受度是新技术面向大众推广应用前着重考虑的问题，请分析用户对生物识别支付方式接受程度的影响因素。

（1）表3-11是由感知有用性、感知易用性、感知趣味性、感知风险性、外部变量、使用态度和使用意愿几个维度构成的19个问卷题项，请采用五级利克特量表形式（如非常同意、同意、中立、不同意、非常不同意）制作并发放问卷。

表3-11 用户对生物识别支付方式接受程度的影响因素问卷题项

研究变量	问卷题项
感知有用性	我认为，使用生物识别技术可以有效提高支付效率 我认为，生物识别技术可以避免支付密钥失窃、遗忘 我认为，使用生物识别技术支付体验感更好
感知易用性	学习和运用生物识别技术进行支付对我而言很容易 生物识别技术在支付时运用十分便捷 总体而言，生物识别支付方式很容易使用
感知趣味性	新的支付方式带来的优惠政策使我感到愉悦 使用生物识别技术进行支付感觉智慧新奇 总体来说生物识别支付方式给购物过程增添了乐趣
感知风险性	生物识别支付方式可能会泄露我的隐私 生物识别支付方式可能会使我财物损失 生物识别验证方式没有相应的法律法规来保障我的权益
外部变量	在别人的推荐下我愿意使用生物识别支付方式 在生物识别技术普遍推广时我愿意使用
使用态度	我认为使用生物识别支付方式是一种明智的选择 我认为使用生物识别支付方式是与时俱进的表现
使用意愿	我将会多了解生物识别技术 我将会连续使用生物识别支付方式 我将会向朋友推荐使用生物识别支付方式

（2）使用收回的有效样本，分析感知有用性、感知易用性、感知趣味性、感知风险性、外部变量（具体可分解为社群影响和营销推广两个指标）这几个因素分别如何影响用户的生物识别支付方式使用态度和使用意愿，这对想要推广生物识别支付方式的支付服务商有哪些启示。

资料来源：胡文芳（2020）

8. 数字技术的快速发展对我国移动支付产生了深层次的影响。中国已经成为全球移动支付的第一大市场，在用户规模、交易规模和渗透率等方面都处于领先地位。移动支付在政务民生、交通出行、医疗服务等领域深深改变了居民的支付生活，进而影响了我国居民的生活水平。中国家庭金融调查问卷（https://chfs.swufe.edu.cn）对全国25个省区市、80个县、320个社区共40 011个家庭的家庭消费支出进行了详细的询问，涵盖日用品消费、交通费、文化娱乐等项目。该问卷内容分为人口统计学特征、资产与负债、保险与保障、支出与收入、金融知识、基层治理与主观态度六大部分。请使用 2019 年中国家庭金融调查问卷数据分析移动支付对居民消费水平和消费结构产生的影响，并探究背后的机制。

（1）所需变量如表 3-12 所示，请对变量进行描述性统计；将样本分为使用移动支付和不使用移动支付两组，初步探索移动支付与居民消费水平、消费结构之间的关系。

表 3-12　移动支付对居民消费的影响变量说明

变量类型	变量名称	变量含义
被解释变量	生存型消费占比	生存型消费占家庭消费支出比重
	发展型消费占比	发展型消费占家庭消费支出比重
	享受型消费占比	享受型消费占家庭消费支出比重
	家庭恩格尔系数	家庭食品消费总支出占家庭消费支出比重
	移动支付	使用移动支付记为 1，不使用记为 0
控制变量	年龄	户主年龄
	性别	户主为女性赋值为 1，男性赋值为 0
	教育程度	没上过学赋值为 0，文化程度为小学、初中、高中（中专和职高）、大专（包括高职）、大学本科、硕士研究生、博士研究生则分别赋值为 6、9、12、5、16、19、23
	婚姻状况	若为已婚或再婚则赋值为 1，否则赋值为 0
	风险偏好	风险偏好型赋值为 1，否则赋值为 0
	风险中性	风险中性赋值为 1，否则赋值为 0
	风险厌恶	风险厌恶型赋值为 1，否则赋值为 0
	家庭规模	衡量家庭人口数
	家庭不健康人数	家庭中身体不健康的人数，代表家庭需要承担的医疗负担
	拥有的车辆	家中有车辆赋值为 1，否则赋值为 0
	人均地区生产总值	各省区市人均地区生产总值数据
	城乡地理位置	农村赋值为 1，城镇赋值为 0
	家庭财富	衡量家庭拥有的财富
	家庭财富水平	家庭财富水平层次位于 0 至 25%（含）赋值为 1，层次位于 25%至 50%（含）赋值为 2，层次位于 50%至 75%（含）赋值为 3，层次位于 75%至 100%赋值为 4

（2）选择恰当回归模型，分析移动支付对我国居民消费水平和结构的影响。

（3）请从个人风险态度、家庭财富水平和地理位置区域三个角度分析移动支付对消费水平的异质性。

资料来源：李靳（2022）

参考文献

陈尧，杨枝煌. 2021. SWIFT 系统、美国金融霸权与中国应对. 国际经济合作，（2）：82-96.

丛砚敏. 2016. 移动金融：支付革命. 北京：清华大学出版社.

胡文芳. 2020. 第三方支付模式下生物识别支付方式的接受度研究. 天津：天津大学.

李靳. 2022. 移动支付对我国居民消费水平和结构的影响研究. 绵阳：西南科技大学.

Barrot J N, Nanda R. 2020. The employment effects of faster payment: evidence from the federal quickpay reform. The Journal of Finance，75（6）：3139-3173.

Beck T, Gambacorta L, Huang Y P, et al. 2022. Big techs, QR code payments and financial inclusion. Basle: Bank for International Settlements.

Buchak G, Hu J Y, Wei S J. 2021. FinTech as a financial liberator. Cambridge: National Bureau of Economic Research.

Hoofnagle C J，Urban J M，Li S. 2012. Mobile payments：consumer benefits & new privacy concerns. Berkeley：Berkeley Center for Law & Technology.

Kumar V，Nim N，Agarwal A. 2021. Platform-based mobile payments adoption in emerging and developed countries：role of country-level heterogeneity and network effects. Journal of International Business Studies，52（8）：1529-1558.

Thomas M，Desai K K，Seenivasan S. 2011. How credit card payments increase unhealthy food purchases：visceral regulation of vices. Journal of Consumer Research，38（1）：126-139.

第四章

货　　币

📖 本章导读：

货币作为价值衡量的标准，在社会发展过程中具有重要作用。随着金融科技的兴起，货币的功能和形式不断发展，出现了数字货币等崭新形式。本章首先阐述货币的基础理论，然后介绍数字货币。

第一节　货 币 基 础

本节由货币形式及本位制度演变作为引入，讨论货币供给、货币流动和汇率形成等基础理论，并简要介绍货币政策。

一、货币演变

货币是经社会习俗或国家法律确认，能够表示一切商品价值和用于价值交换的物品，拥有价值尺度、价值储存和交换媒介三种职能。价值尺度是指货币可以用来度量和比较不同商品的价值。价值储存是指货币能够在较长一段时间内持续拥有相对稳定的价值。交换媒介是指所有商品都可以与货币进行直接交换。

（一）货币形式演变

历史上许多物品都充当过货币。货币形式的演变经历过商品货币、纸币、电子货币三大阶段，如图 4-1 所示。

1. 商品货币

早期，人们将具有一定使用价值的商品作为货币。商品货币可以分为非金属货币和

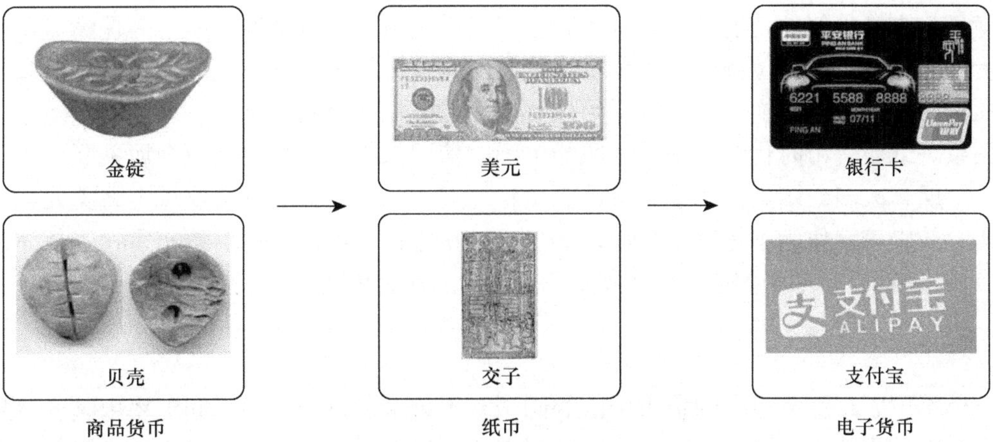

图 4-1　货币形式的演变

金属货币两类。在古代，龟壳、皮革、农具等非金属实物都曾在不同时期扮演过货币的角色。非金属货币由于不可分割、易磨损、稀缺性弱、不易携带等问题逐渐被金属货币取代。金属货币是指使用金属尤其是金、银、铜等贵金属制作的货币，易于分割、储存，且具有稀缺性，但仍不易携带。

2. 纸币

纸币是指具有特定形状、标有特定面额的纸质货币，经历了从可兑现纸币到不可兑现纸币的发展过程。

1）可兑现纸币

可兑现纸币又称代用货币，由政府或银行发行用以替代金属货币进行流通，具有易携带、不易磨损的优点。持有者可凭可兑现纸币自由地在发行机关兑换相应的金属货币。北宋的交子就是最早的可兑现纸币。

2）不可兑现纸币

由于可用于兑现的金属总量有限，可兑现货币制度开始向不可兑现的信用货币制度过渡。不可兑现纸币不能无条件兑换成相应的金属货币，其价值基于政府或中央银行的信用和法定地位。现代货币体系中的大多数纸币都是不可兑现纸币。

3. 电子货币

电子货币是指用数码方式代替实物货币的货币形式。相较于纸币而言，电子货币能够有效提高交易的效率及安全性，在远程支付以及大额支付方面具有优势。电子货币范围很广，包括借记卡、支付系统中以电子形式存在的货币，以及其他被市场或国家法律认可的数字货币。

（二）货币本位制度演变

货币本位制度是货币的发行方规定货币价值与实物价值挂钩的制度，以保障货币具备衡量和交换价值的功能。金属货币时代，货币价值与定量金属对应。为保障铸币质量和货币信用，货币本位制度对单位货币价值对应金属的重量和成色做出规定。金属与特定的货币能够直接兑换，其他货币须先兑换为能够兑换金属的货币，才能与金属建立兑换关系。纸质货币时代，货币基本职能由国家信用保障，不再与定量金属关联。

早期，大多数国家采用了金本位制度；二战后，布雷顿森林会议议定将美元与黄金挂钩，并以美元作为国际储备货币；20 世纪 70 年代，美元危机导致布雷顿森林体系瓦解，1976 年《牙买加协定》的出台促进了黄金的非货币化。

1. 金本位制度

金本位制是指每单位的货币价值等同于若干重量的黄金，国家间汇率由其各自货币的含金量之比即金平价来决定。金本位制度下，纸币可以直接兑换黄金。由于黄金数量有限且分布不均衡，各国利益冲突不断，金本位制崩溃。

2. 布雷顿森林体系和《牙买加协定》

二战后，美元因其支配地位取代黄金成为全球各国的储备货币，各国以美元执行本国货币的汇兑，布雷顿森林体系由此建立。在布雷顿森林体系下，美元与黄金保持固定汇率，其他国家货币与美元保持固定汇率。

20 世纪五六十年代，由于国际市场对美元的担忧以及美国持续的贸易逆差，美元不断贬值。为应对这一情况，1971 年 8 月 15 日美国总统尼克松决定停止布雷顿森林体系所确定的美元黄金的固定汇率。1973 年 2 月 12 日，美国政府再次宣布美元将贬值 10%。面对美元的进一步贬值，石油输出国不断要求提高石油价格以弥补损失。各种失序下，石油危机爆发进而引发全球经济危机，美国再也无法按固定价格兑换黄金，其他国家也不再承担维持本国货币与美元固定汇率的义务，布雷顿森林体系宣告瓦解。

1976 年，《牙买加协定》确定了黄金非货币化和浮动汇率合法化，各国货币汇兑不再与黄金或美元挂钩。这标志着国际货币体系从以黄金为基础的金本位制度转向了现代的浮动汇率制度。

二、货币理论

（一）货币供给理论

1. 货币层次划分

货币以现金、存款等不同形式在经济体内流通。不同类型的货币流通速度不同，产生的经济影响也不同。根据流动性的大小可将货币划分为如下层次。

1）流通中的现金 M0，是指流通于银行体系之外的现金，即公众手上的现金。

2）狭义货币 M1=M0+企业活期存款+机关团体部队存款+农村存款+个人持有的信用卡类存款。狭义货币 M1 代表了现实购买力，能直接作用于当前物价水平，是经济周期波动的先行指标。

3）广义货币 M2=M1+城乡居民储蓄存款+企业存款中具有定期性质的存款+信托类存款+其他存款。广义货币 M2 不仅能反映现实购买力，还能反映潜在购买力，会对未来的物价水平造成一定影响，能反映社会总需求的变化及未来通货膨胀的压力情况。通常说的货币供应量主要是指广义货币 M2。

4）M3=M2+金融债券+商业票据+大额可转让定期存单。金融工具的不断创新使得 M2 和经济的相关性减弱，M3 应运而生。

2. 货币供给

货币供给指银行系统向经济体中投入、扩张或收缩货币的过程。

1）存款货币扩张

存款货币扩张是指商业银行在货币流通过程中，将吸收存款中的一定比例用于发放贷款和投资引起的存款和货币供给量成倍增加的金融行为。

银行吸收未被公众取出的存款，保留部分存款作为法定存款准备金和超额准备金后，利用剩余存款实现存款货币扩张。记流通中的现金为 C，银行存款为 D，法定存款准备金为 RR，超额存款准备金为 ER，法定存款准备金率为 $\mathrm{rr}=\mathrm{RR}/D$，超额存款准备金率为 $e=\mathrm{ER}/D$，现金比率即现金与存款之比为 $c=C/D$。通过对现金比率的代数变换，得到现金占银行存款与现金之和的比例为 $c/(1+c)$，即银行系统每增加 1 元存款，公众便提取 $c/(1+c)$元，剩余 $1-c/(1+c)$元为银行最终增加的存款。假定 A 银行收到存款 D_0，公众取现后 A 银行增加的存款为

$$D_0\times[1-c/(1+c)]$$

A 银行保留部分存款作为法定存款准备金以及超额准备金，余下存款 $D_0\times[1-c/(1+c)]\times(1-\mathrm{rr}-e)$将全部用于发放贷款给银行系统。公众按 $c/(1+c)$的比例取现后，银行系统最终增加的存款为

$$D_0\times[1-c/(1+c)]\times(1-\mathrm{rr}-e)\times[1-c/(1+c)]$$

银行保留法定存款准备金和超额准备金，余下存款 $D_0\times[1-c/(1+c)]\times(1-\mathrm{rr}-e)\times[1-c/(1+c)]\times(1-\mathrm{rr}-e)$继续全部用于发放贷款给银行系统。公众按 $c/(1+c)$的比例取现后，银行系统最终增加的存款为

$$D_0\times[1-c/(1+c)]\times\{(1-\mathrm{rr}-e)\times[1-c/(1+c)]\}^2$$

此时银行系统增加的存款总量 D 为

$$D=D_0\times[1-c/(1+c)]+D_0\times[1-c/(1+c)]\times(1-\mathrm{rr}-e)\times[1-c/(1+c)]$$
$$+D_0\times[1-c/(1+c)]\times\{(1-\mathrm{rr}-e)\times[1-c/(1+c)]\}^2$$

所有银行均按此方式发放贷款，最终银行系统存款的增量如式（4-1）所示：

$$D=D_0\times1/(\mathrm{rr}+e+c) \tag{4-1}$$

其中，$1/(\mathrm{rr}+e+c)$为存款乘数。

2）基础货币与货币乘数

上述存款货币扩张过程揭示了商业银行利用存款发放贷款引起存款成倍增长，使得

货币供给量增长。中央银行可通过控制商业银行准备金数量来调控放贷规模，进而调控货币供给量中的存款部分。除存款外，货币供给量还包含流通中的现金。定义流通中的现金 C 与银行准备金 R 之和为基础货币 B，如式（4-2）所示：

$$B = C + R \tag{4-2}$$

货币供给量 M 与基础货币 B 可用乘数 m 联系起来，如式（4-3）所示：

$$M = m \times B \tag{4-3}$$

其中，乘数 m 为货币乘数，表示基础货币增加 1 元引起的货币供给的增加量。根据概念有 $M=C+D$、$C=c\times D$、$R=\mathrm{RR}+\mathrm{ER}=\mathrm{rr}\times D+e\times D$。由式（4-2）和式（4-3）可得 $m=M/B=(C+D)/(C+R)=(C+D)/(C+\mathrm{rr}\times D+e\times D)=(1+c)/(\mathrm{rr}+e+c)$。法定存款准备金率 rr 与超额存款准备金率 e 之和通常远小于 1，说明每增加 1 元基础货币将导致数倍的货币供给增加，因此基础货币又被称为高能货币。

知识拓展：中央银行货币发行

货币发行是中央银行最重要的负债业务。按照发行目的不同，货币发行可分为经济发行和财政发行。

经济发行是指中央银行为满足经济增长对货币的需求而增加货币供应量。中央银行可通过向金融机构购买债券、再贴现、再贷款等方式增加货币供应量。假定中央银行向某银行买入 1000 元证券并用现金支付，则银行资产负债表上表现为资产增加库存现金 1000 元，资产减少证券 1000 元。在中央银行资产负债表的变动为资产增加证券 1000 元，负债增加货币发行 1000 元。中央银行可通过再贴现或再贷款为金融机构提供短期融资，假定某银行获得中央银行贷款 1000 元，则银行负债部分增加中央银行贷款 1000 元，资产部分增加在中央银行的准备金 1000 元。在中央银行资产负债表上表现为资产增加贷款 1000 元，负债增加银行准备金 1000 元。中央银行利用以上方式提高了货币的流动性，金融机构通过信贷渠道将资金发放到公众手中，实现了货币供应量的成倍增加。

财政发行是指中央银行为弥补财政赤字而通过向政府直接贷款或购买国债来增加货币发行量。但为避免中央银行沦为弥补财政赤字的工具，各国对中央银行向政府直接贷款的行为做出了严格的规定。一般情况下，中央银行通过在证券市场上购买国债为政府提供资金融通。

由上述中央银行资产负债表的变动可看出发行的货币是中央银行的负债，中央银行向市场投放货币时会使其负债增加。在 2021 年清华五道口全球金融论坛上，周小川从中央银行责任的角度解释了原因："从资产负债表的角度发行货币是央行的负债，你要使你的负债的部分，它是可兑现的，它是有购买力的，它是稳定的。而且你要使用货币达到某项功能的时候，是央行要给人家提供这种方便和保证的。"

（二）货币流通理论

1. 费雪方程式

货币通过流通来推动实体经济发展，带来实际产出，货币流通与产出的关系由著名的费雪方程式给出，如式（4-4）所示：

$$M \times V = P \times Y \tag{4-4}$$

其中，V 为货币流通速度，指单位货币在一定时期内的周转次数；M 为货币供应量；P 为价格水平；Y 为总产出即实际 GDP。

2. 通货膨胀与通货紧缩

在货币流通速度不变的条件下，费雪方程式从货币供应量的角度对价格水平的变动进行解释，即货币供应量的变动对价格水平产生影响，导致货币实际购买力的变化，具体表现为通货膨胀即货币贬值或者通货紧缩即货币升值。

根据费雪方程式可以得到：

$$\mathrm{d}M / M + \mathrm{d}V / V = \mathrm{d}P / P + \mathrm{d}Y / Y \tag{4-5}$$

短期内货币流通速度稳定，即 $\mathrm{d}V / V = 0$，上述等式变为

$$\mathrm{d}P / P = \mathrm{d}M / M - \mathrm{d}Y / Y \tag{4-6}$$

即通货膨胀率等于货币供给增长率减总产出增长率。例如，当货币供给增速为 9%，GDP 增速为 6%时，经济体可能发生 3%的通货膨胀；货币供给减少 9%，GDP 增速为 6%，则经济体可能发生 15%的通货紧缩。

（三）汇率形成理论

汇率指的是一国货币折算成另一国货币的比率或价格。汇率形成理论主要分析决定汇率的因素，包括铸币平价说、购买力平价说、国际收支说等。

1. 铸币平价说

铸币平价说指的是在金本位制度下，两国货币的汇价以其货币的含金量来计算。例如，1925 年至 1931 年期间，英国规定 1 英镑的含金量为 7.3224 g，美国规定 1 美元的含金量为 1.504 656 g，则英镑与美元之间的汇率为：7.3224/1.504 656=4.8665，即 1 英镑等于 4.8665 美元。

2. 购买力平价说

购买力平价说认为两国汇率可以由两国一般物价水平来反映。在跨国购买商品和服务时需要进行货币兑换，因此两国货币之间的价值交换就等同于两种货币之间购买力的交换。购买力实际上是一般物价水平的倒数。根据购买力平价说，某品牌的饼干在美国售价为 1 美元而在德国售价 2 马克，即有 1 美元=2 马克。

3. 国际收支说

国际收支说从外汇市场供求平衡的角度来解释汇率，即短期汇率水平及其变动由国际收支引起的外汇供求关系的变化决定。假设政府不对外汇市场进行任何干预，那么当一国国内外汇供给大于需求时，本币相对于外币升值；反之，本币汇率存在下降的压力。

知识拓展：如何利用交叉货币套利？

外汇交易实际上就是用一国货币换取另一国货币。在国际外汇市场中，大多数的外汇交易都是基于美元（USD）进行的，称为直盘货币对，如欧元（EUR）/美元（USD）、英镑（GBP）/美元（USD）等。不与美元挂钩的则称为交叉盘货币对，如澳元（AUD）/日元（JPY）。

当货币交易费用可以忽略且交易能在几乎没有延迟的情况下完成时，由于直盘货币对和交叉盘货币对同时存在，理论上可以利用两个直盘货币对和一个交叉盘货币对之间交叉价格的暂时性偏离实现无风险套利，这就是三角对冲盈利原理。例如，当前市场报价为：直盘货币对 JPY/USD = 118，USD/GBP= 1.81，交叉盘货币对 JPY/GBP=204。通过两个直盘货币对计算交叉盘货币对 JPY/GBP 合成的交叉汇率，算出可能的套利空间为：$\text{JPY/USD}\times\text{USD/GBP}=1.81\times118=213.58>204$。于是，先通过交叉盘货币对 JPY/GBP 将 204 日元换成 1 英镑，接着将 1 英镑通过直盘货币对 USD/GBP 换成 1.81 美元，再将 1.81 美元通过直盘货币对 JPY/USD 换成 213.58 日元，就能获得 213.58−204=9.58 日元的无风险收益。

在外汇交易市场中，价格的短暂偏离是常见的。当交叉货币套利的收益能够覆盖市场交易费用时，这不失为一种稳健的投资策略。

三、货币政策

货币政策是中央银行为实现既定目标，采取的控制和调节货币供应量、利率水平等变量，进而影响宏观经济的方针和措施的统称。实施合理的货币政策对经济的健康运行至关重要。过度扩张的货币政策会导致较高的通货膨胀水平，使得经济运行效率下降，阻碍经济增长；过度紧缩的货币政策可能导致价格总水平下降，造成严重的经济衰退。

1. 货币政策目标

货币政策目标包括稳定本国物价、促进经济增长、实现充分就业和维持国际收支平衡。稳定本国物价是指保持物价稳定和国内币值稳定。各国一般将反通货膨胀和稳定物价作为一项基本的宏观经济政策，但每个国家会根据本国宏观经济情况设定不同的通货膨胀波动范围。促进经济增长是指保持国民经济的长期稳定增长。各国会根据自身发展阶段和目标设定经济增长率目标。发展中国家相比于发达国家更有可能设定较高的增长率目标。实现充分就业是指在某一工资水平下所有愿意接受工作的人都获得了工作机会，此时的失业率等于自然失业率。各国会参考自然失业率对就业率目标进行调整。维持国际收支平衡是指确保本国对外的经济交往中，货币的收入与支出持平、略有顺差或略有逆差。各国货币政策目标因经济情况等因素的不同而有所侧重，基本与本国宏观经济目标一致。

从货币政策的实施到最终目标的实现需要较长时间，需要设置一些易观测、抗干扰的中介目标及时反映货币政策实施的合理性。可供选择的货币政策中介目标通常有利率、货币供应量、超额准备金和基础货币等。

2. 货币政策工具

货币政策工具是中央银行为达到既定货币政策目标而对货币供给量、利率等使用的调控手段。一般性的货币政策工具包括法定存款准备金、再贴现和公开市场操作三类。中央银行通过对法定存款准备金的调控来影响货币供给量。当法定存款准备金率提高时，基础货币中银行存款准备金数额减少，货币供给收缩。在商业银行等金融机构的资产业务中，贴现是指持票人在票据到期日前通过支付一定利息将票据转让给金融机构的行为。金融机构可以利用贴现获得的未到期票据向中央银行获取短期融资，此过程被称为再贴现。中央银行可通过调整再贴现率来影响商业银行信贷规模和市场利率。在公开市场操作中，资金短缺时，中央银行通过买入债券增加货币供给量；反之，则卖出债券以回笼货币。在我国，中国人民银行还使用常备借贷便利、中期借贷便利等具有中国特色的货币政策工具。

知识拓展：央行降准与降息

降准和降息是各国央行在宏观经济调控中采用的手段。央行通过降准影响市场中的货币供给量，以增加市场流动性；通过降息影响市场利率，降低借贷成本，进而刺激消费和投资，增加整体经济的活力。

降准是指央行下调法定存款准备金率。这意味着金融机构有更多资金用于贷款发放。由存款货币扩张原理可知，法定存款准备金率的小幅下调会通过货币乘数的变化引起货币供应量的大幅增加。降准作为能对银行体系准备金和货币供给产生直接且重大影响的手段，通常会在市场缺乏流动性、经济增长疲软、经济结构需调整时使用。

降息是指央行下调基准利率。我国基准利率由中国人民银行制定，包括常备借贷便利利率、中期借贷便利利率等。随着基准利率下调，金融市场的其他利率会进行相应调整。例如，中国人民银行通过下调中期借贷便利利率来影响贷款市场报价利率，进而影响贷款利率。中央银行调整基准利率时主要参考市场价格总水平，也会适当参考社会资金总供求状况、企业成本水平、银行利润等其他宏观经济因素。

中央银行可根据经济状况灵活采用降准和降息政策，以迅速应对宏观经济不利变化，实现维护经济稳定和促进经济发展的目标。

第二节 数字货币

本节以比特币为切入点，阐述数字货币的原理和应用，并介绍法定数字货币在全球的实践情况。

一、比特币

2008 年，全球金融危机的爆发引发了公众对传统银行等中介机构的信任危机。交易活动依赖中介机构的模式存在三类突出问题：一是若中介机构系统发生故障，整个交易系统将受到影响，可能导致交易延迟或中断；二是中介机构收取的交易费用使交易成本上升而推高商品和服务价格，并且中介机构存在超发货币的可能，会加剧通货膨胀；三是大量信息储存在中介机构中，若中介机构的系统安全无法得到保障，那么敏感信息就存在泄露风险。为解决这些问题，中本聪于 2008 年 11 月 1 日发布了比特币白皮书《比特币：一种点对点的电子现金系统》，书中设计了一个以区块链作为底层技术的去中心化交易系统，使交易能够在无需中介机构的情况下点对点进行。传统银行系统和点对点系统的转账过程对比如图 4-2 所示。

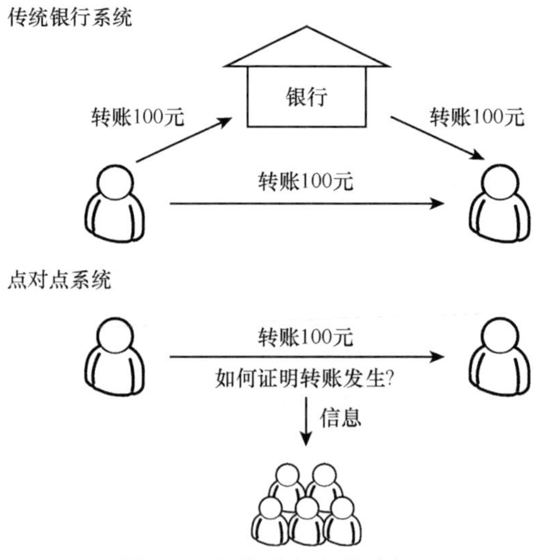

图 4-2 比特币产生的动机

（一）比特币的发展历程

2009 年 1 月 3 日，中本聪在芬兰的服务器上挖出第一个区块并将其记入公开账簿，获得了 50 个比特币的奖励。这标志着比特币的正式诞生和区块链时代的开始。随后中本聪将 10 个比特币转给芬尼，实现了比特币的首次交易。

2010 年 5 月 22 日，佛罗里达州的一名程序员豪涅茨用 10 000 个比特币换了两个比萨，虚拟货币首次被赋予实际价值。

2010 年 7 月 18 日，比特币交易所 Mt. Gox 上线运行。

2012 年，第一个专门交易加密货币的 Coinbase 交易所成立。

2014 年，比特币价格一路下跌，比特币的发展进入低谷。同年 2 月 25 日，Mt. Gox 因无法弥补客户损失而申请破产保护。

2017 年，比特币再次迎来发展机遇，被美国、日本等国家认可，比特币的价格增长至 19 666 美元一枚。

2017 年 9 月 4 日，中国人民银行等七部门联合发布《关于防范代币发行融资风险的公告》，将代币发行融资定性为未经批准非法公开融资的行为，要求清理整顿代币融资交易平台并清退代币发行融资的组织和个人。比特币的币值从 19 000 美元一路跌至 3000 美元左右。

2018 年入秋，人们才开始普遍认同比特币市场进入熊市。比特币在交易所内几乎不再进行交易，整个行业卷入裁员和倒闭的浪潮。

2020 年，比特币价格逐步回暖。

2021 年 2 月 16 日，比特币价格创历史新高，达到 50 000 美元一枚。2021 年 2 月 20 日，比特币总市值突破 1 万亿美元大关。由于各种资本介入，比特币的价格涨跌不定。

2021 年 6 月，萨尔瓦多通过《萨尔瓦多比特币法》。法案指出比特币在该国成为法定货币。9 月 7 日法案生效，比特币正式成为萨尔瓦多的法定货币，萨尔瓦多成为世界上第一个赋予比特币法定地位的国家。

2021 年 9 月 24 日，中国人民银行等多部门联合发布《关于进一步防范和处置虚拟货币交易炒作风险的通知》，指出虚拟货币不具有与法定货币等同的法律地位。

（二）比特币的设计

1. 系统运作机制

比特币系统是一个分布式记账系统，账本中记录着系统自诞生以来发生的全部交易。与账页装订而成的物理账本类似，比特币的账本是由区块链接而成的区块链。账本由节点记录，系统的运行即是节点不断将交易记录进账本的过程。

交易由节点发起但成为节点没有门槛限制，比特币系统如何保证交易真实可信成为关键问题。在中心化系统中，交易的有效性由权威中心机构审核，确保仅有效交易得到执行。在去中心化的比特币系统中，所有节点地位平等，交易能否被执行取决于节点的共识。交易被发起后首先会在网络中传播，每个接收到交易的节点都会检验交易是否有效。有效交易将被继续广播，无效交易将被丢弃，最终整个网络就交易的有效性形成一致意见。此过程取代了中心化系统中权威机构对审核交易的过程。

记账有奖励，节点需在系统设置的公平规则下竞争，节点需通过求解一道数学难题证明付出了相应算力，率先完成证明的节点将获得记账权。节点的作弊行为会使竞争记账权付出的代价白费，从而促使节点诚实记账。

2. 挖矿概念

挖矿是节点通过付出算力求解数学难题来竞争记账权以获得比特币奖励的过程。因与传统矿业中矿工通过挖掘贵金属来获得财富类似，此过程被称为挖矿，参与记账的人被称为矿工。

矿工参与挖矿的动力是系统提供的奖励，该奖励由一笔特定金额的比特币和交易手续费构成。挖矿的比特币奖励最初为 50 枚，每 4 年递减一次，总量设置为 2100 万枚，预计将于 2140 年发行完毕，此后仅通过交易手续费激励记账。

挖矿需要求解的数学难题由区块内容确定。这个数学难题是确定区块头中随机数的取值，使得对区块头进行哈希运算得到的哈希值小于系统给定的目标值。目标值由系统根据全网算力每 14 天调整一次，确保挖矿的平均时间在 10 分钟左右。题目设置限制矿工只有通过随机尝试才能找到符合要求的随机数，起到证明付出了相应算力的作用。因此计算能力越强的矿工越有可能赢得记账权。

3. 矿场分布

图 4-3 和 4-4 分别展示了 Cambridge Centre for Alternative Finance（剑桥替代金融中心）发布的比特币全球挖矿算力数据和我国算力数据。从图中可以看出，在 2021 年 5 月之前，全球比特币挖矿算力主要集中在我国，尤其是电力资源相对丰富且价格低廉的新疆和四川两省区。但 2021 年 5 月至 6 月间，我国各省区市开始严打比特币挖矿，国内矿场逐步减少。2021 年 7 月，国内比特币挖矿算力基本归零。2021 年 9 月，国家发展和改革委员会正式将虚拟货币挖矿活动列为淘汰类产业。

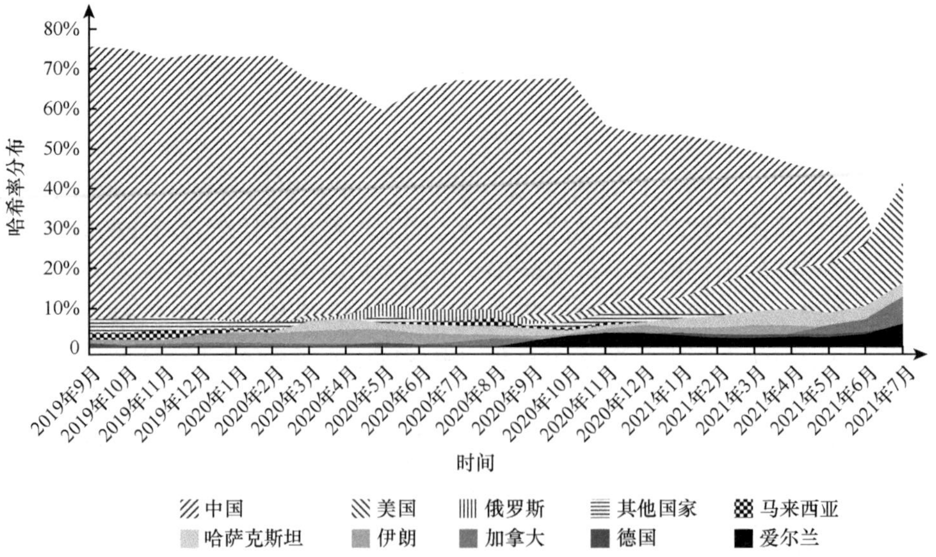

图 4-3 各国占全球矿场算力份额

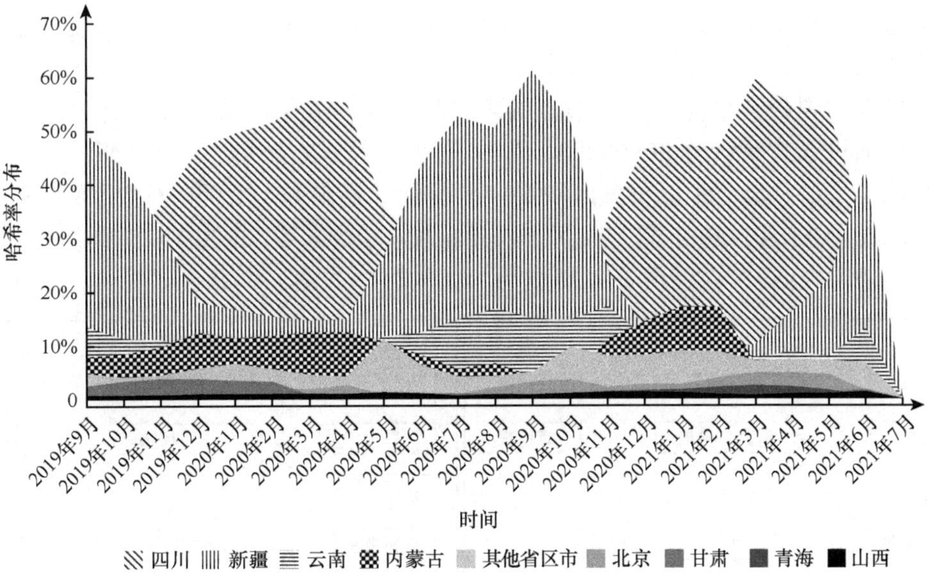

图 4-4 各省区市占全国矿场算力份额

4. 双重支付

双重支付是指节点使用同一笔比特币完成两笔交易。收款方需确认付款方此前未用该比特币发起过其他交易。比特币系统通过公开全部交易记录，让任何节点都可追溯账本以判断交易中的比特币是否是首次使用。虽然获得记账权就能记账，但账本的公开透明让非首次使用一笔比特币的交易即使被记录也无法换取相应对价。想实现双重支付需要删除账本中原有的交易记录，这几乎不可能。

账本具有链式结构，后一个区块的区块头包含前一个区块的哈希值。删除一条交易记录就会改变区块内容，使区块哈希值发生变动，导致该区块断开与之后区块的链接。节点认为最长链是唯一正确的，要使节点公认的正确链上不包含原来的交易记录，就需制造一条不包含该交易且链长超过原有最长链的新链。用新链取代原有链即对账本进行了更新。此时双重支付中的新交易就是账本中首次使用这笔比特币的交易。在新链发布并被其他节点接受后，任何节点都能通过追溯账本记录确认这是首次使用这笔比特币的交易，双重支付得以实现。每制造一个区块都需要挖矿获得记账权，制造一条链长超过原有最长链的新链要求节点掌握的算力超过原链所需算力总和，这对任何节点而言都是成本高昂的。

接下来以张三、李四和王五之间的转账为例说明实现双重支付的过程。张三向李四转账 10 个比特币，该交易作为交易 1 记录在区块 $n-5$ 中。假设每个区块中记录了 8 笔交易。张三完成双重支付的过程如下：删除区块 $n-5$ 中的交易 1，用交易 1 使用的 10 个比特币发起一笔收款方为王五的新交易，记为交易 1′，将交易 1′记录进区块。即制造一个记录交易 1′至交易 8 的新区块$(n-5)'$，取代区块 $n-5$。

区块由区块体和区块头构成，区块体包括交易数量和默克尔树记录的交易信息，区块头包括版本号、上一个区块哈希、默克尔树根、时间戳、目标及随机数六部分。首先制造区块$(n-5)'$的区块体。从区块 $n-5$ 中查询到交易 2 至交易 8 的信息，与交易 1′

一起构造出默克尔树，记录在区块$(n-5)'$的区块体中。然后制造区块头。版本号是比特币系统的版本号，上一个区块哈希是对区块 $n-6$ 的区块头进行两次哈希运算得到的哈希值，默克尔树根是默克尔树根节点的哈希值，时间戳是区块生成的时间，目标由系统给定，随机数为默认值 00000000。张三需挖矿使区块能通过区块验证，让新账本能通过其他节点的检验。张三根据区块头中的目标计算出 target，调整随机数直到不等式 $H(H(\text{header}))<\text{target}$ 成立，即完成了工作量证明。区块 $n-5$ 和区块$(n-5)'$的对比如图 4-5 所示。区块$(n-5)'$链接在区块 $n-6$ 后成为一条支链，如图 4-6 所示。

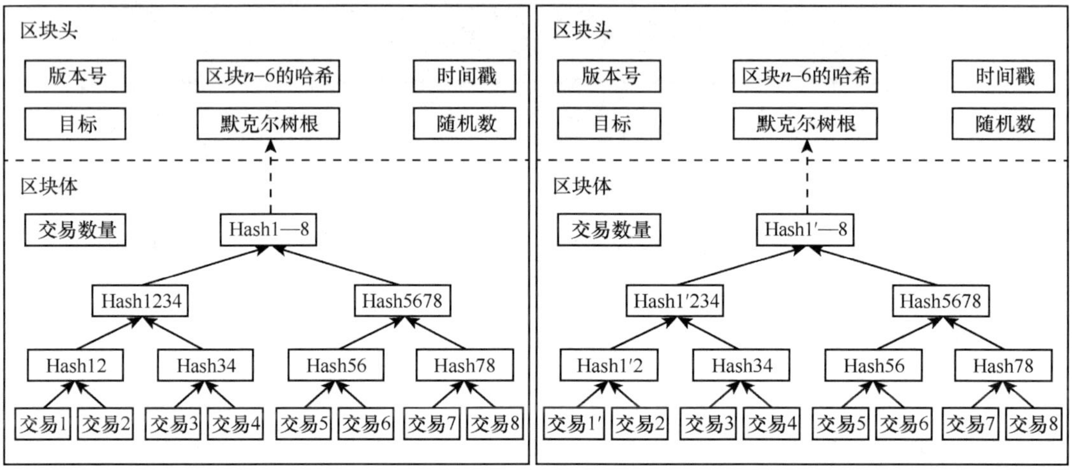

（a）区块$n-5$　　（b）区块$(n-5)'$

图 4-5　区块 $n-5$ 和区块$(n-5)'$

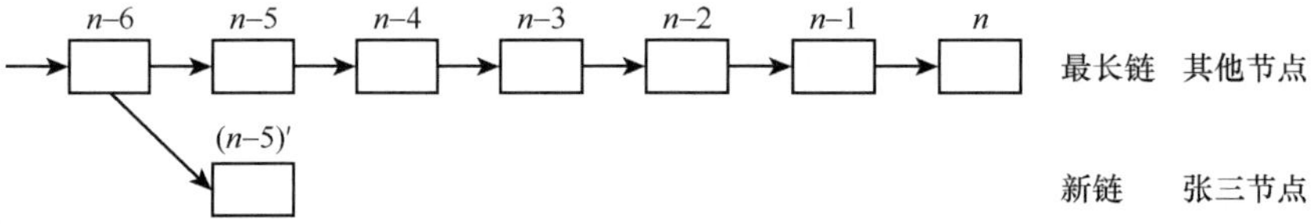

图 4-6　最长链和新链

由于新链的链长比最长链短，其他节点将沿着最长链挖矿。张三需沿着区块$(n-5)'$继续制造区块$(n-4)'$，用区块 $n-4$ 中的交易 1 至交易 8 构造默克尔树记录在区块$(n-4)'$的区块体中，把区块$(n-5)'$对应的哈希值填入区块$(n-4)'$的区块头，其余步骤与制造区块$(n-5)'$相同。为使支链长度超过原有最长链，张三需沿着支链不断制造区块，每制造一个区块都需要完成工作量证明。张三掌握的算力超过原链所需算力总和，因此支链延长速度比原有最长链更快。在原有最长链的长度为 $n+m$ 时，张三将支链的长度延长到了 $n+m+1$，使其成为系统中新的最长链，如图 4-7 所示。

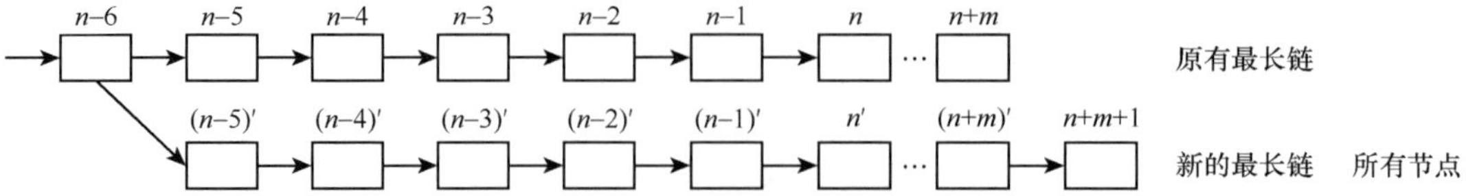

图 4-7　原有最长链和新的链最长链

张三向周围节点广播新的最长链，矿工发现新链比原有最长链更长，就会放弃原有链并沿着新链继续挖矿。节点在验证区块$(n-5)'$至区块 $n+m+1$ 的有效性后继续广播新链，直到新链传播至整个网络，系统账本实现更新。新账本中没有交易 1 的记录，对于系统而言张三向李四转账 10 个比特币这一交易并未发生。王五或其他任意节点都可以验证交易 1′是首次使用这 10 个比特币的交易。王五验证交易 1′有效后支付给张三相应的对价，张三实现了双重支付。

进行双重支付的节点为攻击者。攻击者从某一落后位置开始，试图制造一条比诚实链延长速度更快的替代链。记诚实节点和攻击者所在节点获得下一个区块记账权的概率分别为 p 和 q，攻击者从落后 z 个区块赶上诚实节点的概率为 q_z，则有

$$q_z=\begin{cases}1, & p\leqslant q\\ \left(\dfrac{q}{p}\right)^z, & p>q\end{cases}$$

由上式可知 $p>q$ 时，攻击者赶上诚实链的概率随落后区块数量 z 的增加而指数下降。假设攻击者发起交易后立即秘密制造替代链，下面分析收款人需要等待多久才能充分确定付款人无法完成双重支付。

诚实链与替代链之间的竞争是记账权的竞争。诚实节点获得记账权，两条链的差距加 1；攻击节点获得记账权，两条链的差距减 1。假设诚实链的增长速度是均匀的，诚实链上交易所在区块后，又追加了 z 个区块，此时替代链的区块数量服从期望为 $z\dfrac{q}{p}$ 的泊松分布 $P(X=k)=\dfrac{\lambda^k\mathrm{e}^{-\lambda}}{k!}$。泊松分布描述单位时间内随机事件发生次数的概率分布，参数 λ 等于随机变量的数学期望，因此 $\lambda=z\dfrac{q}{p}$。攻击者追赶上诚实链的概率 p 等于以各进度对应的概率 $\dfrac{\mathrm{e}^{-\lambda}\lambda^k}{k!}$ 为权重，对该进度下攻击者能赶上诚实链的概率加权之和：

$$p=\sum_{k=0}^{\infty}\frac{\lambda^k\mathrm{e}^{-\lambda}}{k!}\cdot\begin{cases}\left(\dfrac{q}{p}\right)^{z-k}, & k\leqslant z\\ 1, & k>z\end{cases}=1-\sum_{k=0}^{z}\frac{\lambda^k\mathrm{e}^{-\lambda}}{k!}\left[1-\left(\frac{q}{p}\right)^{z-k}\right]$$

q 取 0.1 时，p 随 z 的变化如表 4-1 所示。

表 4-1 q=0.1 时 z 和 p 的对应关系

z	p	z	p
0	1.000 000 0	6	0.000 242 8
1	0.204 587 3	7	0.000 064 7
2	0.050 977 9	8	0.000 017 3
3	0.013 172 2	9	0.000 004 6
4	0.003 455 2	10	0.000 001 2
5	0.000 913 7		

由表 4-1 可知，概率 p 随 z 的增加而呈指数下降。求解不同 q 下使得 $p<0.001$ 的最小 z，结果如表 4-2 所示。交易被写进区块称为得到了一次确认，其后每增加一个区块就增加一次确认。当超过 90%的算力被诚实节点控制时，交易得到六次确认后被篡改的概率小于 1%。比特币交易被确认 100 次后才能转账，以激励节点将算力持续投入在诚实链上。

表 4-2　$p<0.001$ 时 q 和 z 的对应关系

q	z	q	z
0.10	5	0.30	24
0.15	8	0.35	41
0.20	11	0.40	89
0.25	15	0.45	340

（三）比特币的交易

比特币系统的交易从发起到完成需要经历交易广播、交易验证、交易记录和区块验证四个环节。图 4-8 展示了比特币交易流程。

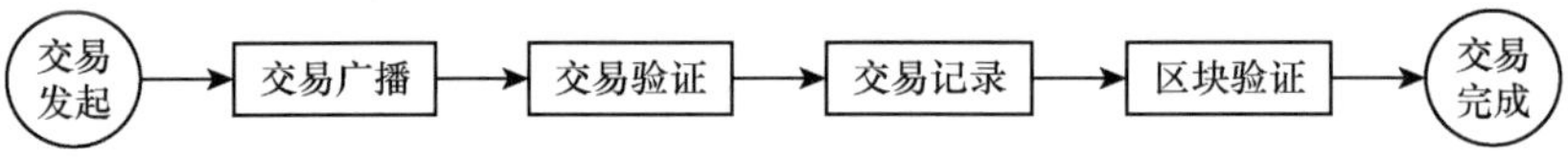

图 4-8　比特币交易流程图

1. 交易广播

节点填写金额和收款方地址后即可发起交易。为使交易能够被矿工记录进区块，节点会向周围节点广播交易信息。节点广播交易是激励机制下的自发行为。成功记账的节点可获得交易手续费，节点通过向周围节点广播交易的方式与之建立良好关系，否则可能被周围节点断开链接。广播交易也是节点加入比特币网络后需要履行的职责。节点遵循比特币点对点协议，每个节点都会监测周围节点是否处于活跃状态，断开与长时间不发送任何消息节点的链接，共同维护网络运作。

2. 交易验证

收到交易广播后，节点将验证交易是否有效，包括交易记录的数据结构和语法是否正确、交易者身份是否合法以及交易输入金额是否不小于输出金额。对交易者身份合法性的验证用于确认转账者对比特币的所有权，是验证的关键环节。比特币交易系统中没有权威的中心机构负责用户身份审核，用户身份通过各节点对其提供的签名达成共识来验证。

与物理签名类似，比特币系统的签名标识了签名者的身份，并与交易信息唯一对应。签名被包含在交易信息中广播，收到交易广播的节点均可验证签名者是否拥有用于交易的比特币以及交易信息的完整性。由于各节点遵守相同的验证规则，系统能就交易的有效性达成一致。节点会将有效交易存放在内存池，并继续向周围节点广播至整个网络。矿工参与交易验证能获得手续费，因此矿工会不断收集并验证系统中发生的交易。

3. 交易记录

矿工用存放于内存池的交易构造新区块即将交易记录进账页。区块包括区块体和区块头，区块体用于记录交易的具体数据，区块头记录简化的交易信息以及和区块内容相关的基本信息。矿工根据区块内容得到对应的数学题，解出数学题即可获得记账权，矿工构造的区块就成了有效区块。为了确保其他节点接受新区块，该矿工会立即向周围节点广播。

4. 区块验证

收到新区块后，节点会停止当前的挖矿工作，对新区块内容进行验证，包括记账权的合规性、区块记录格式的正确性以及交易的有效性。节点同步并继续广播通过验证的区块，以保证接下来的记账是基于最新的账本。各节点基于相同的规则验证区块，保证了所有节点能就区块的有效性达成一致。未获得记账权的矿工将删除已经包含在新区块中的交易记录，并将这些交易重新放入内存池，等待构造下一个区块。节点接受区块便在其后继续挖矿，使记录在区块中的交易得到执行。交易将被永久地记录在比特币账本中供任一节点查询。

由于区块记录交易信息的容量有限，矿工会优先记录手续费高的交易。系统规定交易需按占据内存的大小支付手续费，交易者可以自行提高手续费，在创建交易时进行设置即可。当系统中的交易数量增加时，比特币的交易费用会上涨。国际金融服务平台 YCharts 的数据显示，比特币日均交易费在 2016 年 5 月至 2017 年 4 月呈上升趋势，如图 4-9 所示。

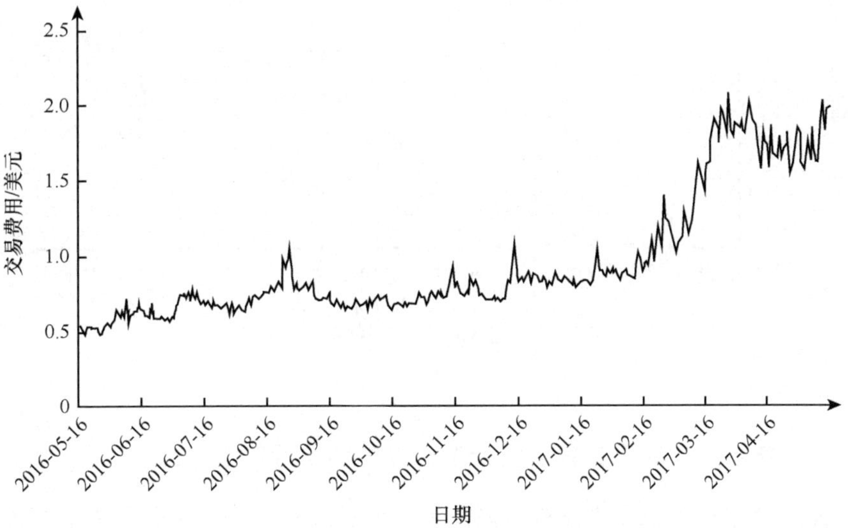

图 4-9　比特币日均交易费

比特币交易存在确认时间长的缺点。当多个节点同时制造出新区块并向其他节点广播时，不同节点最先收到的区块可能不同，导致账本出现分歧。为解决这一问题，新区块中的交易会在沿着该区块继续链接 5 个区块后得到确认。每个区块的平均产生时间为 10 分钟，这意味着交易从发起到确认需要 60 分钟。交易手续费较低和网络堵塞也可能导致交易不能被及时记录，使交易确认耗时更长（Easley et al.，2019）。

5. 比特币市场与价格

比特币尽管被称为数字货币，但没有国家信用做担保，没有实际价值支撑，不能履行价值尺度和价值储存职能，因而不是严格意义上的货币。数字货币网站 CoinMarketCap 数据显示，截至 2024 年 8 月 17 日，比特币单价为 5.9 万美元/个，全球比特币流通数量为 1974 万个，总币值为 1.17 万亿美元。相比 2011 年的 1 美元/个，比特币价格在发行以来的十多年间上涨数万倍。值得注意的是，比特币行情走高和回调的幅度都较大。图 4-10 展示了比特币历史价格走势。可以看出，自 2020 年 10 月起，比特币价格迎来了一波大幅上涨，于 2021 年 4 月 15 日达到峰值 63 075 美元/个。此后，比特币价格大幅跳水，于 2021 年 7 月 19 日跌落至 31 800 美元/个，三个月的跌幅近 49.6%。从投资的角度来看，比特币的高收益伴随着不可预见的高风险。Baur 等（2018）通过分析比特币价格的统计特性，发现其在金融稳定和金融动荡时期都与股票、债券等传统资产的价格无关，说明比特币是一种完全新兴的投机性投资资产。

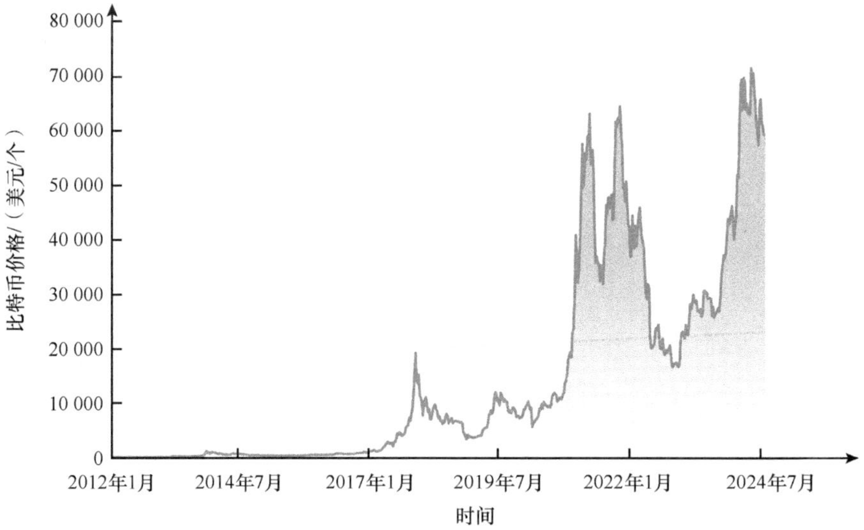

图 4-10 比特币价格

知识拓展：比特币支付系统会取代传统的支付系统吗？

2008 年，中本聪提出比特币的构想，其目标是建立一个被广泛使用的去中心化支付系统。虽然比特币在全球的使用人数已经超过了某些发达经济体的法定货币使用人数，但其整体采用率仍相对较低。例如，新西兰境内约有500万人，新西兰元采用率几乎为100%，而全球比特币的使用人数超3000万，远超新西兰元的使用人数，但整体采用率不到1%，无法和法定货币相提并论。

此外，比特币的去中心化设计及共识机制使得网络延迟成为比特币交易的一个重要约束。当比特币交易需求变大至接近无穷时，其采用率将接近于0。从经济学的角度来看，较高的交易需求使得结算费用增加，从而增加了矿工的预期收入。在挖矿网络自由进入的前提下，更多的矿工进入网络，使得网络延迟更加严重，进一步增加了用户的等待时间。这会使其从比特币交易转向传统支付系统交易，比特币的采用率下降。

即使比特币的交易速率能随需求增大而提高，交易需求趋于无穷大时，共识等待时长趋于无穷大的问题仍然存在。例如，在商店中，顾客结算需求增加时，其等待时间会变长。从传统支付系统的角度来看，增加收银台个数可以应对需求的增加，减少等待时间。但在比特币支付系统中，每笔交易都需要商店所有收银员就交易的有效性形成共识，无法通过增加收银员的数量提高处理效率。由于成为收银员没有门槛，交易需求增加为收银带来的利润会促使商店中出现更多收银员。交易传播需要时间，收银员数量过多可能使其无法及时获取新的交易信息，交易有效性需要更长时间才能达成共识。顾客可能因时间成本而退出系统，使得比特币的采用率下降。

Hinzen等（2022）指出比特币的共识机制及网络延迟使得比特币网络存在负的网络效应。比特币网络最终会达到均衡状态，在该状态下比特币的采用率将是有限的。因此比特币支付系统不太可能取代传统的集中支付系统。

资料来源：Hinzen等（2022）

（四）比特币系统的特点

1. 去中心化

去中心化是比特币系统的核心特征。比特币系统由具有平等地位的节点构成，任何人都可以自由加入系统成为节点。所有节点共同参与系统运行和维护，任何节点的退出或破坏不会使系统的运行受到影响。比特币的发行由系统中的节点共同参与，发行频率固定为10分钟/次。发行数量最初为50枚，每4年减半一次，当总量达到2100万枚后不再发行。

2. 安全性

在去中心化的比特币系统中，交易和记账安全是通过一系列机制保障的。共识机制规定交易的有效性取决于节点形成的共识。交易者需向各节点提供身份证明，使节点能确认其对比特币的所有权。账本记录了系统自诞生以来发生的所有交易，且向所有节点公开。任一节点均能追溯每一笔比特币的来源，虚假交易无法执行。激励机制使得节点只有遵守规则并付出相应代价才能获得记账权，虚假记账得不偿失。与交易类似，节点的记账需要其他节点就其内容的真实有效性形成共识才能被系统接受。系统通过密码学技术保证了历史记录不可篡改，避免了双重支付问题。

3. 匿名性

加入比特币网络无须身份验证，任何人都可自由地进出系统并匿名交易。在中心化系统中，资产所有权根据用户提交的身份证明进行确认。在比特币系统中没有权威中心机构审核用户身份，资产的归属通过数字签名技术进行验证。密钥生成算法生成一对公钥和私钥，签名者自己保存私钥，并用私钥生成对文件的签名。公钥在网络中被公开分享，验证者通过公钥与私钥的对应关系验证数字签名的真实性，确认资产所有权。

二、非法定数字货币

加密数字货币在技术上具有可仿性。比特币问世以来，市场上出现了上万种加密数字货币。此类数字货币一般由社区、企业等国家以外的非法定主体发行，统称为非法定数字货币。市面上较著名的有以太币（Ether）、泰达币（Tether）、瑞波币（XRP）和比特币现金（Bitcoin Cash）等。

市面上许多加密货币在以太坊链上运行。以太坊的创办人是参与比特币社群维护的俄裔程序员 Buterin（布特林）。受比特币启发，他于 2013 年至 2014 年间发布了以太坊白皮书。以太坊同样是去中心化的区块链系统。如果将以太坊比作大型主题乐园，那么 Ether 就是乐园中的代币。除 Ether 外，以太坊还给开发者提供了开放友好的开发平台。开发者可以在以太坊上开发自己的智能合约并发行加密货币。

（一）非法定数字货币的产生

非法定数字货币的产生方式可分为分叉和首次代币发行两类。

1. 分叉

数字货币系统通过对系统运行规则做出修改实现系统升级。在比特币等去中心化系统中，修改规则需要协调网络中的每个节点。新规则不能被所有节点接受就会出现分歧，这种对于系统运行规则的分歧称为分叉，如图 4-11 所示。对记账规则、挖矿算法等系统运行规则的修改可能使区块的格式和内容发生改变，影响节点对区块的验证。根据执行旧规则的节点能否验证新规则产生的区块，可以分为软分叉和硬分叉。

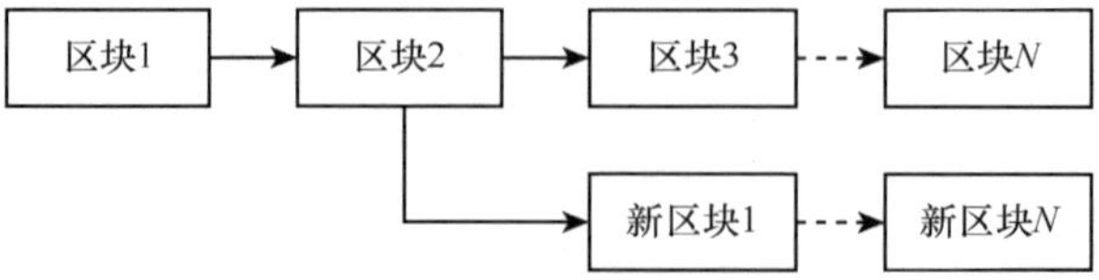

图 4-11 区块链分叉

1）软分叉

执行旧规则的节点能够验证根据新规则产生的区块，这样的分叉为软分叉。软分叉只能在现有数据结构下修改，可以改变的内容非常有限，对系统的影响较小。由于旧规则兼容新规则，系统软分叉后，所有节点仍运行在同一条区块链上，在形式上并不会产生分叉链。

2）硬分叉

执行旧规则的节点不能验证根据新规则产生的区块，这样的分叉为硬分叉。根据新规则制造的区块无法通过执行旧规则的节点的验证，也就无法链接到区块链上，节点分叉出一条链并基于分叉链继续挖矿，使新规则得以执行。分叉链和原有链的运行相互独立，产生的货币被视为新的数字货币，因此硬分叉是发行新货币的一种方式。

2017 年 8 月 1 日，微比特矿池团队将比特币系统的区块容量从 1 M 扩大到 8 M，基于这一新规则在比特币的第 478 558 个区块后挖出了新区块，形成分叉链，实现了硬分叉。执行新规则的节点沿着分叉链继续挖矿，分叉链上产生的货币被命名为 Bitcoin Cash，每个账户都获得了与持有比特币金额相等的 Bitcoin Cash。与比特币类似，Bitcoin Cash 每 10 分钟产生一个新区块，随新区块发行的货币数量每 4 年减半一次，直至 2100 万枚的上限。

知识拓展：数字货币一定会产生分叉吗？

分叉分为两种情况。一种是节点在按照相同的共识规则参与运作的过程中，因矿工解题速度相当且区块传播存在时延，不同节点首先收到的区块不同，导致账本更新出现分歧。为应对这种分歧，中本聪为比特币系统设计了最长链规则即节点总是沿着最长的链继续挖矿。只要延长等待时间，系统中就将出现一条最长链成为公认的正确链，所有节点就账本的更新重新达成一致，分叉消失。

另一种是部分节点就系统的运行规则做出修改，使系统中同时存在新旧两个版本的共识规则，这种共识上的分歧称为分叉。例如，矿工希望扩大区块容量使记账能获得更多手续费，这一做法会使挖矿成本增加而降低系统去中心化的程度，遭到比特币系统维护团队的反对。节点对共识规则的分歧是主观选择的结果，无法从系统的机制设计上避免。

2. 首次代币发行

首次代币发行（initial crypto-token offering，ICO）是基于区块链技术、通过发行代币募集资金的一种方式。

1）首次代币发行与首次公开募股

ICO 和现实世界中资本市场上的首次公开募股（initial public offerings，IPO）类似，都是资本筹措的手段。通过 IPO 进行资本筹措有特有的优势，例如，IPO 为公司提供了充分利用资本市场的机会，使其在未来更容易融资；IPO 使股票能在公开市场进行交易，增强了公司的流动性；IPO 能提高公司在公众中的信任度和知名度；相比债务融资，通过 IPO 融资的成本较低。

ICO 可被视为加密货币行业的 IPO。项目发起人通过 ICO 筹集资金，外部投资者用法定货币或其他数字货币向该项目投资，获得该项目发行的代币。这些代币类似于 IPO 期间出售给投资者的公司股票。若后期项目发展情况良好，代币价值可能实现数十倍的增加。与 IPO 有招股说明书类似，ICO 也有项目白皮书，内容通常包括项目内容、形式、发行货币数量以及发行持续时间等。在发行期内，若募集的资金未达到最低资金要求，那么 ICO 失败，资金一般会退还给投资者。尽管 ICO 与 IPO 有相似之处，但二者在监管、投资主体等方面也有明显区别，如表 4-3 所示。

表 4-3 ICO 和 IPO 的区别

项目	ICO	IPO
监管	很少或者没有	健全的法规和法律
募资主体的业绩记录	没有业绩记录或者过去的表现	企业过去的表现和资产负债表
主要投资者	全球零售投资者	机构投资者和基金
上市过程	投资白皮书和智能合约	严格的监管发行流程
收益	有限的代币价格上涨	股息和公司表现

案例：全球第一例 ICO——万事达币

2013 年，全球第一例 ICO 出现，发行了名为万事达币的代币。其创始人 Willett（威利特）提出万事达币的初衷在于拓展比特币网络的功能，即在已有比特币网络的基础上增加一层协议来突破比特币不安全和币值不稳定的局限，并使人们能够基于万事达币协议层创造自己的货币。

用户基于万事达币协议创造自己的用户货币时，可以自行设计独特的交易机制以保障交易安全，例如，设置交易的可逆条件、要求交易执行需要多重签名、指定可信实体对交易有效性进行认证、阻止或延缓无效交易以及制定可信实体进行仲裁。

万事达币协议通过托管基金维持用户货币价值的稳定。在用户创建新货币时，一定数量的万事达币会被存入托管基金。当市场恐慌时，托管基金中的万事达币将用于回购市场上的用户货币，以减小用户货币的供给。万事达币通过自身价值为用户货币的价值进行担保，起到稳定用户货币价值的作用。

万事达币因技术实现过于复杂、缺乏有效的营销和社区建设，无法吸引足够的开发者、投资者和用户，未能摆脱衰落的命运。

资料来源：根据公开资料整理

2）ICO 的优势和问题

ICO 的优势包括募集的资金可以在一定程度上补偿资源贡献者，奖励平台创始人和企业家；代币的引入降低了平台交易成本和用户群的波动；代币价格较高的上涨可能性使 ICO 具有较高的成功率。

但 ICO 发行的代币没有任何内在价值或法律保证，使得 ICO 存在诸多问题。例如，ICO 的发起人根据自定义条款生成代币，并分配给投资者。若项目成功，投资者可能会获取丰厚回报。此过程几乎不受任何监管部门监管，这可能会导致欺诈、代理成本高昂、产量不足或公司价值损失（Gan et al.，2021）。

2017 年，ICO 的迅速崛起引起了政府和非政府实体的一系列强烈反对。中国人民银行联合多个部门发布了《关于防范代币发行融资风险的公告》，禁止在中国境内 ICO，并责令已完成 ICO 的组织和个人向投资者返还代币资产，以保护投资者权益。2018 年初，Facebook、Twitter 和 Google 都禁止了 ICO 广告。

（二）非稳定币与稳定币

非法定数字货币根据是否有储备资产支持分为非稳定币与稳定币两类。

1. 非稳定币

非稳定币指没有储备资产支持的加密数字货币。目前市面上绝大多数公开发行的加密数字货币都是非稳定币。由于缺乏实物资产或足够的信用支撑，非稳定币价格波动十分明显。典型的非稳定币包括比特币、币安币（Binance Coin）等。Binance Coin 于 2017 年 7 月通过 ICO 发行。截至 2021 年 6 月，币安交易所已发展成全球最大的加密货币交易所，每秒支持超 140 万笔交易。Binance Coin 成为当时市值第四大的非稳定币。尽管 Binance Coin 交易量大、市场接受度较高，其价格波动仍然十分明显。如图 4-12 所示，Binance Coin 在 2021 年 5 月 3 日价格高达 4374 元/枚。仅仅 20 天后即 5 月 23 日，价格就下降了约 2/3，仅为 1691 元/枚。

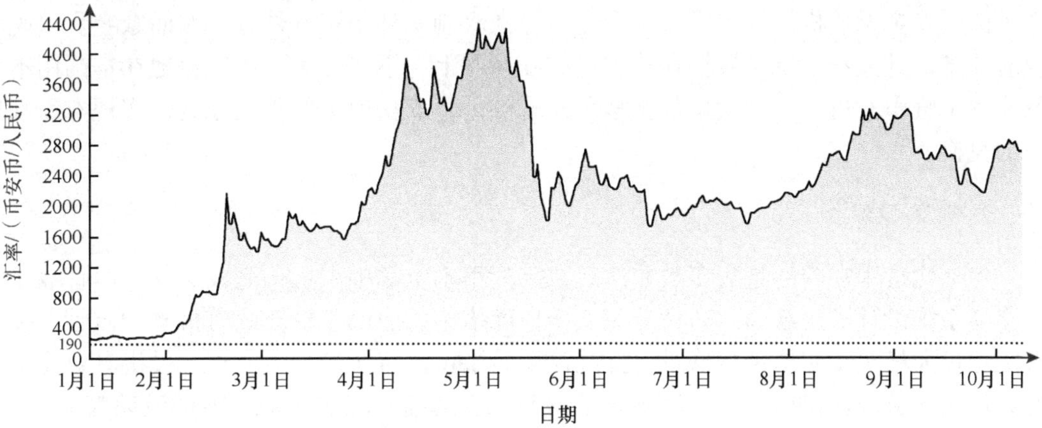

图 4-12　币安币兑换为人民币的价格波动（2021 年 1 月至 10 月）

2. 稳定币

稳定币指的是具有外部储备资产支持的加密数字货币。稳定币在吸取加密数字货币底层分散式账本技术优势的同时，与美元等货币或黄金等商品的价格挂钩，或者抵押某种资产，实现了币值的稳定。Binance 发布的数据显示，截至 2024 年 4 月，全球约有 35 种稳定币，总市值约为 1570 亿美元。以 Tether 为例，其号称 100%受到美元储备支持，即 1 单位 Tether 对应 1 美元。市场对此存在质疑，认为其储备可能不足，因而 Tether 出现过价格下滑。2017 年，Tether 的价格仅为 0.91 美元左右。截至 2024 年上半年，Tether 的价格重回 1 美元附近，是目前稳定币中交易最活跃的币种之一。全球第三大稳定币 TerraUSD 通过发行 LUNA 代币实现价值与美元挂钩。TerraUSD 的运行原理是如果其价格跌破 1 美元，投资者可以销毁 TerraUSD，换取价值 1 美元的 LUNA 币，从而减少 TerraUSD 的数量，使其价格回到 1 美元；反之销毁 LUNA 币，换取价值 1 美元的 TerraUSD，从而增加 TerraUSD 的数量，使其价格降至 1 美元。2022 年 5 月 8 日，TerraUSD 和 LUNA 币价格暴跌。仅一周时间，LUNA 币价格归零，TerraUSD 价格跌至 10 美分。

（三）非法定数字货币问题及监管

比特币、以太币等数字货币的出现及其与生俱来的匿名性、去中心化、分布式等特点给传统的金融体系带来了巨大的挑战。随着加密数字货币市场的扩张，加密货币带来的社会影响不断增大，也引发了包括资本外逃、价格操纵、非法交易、恐怖袭击和能源消耗等诸多问题。

1. 资本外逃

资本外逃也可称为资本外流，指一个国家或经济体出现的大规模境内资本流向境外的现象。资本外逃会影响本国货币的汇率。资本外逃发生时，国家的主权货币很可能会贬值，导致进口成本上升。当严重的资本外逃发生时，如果该国的外汇储备接近枯竭，很可能引发金融危机。许多国家都会通过外汇管制来抑制资本外逃。然而数字货币脱离政府监管，其交易系统又架构在跨国境的互联网上，不法分子可以轻松地在本国用本币购买数字货币，再到外国卖掉数字货币获取外币，成功地逃脱外汇管制，实现本币到外币的兑换。

2. 价格操纵

包括比特币在内的绝大多数非法定数字货币不依靠中央机构完成交易。尽管数字货币交易系统设计了防篡改、防伪造等安全保障措施，但由于缺乏政府机构的监管，投机者能通过大量买卖实施价格操纵，扰乱市场。Gandal 等（2018）发现，投机者对比特币的大量买入造成比特币当天价格飙升了约 80%，远高于同期 4%至 5%的波动水平。

案例：TRX 价格操纵案

2023 年 3 月 22 日，美国证券交易委员会（Securities and Exchange Commission，SEC）对孙宇晨及其三家全资公司 Tron Foundation Limited、BitTorrent Foundation Ltd. 和 Rainberry Inc.提起诉讼，指控其通过大量的洗牌交易欺诈来操纵数字货币 Tronix（TRX）的市场价格。洗牌交易是一种欺诈手段，指同一个人或公司通过短期内连续的买入和卖出，制造虚假的市场活跃度，从而欺骗其他投资者进入市场，并影响价格波动。活跃的市场实际上是欺诈者制造的假象，没有发生所有权变化。欺诈者欺骗其他投资者进入市场参与交易，以非法获利。

美国证券交易委员会指控2018 年 4 月至 2019 年 2 月，孙宇晨指使员工在其拥有的两个加密资产交易平台账户间进行超 60 万笔 TRX 洗牌交易，每天交易在 450 万个 TRX 至 740 万个 TRX 之间，累计获利 3100 万美元。

针对此次指控，美国证券交易委员会主席 Gensler（根斯勒）表示孙宇晨及其公司不仅在未注册的买卖中针对美国投资者，以牺牲投资者的利益为代价，产生了巨额的非法收益，而且他们还在一个未注册的交易平台上协调洗牌交易，以制造 TRX 币活跃交易的误导性表象。

孙宇晨案表明在缺乏适当披露的情况下，数字货币的发行和出售可能会给投资者带来高风险。针对数字货币及相关领域的监管，美国证券交易委员会执法部主任 Grewal（格雷瓦尔）表示虽然对相关技术持中立态度，但在投资者保护方面绝不中立。

资料来源：美国证券交易委员会

3. 非法交易

非法定数字货币的匿名性为毒品交易、黑客和盗窃等非法行为提供了便利。每年约有 760 亿美元非法交易活动涉及比特币，这一数字接近美国和欧洲非法毒品市场的规模。非法定数字货币的监管面临巨大挑战。作为非法交易的主要场所，暗网是互联网内的覆盖网络，通过特定的软件、配置或授权才能访问，通常使用独特的定制通信协议。暗网上的非法交易大多使用比特币等数字货币，约四分之一的比特币用户都曾参与过类似的黑市非法活动（Foley et al.，2019）。

4. 恐怖袭击

恐怖分子越来越频繁地利用数字货币转移资金并资助恐怖袭击。Patel 和 Richter（2021）的研究发现死于恐怖袭击的人数与数字货币的收益正相关，二者可能存在关联。数字货币以加密字符串的形式存在于互联网上，使得资金可在全球范围内快速匿名转移，难以被国家安全部门有效管控。这对恐怖分子很有吸引力，目前数字货币是全球防范恐怖袭击的薄弱环节，各国均应力争改善对这一领域的监管。

案例：4·21 斯里兰卡恐怖袭击事件

2019 年 4 月 21 日，斯里兰卡首都科伦坡等地先后发生 8 次连环炸弹袭击，涉及至少 3 座教堂及 3 家酒店。4 月 22 日，斯里兰卡发生第 9 次爆炸。4 月 24 日，斯里兰卡一电影院附近发生爆炸。4 月 30 日，斯里兰卡当局表示连环爆炸案共有 253 名遇难者，其中已确认了 42 名外籍人士的身份。爆炸事件发生后不久，有传言声称比特币与该恐怖袭击有关。尽管比特币的交易记录是公开的，但由于匿名性的特征，较难追踪到真实的所有者和用途，这使得比特币存在被用于非法活动的风险。

Amiram 等（2022）使用三倍标准差规则检测比特币网络上的用户在爆炸事件发生当月的异常转账。三倍标准差规则是指若数据服从正态分布，则将结果值中与平均值偏差超三倍标准差的值定义为异常值。由于转账时间序列数据通常呈正态分布，这种异常值的出现是罕见的极端事件。如果异常值出现在恐怖袭击等特定事件周围，那么很可能和该事件有关。

基于该规则，Amiram 等在比特币网络上识别到 48 个在爆炸事件发生当月至少进行一次异常转账的可疑用户，其中 38 个用户的异常交易来自 2019 年 4 月初同一家美国交易所发起的大额转账。该笔交易可能由比特币市场价格大幅上涨引起，且发生在爆炸事件两周前，因此排除了这 38 个用户与爆炸事件的关联。还有 4 个用户的异常交易发生在爆炸事件前后两周之外，也被排除。剩下的 6 个用户中，最大的一笔异常交易与一家知名的数字货币兑换交易所有关，这家交易所提供数字货币与数字货币或数字货币与法定货币的兑换交易服务，例如，将其他数字货币兑换成比特币，或将比特币兑换成法定货币。Amiram 等发现该交易所的平均余额在爆炸事件前一天显著增加，而在爆炸事件当天急剧下降，这与恐怖融资的模式一致。他们还识别到一个关联的数字货币钱包近年来持续向这家数字货币兑换交易所转账，该钱包与至少 29 起犯罪有关，包括提供非洲绑架儿童案的赎金和资助叙利亚圣战组织。他们还发现，该钱包每次转账的入账金额和出账金额几乎完全相同，表明其很可能用于隐匿资金来源的洗钱交易，与非法活动有关。这些发现对追踪和打击恐怖融资以及其他非法活动有重要意义。

假如比特币确实为斯里兰卡爆炸案的恐怖袭击提供了资金，从比特币流向的踪迹来看，可能会有三种形式：①被兑换成法定货币并提现；②被分散发送到多个钱包；③被兑换成另一种加密货币。最容易识别的是第三种情况，可以通过在其他区块链中搜索特定用户、日期和资金量间的关联来尝试追踪。为继续追踪与爆炸案关联的比特币的流向，Amiram 等在如 Litecoin、Ripple 和 Bitcoin Cash 的其他知名加密货币中搜索了这家数字货币兑换交易所上的关联钱包，最终发现一个 Ripple 钱包的转账时间、金额和方向与该爆炸事件匹配。如图 4-13 所示，在斯里兰卡爆炸案发生的第二天早上，Ripple 币链上显示有大量异常汇款，约 160 万 Ripple 币，这可能是比特币提供的资金的部分流向，验证了比特币与该恐怖袭击的关联。

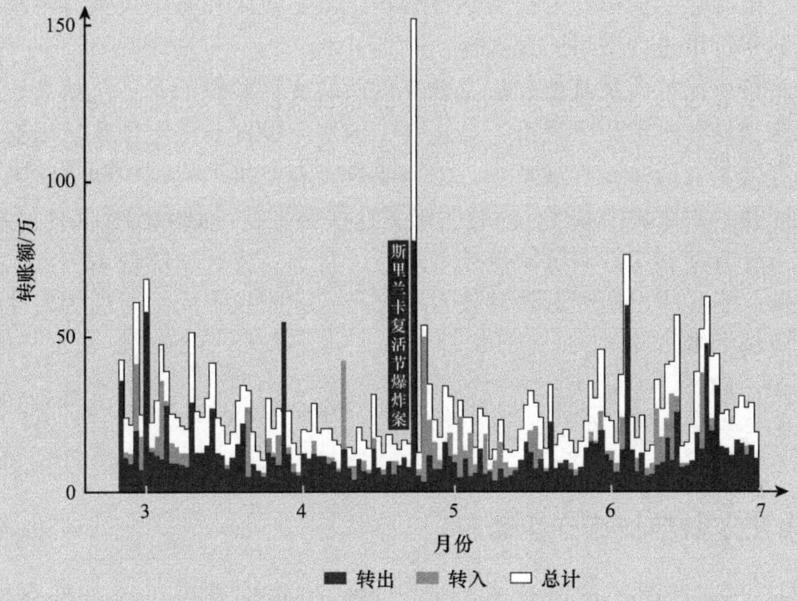

图 4-13 2019 年某数字货币兑换交易所上 Ripple 日转账数据

资料来源：Amiram 等（2022）

5. 能源消耗

挖矿过程中的巨大电力消耗已引发广泛关注和批评。从设计上来说，去中心化货币的最终目标是在没有中介的情况下处理金融交易，需要大量的哈希计算，导致挖矿在消耗巨大算力的同时消耗掉了大量能源，成为一个十分耗能的过程（de Vries，2018）。以比特币为例，2021 年上半年比特币挖矿耗能指数显示，全球比特币年耗电量约为 130.79 TW·h[①]，约占 2020 年全球总发电量的 0.49%，相当于马来西亚一年的耗电量。加密货币平台 Digiconomist 的数据显示，电力成本占矿工总成本的 64.69%，这对用于交易的货币来说成本高昂。此外，建立矿场无休止挖掘比特币的行为不仅是对能源的极大浪费，也引发半导体材料加速消耗、环境污染、电力及相关硬件设备价格升高等问题。

6. 非法定数字货币的监管

非法定数字货币不由中央银行发行，也不受其监督和管理。一些国家通过制定条款间接同意非法定数字货币的使用，另外一些国家则严格限制非法定数字货币的使用。萨尔瓦多是唯一承认比特币为法定货币的国家。加拿大和美国在总体上对数字货币持积极态度。澳大利亚认为比特币不是真正的货币，将其视为资产。一些国家已经彻底禁止非法定数字货币的使用，而另一些国家则试图切断非法定数字货币与银行和金融系统的联系。玻利维亚中央政府禁止使用任何加密数字货币，哥伦比亚则禁止使用和投资比特币。

① 1 TW·h=1 000 000 000 kW·h。

在越南，比特币等数字货币作为投资不被禁止，但是政府和其中央银行不承认使用比特币等非法定数字货币进行支付的合法性。

中国严令禁止比特币及其他非法定数字货币的交易炒作活动，包括禁止所有银行和其他金融机构交易非法定数字货币，禁止在中国境内设置非法定数字货币交易所。个人持有比特币等数字货币并没有被禁止，但需要投资者自担风险。中国政府鼓励开发和使用分布式记账技术和区块链技术，同时明确了这些新型技术必须服务实体经济。近年来，政府发布的指导方针和文件对区块链技术进行了背书，将区块链技术纳入大数据和人工智能同一范畴，明确指出研究区块链技术和分布式记账技术能更好地为实体经济服务，促进实体经济的发展。

三、法定数字货币

（一）法定数字货币产生动机

比特币之后，基于区块链技术的非法定数字货币发展迅速。根据区块链平台 CoinMarketCap 的统计，截至 2022 年 10 月 2 日，全球共有超 2 万种非法定数字货币，总市值约为 9584 亿美元，其中比特币总市值约为 3650 亿美元，以太币总市值约为 1565 亿美元（表 4-4），二者占比分别约为 38%和 16%。

表 4-4 非法定数字货币币值排名（2022 年 10 月 2 日）

排名	名称	缩写（代码）	单价/美元	总市值/亿美元
1	比特币	BTC	19 044	3 650
2	以太币	ETH	1 276	1 565
3	泰达币	USDT	1	68
4	USDC 币	USDC	1	42
5	币安币	BNB	284	59

数字货币是目前最为先进的货币形态。然而，由私人发行的非法定数字货币缺乏国家信用支撑、价值波动大，不断冲击着传统金融体系。数字货币脱离中央银行的发行管控，给国家货币政策传导带来了不利影响。非法定数字货币对货币主权的挑战唤起了中央银行对数字货币的重视。中央银行发行的法定数字货币吸收非法定数字货币的底层技术，以改进现有中央银行货币的形态。该方式在不改变法定货币本质属性的同时，具有数字货币交易成本低、隐私保护水平高等优点，顺应了经济形态的变化和货币演进的趋势。

（二）中央银行数字货币的实践

早在 2014 年，中国人民银行就成立了专门研究发行法定数字货币可行性的小组。同年，厄瓜多尔启动了电子货币项目，但该项目已于 2016 年被迫终止。2015 年，荷兰银行开始进行货币试验来探索国家数字货币。随着世界各国对类似货币试验的不断探索，2016 年起，各国央行纷纷启动中央银行数字货币（Central Bank Digital Currency，CBDC）项目。例如，加拿大央行于 2016 年启动了贾斯珀项目（Project Jasper）；新加坡金融管理局于 2016 年推出乌宾项目（Project Ubin）；欧洲央行与日本央行于 2016 年联合启动斯特拉试验项目（Project Stella）。2019 年 6 月 18 日 Facebook 发布天秤币（Libra）的项目白皮书之后，世界各国央行对发展 CBDC 的兴趣越发浓厚。2020 年是全球 CBDC 快速发展的一年，国际清算银行指出，至少有 36 家中央银行启动了 CBDC 的试点项目。各国 CBDC 实践进程如图 4-14 所示。至今，人民币、英镑、欧元、日元等主流国际货币均已加入 CBDC 计划，这将使得全球 CBDC 格局发生根本变化。

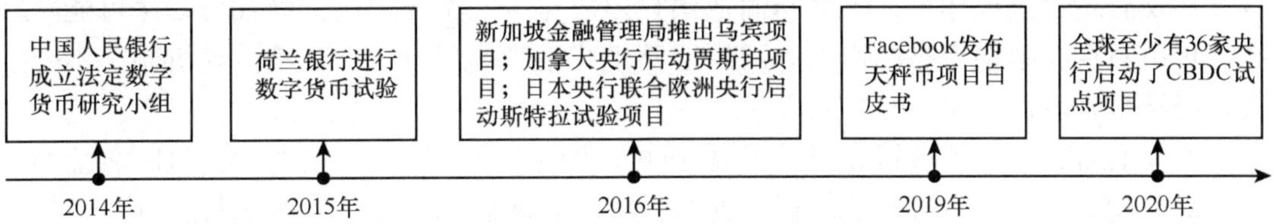

图 4-14 各国 CBDC 实践进程

CBDC 根据用户和用途不同分为两种，一种是批发型 CBDC，主要面向商业银行等机构类主体发行，多用于大额结算；另一种是零售型 CBDC，面向公众发行，用于日常交易。

1. 中央银行数字货币在中国的实践

2014 年，中国人民银行启动了对于 CBDC 的研究，如图 4-15 所示。经过一系列摸索和研究，我国于 2020 年 4 月开始在深圳、苏州、成都、雄安新区进行小规模服务试点，正式开始中国版 CBDC 试验。

我国的 CBDC 项目被命名为数字货币电子支付（Digital Currency and Electronic Payment，DCEP），是以分布式账本及密码技术为基础构建的数字货币支付体系。DCEP 项目的数字货币即为数字人民币（electronic Chinese Yuan，e-CNY），是由中国人民银行发行的数字形式的法定货币，与人民币现钞等价，主要用于国内零售支付。

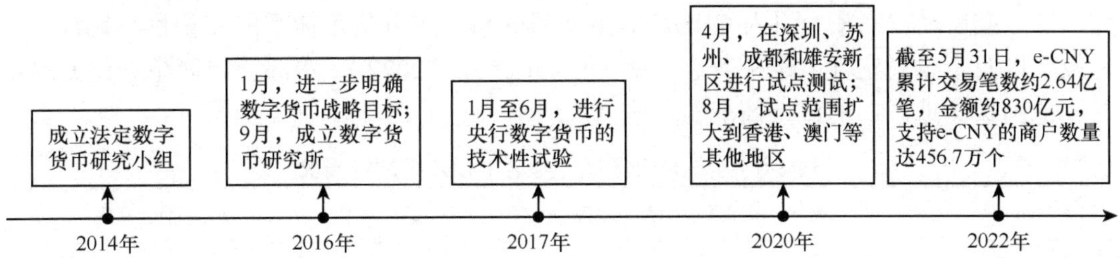

图 4-15 中国 CBDC 实践进程

DCEP 项目采用双层运营模式。第一层为中国人民银行将 e-CNY 兑换给商业银行或其他商业机构。第二层是这些机构将 e-CNY 兑换给公众。DCEP 项目采用双层运营模式的主要原因有以下两点。

第一，e-CNY 钱包的双层运营模式能够实现现行电子支付工具中最高等级的用户隐私保护。对于小额支付而言，用户无须到商业银行开户，只需在央行数字钱包 App 上完成注册就能进行转账支付。央行数字钱包 App 仅收集与处理必要的用户信息，且用户有权随时关闭相关权限，从而摆脱传统银行账户体系对用户个人信息的过度采集。在 e-CNY 钱包的双层运营架构下，中国人民银行仅处理跨机构交易信息，数字钱包之间的交易使用匿名化技术处理，小额交易有关的所有个人信息数据将对交易对手和其他商业机构匿名。出现涉嫌非法交易等情况时，有关权力机关才可以依法向运营机构查询、使用用户个人信息，从技术根源上解决了消费者个人隐私泄露的问题。

第二，与中央银行直接对公众发行数字货币的单层运营体系相比，双层运营模式没有改变现有货币投放体系，不会与商业银行形成竞争。这样的运营模式可以尽可能减轻数字货币对现有金融生态的影响。双层运营模式不影响现行货币政策传导机制，不会给实体经济带来负面影响。

整体而言，DCEP 项目在设计上既兼顾了人民币现钞的支付功能和支付匿名性的特点，也囊括了电子支付工具成本低、便携性强、效率高、安全性好等优势，其主要技术特征如表 4-5 所示。

表 4-5 中国 DCEP 项目主要技术特征

特征	说明
流通性	DCEP 中的 e-CNY 在设计上是对通货 M0 的替代，能够实现央行对流通中的现金的监管。中国人民银行对 e-CNY 的发行、流通管理机制与人民币现钞完全一致，只是以数字化手段实现价值转移
支付即结算	与人民币现钞相同，DCEP 进行资金转移遵循“小额匿名、大额依法可溯”的原则。在满足人民群众对小额零售支付匿名性需求的基础上，还能有效打击洗钱、网络诈骗、网络赌博等违法犯罪行为
安全性	DCEP 综合使用数字证书体系、数字签名、安全加密存储等技术，保障了 e-CNY 不可伪造、交易不可篡改等安全特性
智能合约	DCEP 可加载智能合约，依据交易双方的约定条件进行数字人民币自动支付交易，改善商业信用环境

2. 中央银行数字货币在其他国家的实践

根据国际清算银行支付与市场基础设施委员会的相关报告，全球已有 80%的央行研究、试点或启动 CBDC。引入 CBDC 的主要目的包括提升货币体系的安全性、韧性、支付效率以及金融稳定性、金融普惠度等（Chen et al.，2022）。本部分将简单介绍 CBDC 在其他国家（地区）的试点情况，如表 4-6 所示。

表 4-6 全球部分国家（地区）CBDC 试点情况

启动时间	机构	数字货币项目	批发/零售	储备资产	运行框架	研究目的/进展
2016 年	加拿大央行	贾斯珀	批发	现金抵押	双层运营	综合验证基于分布式账本技术的支付体系是否符合国际金融基础设施准则，包括银行间大额支付、跨境和跨币种支付等
2016 年	欧洲央行与日本央行	斯特拉	批发	无	双层运营	验证分布式账本技术在支付系统与证券结算系统中的适用性

续表

启动时间	机构	数字货币项目	批发/零售	储备资产	运行框架	研究目的/进展
2016 年	新加坡金融管理局	乌宾	批发	与新加坡元兑换	双层运营	验证分布式账本技术在银行间支付的适用性
2019 年	巴哈马央行	沙美元	均有	与巴哈马元挂钩	双层运营	目前巴哈马约 40 万名居民可在国内支付中使用，是世界上第一个正式运营的 CBDC

1）贾斯珀项目

2016 年 3 月，加拿大贾斯珀项目由加拿大央行主导发起，其他参与方包括加拿大支付公司 Payments Canada、加拿大金融市场服务商 TMX 集团和相关产业联盟。这是全球首个由央行和私人部门合作，并利用分布式账本技术开展金融机构间结算支付的试验项目。

截至 2022 年 8 月，该项目经过数年的发展，已实施四个阶段的试验，如图 4-16 所示。第一阶段和第二阶段的重点是研究分布式账本技术在批发性支付清算和国内银行间大额支付结算的应用可行性。这两个阶段的试验性应用使分布式账本技术更易扩展至其他领域，更加适应隐私和保密目标。第三阶段引入了更多复杂的内容，并将分布式账本技术的应用范围扩大到批发支付之外，如与外汇、证券等其他资产结合，并将虚拟和实际的支付结算业务作为试验的基础。第四阶段是跨境支付项目的试验，是由加拿大央行、加拿大支付公司、新加坡金融管理局和英格兰银行等针对跨境、跨币种支付项目进行的试验。

图 4-16　贾斯珀项目发展历程

2）斯特拉项目

2016 年，欧洲央行与日本央行联合启动斯特拉项目，研究分布式账本技术在支付系统与证券结算系统等领域的适用性。截至 2022 年 8 月，该项目已完成四阶段试验，分别实现了使用分布式账本技术处理大额支付、在分布式账本技术环境中进行证券结算、运用分布式账本相关技术提升跨境支付效率以及在分布式账本技术环境中提高 CBDC 等结算资产的保密性和可核查性，如图 4-17 所示。

图 4-17　斯特拉项目发展历程

3）乌宾项目

乌宾项目是由新加坡金融管理局联合新加坡银行协会以及多家国际金融机构共同发起的研究项目，于 2016 年正式立项。该项目的主要目的在于利用分布式账本技术实现跨区块链平台的代币化资产结算。截至 2022 年 8 月，乌宾项目已进行到第五阶段。该项目开展了多项基于分布式账本技术的金融实践，包括代币的银行间支付、高速便捷透明的跨境支付和结算、券款对付等，如图 4-18 所示。

图 4-18　乌宾项目发展历程

4）沙美元项目

2019 年 6 月，巴哈马央行宣布埃克苏马岛将成为 CBDC 沙美元（Sand Dollar）试点项目的首个试点地区。2020 年 10 月，Sand Dollar 已全面普及，巴哈马成为第一个在全国范围内成功推行 CBDC 的国家。CBDC 以更安全的交易和更快的结算速度，提高了该国支付系统的效率，降低了服务交付成本，提升了普惠金融水平，对当地金融市场基础设施水平产生了积极影响。Sand Dollar 是基于分布式账本技术的移动数字钱包发行的代币，支持离线支付但不完全匿名，采用双层运营框架，与巴哈马元挂钩但不计息。每个 Sand Dollar 都拥有对巴哈马央行的直接索偿权，其生态系统如图 4-19 所示。

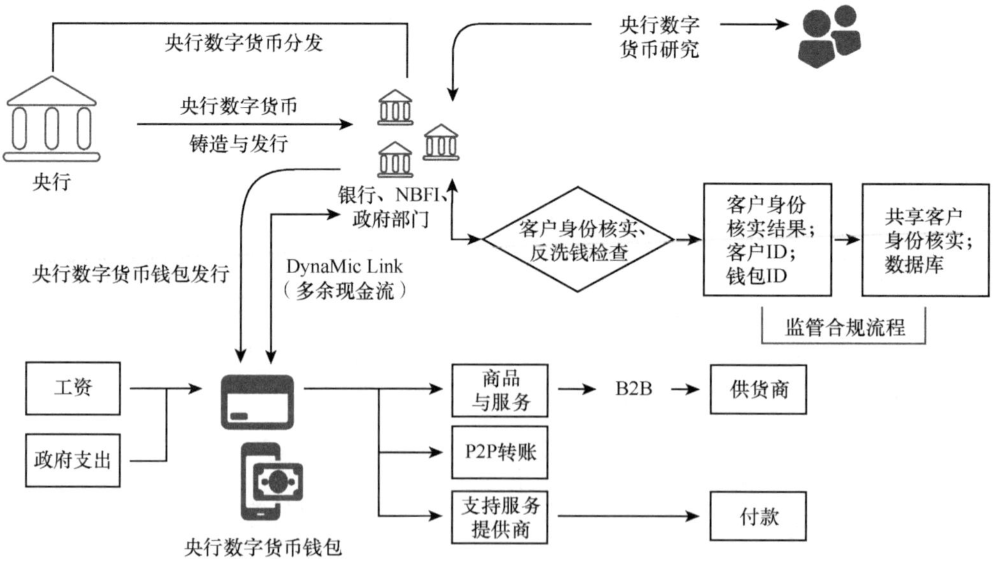

图 4-19　巴哈马 Sand Dollar 生态系统示意图

NBFI 表示非银行金融机构（non-bank financial institutions）

课后习题

1. 名词解释：货币、本位货币、货币制度。

2. 数字货币作为一种科技创新产物备受各国关注，但各国对待数字货币的态度不同。我国对于发行和交易加密货币有着严厉的监管措施，禁止金融机构和支付平台为加密货币交易提供服务。加拿大政府将加密货币交易所和加密货币支付运营商归类为提供金融服务的机构，要求它们遵守反洗钱和反恐怖融资等相关规则。新加坡明确对数字货币业务的监管，促进区块链、数字货币的合规发展。梳理各国对数字货币态度的差异，你认为导致这些差异的原因有哪些?

3. 一台“蚂蚁矿机 S19”矿机（图 4-20）的价格约为 15 000 元，功率是 3250 W，经济寿命约为 5 年。S19 的计算能力是 95 TH/s，因此预计挖一个比特币需约 1200 天。当前电价约为 0.6 元/(kW·h)。假设矿机的折旧是线性的，若目前比特币价格约为 92 750 元，请计算挖一个比特币的利润。

图 4-20　“蚂蚁矿机 S19”示意图

4. 布雷顿森林体系是二战后建立的一种以美元为中心的国际货币制度，规定各国货币与美元挂钩、美元与黄金挂钩，以维持汇率的稳定。1971 年 8 月 15 日，时任美国总统尼克松宣布停止兑换黄金，从而废除了布雷顿森林体系。导致这一制度崩溃的主要原因是该体系固有的内在矛盾，如果美国要保证美元的流动性，满足世界经济增长对美元的需求，就必须发行更多美元，并扩大国际收支逆差，这会导致美元外流，美国的黄金储备减少，市场对美元信心下降。如果美国要保证美元的稳定性，维持与黄金的固定兑换比例，就必须减少美元发行量，并缩小国际收支逆差，这会导致世界范围内美元短缺，阻碍世界经济贸易的发展。此外，还存在美国黄金储备减少动摇了市场对美元的信心、世界经济周期造成美国经济衰退、各国为维护本国经济平稳抛弃体系原则等原因。

阅读以上材料回答以下问题。

（1）请对布雷顿森林体系的内在矛盾进行解释。围绕布雷顿森林体系的规则和当时的国际形势，讨论布雷顿森林体系崩溃还存在哪些方面的原因。

（2）布雷顿森林体系崩溃后，国际货币体系演化为牙买加体系并沿用至今。请进行文献调研，了解什么是牙买加体系，分析其相较于布雷顿森林体系的优势。讨论随着全球经济发展，牙买加体系可能面临的问题。

5. CoinMarketCap 是全球知名的加密货币交易平台，囊括了几乎所有的加密货币。

请利用 CoinMarketCap，按照以下步骤简单分析比特币（Bitcoin）和以太币（ETH）的价格波动性。

（1）从 CoinMarketCap 收集 Bitcoin 和 ETH 的历史价格数据，绘制其价格时间序列（提示：从 https://coinmarketcap.com/api/documentation/v1/可查询到有关资料）。

（2）分析 Bitcoin 价格序列和 ETH 价格序列之间的关联性。

（3）使用自回归滑动平均模型对这两个序列进行回归分析。

6. 随着对外开放程度的加深，我国汇率制度乃至人民币汇率自身对房价的影响日益凸显，人民币汇率可以通过多个宏观变量间接影响我国商品房价格，进而影响我国房地产行业的景气度。当房地产市场受到影响时，产生一系列连锁反应，房地产上下游相关产业都会受到影响，这在一定程度上将会影响我国经济的发展。

请以 2005 年 7 月到 2022 年 12 月我国商品房价格为研究对象，使用向量自回归模型分析人民币实际有效汇率如何影响房价。所需变量如表 4-7 所示，请从万得数据库、国家统计局和中国人民银行清算总中心获取相关数据。

表 4-7　人民币汇率变动与我国房价变量说明

变量类型	变量名称	变量含义
被解释变量	人民币实际有效汇率	经本国与所选择国家间的相对价格水平或成本指标调整的名义有效汇率
解释变量	房地产价格	商品房销售额除以商品房销售面积
控制变量	短期资本流入额	外汇储备增量–经常账户贸易差额–FDI 实际利用额
	国内货币供应量	可能成为现实购买力的货币形式，反映社会总需求
	城镇居民人均可支配收入	衡量财富效应渠道
	GDP	一个国家所有常住单位在一定时期内生产活动的最终成果
	居民消费价格指数	衡量汇率影响房价的一般物价水平渠道

（1）在使用时间序列数据时，首先要确保数据的平稳性。请在对变量进行季节调整并取对数的基础上进行平稳性检验。若为非平稳序列，通过差分获得平稳序列。

（2）在得到平稳的时间序列后，需确定模型的最优滞后阶数。较多的滞后阶数会减少模型的自由度，而较少的滞后阶数则不能完全反映模型的动态特征。请计算不同滞后阶数对应的对数似然比、赤池信息准则指标和施瓦茨信息准则指标，确定最优滞后阶数。

（3）脉冲响应函数体现了对随机误差项施加一个标准差大小的冲击，该冲击对内生变量当期值和未来值产生的动态影响。写出各中间变量对人民币实际有效汇率的脉冲响应函数以及房地产价格对各中间变量的脉冲响应函数，画出相应的脉冲响应图，分析人民币汇率主要通过什么渠道影响我国房价。

资料来源：张耀文（2022）

7. 数字货币的价格波动幅度日益增加。现阶段有关研究主要集中于数字货币与传统资产之间是否存在替代关系与影响关系，且其研究对象主要是黄金市场与各国股票市场。2008 年金融危机以来，为应对全球范围内的经济萧条等问题，各国央行纷纷采取零利率、量化宽松等非传统货币政策，对市场注入大量流动性，使得全球货币供应量上升。

现有研究表明，央行通过量化宽松手段增加市场流动性后，会导致市场上对金融资产的需求增加，进而推高股票、基金等资产价格。这对数字货币会产生怎样的影响?

（1）请查阅文献,从理论上分析全球货币供应量上升对数字货币价格和成交量的影响。

（2）所需变量如表 4-8 所示，请以 2014 年 1 月至 2020 年 12 月的月频数据为研究样本，收集数据并构造变量。比特币价格和成交量数据可从 CoinMarketCap 获取。六国货币供应代理指标是基于美国、中国、英国、欧盟、日本和印度六个国家和地区（本书为表述简便，统称为六国）的基础货币供应量和广义货币供应量构造的指标。美国、中国、英国与日本的基础货币数据、广义货币数据、GDP 数据，欧盟 27 国广义货币、GDP 数据、印度货币供应量数据可从万得数据库获取；印度基础货币数据可从印度储备银行获取，欧盟 27 国基础货币供应量数据可从中国经济数据库获取。使用 GDP 加权、汇率加权两种加权方式构造货币供应代理指标，具体方法如下所示：

$$w_{\text{GDP}} = \sum_{i=1}^{6} w_{i,t}\left(\frac{m_{i,t} - m_{i,t-1}}{m_{i,t-1}}\right)$$

$$w_{\text{HL}} = \left(\frac{\sum_{i=1}^{6} m_{i,t} / e_{i,t} - \sum_{i=1}^{6} m_{i,t} / e_{i,t-1}}{\sum_{i=1}^{6} m_{i,t} / e_{i,t-1}}\right)$$

其中，$w_{i,t}$ 为第 i 个国家 t 时间的 GDP 总量占六国 GDP 总量的百分比；$m_{i,t}$ 为第 i 个国家 t 时间的货币供应量数据；$e_{i,t}$ 为第 i 个国家 t 时间的美元汇率。

表 4-8 数字货币价格的影响因素变量说明

变量类型	变量名称	变量含义
被解释变量	数字货币价格	比特币与以太币的美元价格
	数字货币成交量	比特币与以太币的成交量
解释变量	美国 5 年期实际利率	美国 5 年期通胀保值债券实际收益率
	美国 10 年期实际利率	美国 10 年期通胀保值债券实际收益率
	美国基础货币供应量	美联储每月公布的基础货币总量数据
	美国广义货币供应量	美联储每月公布的美国广义货币供应量
	影子汇率	美国政策利率替代指标
	美国广义货币供应量/GDP	美国流动性过剩相对测度指标
	Δ广义货币供应量–ΔGDP–Δ消费者物价指数	美国流动性过剩相对测度指标
	GDP 加权法下的六国基础货币供应量	GDP 加权的核心六国基础货币总供应量
	汇率加权法下的六国基础货币供应量	汇率加权的核心六国基础货币总供应量
	GDP 加权法下的六国广义货币供应量	GDP 加权的核心六国广义货币总供应量
	汇率加权法下的六国广义货币供应量	汇率加权的核心六国广义货币总供应量
	GDP 加权的核心六国Δ广义货币供应量–ΔGDP–Δ消费者物价指数	GDP 加权的核心六国流动性过剩相对测度指标
	比特币、以太坊区块链全网总地址数	比特币与以太坊的全网总地址数

续表

变量类型	变量名称	变量含义
解释变量	以太坊区块链全网每日发生交易的账户数	以太坊网络中每日发生交易或创建智能合约的账户数
	以太坊区块链全网每日发生交易的账户数占比	该指标越大，以太坊全网每日活跃的账户数比例越高
	比特币、以太坊区块链全网每日发生转账的交易数目	比特币、以太坊全网每日转账的总数目
	比特币全网普通节点每日发生转账的交易数目	剔除了比特币网络中前 100 名节点转账交易的全网每日转账交易数量
	比特币全网每日交易的比特币数目	比特币全网每日交易的比特币数量
	以太坊全网每日确认的智能合约数目	以太坊全网每日新产生的智能合约数目
	比特币、以太坊区块链全网每日哈希值算力	比特币、以太坊全网哈希值算力
控制变量	经济政策不确定性指数	美国经济政策不确定性总指数与 GDP 加权的六国经济政策不确定性指数
	美国 VIX 恐慌指数（也称波动率指数）	该指标越大，标普 500 指数的波动越大
	黄金价格	伦敦交易所黄金现价收盘价
	原油期货价格	美国原油连续期货收盘价
	GDP 加权的六国市场波动指数	该指标越大，六国股市的波动越大
	GDP 加权的六国银行间隔夜拆借利率	该指标越大，六国市场间银行拆借利率越高
	维基百科搜索指数	维基百科中有关比特币、以太坊词条的点击数量

（3）选择恰当的回归模型，分析货币供应增加对数字货币价格与成交量的影响。

资料来源：陈柯旭（2021）

8. 21 世纪以来，互联网技术革命将世界各国的距离拉近，加之跨国贸易壁垒削减和国际金融市场开放，世界经济体一体化程度不断提升。各国的货币政策高度绑定，各国货币政策的联动性越发明显。一国的货币政策不再仅仅影响本国的经济运行，也可能通过贸易、利率和汇率等渠道对他国产生溢出效应。2020 年 11 月，《区域全面经济伙伴关系协定》的签订将我国和东盟的经贸合作推向了全新的高度。请以印度尼西亚、泰国、新加坡、马来西亚、菲律宾和越南为研究对象，分析我国货币政策对东盟的溢出效应。

（1）所需变量和数据来源如表 4-9 所示。请获取 2010 年至 2022 年的年度数据，并构造贸易权重矩阵。从国际货币基金组织的贸易统计方向数据库获取各国之间的进出口贸易流量来构建国别联系，使用 2010 年至 2022 年的均值来计算固定权重，并对贸易权重矩阵进行标准化。

表 4-9　数字货币价格的影响因素变量说明

变量	变量说明
实际 GDP	各国 GDP 名义数据和 GDP 平减指数均来源于中国经济数据库，通过计算得到实际 GDP。越南和马来西亚由于 GDP 平减指数缺失，使用消费者物价指数计算得到实际 GDP。美国数据来源于联邦储备经济数据库
消费者物价指数	以 2010 年数据取值 100 计算的物价指数，数据来源于中国经济数据库

续表

变量	变量说明
短期利率	对印度尼西亚选取经济合作与发展组织数据库的短期利率数据；对马来西亚、菲律宾、泰国和新加坡选取货币市场利率，数据来源于国际货币基金组织的国际金融统计数据库；越南选取短期存款利率，数据来源于中国经济数据库；我国短期利率的代理变量选为七天回购利率的季末加权平均值，数据来源于中国经济数据库。对我国选择银行间七天质押式回购利率；对美国选择美联储影子利率，数据来源于亚特兰大联邦储备银行官网
广义货币供应量	由于美国以价格型货币政策为主导，因此不包含美国广义货币数据，其他所有数据均来源于中国经济数据库
汇率	特别提款权汇率，即每单位特别提款权可兑换的本国货币，所有数据来源于中国经济数据库，美国不引入汇率变量
证券价格指数	国际货币基金组织的国际金融统计数据库的金融市场证券价格指数数据，我国数据选用上证综指，数据来源为中国经济数据库；越南数据选用胡志明指数，美国数据选用标普 500 指数，越南和美国数据来源于英为财情
贸易差额	一定时期内一国出口总额与进口总额之间的差额，表明一国对外贸易的收支状况
国际油价	布伦特原油现货价格，数据来源于美国能源信息署
国际农产品价格	数据来源于国际货币基金组织的初级商品价格数据库

（2）请选择恰当的方法，就我国货币政策对东盟各国的影响进行脉冲响应分析。分别以对我国利率施加 1%的负向冲击、对我国广义货币供应量施加 1%的正向冲击表示宽松的货币政策，分析其对东盟各国 GDP、通货膨胀、短期利率、汇率、证券价格指数、广义货币供应量以及贸易差额的影响，并讨论我国利率和货币供应量溢出效应的异质性。

资料来源：郭军杰（2022）

参 考 文 献

陈柯旭. 2021. 什么因素导致了数字货币价格的波动？——基于比特币、以太坊的对比研究. 成都：西南财经大学.

郭军杰. 2022. 我国货币政策对东盟国家溢出效应研究. 成都：四川大学.

张耀文. 2022. 人民币实际有效汇率变动对我国房价的影响研究. 成都：西南财经大学.

Amiram D，Jørgensen B N，Rabetti D. 2022. Coins for bombs: the predictive ability of on-chain transfers for terrorist attacks. Journal of Accounting Research，60（2）：427-466.

Baur D G，Dimpfl T，Kuck K. 2018. Bitcoin，gold and the US dollar：a replication and extension. Finance Research Letters，25: 103-110.

Chen S，Goel T，Qiu H，et al. 2022. CBDCs in emerging market economies. https://www.bis.org/publ/bppdf/bispap123_a_rh.pdf[2024-05-29].

de Vries A. 2018. Bitcoin's growing energy problem. Joule，2（5）：801-805.

Easley D，O'Hara M，Basu S. 2019. From mining to markets：the evolution of Bitcoin transaction fees. Journal of Financial Economics，134（1）：91-109.

Foley S，Karlsen J R，Putniņš T J. 2019. Sex，drugs，and Bitcoin：how much illegal activity is financed through cryptocurrencies？. The Review of Financial Studies，32（5）：1798-1853.

Gan J X, Tsoukalas G, Netessine S. 2021. Initial coin offerings, speculation, and asset tokenization. Management Science, 67 (2): 914-931.

Gandal N, Hamrick J, Moore T, et al. 2018. Price manipulation in the Bitcoin ecosystem. Journal of Monetary Economics, 95: 86-96.

Hinzen F J, John K, Saleh F. 2022. Bitcoin's limited adoption problem. Journal of Financial Economics, 144 (2): 347-369.

Nakamoto S. 2008. Bitcoin: a peer-to-peer electronic cash system. https://bitcoin.org/bitcoin.pdf[2023-05-17].

Patel P C, Richter J. 2021. The relationship between terrorist attacks and cryptocurrency returns. Applied Economics, 53 (8): 940-961.

第五章

信　　贷

📖 本章导读：

随着信息技术的发展，人们上网时留下的海量数字足迹为信贷的变革提供了新思路。本章首先阐述信贷理论，帮助读者理解信贷的基本模式，然后分别介绍个人数字足迹和企业数字足迹，以及它们各自在信贷领域的应用。

第一节　信贷理论

本节从基本模式、信用风险、组织形式以及个人和小微企业信贷四个方面对信贷理论展开介绍。

一、信贷的基本模式

（一）信贷的定义

信贷是个人和企业满足融资需求的重要方式，是资金供给者向资金需求者转移资金以换取未来偿还价值的一种信用工具。多数情况下，资金供给者会向资金需求者收取本金之外的利息或财务费用。

（二）信贷的基本要素

信贷包含七个基本要素，分别是贷款对象、贷款金额、贷款期限、贷款利率、贷款用途、担保及还款方式，如表 5-1 所示。

表 5-1　信贷基本要素

基本要素	含义
贷款对象	贷款发放的具体对象，可分为公司客户和个人客户

续表

基本要素	含义
贷款金额	信贷机构提供给贷款对象的信贷产品数额
贷款期限	借款人对资金的使用期限，可以分为短期、中期和长期
贷款利率	一定时期内利息额与借贷资金额（本金）的比率
贷款用途	贷款资金的用途，可分为流动资金贷款和固定资产贷款
担保	保证借款人还款或履行责任的第二还款来源
还款方式	借款人偿还贷款的方式

贷款利率是一定时期内利息额与本金的比率。按照利率水平是否变动，贷款利率分为固定利率和浮动利率。固定利率是指在签订贷款合同时，借款人与贷款机构约定的一个固定不变的利率。在还款周期内，无论市场利率如何变动，借款人都按照固定利率向贷款机构支付利息。浮动利率是指在借贷期限内，贷款利率随市场利率的变化而变动。借款人的还款金额可能在贷款期限内波动。根据贷款期限长短，贷款利率可分为贷款期限在一年以下的短期利率和一年以上的中长期利率。

根据有无担保，贷款分为信用贷款与担保贷款。信用贷款是凭借款人的信誉发放的贷款，借款人不需要提供担保。担保贷款是由借款人或第三方依法提供担保而发放的贷款，担保是保证借款人还款或履行责任的第二还款来源。担保的方式有保证、抵押、质押等。保证是指保证人和贷款人约定当债务人不履行债务时，保证人按照约定履行债务或承担责任的行为。抵押是指债务人或第三方将其财产用作债权担保，但其财产所有权不转移。质押是指借款人或第三方将其动产或权利凭证移交贷款人占有，以此作为债权的担保。

还款方式有按月付息到期还本、等额本息还款和等额本金还款三种。按月付息到期还本也称作先息后本，是指每月支付利息，到期后归还本金。每期付息额的计算公式为

$$P \times R$$

其中，P 为借款本金；R 为期利率。等额本息还款是指在贷款期内，每期按照相等的金额偿还贷款本息，支付利息逐期递减，所还本金逐期递增。每期还款额的计算公式为

$$P \times \frac{R \times (1+R)^N}{(1+R)^N - 1}$$

其中，P 为借款本金；R 为期利率；N 为还款期数。等额本金还款是指在贷款期内，每期偿还等额本金和剩余贷款在该期的利息。每期还款额的计算公式为

$$\frac{P}{N} + (P - \bar{P}) \times R$$

其中，P 为借款本金；$\bar{P}$ 为已结清还款额；R 为期利率；N 为还款期数。

知识拓展：等额本息还款每期还款额计算过程

设月还款额为 X，则各月末所欠贷款如下。

第一个月末：$P_1 = P(1+R) - X$。

第二个月末：$P_2 = P_1(1+R) - X = [P(1+R) - X](1+R) - X = P(1+R)^2 - X[(1+R)+1]$。

第三个月末：$P_3 = P_2(1+R) - X = P(1+R)^3 - X\left[(1+R)^2 + (1+R) + 1\right]$。

……

由此可得第 m 个月末所欠银行贷款为

$$\begin{aligned} P_m &= P_{m-1}(1+R) - X \\ &= P(1+R)^m - X\left[(1+R)^{m-1} + (1+R)^{m-2} + \cdots + (1+R)^2 + (1+R) + 1\right] \\ &= P(1+R)^m - \frac{X\left[(1+R)^m - 1\right]}{R} \end{aligned}$$

由于还款总期数为 N，也即第 N 个月末刚好还完银行所有贷款，因此有

$$P_N = P(1+R)^N - \frac{X\left[(1+R)^N - 1\right]}{R} = 0$$

由此求得等额本息还款每期还款额为：$X = \dfrac{PR(1+R)^N}{(1+R)^N - 1}$。

（三）信贷的基本流程

贷款的管理流程通常分为贷款申请、受理调查、风险评估、合同签订、贷款发放、贷后管理和贷款回收七个环节，如图 5-1 所示。

图 5-1　贷款的管理流程

首先，借款人向贷款人提出贷款申请。接到贷款申请后，贷款人将对借款人基本情况、信用情况、财务状况、生产经营情况及担保情况等进行审查，全面评估借款人风险。评估通过后，借贷双方共同签订书面借款合同，明确借贷双方权利和义务。贷款发放后，贷款人会对借款人信贷资金的使用情况及还款情况进行跟踪和报告。贷款到期时，贷款人向借款人要求回收贷款的全部本息。若借款人违约，贷款人有权处置借款人抵押的资产以补偿损失。

二、信贷中的信用风险

在信贷活动中，信用用于衡量交易对手未来的履约意愿和履约能力。如果一方将来不能履约，另一方就要承担信用风险。信用风险也称违约风险，主要指债务人无法按时支付本金和利息的风险。

为充分识别和控制信用风险，贷款人需考察借款人的信用等级。信用风险评级是信用风险管理的核心，是社会信用体系建设的重要组成部分。评级过程中，评级主体独立地依据相关法律法规和评级方法，对特定评级对象在特定时期内的整体经营状况和短长期的偿债能力给予客观、公正、科学的评价，并以简单、直观、清晰的符号表示评级对象的信用等级。

信用风险评级的发展离不开信用评级技术的不断进步，具有代表性的信用评级技术包括美国费埃哲公司（Fair Isaac Corporation，FICO）推出的 FICO 评分模型、我国蚂蚁金服旗下的芝麻信用评分模型和 Logit 回归模型。

（一）FICO 评分模型

FICO 评分模型是一种个人信用评级法，被美国绝大多数银行和授信机构使用。该模型的数据信息来自美国 Experian、Equifax 和 TransUnion 三家国家征信局的消费者信用档案。消费者信用档案在三个征信局包含的信息可能不同，由不同的征信局向费埃哲公司提供数据信息可能会导致 FICO 分数有差异。费埃哲公司收到征信局传来的用户数据信息后，根据模型计算出信用评分并反馈给征信局。用户可以向费埃哲公司和征信局提出查询信用评分和信用报告的申请，金融机构则可以直接在征信局查询客户的 FICO 评分和信用报告，流程详见图 5-2。

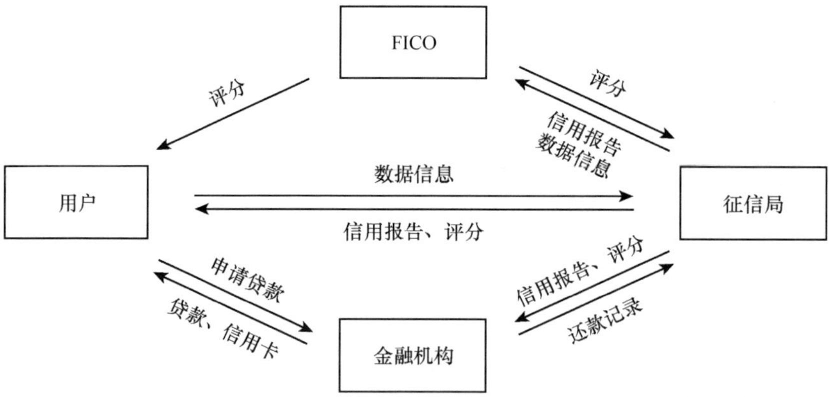

图 5-2　FICO 征信运作流程

FICO 评分模型考虑了五个因素，按照模型赋予的权重由高到低排序，分别是客户的信用偿还历史、信用账户数、信用记录年限、新开的信用账户以及正在使用的信用类型。根据以上五个因素，FICO 评分模型把收集到的数据信息分类，不同类型的数据信息得分不同，然后计算加权得分，最后得到消费者的总得分。这五类因素在信用评分中的权重如图 5-3 所示。

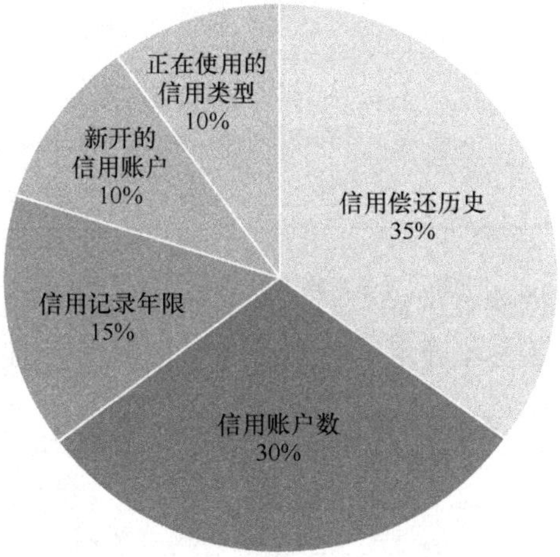

图 5-3 FICO 评分模型各因素占比

FICO 评分有五个等级，如表 5-2 所示。FICO 评分能全面评估客户的信用风险，压缩授信时间，有助于减少交易时间，提高交易效率，降低交易成本。

表 5-2 FICO 评分的等级描述

FICO 等级	分数区间	描述
差	<580	远低于美国消费者的平均得分，有风险的借款人
一般	580—669	低于平均水平，但这个分数的贷款仍然可能被批准
好	670—739	平均水平附近，可靠的贷款人
非常好	740—799	高于平均水平，非常可靠的借款人
优秀	800—850	远高于平均水平，极其可靠的借款人

（二）芝麻信用评分

芝麻信用分为芝麻个人信用和芝麻企业信用，其信用评分称为芝麻分。在用户的授权下，芝麻个人信用评分由芝麻信用管理有限公司依据用户基本信息、在线消费的行为数据以及互联网金融借贷信息，通过机器学习和统计学等方法对用户数据进行综合处理和评估。个人信用评分将从用户信用历史、行为偏好、履约能力、身份特质和人脉关系五个维度呈现用户信用状况的综合分值。表 5-3 展示了芝麻个人信用的评分因素及其含义。

表 5-3 芝麻个人信用评分因素含义

评分因素	含义
信用历史	过往信用账户还款记录及信用账户历史

续表

评分因素	含义
行为偏好	在消费活动和投资活动中的偏好及稳定性
履约能力	支付账户余额及车产、房产信息等
身份特质	在使用相关服务过程中留下的丰富可靠的个人基本信息
人脉关系	好友的身份特征以及与好友的互动程度

芝麻企业信用评分根据企业的经营行为、履约历史、关联关系、基本信息、法人信用等信息评价企业信用。表 5-4 展示了芝麻企业信用的评分因素及其含义。

表 5-4　芝麻企业信用评分因素含义

评分因素	含义
经营行为	是否良好健康经营，有无虚假经营行为
履约历史	有无逾期未还债务，是否涉及金融纠纷
关联关系	关联公司的各要素综合评价，合作伙伴上下游情况
基本信息	公司规模、荣誉资质等
法人信用	法人代表的信用状况

芝麻个人信用和芝麻企业信用均分为信用较差、中等、良好、优秀和极好五个等级。个人芝麻分分值区间为 350 分到 950 分，分值越高表示个人信用状况越好，违约风险越低。芝麻企业信用评分范围从 1000 分到 2000 分，分值越高代表企业信用越好，可以享受的信用权益越多。

（三）Logit 回归模型

企业信用评级模型实际上是利用已有的样本，研究企业各项指标和企业是否违约之间的相关关系。在信用评级模型中，被解释变量为分类变量，取值多为二项，如违约/履约、信誉好/坏，或者是如 FICO 评分将信用等级分为五类的多项取值。Logit 回归模型作为常用于解决分类问题的非线性模型，也适用于企业信用评级。

对企业进行信用评级时，通常使用传统的财务指标和各类非财务指标。财务指标有流动性与偿还能力、盈利能力、资本结构与财务杠杆、资产管理效率、资本市场表现、现金流量等。非财务指标主要包括产品品质、公司战略目标和创新能力、服务质量、员工满意度和团队精神、顾客满意度等。Logit 回归模型利用企业的相关指标预测企业违约概率，并根据实际需要设置阈值来评定企业的信用等级。Logit 回归模型具有训练时间短、解释性强等优点，在信用评级中较常使用。

知识拓展：国内的个人征信体系

目前我国的个人征信体系主要分为央行征信系统和互联网大数据征信系统两个部分。央行征信系统由中国人民银行征信中心开发、运行及维护。该系统将采集的身份信息、公共信息、金融交易等信息加工整理成信用报告，为金融机构提供查询服务。个人信用报告是央行征信系统提供的基础服务，报告中的信息主要包含六个方面：身份信息核查结果、个人基本信息、银行信用信息、非银行信用信息、本人声明和异议标注以及历史查询信息。

随着互联网的普及和大数据技术在各行各业的不断延伸，一些企业以客户信息、评价数据、消费行为和各种交易数据为基础，从不同维度对原始数据进行采集与挖掘，通过分析数据特征评估客户信用风险，生成信用风险评分或信用风险评估报告，为企业自身或其他机构提供相关的客户资质评估。百行征信有限公司（简称百行征信）是我国首家获得个人征信业务经营许可的市场化公司，由中国互联网金融协会与芝麻信用管理有限公司、腾讯征信有限公司等市场机构共同发起组建。在中国人民银行的监管指导下，百行征信利用互联网和大数据技术进行征信体系建设，是国内互联网大数据征信的先导者。

百行征信对央行征信起到了补充作用。央行征信是金融机构借贷业务风险评估的依据之一，百行征信更多的是为网贷平台、互联网公司、民间借贷等非金融机构的借贷业务提供风险评估的依据。央行征信与百行征信的区别如表 5-5 所示。

表 5-5 央行征信与百行征信的区别

区别	央行征信	百行征信
性质	不以营利为目的，提供基础信用服务	以营利为目的，市场化个人征信
数据	金融数据	金融、生活、电商数据等
作用	客观展示个人或企业的社会信用	规范互联网贷款行业，促进网贷机构数据共享

三、信贷的组织形式

信贷市场通常是正规信贷和非正规信贷并存。正规信贷是指在政府监管范畴之内的信贷活动，由银行或非银行金融机构提供贷款；非正规信贷是指政府监管之外的信贷活动，如民间借贷。

（一）正规信贷和非正规信贷

1. 正规信贷

正规信贷机构包括商业银行和信用合作社。商业银行是重要的金融机构之一，是企业或个人以贷款形式融资的主要来源。信用合作社是由具有共同利益的个体组织起来的、具有互助性质的合作金融组织，以较低的利率向社员提供信贷服务。由于银行信贷在正规信贷中占主导地位，本节将主要关注银行信贷。

根据不同的划分标准，银行信贷被分为不同种类，如表 5-6 所示。

表 5-6 银行信贷分类

分类依据	对应类型
贷款期限	活期贷款、定期贷款和透支
偿还期	短期贷款、中期贷款和长期贷款
偿还方式	一次性偿还贷款、分期偿还贷款
贷款用途	工商企业贷款、不动产抵押贷款、消费贷款
贷款保障条件	担保贷款、信用贷款、票据贴现

按贷款期限分类，银行信贷可分为活期贷款、定期贷款和透支。活期贷款的偿还期限不确定，定期贷款具有固定偿还期限。透支是指在银行授予的限额内，用户按照合同向银行超额提取款项的贷款。

按偿还期分类，银行信贷可分为短期贷款、中期贷款和长期贷款。通常来说，短期贷款的期限在 1 年及以内，中期贷款的期限在 1 年以上、5 年及以下，长期贷款的期限在 5 年以上。

按贷款用途分类，银行信贷可分为工商企业贷款、不动产抵押贷款、消费贷款等。工商企业贷款是发放给工商企业的贷款，银行放出的款项一般以这类贷款为主；不动产抵押贷款是以不动产作为抵押品的贷款；消费贷款也称消费者贷款，是银行以消费者信用为基础，向消费者个人发放的贷款。

按贷款保障条件分类，银行信贷可分为担保贷款、信用贷款和票据贴现。担保贷款以借款人或担保人依法提供的担保作为还款保证；信用贷款无须提供抵押品或第三方担保人，完全以借款人的信用发放贷款；票据贴现是指银行应客户要求以现金或活期存款买进客户持有的未到期商业票据而发放的贷款。

2. 非正规信贷

非正规信贷依赖关系和声誉，不受政府及法律监管，主要包括基于亲情或友情的借贷，以及私人钱庄、高利贷机构和资金互助社等组织提供的信贷服务。通过服务正规信贷未覆盖的市场，非正规信贷对正规信贷体系起到了补充作用（Ayyagari et al.，2010）。非正规信贷在个人和小企业中普遍存在。一方面，基于社会关系的非正规信贷可在一定程度上减轻信息不对称带来的风险，且较少的贷款限制缩短了融资时间；另一方面，许多个人和小企业缺乏信用记录和可抵押财产，难以获得正规信贷机构的贷款。

（二）信贷组织形式比较

正规信贷与非正规信贷的主要区别如表 5-7 所示。

表 5-7 非正规信贷与正规信贷的区别

正规信贷	非正规信贷
监管制度明确完善，安全可靠，风险低	规章管理制度不清晰，合作风险较高
对客户历史信用记录和抵押物的要求高	自由度较高，限制条件少
利率合理	利率高

正规信贷的监管制度完善有效，更为安全可靠，风险更低。正规信贷的审查机制与风险评估往往更为严格，贷款人的资金安全和借款人的权益都能得到保障。图 5-4 展示了世界银行公布的 2015 年至 2022 年英国、美国、中国、加拿大和韩国的银行业整体不良贷款率。各国的银行业不良贷款率均维持在较低水平，银行业总体运行稳健，资金安全，风险抵御能力强。相比于正规信贷，非正规信贷大多不受官方直接监管，缺少明确的规章管理制度，客观上为不法人员从事金融诈骗活动提供了便利。例如，一些小额借贷平台存在合约陷阱，利用无抵押、无担保的噱头吸引需要短期资金周转的借款人，具有较高的合作风险。

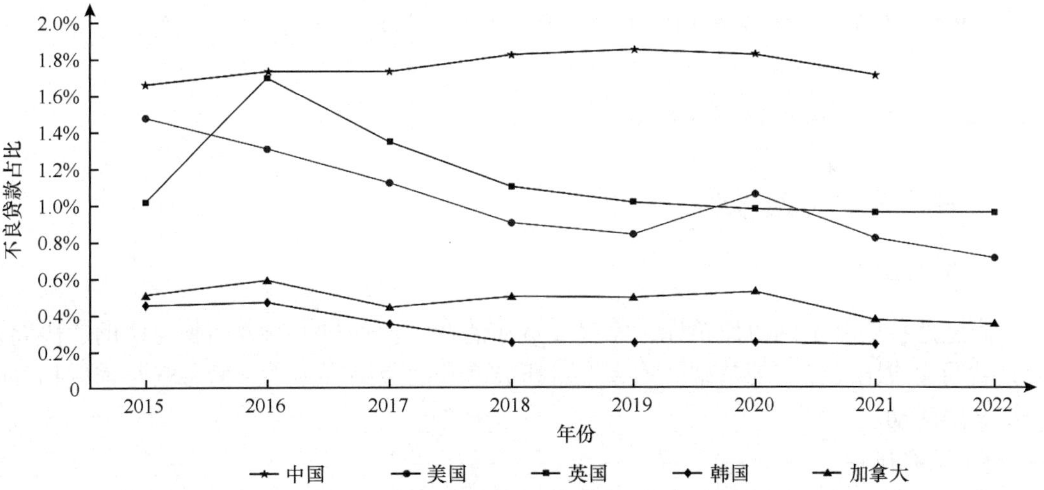

图 5-4 各国银行业整体不良贷款百分比

2022 年中国和韩国的数据未公布

正规信贷对客户信用度要求更高。正规信贷机构通常在对客户进行一系列资质审核后才会提供贷款，例如，银行对客户的历史信用记录、抵押物要求更高，信贷服务通常提供给信用度更高、资质更完善的客户群。非正规信贷的自由度相对较高，对客户没有过多的限制条件。

正规信贷的贷款费用更合理低廉。银行风控机制完善，贷款利率相对更低，能在很大程度上降低贷款成本。全国银行间同业拆借中心公布，2024 年 2 月 20 日 1 年期贷款市场报价利率（loan prime rate，LPR）为 3.45%，5 年期以上 LPR 为 3.95%。非正规信贷市场中，低息贷款通常只出现在亲密的朋友和家人中，私人放贷或高利贷机构则会设置非常高的贷款利率，可达 LPR 的 4 倍。

知识拓展：贷款市场报价利率改革

经过多年来利率市场化改革的持续推进，我国贷款利率的上、下限已经放开，但仍保留存贷款基准利率，存在贷款基准利率和市场利率并存的利率双轨问题。银行发放贷款时大多参照贷款基准利率定价，个别银行以贷款基准利率的一定倍数设定隐性下限，阻碍了市场利率向实体经济传导，是市场利率下行明显但实体经济感受不足的重要原因。

为促进贷款利率两轨合一轨，提高利率传导效率，中国人民银行宣布从 2013 年 10 月 25 日起建立 LPR 集中报价和发布机制。LPR 是指各报价行根据对最优质客户执行的贷款利率，按照公开市场操作利率加点形成的方式报价后，由中国人民银行授权的全国银行间同业拆借中心根据报价计算得出并发布的利率。各银行实际的贷款利率可根据借款人的信用情况，考虑抵押、期限、利率浮动方式、类型等要素，在贷款市场报价利率的基础上加减点确定。LPR 包括 1 年期和 5 年期以上两个期限品种，报价于每月 20 日公布。

四、个人和小微企业信贷

（一）家庭金融与个人信贷

1. 家庭金融

家庭是社会基本的协作单元，家庭成员在消费、投资与生产方面相互协助、协同发展，共同构成国民经济的基础。家庭金融研究家庭的金融行为，全面考察与家庭相关的一切金融活动。

1）家庭投资

家庭投资通过规划家庭收支实现家庭资产保值增值。家庭需要根据现有的经济资源进行科学的理财决策，采用科学的理财方法进行理财投资的风险管理。

家庭投资主要包括银行存款、购买股票、投资基金、购买债券等。银行存款风险较低，比较保险；购买股票、投资基金风险较高，通常需要投资者有一定的专业金融知识，更适合抗风险能力强的家庭；购买债券风险较低，适合家庭进行长期投资。家庭投资还包括对家庭成员生活和学习的投资、家庭保险投资以及对房产的投资。

2）家庭借贷

在当前的金融市场中，贷款是一种普遍的家庭融资渠道。家庭的债务类型除了按借款期限分为长期、中期、短期外，还可以按是否需要抵押物分为抵押贷款和信用贷款，如表 5-8 所示。家庭债务在信贷市场中主要通过个人信贷的方式实现，因而家庭借贷通常等同于个人信贷。

表 5-8 家庭债务类型

分类标准	家庭债务类型
按借款期限的长短	长期负债，如住房贷款
	中期负债，如汽车贷款
	短期负债，如短期消费贷款
按是否需要抵押物	抵押贷款，如住房按揭贷款需要以房屋为抵押
	信用贷款，如工资卡贷款不需要抵押物就可申请

2. 个人信贷存在的问题

高度的信息不对称是个人信贷市场存在的主要问题。信息不对称可以分为事前和事后两类。事前的信息不对称会诱使借款人进行逆向选择，事后的信息不对称可能导致道德风险。逆向选择发生在交易前，当交易双方拥有的信息不对等时，处于信息优势的一方可能利用信息使自己受益而使对方受损，倾向于进行交易。道德风险发生在交易后，是指合同一方可能面临对方改变行为而损害到自己的利益的情况，如借款人不履行还款义务。

在信贷市场上，逆向选择是指相对于贷款机构，借款人拥有更多关于自身信息的优势，导致贷款机构难以准确评估借款人的信用风险。为避免逆向选择带来的风险，贷款人需采用更全面的信息获取和处理方式，进行严格的贷前筛选和审查，对潜在借款人的违约风险进行量化判断。借款合同无法完全规避借款人的道德风险，因此抵质押品发挥着重要的作用。抵质押品将增加借款人的违约成本，进一步保障债务如期偿还。表 5-9 示例了不同类型的抵质押品。

表 5-9 常见的抵质押品示例

抵质押品类型	示例
不动产	房屋、土地等
动产	汽车、机器等价值较大的实物形态的资产
权证	存款单、汇票、支票、本票、债券、仓单、提单等依法可以转让的股份及其他权利证书
现金	保证金

（二）小微企业信贷

小微企业是小型企业、微型企业、家庭作坊式企业以及个体工商户的统称。不同国家对小微企业有不同的划分标准。2019 年世界银行将雇用员工少于 300 人和年度营业额少于 1500 万美元的企业定义为小微企业。根据 2019 年我国税务总局的标准，年度应纳税所得额不超过 300 万元、从业人数不超过 300 人、资产总额不超过 5000 万元的企业归为小微企业。2020 年欧盟将员工数少于 250 人且年营业额小于 5000 万欧元的企业界定为中小微企业。

小微企业占全世界企业的大多数，是创造就业和推动全球经济发展的重要贡献者。据联合国的一项报道，中小微企业占据全球企业的 90%，这些企业贡献了全球 50%的 GDP，提供了超过 70%的就业岗位，是经济社会发展的重要力量。

与大公司相比，小微企业信息披露制度不健全，抵押物不充裕，抗风险能力弱，因此难以获得银行贷款。2018 年世界银行、全球中小企业金融论坛和国际金融公司联合发布的《中小微企业融资缺口：对新兴市场微型、小型和中型企业融资不足与机遇的评估》显示，发展中国家 40%的小微企业的融资需求没有得到满足，融资缺口每年有 5.2 万亿美元，相当于全球小微企业贷款水平的 1.4 倍。

（三）金融弱势群体

金融弱势群体主要包括远离金融体系的农民、城镇低收入人群、贫困人群、残疾人、老年人，以及未达到信贷机构的要求而难以享受信用贷款低息优惠的小微企业等。由于存在种种困境，金融弱势群体的融资需求往往无法从信贷机构得到满足，具体如表 5-10 所示。金融弱势群体数量多、贷款需求大，如何提高金融弱势群体的融资能力，如何解决金融弱势群体的借贷困境，是各国亟待解决的重要问题。

表 5-10　金融弱势群体借贷困境

金融弱势群体借款人现状	银行困境
历史信用信息匮乏	信息收集成本高
高违约风险	风控手段有限
抵质押品匮乏	债务追偿手段有限

第二节　个人数字足迹

本节阐述个人数字足迹的来源及其信息价值，并介绍个人数字足迹的典型应用。

一、个人数字足迹的来源

（一）个人数字足迹的产生背景

近年来，全球互联网用户数量激增。全球移动通信系统协会（Global System for Mobile Communications Association，GSMA）发布的《2023 年移动互联网连接报告》表示，全球约有 54%的人口（约 43 亿人）使用智能手机。该报告还表明，全球移动互联网用户规模达 46 亿人，其中近 40 亿人通过智能手机访问互联网。人们依赖移动网络开展各种活动，如信息检索、分享想法、联络社交、商品选购、安排行程等。以社交为例，全球创意广告公司维奥思社（We Are Social）发布的《数字2024》报告显示，2024年初全球活跃社交媒体用户总数达到50.4亿人，用户平均每天在社交媒体上花费的时间约为2小时23分钟。另外，该报告还指出，典型的互联网用户每天花费在上网的时间约为6小时40分钟。不论是注册时留下的个人信息、上传的照片和视频，还是浏览过的网站和新闻，抑或是在某个感兴趣的话题下发表的评论，甚至是在朋友圈的点赞，所有访问、转发、评论等在线行为都会以不同的数据格式记录下来，变成留在网络上的数字踪迹。这些个人在使用智能手机和互联网服务时广泛产生的踪迹信息就是个人数字足迹。在移动互联网时代，个人每时每刻的行为及行为背后的动机都可能被记录下来。不夸张地说，这些可追溯的、持久的数字足迹足以刻画出第二个自己。

案例：个人数字足迹真的这么重要吗？为什么个人数字足迹如此重要？

《美国国家科学院院刊》发表了一项研究，比较了计算机和人类对人类性格做出准确判断的能力（Wu et al.，2015）。人类的判断基于对被观察者的熟悉程度，计算机模型则使用特定的数字信号——Facebook Likes。

该研究基于70 520位用户的性格特征与其Facebook Likes数据构建线性预测模型，并在测试集上进行性格预测。发现该模型能够比朋友、家人甚至伴侣更准确地判断用户的性格特征。可见仅通过挖掘和分析一个人在Facebook中的点赞数据，就足以刻画第二个自己。

资料来源：Wu等（2015）

（二）个人数字足迹的类型

根据产生渠道，个人数字足迹可分为手机数字足迹、社交媒体数字足迹、网络购物数字足迹和网络浏览数字足迹。

1. 手机数字足迹

手机数字足迹指的是用户使用手机时留下的数字信息，通常包含通话记录、短信记录等反映出的用户社交行为信息，App使用频次、时长等显示出的用户日常行为信息，GPS（global positioning system，全球定位系统）或Wi-Fi采集到的用户移动行为信息。表5-11概述了常见的手机数字足迹类型。

表5-11 常见的手机数字足迹类型

手机数字足迹类型	足迹来源	信息特征	从中挖掘到的行为信息		
			社交行为	日常行为	移动行为
通话信息	用户拨打和接听的电话	接听和拨打的电话数量；联系人数量	√		
短信信息	用户发出和接收的短信	发出和接收的短信数量	√		

续表

手机数字足迹类型	足迹来源	信息特征	从中挖掘到的行为信息		
			社交行为	日常行为	移动行为
App 使用信息	用户安装和使用的各类 App	App 数量；使用 App 的频率和持续时间	√	√	
电池状态信息	手机电池情况	电池充电次数；电池电量低/中/高		√	
设备信息	手机使用的 SDK（software development kit，软件开发工具包）版本	苹果系统/安卓系统		√	
手机位置信息	通过 GPS 卫星获取的手机位置	经纬度坐标，粗粒精度大约在 100—500 m，细粒精度可在 100 m 左右		√	√
运动信息	利用手机搭载的运动传感器，时刻捕捉手机的典型运动模式，如摇晃、甩动、翻转等	3D 坐标信息、手机移动速度的变化和位置的变化		√	√
蓝牙通信信息	手机蓝牙通信	连接过的蓝牙设备数量；单个蓝牙设备重复连接次数	√		
环境亮度信息	利用光敏传感器，监控环境亮度以调整手机亮度	用户所处环境中的光亮信息		√	√
环境音频信息	利用麦克风传感器，监控用户及环境的音频信息	用户及所处环境中的声音信息	√	√	
周围物体信息	利用距离传感器，监控用户与设备的距离，以避免误操作	物体与手机屏幕的接近度		√	
Wi-Fi 信息	Wi-Fi 传感器	连接过的 Wi-Fi 数量；单个 Wi-Fi 重复连接的次数			√

2. 社交媒体数字足迹

社交媒体数字足迹指的是用户在网络社交媒体上留下的数字信息，通常包括注册时留下的年龄、性别、居住地等用户私人信息，撰写或转发的文本、照片、视频等内容信息，通过用户的关注者列表推断的社交网络信息等。表 5-12 概述了常见的社交媒体数字足迹类型。

表 5-12　常见的社交媒体数字足迹类型

社交媒体数字足迹类型	足迹来源	信息特征
用户注册信息	用户注册时自行留下的信息	性别、年龄、受教育水平、职业、所在地区等
内容信息	用户撰写或者转发的内容，如博客、评论等	情感极性、发布时间、标签、语言风格等
社交网络信息	用户的在线朋友关系	关注者、被关注者、朋友网络的结构等

3. 网络购物数字足迹

网络购物数字足迹指的是用户在电商平台上消费购物时留下的数字信息，通常包含用户的购买信息以及用户的交易支付信息等。表 5-13 概述了常见的网络购物数字足迹类型。

表 5-13 常见的网络购物数字足迹类型

网络购物数字足迹类型	足迹来源	信息特征
购物信息	用户在线购物时留下的信息	购物的种类、频次等，如购买娱乐商品的比例和频次
支付信息	用户在线支付时留下的信息	支付总额、支付方式等

4. 网络浏览数字足迹

网络浏览数字足迹指的是用户使用网络搜索平台或浏览网页时留下的数字信息。通常包括用户浏览的网页、在网页上点击的位置、停留时间、搜索内容等。表 5-14 概述了常见的网络浏览数字足迹类型。

表 5-14 常见的网络浏览数字足迹类型

网络浏览数字足迹类型	足迹来源	信息特征
搜索信息	用户在搜索引擎上进行搜索时留下的信息	使用搜索引擎的时间和类别、搜索的内容等
Email 信息	用户使用 Email 时留下的信息	Email 的命名方式、登录方式、是否有拼写错误等
浏览信息	用户浏览网页时留下的信息	用户在网页上点击了哪些位置、停留了多长时间等

二、个人数字足迹的价值

个人数字足迹记录了用户千变万化的行为状态，真实地反映出了一个人的社交关系、兴趣爱好、想法或动机等。如表 5-15 所示，从个人数字足迹中挖掘出的与用户还款意愿、还款能力及违约成本有关的信息将有助于缓解信息不对称，降低信息收集成本。

表 5-15 个人数字足迹与信用信息

<table>
<tr><th>个人数字足迹变量举例</th><th>直接推测信息</th><th>信用相关信息</th></tr>
<tr><td>手机通话模式</td><td rowspan="3">尽责性人格</td><td rowspan="6">还款意愿</td></tr>
<tr><td>手机使用频率</td></tr>
<tr><td>社交媒体使用时长</td></tr>
<tr><td>社交媒体语言风格</td><td rowspan="3">声誉</td></tr>
<tr><td>社交媒体发布内容</td></tr>
<tr><td>手机常用联系人数量</td></tr>
<tr><td>手机位置信息</td><td rowspan="2">财务能力</td><td rowspan="2">还款能力</td></tr>
<tr><td>社交媒体发布内容</td></tr>
<tr><td>手机通话记录</td><td rowspan="4">社会资本</td><td rowspan="6">违约成本</td></tr>
<tr><td>手机联系人数量</td></tr>
<tr><td>Email 足迹</td></tr>
<tr><td>社交媒体足迹</td></tr>
<tr><td>网络购物足迹</td><td rowspan="2">常用地址</td></tr>
<tr><td>手机位置信息</td></tr>
</table>

（一）挖掘用户还款意愿信息

从个人数字足迹能够挖掘到与借款人人格及声誉有关的信息。

1. 人格

心理学家通过词汇学方法，总结了涵盖人格描述所有方面的五种人格特质，形成了心理学界公认的人格模型——大五人格模型。五种人格分别是外向性、神经质、开放性、随和性和尽责性。其中，尽责性倾向强的借款人还款意愿强。

通过个人数字足迹可以挖掘到用户的尽责性倾向，进而推断还款意愿。例如，手机通话模式或手机使用频率更规律的个体通常更准时、更有条理，尽责性倾向更强（Horwood and Anglim，2018）；在社交媒体上花费较多时间或爱发短信的个体可能比较在乎他人的看法，也表现出较强的尽责性倾向（Montag et al.，2014；Lepp et al.，2015）。

2. 声誉

拥有良好声誉的借款人通常还款意愿更强。通过个人数字足迹可以挖掘到用户的声誉情况，进而推断还款意愿。例如，通过社交媒体语言风格和发布内容能间接推断个体受教育程度，受教育程度高的个体往往声誉更好（Volkova et al.，2015）；手机通话记录里常用联系人数量越多，说明个体的社交关系越牢固，个体声誉越好（Onnela et al.，2007）。

（二）挖掘用户还款能力信息

财务能力强的借款人还款能力强。从个人数字足迹能够挖掘到与借款人财务能力有关的信息，从而推断还款能力。例如，手机位置信息能够反映出个体的生活环境，长期居住在富人区的用户可能财务状况较好（Blumenstock et al.，2015）；社交媒体发布内容大多与工作内容相关的用户可能拥有较稳定的工作，财务能力一般较强（Preoţiuc-Pietro et al.，2015）。

（三）挖掘用户违约成本信息

从个人数字足迹能够挖掘到社会资本、活动范围等与用户违约成本有关的信息。

1. 社会资本

对个人而言，社会资本是指个体拥有的社交网络所带来的资源的总和，与社交网络规模相关。从手机通话记录、联系人数量、Email 足迹、社交媒体足迹等挖掘到的社交信息可以推测出个体的社会资本（Lee and Persson，2016）。借款人的违约行为传导到社交网络中，社会资本能够给借款人带来社会耻辱，借款人的违约成本增加，进而督促借款人及时偿还贷款。

2. 活动范围

手机位置信息或网络购物足迹里的邮寄地址都能识别个体的实际位置，形成个体的主要活动范围（Dai et al.，2020）。债权人对借款人活动范围的掌握缩短了心理距离，对借款人产生了额外压力，促使借款人履行还款义务（Williams et al.，2014）。催收电话中提及借款人所在地址时，借款人发现债权人能够以较低的成本执行债务催收，例如，借助政府部门的帮助定点查封借款人的财产，也会造成借款人心理压力增大，促使借款人及时还款（Djankov et al.，2008）。

三、个人数字足迹的应用

个人数字足迹提供了额外的信用数据，贷款发放机构得以对借款人的信用状况进行更加全面的分析和预测。下面将以贷前违约预测和贷后债务追偿两个案例探究个人数字足迹在信贷中的应用。

（一）个人数字足迹与违约率预测

奥托集团于 1949 年在德国成立，现已发展为一家全球性的电子商务服务与零售集团。旗下平台 OTTO 是德国本土规模最大的电商平台之一，热门产品包括服饰、家具以及 3C 产品。

1. OTTO 平台上的贷款销售模式

家具等大件产品的付款金额较大，奥托集团为吸引客户，推出了类似于短期消费贷款的“先发货、后付款”业务模式。图 5-5 展示了 OTTO 平台的贷款销售模式。客户在下单购物前需要注册，确认下单后，公司发货并开出账单，将商品和账单一起寄给客户，客户应当在收货后 14 天内支付账单。若客户未按时付款，公司会发出 3 次催款通知。3 次催款后仍未付款的客户将被记为违约，会被转移到专门的收债公司进行后续处理。对于采用货到付款模式的 OTTO 平台而言，及时预测客户违约概率至关重要。

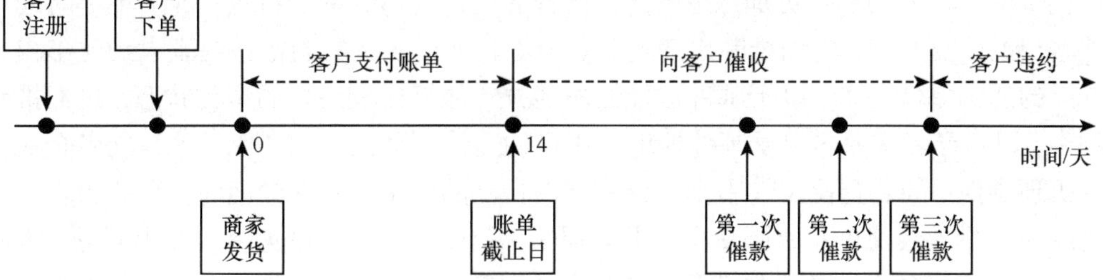

图 5-5 OTTO 平台的贷款销售模式

2. 个人数字足迹与违约率之间的关系

OTTO 平台是线上购物平台，奥托公司容易获取客户的个人数字足迹，包括用户使用的设备类型、操作系统类型、下单时间、访问渠道等。因支付、送货和售后服务需求的存在，用户提供的真实姓名、个人地址和电子邮箱信息也可以用来辅助判断客户违约率。利用表 5-16 所示的个人数字足迹信息，Berg 等（2020）对 OTTO 平台上 2015 年 10 月至 2016 年 12 月的 270 399 件家具商品购买数据进行了分析，探究个人数字足迹与客户违约率之间的关系。

表 5-16　OTTO 平台可能使用到的个人数字足迹变量

变量	描述	信息价值
设备类型	客户所用的设备类型，包括台式机、平板、手机等	推测用户的经济能力，以及冲动购物的可能性
设备操作系统	客户所用设备的操作系统，包括 Windows、iOS、Android 等	
邮件主机服务	客户注册的电子邮件主机服务商，包括 Gmx、Web、T-online、Gmail、Yahoo、Hotmail 等，其中 Gmx、Web、T-online 需要付费，Yahoo 等完全免费	
访问渠道	客户访问网站的渠道，包括点击网站推广的广告链接访问、直接输入网站地址访问、点击比价网站等第三方平台的链接访问，以及点击搜索平台的排名链接访问	反映用户是否冲动购物，从而推测用户的性格特质
下单时间	客户购买时间（0—24 小时）	反映用户的作息规律，推测还款能力及自制力等性格
电子邮件地址中是否包含姓名	如果客户的名字或姓氏是电子邮件地址的一部分，则该虚拟变量赋值为 1	推断用户声誉
电子邮件地址中是否包含数字	如果电子邮件地址中包含数字，则该虚拟变量赋值为 1	
是否误作小写字母	如果名字、姓氏、街道或城市等应该使用大写字母的误作小写字母，则该虚拟变量赋值为 1	
电子邮件地址拼写错误	如果客户注册时填写的电子邮件地址包含拼写错误，则该虚拟变量赋值为 1	

根据客户的设备类型及操作系统可以推测经济地位，进而推断出违约率。根据 Bertrand 和 Kamenica（2018）的研究，拥有 iOS 设备的用户的收入水平通常位于整体的前四分之一。使用 T-online 等付费邮箱也能代表经济能力较好，违约率较低。

客户访问电商网站的渠道可以反映出用户是否有冲动购物行为，进而推断出违约率。通过比价网站进入的客户更加深思熟虑，比普通用户的违约率低将近一半。下单时间可以反映客户的作息规律，进而推断出违约率。中午到下午 6 点的购物违约率大约比午夜到早上 6 点的违约率低一半。电子邮件地址的命名方式能够代表用户的声誉状态，进而推断出违约率。以自己名字命名电子邮件地址使用户的违约率降低了约 30%，这与同名企业家效用的机理类似。同名企业家效用指当企业家以自己的名字为企业命名时，企业出现的质量问题或违约行为会使企业家遭受声誉上的损失。企业家会尽量避免出现此类问题，因此可将以自己名字为企业命名视为一个有效的企业声誉信号。电子邮件地址中有拼写错误、以数字命名或者不区分大小写的用户可能没有那么在意个人声誉，违约率较高。

这些数字足迹变量在违约预测中具有一定的代表性，能够预测用户的经济状况、性格、声誉等信息。对于 OTTO 而言，无需个人财富、收入等难以获取的隐私信息，仅依靠设备类型、操作系统、邮件主机等信息就可推断用户的违约率。

Berg 等（2020）以传统征信评分和个人数字足迹分别作自变量，以客户是否违约作因变量，构建 Logit 信用模型，对个人数字足迹在违约预测中的有效性进行了实证研究，回归结果如表 5-17 所示。模型 1 仅使用传统征信评分作为自变量，模型 2 仅使用个人数字足迹作为自变量，模型 3 综合使用二者作为自变量。

表 5-17 OTTO 的违约预测回归结果

项目	模型 1	模型 2	模型 3
传统征信评分	$-0.17^{***}(-7.89)$	—	$-0.15^{***}(-6.67)$
个人数字足迹	—	是	是
样本量	254 819	254 819	254 819
R^2	0.024	0.052	0.071
AUC	0.683	0.696	0.736
违约判别提升能力	0.183^{***}	0.196^{***}	0.236^{***}
相比于模型（1）的违约判别提升能力	—	0.013^{*}	0.053^{***}

注：小括号内的数字表示 z 值

*、***表示显著性水平为 10%、1%

知识拓展：AUC 和 ROC

AUC（area under curve）是机器学习领域常用的模型评估指标，指的是接收者操作特征曲线（receiver operating characteristic curve，ROC）与横坐标轴围成的面积。在理解 AUC 之前要先了解 ROC，ROC 的计算又需要借助混淆矩阵，因此我们先从混淆矩阵谈起。

在二分类问题中，根据真实类别与预测类别，样例被划分为真正例（true positive，TP）、假正例（false positive，FP）、真反例（true negative，TN）和假反例（false negative，FN）四种类型。表 5-18 展示了分类结果的混淆矩阵。根据划分结果，将被正确识别为正例的样本占所有实际正例样本的比例称为真正例率（true positive rate，TPR），计算公式为 $\text{TPR}=\dfrac{\text{TP}}{\text{TP+FN}}$；把被错误识别为正例的样本占所有实际反例样本的比例称为假正例率（false positive rate，FPR），计算公式为 $\text{FPR}=\dfrac{\text{FP}}{\text{FP+TN}}$。

表 5-18 分类结果混淆矩阵

真实类别	预测类别	
	正例	反例
正例	TP	FN
反例	FP	TN

ROC 曲线用于研究模型的泛化能力。在二分类问题中，模型为测试样本产生一个实值或概率预测，将预测值与阈值进行比较，若大于阈值则分为正类，否则为反类。因此阈值的设定是影响模型性能的重要因素。将每个样例的评分依次作为模型的判定阈值，不同阈值对应着不同的 FPR 和 TPR，将同一模型所有阈值的（FPR，TPR）坐标画在坐标空间里，把这些坐标点连接起来就形成了特定模型的 ROC 曲线。

ROC 曲线越靠近左上角，模型的准确性就越高。如果模型的 ROC 曲线发生了交叉就难以判断模型优劣。因此 AUC 被引入模型性能评价。AUC 是 ROC 曲线下的面积，取值范围为 0—1，值越大代表准确率越高。图 5-6 为 ROC 曲线和 AUC 的示意图。

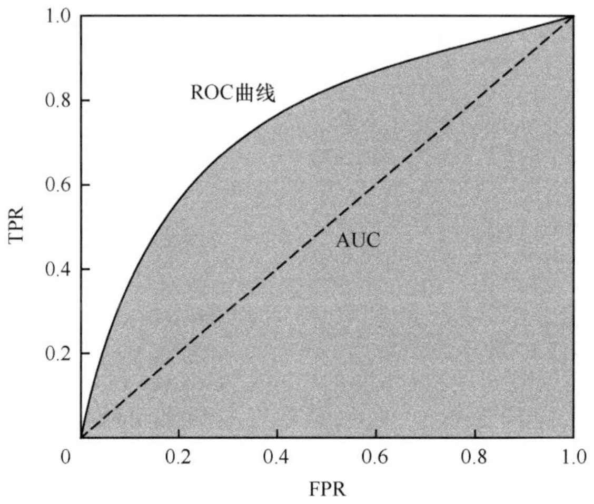

图 5-6 ROC 曲线和 AUC

模型的违约判别能力可以用该模型的 AUC 值与 0.5 之差表示，其中 0.5 代表随机模型的判别能力。仅以传统征信评分作自变量的模型 1 的 AUC 为 68.3%，相对于随机模型，违约判别能力提升 18.3%。仅用各项数字足迹作自变量的模型 2 的预测能力高于模型 1，AUC 为 69.6%，违约判别能力提升 19.6%，这验证了个人数字足迹可以作为预测客户是否违约的重要变量。同时将二者作自变量的模型 3 的 AUC 为 73.6%，违约判别能力提升 23.6%，这表明个人数字足迹可以进一步增强传统征信模型的违约判别能力。

（二）个人数字足迹与债务追偿

个人信贷往往缺乏合适的抵押资产，债权人的债务追偿手段有限。个人数字足迹映射出的借款人社会关系资本和活动范围信息会激励借款人及时偿还债务，利于债务追偿。

1. 某小贷公司的贷款申请模式

上海某头部金融科技小贷公司在中国各大城市的实体零售商店设立了申请终端，由工作人员协助贷款申请人在 iPad 等终端上进行线上申请（Dai et al., 2020）。贷款从申请到结清的整个流程如图 5-7 所示。借助申请人填写的手机号和身份证号，该公司能识别出申请人的年龄、性别等个人身份信息，并从第三方数据供应商处获取申请人的数字足迹及其他信用相关信息。数据供应商提供的数字足迹来自手机运营商或网络服务提供商，或者由其自身使用爬虫技术爬取。这些信息包括手机通话记录、线上购物记录、线上贷款记录、腾讯的信用评分、支付宝账户余额、申请人在其他在线贷款平台的贷款记录等。综合利用上述信息，该金融科技小贷公司能快速决定是否批准贷款申请，并在十分钟内通知申请人。

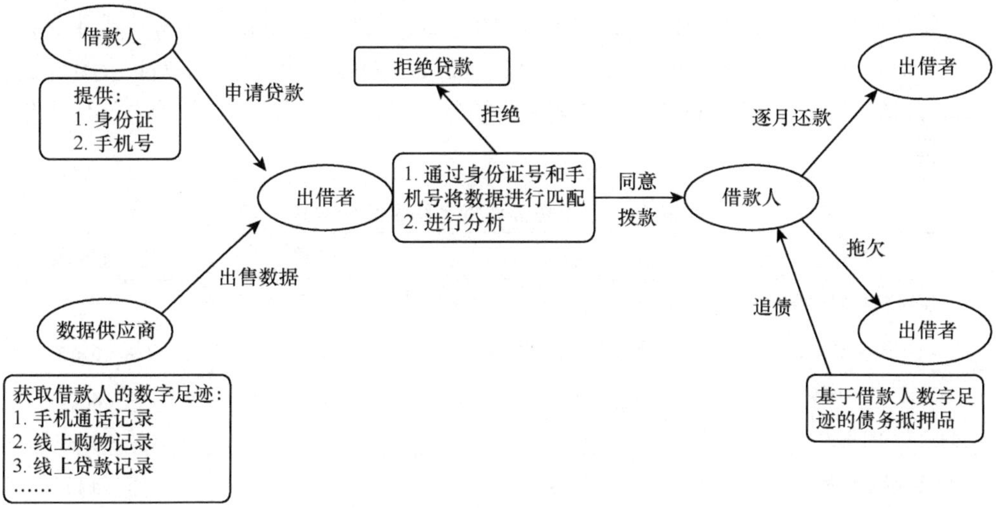

图 5-7 上海某头部金融科技小贷公司的个人贷款发放流程

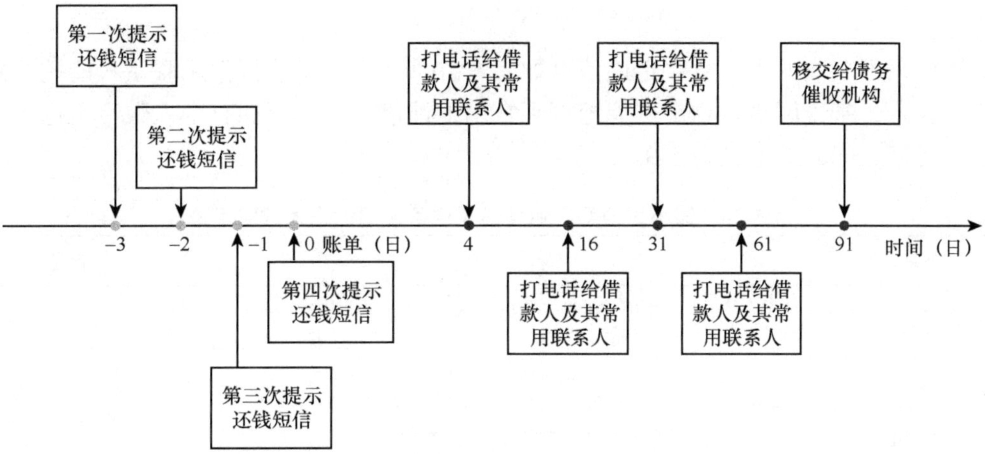

图 5-8 上海某头部金融科技小贷公司的债务清收过程

贷款发放后，借款人需逐月定期偿还本金和利息。如图 5-8 所示，在还款到期日的前四天，该小贷公司每日均会向借款人发送短信提醒还款。若借款人未能如期还款，公司会在到期后的第四天致电借款人及其常用联系人，告知借款人已经拖欠债务，会对其央行征信报告带来负面影响。在中国，央行征信报告是金融机构和公共服务部门重要的参考文件。征信差的用户将很难申请到贷款，甚至会被限制乘坐高铁和飞机，这会给借款人带来较大的心理压力。如果能从网络购物数字足迹中获取到借款人的常用地址，该公司还将告知借款人会有工作人员到其住所或单位催收债务，并会告知其所在居委会。若借款人仍未偿还贷款，公司将在第 16 天、第 31 天、第 61 天和第 91 天再次致电借款人及其常用联系人。若追偿仍然失败，公司会将该笔借款移交专业的债务催收机构进行处理。

2. 个人数字足迹与债务成功追偿之间的关系

该金融科技小贷公司 2017 年 7 月至 2019 年 11 月共收到 236 967 份贷款申请，其中 97 783 份申请获批，贷款获批率约为 41.3%。被批准的贷款中，有 41 711 份出现过至少一次违约，贷款拖欠率达 42.7%，这反映出债务追偿对贷款公司的重要性，有关统计信息见表 5-19。

表 5-19 该小贷公司贷款样本统计信息

变量	样本数	平均值	标准差
违约者的贷款金额	41 711	4098	1.339
违约者的贷款利率	41 711	0.279	0.087
违约者的年龄	41 711	27.848	8.422
违约者的性别（女=1）	41 711	0.154	0.361
被批准贷款的拖欠概率	97 783	0.427	0.495
申请贷款被批准的概率	236 967	0.413	0.493

注：违约者的贷款金额的单位为元，违约者的年龄的单位为岁

该公司可获取的个人数字足迹信息如表 5-20 所示。基于手机常用联系人能挖掘到社会资本信息，基于网络购物足迹能挖掘到常用地址信息。是否拥有个人数字足迹与拖欠贷款偿还率之间的关系见图 5-9。

表 5-20 该小贷公司在债务追偿中可使用的个人数字足迹

变量	描述	信息价值
是否有常用联系人	如果能从借款人的数字足迹中获得常用联系人，则该虚拟变量赋值为 1；常用联系人指的是与借款人的经常通话时间在 20 秒以上、超过 10 次的非商业服务电话	代表用户的社会资本
是否有常用地址	如果能从借款人的数字足迹中获得真实地址，则该虚拟变量赋值为 1；真实地址需要排除收货地址为菜鸟驿站等对识别借款人位置没有帮助的地址信息	挖掘用户的常用地址

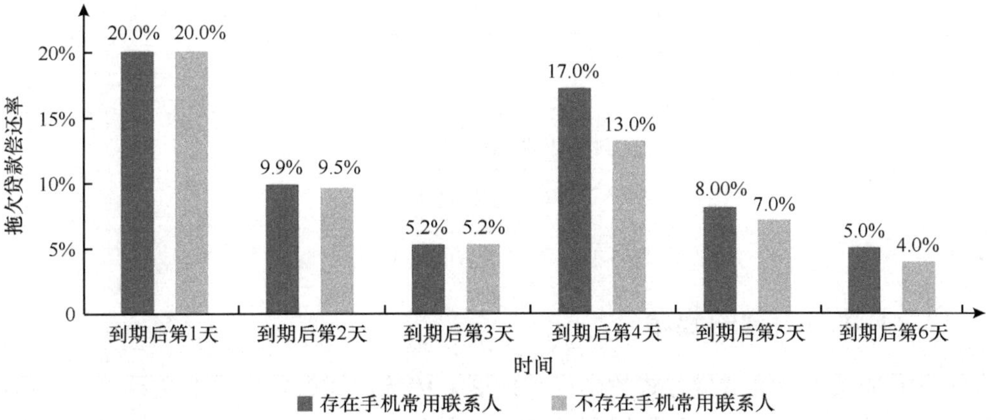

（a）手机常用联系人足迹

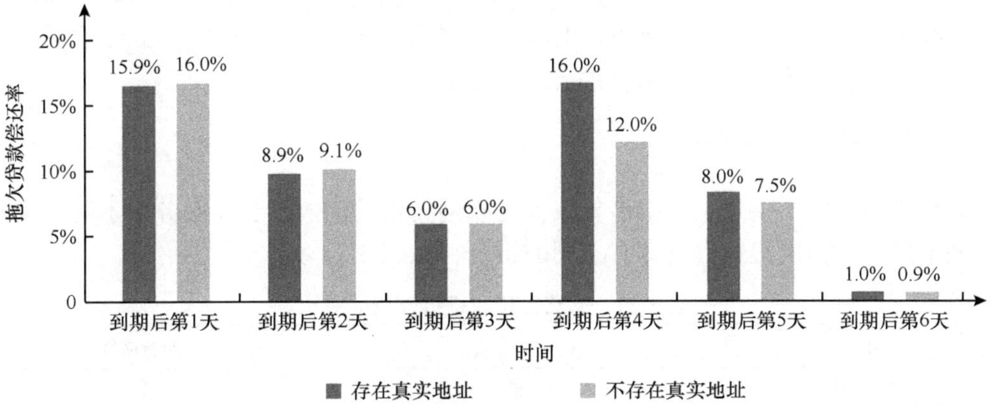

（b）真实地址足迹

图 5-9 是否拥有个人数字足迹与拖欠贷款偿还率之间的关系

第三节 网 络 借 贷

区别于传统银行借贷，网络借贷主要为个人和小微企业服务。这类群体收入较少、资金需求较低、贷款周期性较短，传统银行借贷难以满足其借贷需求。网络借贷的出现为这类群体提供了享受适当金融服务的机会。

一、网络借贷模式创新

（一）网络借贷的定义

网络借贷是网络借贷平台作为信息中介，匹配有资金需求的借款者和有投资需求的投资者，以点对点的模式撮合双方进行小额借贷，实现债权人与债务人直接对接的一种借贷方式，如图 5-10 所示。网络借贷通常包括有资金需求的借款者、有多余资金和投资需求的投资者以及匹配双方的网络借贷平台三个主体。

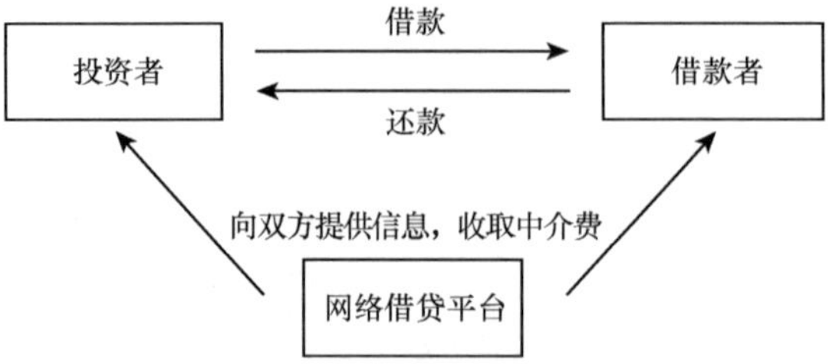

图 5-10　网络借贷的基本模式

（二）网络借贷的起源

网络借贷是对传统借贷方式的延伸与发展。传统民间借贷为线下交易，而网络借贷突破线下交易的局限，将交易扩展到网络上，因此网络借贷是民间借贷的网络化模式。网络借贷具有民间借贷合作互助的特点，减少了信息分散和信息不对称带来的信息障碍，以线上的形式实现了点对点直接对接。2005 年，点对点借贷平台 Zopa 在英国伦敦正式上线，是全球第一家网络借贷平台。

（三）网络借贷的特点

区别于传统银行借贷，网络借贷依托互联网技术的深入发展，服务于不同的借贷对象。网络借贷与传统银行借贷具有不同的特点，如表 5-21 所示。

表 5-21　网络借贷与银行借贷的对比

项目	网络借贷	银行借贷
投资门槛	低	高
借款利率	高，较灵活	低，较固定
审批流程	快	慢
贷款金额	较小	较大
贷款时长	较短	较长
风险	较高	低

具体而言，网络借贷具有资金筹集方式灵活、贷款筛查流程简便、高风险和高收益并存、贷款定价灵活、使用新兴的信息技术等特点。

1. 资金筹集方式灵活

网络借贷通过点对点的模式实现，参与形式灵活多样。例如，投资者不会因为资金少而不能放贷，他的资金可以和其他投资者的资金组合在一起放贷。网络借贷的准入要求较低、方式灵活简便，降低了参与难度。

2. 贷款筛查流程简便

网络借贷平台利用智能信用评估模型分析各种数据源，简化了审批步骤。借贷双方达到基本要求后，可直接通过平台办理借贷业务，手续简单，过程高效。

3. 高风险和高收益并存

网络借贷作为银行借贷的补充，面对的借款人大多不能满足银行信贷条件，且对借款人还款能力的判定可能会产生偏差。网络借贷具有较高风险，投资者或平台通常会设置比银行更高的利率，借款人也愿意承受高利率来满足自身的借款需求。对于投资者而言，网络借贷的高风险和高收益并存。

4. 贷款定价灵活

借款人和投资者的需求多元，需要平台进行匹配。为更有效地达成交易，贷款利率和交易方式呈现多样化的特点。网络借贷有两种确定利率的方式，一种是自由定价，采用撮合竞价的方式来匹配用户提出的借款利率和贷款利率；另一种是由平台根据借款人的借款时间、借款金额和信用等级确定借款利率。

5. 使用新兴的信息技术

银行使用个人信用评级、损益表和传统信用风险模型进行风险控制。通过互联网技术搭建而成的网络借贷平台则是依托大数据、机器学习等技术，在贷前、贷中、贷后整合用户数据，实现对借款人信用的评级以及借贷过程的风险控制。

（四）网络借贷的模式

早期的网络借贷以中介模式为主，即平台在信息审核后为借贷双方提供信息，促成借贷。随着监管态度和市场情境的变化，网络借贷衍生出了不同的运营模式。

1. 中介模式

中介模式指平台仅作为信息中介为借贷双方提供交易服务并收取一定费用，如图5-11所示。在这种模式下，网络借贷平台将借款人与出借人的需求进行匹配后，出借人将资金分配给借款人，借款人在贷款期限内还款，平台的经营成本低且风险小。中介模式的代表性平台是英国的Zopa。

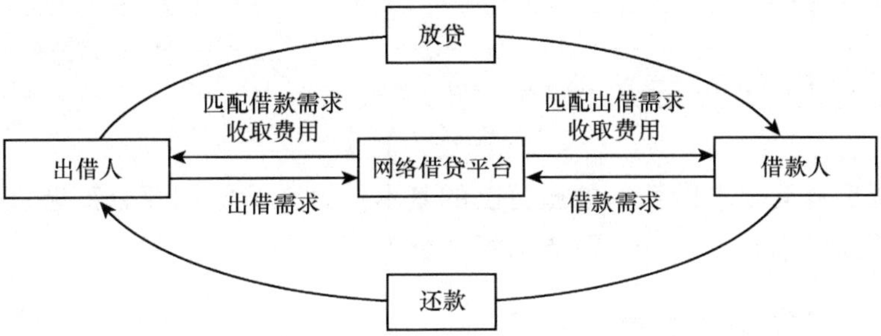

图 5-11 网络借贷的中介模式

2. 债权转让模式

债权转让模式在中介模式的基础上引入了第三方贷款机构。具有债务债权关系的借贷合同不再由借贷双方直接签订，而是由第三方贷款机构和借款人签订，提前将资金贷给借款人，再将债权通过平台转让给出借人。如图 5-12 所示，图中序号表示该模式的流程顺序。此模式下，出借人将资金借给第三方贷款机构；借款人向平台申请贷款后，平台将借款人与出借人的需求匹配。第三方贷款机构在收到平台发出的借款指令后，先与借款人签订贷款协议再发放贷款，平台将收到的本金和利息与贷款协议转交给出借人，这个过程中平台负责借款人信用审核及贷后管理等。Lending Club、Prosper 等美国的网络借贷平台在基本的债权转让模式上进行了本土化创新。

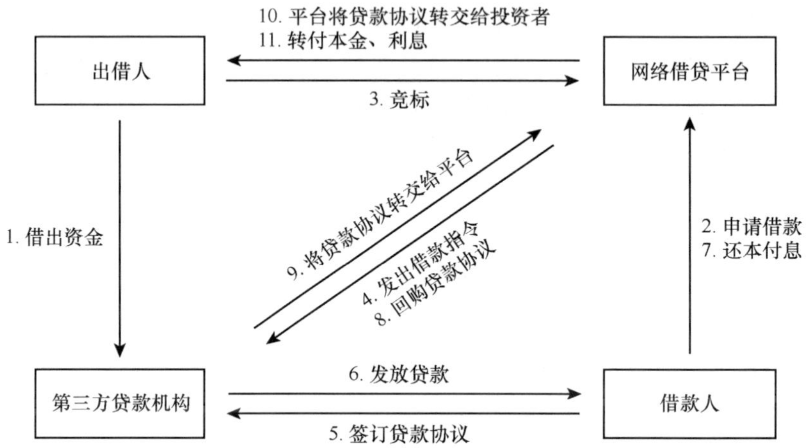

图 5-12　网络借贷债权转让的基本模式

3. 公益性平台模式

公益性平台模式致力于向贫困地区以及农民、学生等弱势群体提供贷款。具有以下特点：服务对象是弱势借款人；利率较低甚至不收取；平台本身不收费或只收取很低的运作费；借贷通常有可靠的机构、社会组织做担保。采用该模式的典型平台有美国的 Kiva。

以上三种模式目前较为普遍，随着技术的不断发展以及各国信贷政策的不断调整，网络借贷也在不断创新和演变。

二、网络借贷的信息披露

网络借贷平台会要求借款人披露自己的基本信息作为信用评分和借贷的依据。这些信息一般包括人口学基本信息、财务与资产状况等。

（一）人口学基本信息

1. 年龄

年龄可以反映一个人所处的人生阶段，从而推断基本的收入状况。在网络借贷市场上，年龄较小的申请人通常没有稳定的工作和可持续的收入，这类群体常被视为具有高风险和高违约率。他们即使获得借款，金额也相对较少，借款利率也相对较高。年长的申请人会被认为有丰富的贷款经验和较强的还款能力，更容易借贷成功（Pope and Sydnor，2011）。

2. 婚姻

婚姻状况主要包括未婚、已婚和离异，可以侧面反映违约率。未婚的借款人通常年龄较小，没有稳定的收入，违约率较高。已婚或已育的借款人通常有稳定的收入，承担着相应的家庭角色，有较强的责任感，违约率较低。离异的借款人有可能存在一些不良习惯（如赌博、酗酒等），造成违约率较高。

3. 受教育程度

受教育程度可以反映一个人的学历层次、行业背景和道德法律素养。学历层次越高，收入越高，还款能力越强。行业背景也可以反映收入水平，进而反映还款能力。道德和法律素养高的借款人通常更具有契约精神，违约率相对较低。

4. 职业

职业可以反映一个人的收入状况和社会关系，是判定违约率的重要因素。体面的职业一般能给借款人提供稳定的收入，贷款违约率相对较低。从事高危职业的借款人流动性大，违约率相对较高。

5. 外貌

研究表明，外貌在一定程度上可以体现个人的年龄、性别甚至职业等特征，在日常生活中起着重要的作用。外貌是个人社会地位和声誉的外在体现，操纵外貌这一特征较为困难或代价高昂，因此一些研究人员在进行信用评价时将外貌特征也考虑在内。

案例：外貌与信用评价

Duarte 等（2012）基于美国网络借贷平台 Prosper 研究了外貌对个人信用评价的影响。Duarte 从平台获取了 17.65 万张借款申请单和 17 480 笔贷款，分别随机抽取 20 000 张借款申请单和 6500 笔贷款。过滤后得到 17 837 张借款申请单和 5950 笔贷款，其中有 6821 张借款申请单和 3291 笔贷款包含了照片。过滤后的样本数据被发布在 Amazon 的人工智能服务平台 Mechanical Turk 上。为得到个人外貌可信度，研究者雇用了 25 名 Mechanical Turk 的工作人员。工作人员通过照片判断借款人的可信程度以及如约还款的可能性，并进行独立打分。

取 25 个分数的平均值作为照片反映的借款人潜在可信度和还款意愿。可信度的打分区间是[1，5]，还款意愿的打分区间是[0，100]。由于可信度和还款意愿不完全相关，但都是个人信用的体现，因此研究者将它们结合起来形成可信指数，见表 5-22。

表 5-22　变量解释

变量	解释
可信度	25 位工作人员根据借款人照片对其可信程度进行[1，5]打分，并取平均值
还款意愿	25 位工作人员根据借款人照片对其还款意愿进行[0，100]打分，并取平均值
可信指数	（可信度−1）×25+还款意愿

研究者对是否获得贷款、贷款利率、是否违约和预期内部收益率分别进行了 Logit 回归和线性回归分析，结果见表 5-23。回归结果显示，借款人看起来越可信，贷款成功率越高，最终的贷款利率越低。信用度较低的借款人违约的可能性较高，投资者会设置较高的贷款利率作为违约风险的补偿。看上去更可信的借款人，其贷款违约率通常更低。借款人的预期内部收益率会随着可信程度的增加而增加。

表 5-23　个人信用评价受外貌影响的回归分析结果

项目	是否获得贷款	贷款利率	是否违约	预期内部收益率
可信指数	0.0002（0.038）	−0.0020（0.003）	−0.0059（0.059）	0.0013（0.000）
还款意愿	0.0004（0.050）	−0.0003（0.019）	−0.0058（0.399）	
观测数量	6821	3291	3291	3291

注：小括号内的数字表示标准误差

资料来源：Duarte 等（2012）

6. 面部表情

表情是人类表达自身情感信息的重要非言语性行为，可视为人类心理活动的晴雨计。表情主要分为愤怒、恐惧、厌恶、惊讶、难过和愉快六种。Scharlemann 等（2001）认为积极乐观的表情除了可以增加外表吸引力外，也是一种愿意合作和值得信任的信号。相较于带有不高兴表情的人，人们更喜欢和面带微笑的人合作。Tortosa 等（2013）在信任博弈的试验中也表明，相较于表情不高兴的伙伴，参与者更愿意把资金分给表情高兴的合作伙伴。

7. 种族

种族是在体质形态上具有某些共同遗传特征的人群。种族歧视是当今欧美国家存在的重要社会问题，体现在教育、就业、信贷等生活的各个方面。信贷方面对少数种族的偏见尤为突出。Duarte 等（2012）对美国网络借贷平台 Prosper 的借款人数据进行分析，发现同等条件下，黑人等少数族裔的借款人获得贷款的可能性较低，同时面临更高的贷款利率。

（二）财务与资产状况

财务状况主要包括收支情况和债务水平。收支情况一般用净收入表示，若净收入长时间充裕，说明个人财务状况较好，具有较强的还款能力。债务水平通常用债务收入比衡量，一般比值越低，个人财务状态越好。

资产包括固定资产和流动资产。固定资产可以反映借款人财富积累的水平，流动资产可以反映借款人变现的能力。通过对资产的了解，出借人可以更好地审核借款人的财务实力，推断其还款能力。

（三）社交网络

社交网络是用户能够相互交流、共同参与的互动平台。平台中的社交功能可以帮助借贷双方建立联系，有利于信用识别；也对借款人的违约行为起到有效的约束作用，激励借款人偿还贷款，降低贷款违约率。

Liu 等（2015）研究了拍拍贷的交易记录，将借款人和投资者的关系划分为强线下朋友关系、弱线下朋友关系和线上朋友关系三种。研究得出朋友关系有助于提高借款人的贷款成功率，且朋友关系越密切，成功获得贷款的概率越大。此外，该研究按照收入、职业、受教育程度等维度将朋友分为低质量朋友和高质量朋友，研究发现有较多高质量朋友的借款人更容易获得贷款，贷款利率更低，贷后表现更好。

（四）地域

地域是一个地理空间内自然要素与人文因素共同作用的综合体，不同的地域会反映出不同的文化。近地偏好在传统金融市场中普遍存在。Burtch 等（2014）通过对 Kiva 借贷平台的研究发现，当借款人与投资者在地理上相近时，借款人更可能获得贷款。由于借款人与投资者在人文、习俗或生活习惯上相似，双方更容易相互信任。地理位置越近意味着借贷双方的信息越容易获取，能够掌握的信息越丰富，有助于达成借贷交易。

三、网络借贷的实践

网络借贷自 2005 年在英国出现后，凭借简单高效的特征迅速扩展到全球各地。各国的网络借贷顺应本地监管要求和技术潮流，不断演变发展，已成为全球普惠金融的重要形式之一。

（一）网络借贷平台

1. Zopa

Zopa 于 2005 年在英国伦敦创立，是全球第一家网络借贷平台，也是目前欧洲最大的网络借贷平台。Zopa 作为信息中介向个人小额信贷提供服务，贷款主要用于信用卡还贷、房屋装修、购车、租车、婚礼以及其他个人生活消费。2020 年，Zopa 推出了 Zopa

银行，客户可以定期储蓄和办理信用卡业务。

1）Zopa 的运作模式

Zopa 将投资者的投资金额拆分后投入资金池中，随后匹配借贷双方需求。匹配成功后，投资者每月将获得扣除服务费后的还款，并可以通过 Zopa 账户跟踪投资业绩。借款人根据信用等级获得利率不同的贷款，向平台支付一定的手续费，同时每月返还本息。Zopa 运作模式如图 5-13 所示。

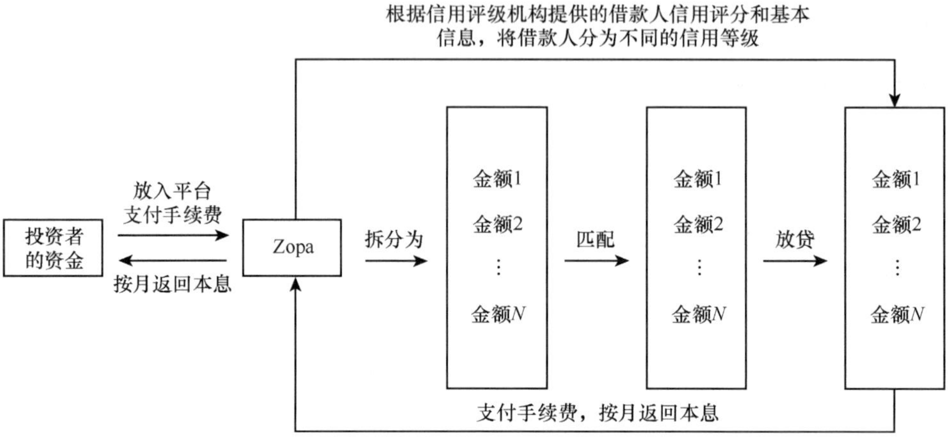

图 5-13　Zopa 的运作模式

2）Zopa 的信用评级

英国的征信体系历史悠久，拥有较为完善的征信制度。Equifax 是英国最主要的信用评级机构。Zopa 将借款人基本信息、借款特征与 Equifax 提供的信用评分相结合，进而将借款人的信用由高到低划分为 A^*、A、B、C、D、E 六个等级。A^*类和 A 类借款人信用历史良好，负债收入比率较低；B、C、D、E 类借款人的收入都处于英国平均水平，负债收入比率相近，但 B 类和 C 类借款人有充足的信用历史，D 类和 E 类借款人没有信用历史或信用历史有限。

3）Zopa 的利率制度

Zopa 根据借款人的基本信息、贷款特征、信用等级以及利率市场状况，确定贷款利率。信用等级越低或贷款金额越少，贷款利率通常越高。图 5-14 是 Zopa 不同信用等级对应的利率范围。

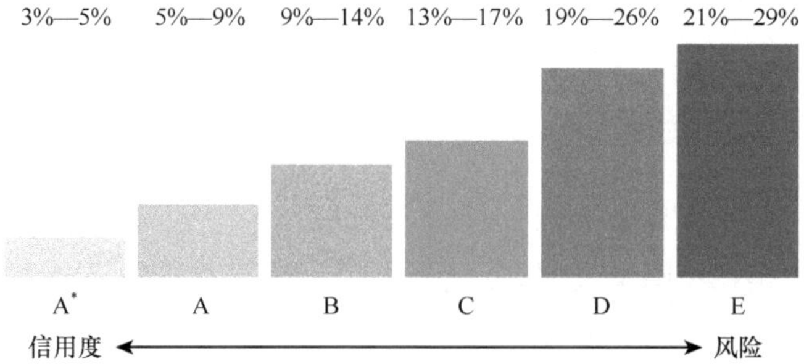

图 5-14　Zopa 不同信用等级对应的利率范围

4）Zopa 的风险控制

Zopa 与信用评级机构 Equifax 合作，根据 Equifax 提供的信用评分严格审核借款人资质，确保借款人质量，降低贷前风险。Zopa 分散配置贷款资金，将贷款资金匹配给多个借款人，有效地分摊了借款人违约给投资者带来的风险。Zopa 引入了苏格兰皇家银行作为独立的第三方资金存管机构，委托其对投资者的资金及借贷交易进行监督管理。独立的第三方存管机制将平台运营与资金存管完全隔离，规避了平台的运营风险和道德风险，保障了资金安全。此外，Zopa 会从手续费中提出部分资金作为风险准备金，委托给第三方机构管理，为投资者提供了一定的保障。

2. Prosper

Prosper 于 2006 年正式上线，是美国第一家网络借贷平台。Prosper 由 Prosper Marketplace 和 Prosper Funding 两家公司组成。Prosper 是典型的纯中介网络借贷平台，借款人通过平台进行借贷活动，贷款金额从 2000 美元到 40 000 美元不等，贷款期限为 3 年或 5 年。Prosper 的贷款利率根据第三方信用评级机构的评估结果确定。投资者通过购买收益权证凭据进行投资，最低投资金额为 25 美元。平台主要负责信用评估、发放贷款资金、将还款转交给投资者、追偿到期资金等事务。Prosper 通过向借款人和投资者收取服务费和管理费获得收益。

1）Prosper 的运作模式

借款人根据自身需求通过个人账户发起贷款申请，由 Prosper 进行信贷审核和验证。投资者确定投资时，第三方银行会对投资者进行审核，审核通过后第三方银行将自有资金发放给对应的借款人。投资者通过购买 Prosper Funding 发行的票据成为债权人，借款人需每月还款。资金托管由富国银行提供，主要管理借款人的还款资金和投资者的出借资金。Folio Investing 为票据的流通提供二级市场。在二级市场上，投资者可在任意时刻购买票据，并支付 1%的交易费。借贷交易涉及多个机构，有利于风险规避和风险分散。Prosper 具体的运作模式见图 5-15。

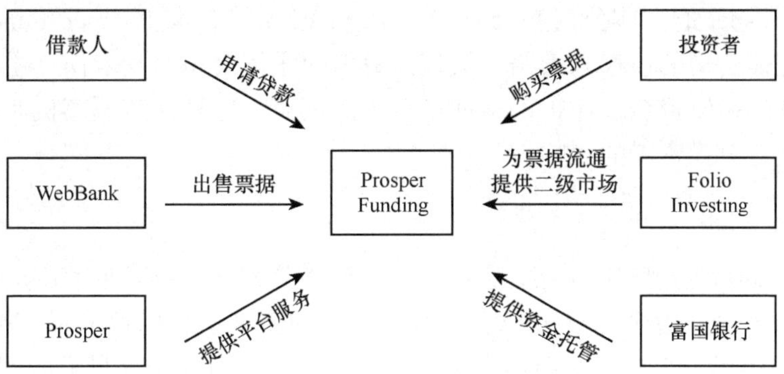

图 5-15 Prosper 运作模式

2）Prosper 的信用评级

Prosper 评级由两种分数共同确定，一是从第三方信用机构获取的借款人信用分数，是衡量借款人信用等级的主要依据；二是根据借款人在 Prosper 上的历史数据得出的 Prosper 分数。Prosper 根据信用由高到低划分为 AA 级、A 级、B 级、C 级、D 级、E 级和 HR（higher risk，高风险）级七个等级，来评估借款人的平均预估年损失率。Prosper 在 2020 年统计了评级与平均预估年损失率的关系，见表 5-24。

表 5-24 Prosper 不同评级的平均预估年损失率和贷款利率表

Prosper 评级	平均预估年损失率	利率水平
AA	0—1.99%	6.69%—8.91%
A	2.00%—3.99%	8.92%—11.73%
B	4.00%—5.99%	11.74%—15.47%
C	6.00%—8.99%	15.48%—20.28%
D	9.00%—11.99%	20.29%—24.98%
E	12.00%—14.99%	24.99%—29.48%
HR	≥15.00%	≥29.49%

3）Prosper 的利率制度

Prosper 将借款人的信用分为七个等级, 表 5-24 显示了 Prosper 2020 年不同评级的贷款利率水平。通过这种利率确定方式，借款人的利率水平和信用状况会更加匹配，能够更直观地向投资者展示借款人的资信状况。平台可以根据贷款期限、经济环境和竞争环境对借款人的预期损失率进行调整。

4）Prosper 的风险控制

Prosper 在贷款前会对借款人和投资者的信用情况和资格进行审查。要求借款人为年满 18 岁的美国公民，并拥有银行账户和社保号。借款人申请贷款后，Prosper 会先检查贷款申请是否符合 WebBank 设定的承销标准，核实借款人信息的真实性，之后根据借款人的信用状况决定贷款利率。

为保护投资者利益、降低破产风险，Prosper 设立了 Prosper Funding，形成了破产隔离机制。若 Prosper 的主体公司 Prosper Marketplace 破产，向 Prosper Funding 贷款的借款人不会被主体公司的债权人索赔，债权人只能向主体公司本身求偿。主体公司破产也不影响投资者的投资资金，保护了票据持有人的利益。这种破产隔离机制在很大程度上降低了平台破产对投资者的影响。

3. Lending Club

Lending Club 创立于 2007 年，通过点对点的借贷模式，将满足信用资格和其他基本要求的借款人与投资者聚集在平台上，匹配双方的需求信息以达成借贷交易。Lending Club 公司于 2014 年 12 月在纳斯达克正式挂牌上市，是目前全球最大的网贷公司。

1）Lending Club 的运作模式

Lending Club 在美国证券交易委员会的监管下，以资产证券化的形式开展网络借贷业务。当借款人的申请被平台批准后，平台会向借款人提供各种贷款选择，包括期限、利率和金额，之后借款人直接向合作银行签发贷款本票，即发票人于到期日无条件支付一定金额给收款人的票据。合作银行收到贷款本票后，直接将贷款资金发放给借款人，同时将贷款本票平价转让给平台。投资者通过购买由平台签发的会员偿付支持债券成为平台的无担保债权人，平台向投资者转付本息，具体流程见图 5-16。

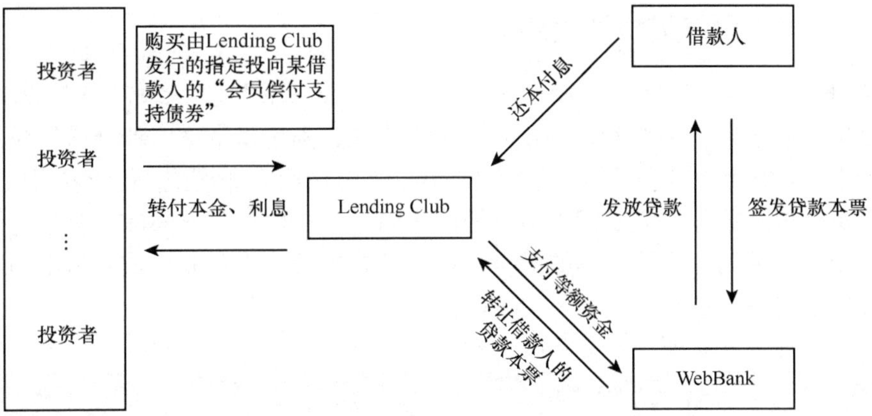

图 5-16 Lending Club 资产证券化运作模式

Lending Club 不向借款人直接发放贷款，而是将出借业务转移给了合作银行。投资者与平台存在直接的债权债务关系，与借款人没有直接的债权债务关系。

2）Lending Club 的信用评级

Lending Club 结合借款人信用评分、个人信息、贷款金额、贷款期限、还款来源、还款方式等因素，将整体信用评级由高到低分为 A 至 G 七个等级，每个级别下细分 5 个子等级，共 35 个风险子等级。每个子等级下，根据利率风险定价机制给出基准利率、3 年期利率和 5 年期利率。Lending Club 会根据借款人的信用等级，一次性收取贷款金额的 3%至 6%作为服务费。

3）Lending Club 的利率制度

Lending Club 根据 35 个风险等级以及贷款年限确定贷款利率。通常情况下，风险等级越差或贷款年限越长，贷款利率越高。表 5-25 展示了 Lending Club 官网公布的关于贷款利率的示例。

表 5-25 Lending Club 各类等级贷款的占比及平均利率

贷款期限	贷款金额/美元	利率	手续费率	手续费金额/美元	APR	实际发放金额/美元	每月还款金额/美元
2 年	11 000	14%	5%	550	17%	10 450	528
3 年	18 000	12%	5%	900	14%	17 100	598
4 年	18 000	14%	6%	1 080	16%	16 920	492
5 年	21 000	16%	6%	1 260	17%	19 740	511

注：APR 即 annual percentage rate，表示贷款年总成本，包括利率和发起费，以及借款的实际成本

4）Lending Club 的风险控制

Lending Club 会对借款人的基础信息和信用状况严格把控，包括借款人年龄、贷款金额、期限、用途、信用评分、征信记录被调查次数、账户数及活跃账户数、信用卡透支情况、近期借贷状况、债务收入比等。

（二）国内网络借贷的发展

2007 年，网络借贷平台在国内出现，经历了以下发展阶段。2007 年至 2011 年是我国网络借贷的探索期。2007 年，拍拍贷在国内上线，网络借贷这一新型借贷模式出现在大众视野中。国内网络借贷平台处于模仿阶段，主要采用中介模式，行业发展较为缓慢，平台数量少，模式单一。关于网络借贷的监管尚处于空白，没有明确的监管主体和相应的法律法规。我国的信用体系不够健全，没有及时有效处理行业早期暴露出的问题，为行业发展埋下隐患。

案例：拍拍贷——国内第一家网络借贷平台

拍拍贷成立于 2007 年 6 月，是国内最早以纯信息中介形式开展网络借贷业务的平台。拍拍贷在 2012 年至 2015 年分别获得红杉资本、光速中国、诺亚财富、君联资本、海纳亚洲联合领投等机构的 A、B、C 三轮融资，并于 2017 年 11 月 10 日在美国纽约证券交易所顺利上市。上市当天，拍拍贷募集资金 2.7 亿美元，总市值达 40 亿美元。截至 2018 年 9 月底，拍拍贷累计注册用户超 8300 万人。拍拍贷是国内最早使用大数据、云计算和人工智能等技术进行信贷审核、风险控制、精准营销和提供智能客服服务的网络借贷平台。

受监管影响，2020 年 10 月，拍拍贷官网发布公告称，自互金整治工作开展以来，拍拍贷积极响应和配合监管“三降”要求，截止到 2020 年 9 月，拍拍贷在监管指导下，基于保护出借人和借款人双方利益的原则，已经完成存量业务的清零和退出。之后，拍拍贷逐渐转型到小额借贷领域，布局科技型消费金融和小微金融业务。

资料来源：拍拍贷官网

2012 年至 2015 年是我国网络借贷的扩张期。2012 年前后，在国家的大力倡导下，“互联网+”迅速渗透到各个行业，网络借贷作为互联网金融的重要分支迅速发展。民间放贷者开始涉足网络借贷，将丰富的民间借贷经验融入网络借贷中，不断创新，产生多样化的商业模式，网络借贷开始了本土化发展。大量资本加速进入，平台数量急剧增加，从业人员规模持续扩大，行业进入快速发展阶段，竞争日渐激烈。

互联网金融相关的法律法规建设相对滞后，国内网络借贷平台管理方式混乱，经营模式粗犷，缺失统一标准，投资者权益得不到有效保障，风险不断积聚。问题平台的数量逐年大幅增长，截至 2015 年底，全国出现问题的平台累计超 1000 家。为解决互联网金融不断暴露出来的问题，2015 年《关于促进互联网金融健康发展的指导意见》正式发布，互联网金融结束了无监管、无门槛、无规则的状态。

2016年至2017年是我国网络借贷的稳定期。网贷平台风险事件频发迫使行业发展逐渐回归理性，行业增速放缓。各种行业自律组织不断进行自我规范，行业自律初显成效；监管体系也初步形成，平台纷纷按监管要求进行转变。这一阶段，资本实力更为雄厚的国资、银行、风投和上市公司纷纷涉足网络借贷，网络借贷行业开始进入规范调整阶段，经营不善的劣质平台被市场淘汰。在监管部门的监管和自律组织的约束下，整顿后正常运营的平台数量稳定在2000家左右。2016年，中国银行业监督管理委员会、工业和信息化部、公安部、国家互联网信息办公室等部门联合发布《网络借贷信息中介机构业务活动管理暂行办法》，明确了网络借贷的监管主体和行为准则，网络借贷的管理进一步加强。

2018年至2020年是我国网络借贷的清退期。为进一步化解网贷机构风险，保护投资者权益，维护社会稳定，促进普惠金融规范有序发展，2018年监管部门开始主动处置和化解网贷平台存量业务风险。2019年相关部门先后出台了《关于做好网贷机构分类处置和风险防范工作的意见》和《关于网络借贷信息中介机构转型为小额贷款公司试点的指导意见》，清退了一大批合规程度低、风控能力弱、经营能力差的平台，引导有资质的平台向小额贷款公司转型。截至2020年底，全国网贷平台清零。图5-17展示了上述多个阶段中网络借贷平台的数量变化。

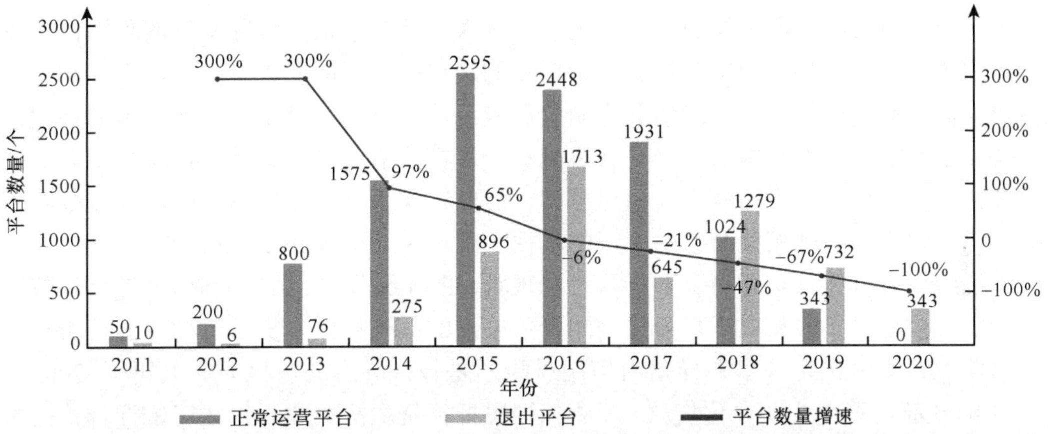

图5-17 2011年至2020年国内网贷平台数量与增速

案例："唐小僧"网络借贷平台爆雷

唐小僧是资邦（上海）投资控股有限公司（简称资邦控股）在2015年成立的一家网络借贷信息中介服务平台。它通过大量投放广告迅速扩大规模，每年的广告费用高达5000万元。平台通过投资100元奖励30元现金等活动，以及伪称自己为央企子公司来吸引客户。最终，平台因运营不善、违法经营等问题爆雷跑路。

截至案发，用户向唐小僧转入资金达160.45亿元，其中116.04亿元用于兑付前期投资者的本息。此次事件造成11万余名受害者实际经济损失超50.4亿余元。为谋取非法利益，唐小僧的控股公司资邦控股通过虚假宣传、虚构借款人信息、虚设债权等方式集资，并以年化 5%至 24%不等的高额利息回报诱导受害者在旗下的多个平台投资，累计向全国 277 万余名投资人非法募集资金约 593.57 亿余元。

上海市第一中级人民法院认为“资邦系”公司以非法占有资金为目的，采用诈骗方法非法集资。被告人王利、卢伟、陶蕾、官小平作为单位犯罪直接负责的主管人员，其行为均构成集资诈骗罪。四名被告人参与非法募集资金，均属数额特别巨大。总体负责“资邦系”公司财务工作和资金调拨的被告人王利被判处无期徒刑；卢伟、陶蕾、官小平在家属帮助下退赔部分违法所得，依法酌情从轻处罚；“资邦系”实控人郜再平被另案处理。“资邦系”的行为给受害者造成重大经济损失，扰乱了行业发展环境，严重破坏了国家金融管理秩序，给社会带来了极大危害。

资料来源：《上海一中院一审公开开庭审理“资邦系”集资诈骗案》，https://www.chinacourt.org/article/detail/2019/09/id/4478344.shtml，2024 年 8 月 7 日

四、网络借贷的潜在风险

（一）网络借贷场景下的歧视

少数族裔和非少数族裔借款人在抵押贷款批准概率和利率上被发现存在一定差异。传统贷款申请被担保机构通过后，贷款审批人对借款申请人实际支付的利率仍有较大的自主决定空间。特定历史与社会因素导致的歧视心理可能使得贷款审批人在非少数族裔与少数族裔信用特征相同的情况下向少数族裔收取更高的利率。随着技术的兴起，金融科技平台将基于大数据的信贷筛选机制和定价算法引入借贷领域，这减少了面对面信用评估和发放贷款产生的歧视，但也可能存在由样本不具代表性、某些维度或维度的某些值与少数族裔高度相关导致的无意的歧视（Barocas and Selbst，2016）。

为了解金融科技背景下消费者贷款歧视现状，Bartlett 等（2022）利用抵押贷款数据评估贷款机构对以黑人和拉丁裔为代表的少数族裔的歧视程度。贷款机构掌握的所有信息难以获取，无法确定利率差异是由信用风险还是歧视导致的。该研究分析了 2009—2015 年的政府资助企业证券化贷款，即联邦国民抵押贷款协会和联邦住房抵押贷款公司等政府资助企业提供违约担保的抵押贷款，利用其贷款利率确定机制解决了这一问题。政府资助企业证券化贷款利率的影响因素主要是基准贷款利率、贷款机构向政府资助企业支付的担保费用以及贷款审批人的自由量裁。基准贷款利率本质上是无信贷风险利率。担保费用是贷款机构将抵押贷款出售给政府资助企业时，以转移信用风险需支付的费用，取决于借款人的信用风险，由贷款价值比和信用评分决定。基于以上两个因素，信用特征相同的借款人所获贷款的利率应该相同。在这样的情况下，贷款利率差异体现出贷款审批人的自由量裁，可以反映贷款歧视问题。

表 5-26 展示了两种贷款类型下，金融科技和非金融科技两类贷款机构对少数族裔歧视程度的回归结果。因变量为可以反映出歧视程度的利率差异。自变量为少数族裔，若是则取值为 1，否则为 0。“非金融科技机构×少数族裔”意为在非金融科技机构申请贷

款的少数族裔，“金融科技机构×少数族裔”同理。对于两类贷款，金融科技与非金融科技贷款机构系数均显著为正，但差异并不显著。这表明在其他条件相同的情况下，金融科技贷款并未减轻少数族裔在贷款过程中受到的利率歧视。

表 5-26 回归结果

项目	利率差异	
	购房贷款	再融资贷款
非金融科技机构×少数族裔	4.666***（0.256）	1.631***（0.238）
金融科技机构×少数族裔	5.081***（0.124）	1.565***（0.271）
总样本量	1 371 629	1 540 939
固定效应	是	是
R^2	0.803	0.769
差异显著性 p 值	0.117	0.857

注：小括号内的数字表示标准误差

***表示显著性水平为 1%

（二）网络借贷场景下的欺诈

新冠疫情期间，为帮助小型企业、个体经营者、非营利组织持续发放工资，美国小企业管理局（Small Business Administration，SBA）实施了名为工资保障计划（Paycheck Protection Program, PPP）的企业救助项目，允许小型企业申请低息贷款以支付员工工资。该计划在 2020 年 4 月至 2021 年 5 月内发放了 7930 亿美元的救助金。金融科技贷款机构加快了 PPP 贷款的审批速度，短时间内扩大了贷款发放范围。PPP 贷款违约不会影响金融科技贷款机构本身的资产负债表，加之其维护声誉的动力不足，部分金融科技贷款机构可能会降低贷款发放标准以获取更多手续费，增加了贷款欺诈风险。例如，为达到项目申请要求，借款人可能虚构企业实体；PPP 基于薪酬总额发放补贴，规定贷款规模不能超过企业月平均工资支出的 2.5 倍，借款人可能通过虚构员工薪酬获得更多贷款额。若借款人在 SBA 同时期实施的一个按员工数量发放补贴的项目中夸大岗位数量，那么也可能在 PPP 项目中虚报，虚增岗位数量可间接反映 PPP 贷款中的欺诈行为。

为调查金融科技贷款机构是否促进了 PPP 贷款欺诈行为，Griffin 等（2023）分析了计划实施期间批准的所有 PPP 贷款，并结合项目申请要求，引入未注册企业、同地址多笔贷款、隐含薪酬以及岗位数量差四个指标量化贷款欺诈行为。未注册企业、同地址多笔贷款两个指标可以反映虚构企业实体的行为，SBA 要求企业于 2020 年 2 月 15 日开始运营，并且不能一直处于关闭状态。若申请 PPP 的企业未登记、解散或延迟注册，则满足未注册企业指标。员工薪酬主要受地区经济和行业发展水平影响，该研究将高于地区–行业平均水平的薪酬判定为异常薪酬，以识别虚构工资支出的行为。同一公司在不同项目申请材料中报送的岗位数量差值可反映虚构岗位的行为。

表 5-27 展示了金融科技贷款和传统贷款在不同指标维度上的差异。因变量为未注册企业等四个指标，自变量为金融科技贷款机构，若是则取值为 1，否则为 0。回归结果表明，控制业务类型、工作岗位数量、贷款规模等所有可观察到的特征后，金融科技贷款

的各项指标均显著高于传统贷款，以未注册企业为例，在其他条件相同的情况下，金融科技贷款机构发放贷款中未注册企业比例比传统贷款机构的高 3.72%。相较于传统贷款机构发放的 PPP 贷款，金融科技贷款机构发放的存在欺诈的概率更高。

表 5-27　回归结果

项目	未注册企业	同地址多笔贷款	隐含薪酬	岗位数量差
金融科技贷款机构	0.037 2*** （3.76）	0.011 1*** （6.33）	0.100 0*** （7.97）	0.067 2*** （4.22）
总样本量	5 279 107	10 792 857	3 307 277	2 626 887
固定效应	是	是	是	是
R^2	0.095 5	0.046 7	0.586 0	0.267 0

注：小括号内的数字表示标准误差

***表示显著性水平为 1%

第四节　企业数字足迹

本节阐述企业数字足迹的来源及其信息价值，并介绍企业数字足迹的典型应用。

一、企业数字足迹的来源

（一）企业数字足迹的定义

随着互联网的发展，越来越多的企业通过互联网进行商贸活动。通过电商平台，企业可以购买原材料、销售产品；通过物流平台，企业可以运输货物；通过司法平台，企业可以记录在经营过程中产生的权力和金钱纠纷。把企业在电商平台、物流平台、司法平台等网络平台上积累的海量行为数据称为企业数字足迹。

（二）企业数字足迹的类型

根据来源的不同，企业数字足迹分为企业交易数据、企业物流数据、企业司法数据和其他企业数据。

1. 企业交易数据

企业交易数据是企业在生产销售过程中产生的数据信息，包括交易频率、采购额、销售订单量、交易买家数、交易商品数、交易流水、交易网络等。交易流水指企业的日常资金流转记录，交易网络指企业在生产经营中与其他企业产生的关联网络。

2. 企业物流数据

企业物流数据是企业进行物品运输时产生的数据信息，包括企业的仓储单、采购订单、运输单、运输距离、运输规模等。

3. 企业司法数据

企业司法数据主要包括企业的诉讼信息、执行信息和信用信息。我国的司法平台主要有中国裁判文书网、中国执行信息公开网和国家企业信用信息公示系统。中国裁判文书网是统一公布各级人民法院生效裁判文书的网站；中国执行信息公开网是最高人民法院所有执行信息的查询平台；国家企业信用信息公示系统是国家市场监督管理总局推出的面向全国企业、个体工商户和农民专业合作社的信用信息公示平台。司法平台记录了企业司法数据，具体见表 5-28。

表 5-28 企业司法数据

司法数据类型	信息特征	信息价值
诉讼信息	辖区法院、诉讼身份、案由、判决结果和判决金额	反映企业潜在的财务和违约风险
执行信息	变卖财产的评估价值、起拍价，拍卖财产面积、数量等	反映企业的财务风险
信用信息	企业的行政许可、行政处罚、经营异常信息和严重违法失信等	反映企业的资质和信用状况

4. 其他企业数据

除了以上三种类型，企业在生产经营中还会产生其他类型的数字足迹，如电力、税务、海关数据等。电力数据包括企业用电量、用电趋势及电费缴纳情况。税务数据指企业履行纳税义务的信息，通常包括纳税金额、税款缴纳情况和税务处罚情况。海关数据指海关部门统计的各项进出口数据，通常包括通关港口、通关日期、运输方式、贸易方式、付款方式等。

二、企业数字足迹的价值

企业数字足迹蕴含丰富的价值，能直接或间接推断出企业的经营状况、运营效率及信用状况，反映企业的还款能力。

（一）反映企业经营状况

企业经营状况能通过企业交易数据反映，交易越频繁、交易价格越高的企业通常经营状况越好，还款能力越强。图 5-18 为企业交易示意图，记录了企业 1 每天生产经营产生的交易流水，包括交易日期、交易金额、交易双方账户等。企业 3 和企业 4 是企业 1 的原材料供应商，企业 1 通过向企业 3 和企业 4 支付货款获得原料进行生产。企业 2 和企业 5 是企业 1 的产品经销商，企业 2 和企业 5 通过向企业 1 支付款项获得产成品进行销售。交易价格和销售订单量反映了企业的经营状况，交易价格越高、订单量越大，企业的经营状况越好，还款能力越强，越容易获得融资。企业 1 和其他企业的各种业务关系构成了以企业 1 为中心的交易网络，通过企业 1 在交易网络中的地位以及网络的规模可推断企业 1 的经营状况。网络中企业的中心度高、交易网络规模庞大，表明该企业在行业中处于重要地位并有广泛的商业联系，可能有较好的经营状况。

甲方账号名称	交易日期	交易金额/万元	交易方向	乙方账号名称
企业 1	2022/6/1	100	收入	企业 2
企业 1	2022/7/1	600	支出	企业 3
…	…	…	…	…
企业 1	2022/7/15	400	支出	企业 4

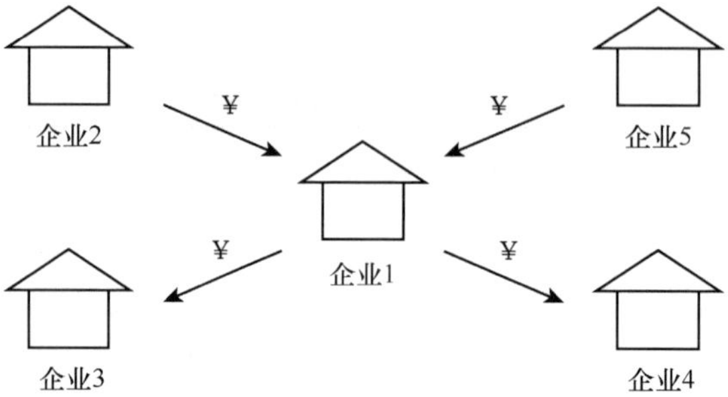

图 5-18 企业交易示意图

（二）反映企业运营效率

企业运营效率可通过企业物流数据反映，运输距离和运输规模反映企业的生产与销售成本，采购订单和运输单反映企业生产经营的活跃程度与生产效率。下面以石油炼化企业为例介绍物流数据的信息价值，具体见图 5-19。石油炼化企业通过企业 2 从油田或原油供应商处获取原油。对原油炼化提纯后，通过企业 1 将产品运输到加油站或储油库。整个过程会产生大量的物流数据，如订单类型、货物名称、日期、重量、运费等。运输的原油越多，运输频率越高，说明石油炼化企业生产经营越活跃，生产效率越高。

运输单位	日期	货物名称	桶数/桶	重量/吨	运费	收货单位	订单类型
企业 1	2022/6/1	原油	710	100	…	石油炼化企业	原油采购订单
企业 1	2022/7/1	半/产成品	1420	200	…	储油库	货运单
…	…	…	…	…	…	…	…
企业 2	2022/7/15	产成品	2840	400	…	加油站	销售订单

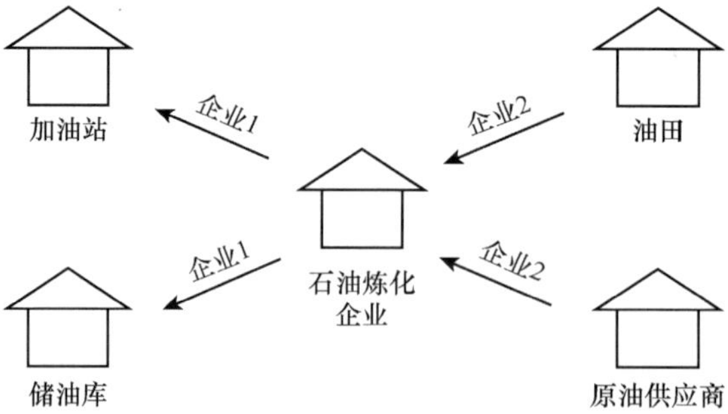

图 5-19 石油炼化企业运输示意图

（三）反映企业信用状况

企业信用状况可通过企业司法数据反映，企业的诉讼信息和被执行信息能反映企业潜在的财务风险与违约风险，进而体现企业的信用状况。通常来说，企业的诉讼和被执行信息越少，企业的财务风险和违约风险越小，企业信用状况越好，还款能力越强。

案例：司法数据在企业信用风险评估中的应用

Yin 等（2020）提取法律文书中的相关特征，结合企业基本信息和财务信息对小微企业的信用风险进行了评估，图 5-20 为评估的流程示意图。该研究利用法律词库和字符串匹配来提取文书的结构化特征，将文本信息转化为结构化信息。文书结构化特征包括纠纷类型、诉讼身份、判决结果、判决日期、判决金额与公司年收入的比值等。根据判决日期和判决类型筛选出对预测信用风险有价值的法律文书样本，判决类型为判决结果和诉讼身份的两两组合。最后，Yin 等用卡方检验衡量非财务特征与贷款违约的关系，并用逻辑回归估计这些特征对贷款违约率的影响。非财务特征包括判决金额、纠纷类型和判决金额与公司年收入的比值。研究发现，是否存在贷款合同纠纷和判决金额与公司年收入的比值两个指标能够提高贷款违约预测模型的性能。

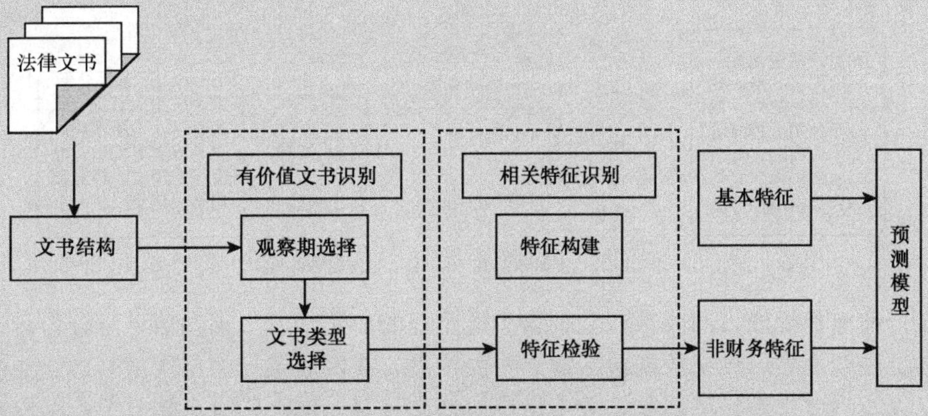

图 5-20 基于法律文书的小微企业信用风险评估流程图

资料来源：Yin 等（2020）

三、企业数字足迹的应用

企业数字足迹可以有效补充信用记录的空白，使贷款机构能全面分析和预测企业的还款能力，更好地为企业尤其是中小企业提供资金支持。下面介绍企业数字足迹在现实中的两种应用。

（一）贷款违约预测

网商银行由蚂蚁集团发起，是中国银行保险监督管理委员会批准成立的中国首批民营银行之一，主要服务于小微企业、个体户等群体。截至2022年底，网商银行数字信贷业务服务的小微经营者累计达5000万户。网商银行的贷款模式为“310”贷款模式，即3分钟申请、1秒钟放款、0人工干预，具体见图5-21。网商银行根据信用及行为数据对客户的还款能力和意愿进行评估并授信。依靠大数据、人工智能、卫星遥感、隐私计算等技术，网商银行设计了信用指标体系。网商银行风控体系覆盖经营者画像、风险评估、准入授信、定价策略、风险预警和监控等信贷生命周期各环节，形成了多层次、完整的大数据风控体系。

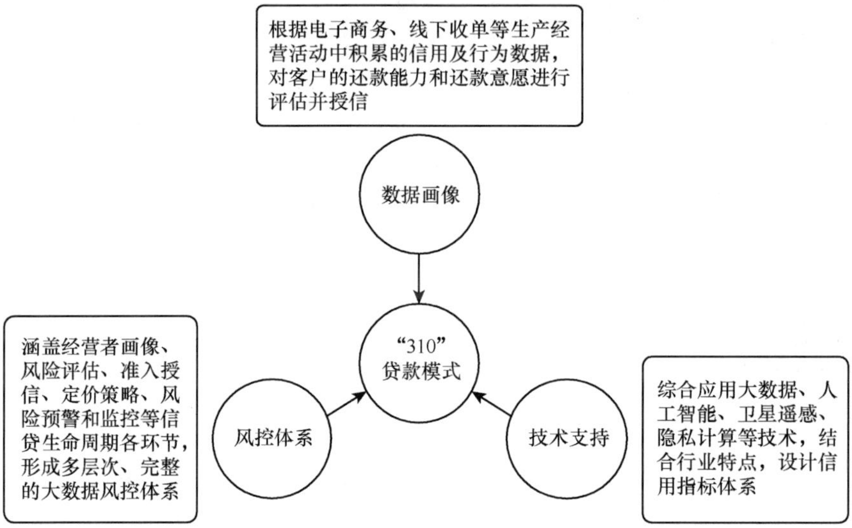

图5-21 网商银行“310”贷款模式图

在贷前审批阶段，网商银行会审查小微企业的信用信息。这些信息可分为传统数据和数字足迹两大类。传统数据包括资产相关信息、在网商银行的信用记录、企业主的特定信息以及当地宏观经济环境。数字足迹包括交易量、网络影响力得分等。网络影响力得分通过借款人的资金流和社会互动来衡量借款人在平台上的相对重要性。

Huang等（2020）对网商银行在2017年3月至8月发放的180万笔中小企业贷款进行分析，探究企业数字足迹与贷款违约的关系。表5-29列举了使用到的企业数字足迹。

表5-29 企业数字足迹

描述	信息价值
商店评级	衡量企业的整体状况
商店的VIP级别	
生态网络中的影响力得分	

续表

描述	信息价值
支付宝资金流入总额	衡量企业收入情况
最近六个月的交易量	
商品季度销量	
每天履行的合同数量	
最近三个月余额宝日均余额	
最近三个月支付宝日均余额	
最近六个月的支付活动	衡量企业的支出情况
最近六个月电子商务采购总额	
最近六个月的登录次数	衡量企业主在平台上的活跃程度
淘宝中的保证金	衡量企业对平台的依赖程度

该研究使用随机森林算法预测小微企业是否违约。随机森林是一种由多棵决策树构成的集成算法，每棵决策树都会对企业是否违约进行预测，对多棵决策树的预测结果进行统计，出现频率最高的类别即为随机森林的预测结果。图 5-22 展示了仅使用传统企业信用数据和同时使用传统数据以及数字足迹数据在记分卡和随机森林模型上的预测性能。

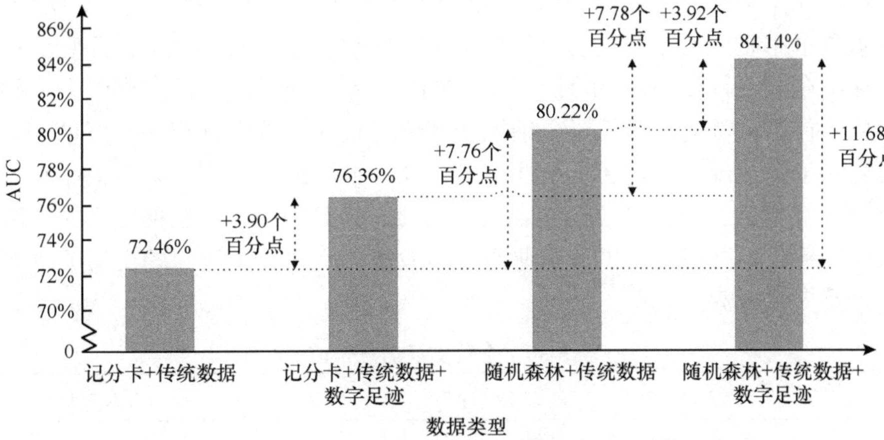

图 5-22　模型效果图

从图 5-22 中可以看出，相比于仅使用传统企业信用数据的模型，加入数字足迹的模型的 AUC 平均增加 3.90 个百分点，说明企业数字足迹能提升预测效果，有利于贷前筛选。相比于传统记分卡模型，随机森林模型使 AUC 平均增加 7.76 个百分点，说明随机森林模型更有效。将传统数据与企业数字足迹结合，并应用随机森林算法，模型的 AUC 增加了 11.68 个百分点，说明数字足迹和机器学习模型的结合能够显著提高贷款违约预测效果。图 5-23 表明，在随机森林中，企业的各种数字足迹对于预测贷款违约起到了重要作用。

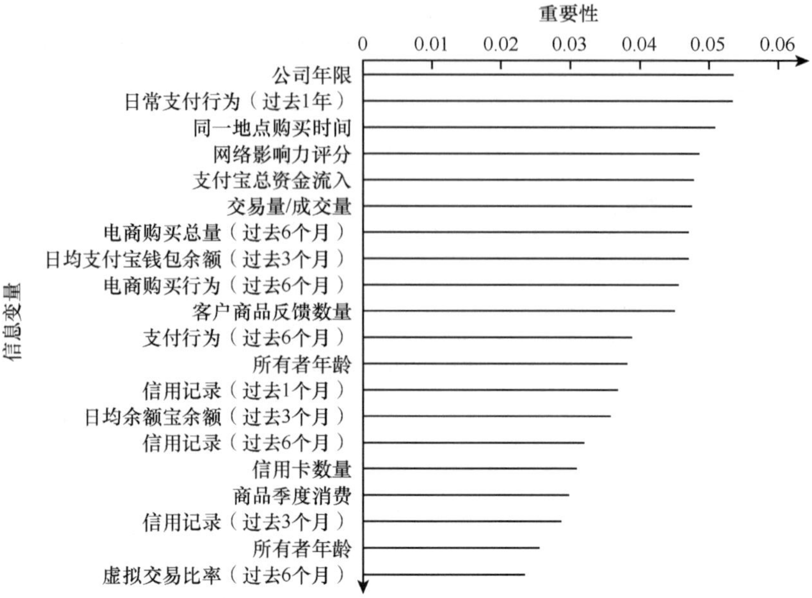

图 5-23 随机森林模型中的前 20 个信息变量

（二）企业破产预测

为验证企业数字足迹对评估中小企业破产风险的有效性，Kou 等（2021）利用企业现金流水数据评估中小企业的信用风险。该研究使用了两个数据集，一个数据集包含 360 多万家山东省中小企业的基本信息，包括类型、行业、经营状况、股东/高管等；另一个数据集包含山东某银行 2016 年 1 月 1 日至 2018 年 6 月 30 日 17 万余家中小企业的交易和支付信息，包括日常交易、工资、纳税和其他与企业日常经营相关的信息。

该研究基于企业现金流构建了企业交易特征，如表 5-30 所示。基于企业间的支付信息与高管/股东信息，该研究建立了企业支付网络、高管网络与股东网络，并构建了表现企业关联性的特征。网络展示了各企业高管与股东的联系、企业间的交易关系以及交易产生的收入及支出金额。

表 5-30 企业交易信息价值

描述	信息价值
近 30 天企业现金流入总量 近 30 天企业发生交易数量总量 近 30 天企业每笔交易收入平均金额	衡量企业收入情况
近 30 天企业现金流出总量 近 30 天企业每笔交易支付平均金额	衡量企业支出情况

图 5-24 展示了中小企业的各类数据对破产风险的预测能力。与使用企业基本信息和从高管/股东网络中提取的特征相比，加入企业交易特征使分类模型的 AUC 提高 11 个百

分点，加入从支付网络中提取的特征使分类模型的 AUC 提高 6 个百分点，若使用上述提到的全部特征，分类模型的 AUC 能提高 13 个百分点。这说明企业交易和支付信息能够显著提升分类模型对中小企业破产的预测能力。

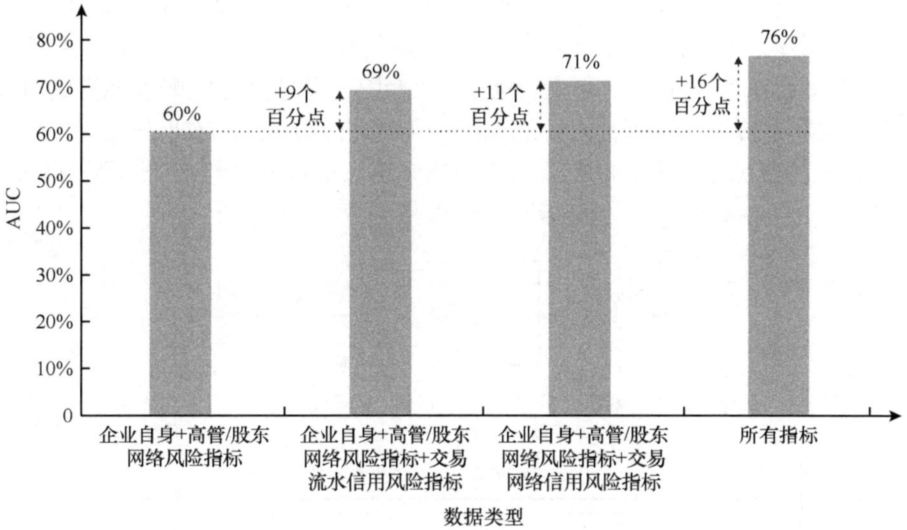

图 5-24　模型预测效果图

第五节　供应链金融

本节介绍供应链金融的基本概念，阐述其中的难点问题以及信息技术在供应链金融领域的应用。

一、供应链金融的基本概念

（一）供应链金融的定义

供应链金融是为了优化供应链中的资金流转，或帮助资金紧张的企业解决运营困境的金融服务。供应链上的小微企业受自身规模小、信用度低、抗风险能力弱等因素制约，难以获得银行等金融机构的贷款，不得不选择民间借贷等成本高昂的融资方式，使得生存和发展受到限制。供应链金融为解决这些企业融资难和融资贵的问题提供了新思路。供应链中的核心企业用自己的规模、信用、历史交易等作担保，使整个供应链中的企业都可从金融机构快速获得融资。金融机构的风险评估对象从单一企业变成了整个供应链体系。供应链金融在降低金融机构融资风险的同时，解决了小微企业融资难和融资贵的问题。

（二）供应链金融的融资模式

供应链金融主要有三种融资模式，分别为应收账款融资模式、存货融资模式和预付账款融资模式。

1. 应收账款融资模式

应收账款融资是融资企业以对供应链核心企业赊销形成的应收账款作为主要担保来获取融资的模式。融资企业通过应收账款融资将未来的现金流提前变现，加速资金周转，可以缓解应收账款积压导致的流动资金不足问题。保理是应收账款融资的方式之一，指卖方将应收账款转让给保理商，由保理商提供资金。保理的具体业务流程可见图 5-25，小微企业将应收账款转让给保理商，保理商通知买方应收账款已转让。买方确认后，保理商向小微企业提供融资服务，最后买方向保理商支付货款。

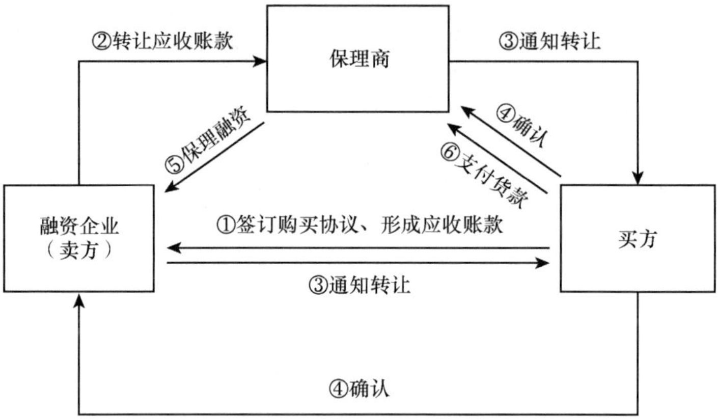

图 5-25　保理业务流程

2. 存货融资模式

存货融资模式是融资企业将其在第三方物流仓库的货物或仓单质押给金融机构来获得融资的模式。根据质押物是否为现货，可以把存货融资模式分为存货质押融资业务和仓单质押融资业务。存货质押融资即通常所说的融通仓融资模式，指融资企业将金融机构能够接受的存货作为质押物，并以银行控制提货权为条件的融资。仓单质押融资指融资企业以其自有的或第三方持有的仓单作为质押物获得金融机构的融资。存货质押融资的具体业务流程如图 5-26 所示。小微企业向金融机构申请存货质押后，将货物以质押

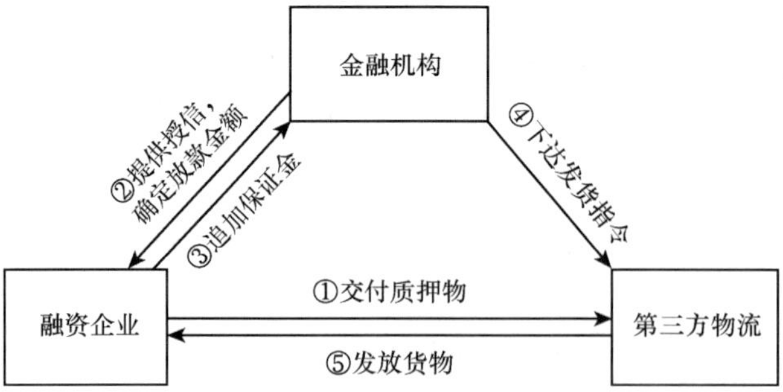

图 5-26　存货质押融资业务流程

的形式存入第三方物流。融资企业提取货物时需向金融机构追加保证金，第三方物流收到发货指令后向融资企业发放货物。

3. 预付账款融资模式

预付账款融资是以融资企业（买方）和核心企业（卖方）间的贸易为基础，针对买方采购过程中的融资需求产生的融资模式。通过预付账款融资，处于供应链下游的买方不仅可以缓解采购资金的周转压力，还可以通过大批量采购获得价格优惠。先款后货存货质押融资是预付账款融资模式之一，具体流程见图 5-27。买方从银行取得授信，在交纳一定比例保证金的前提下，向卖方支付全额货款。卖方按照协议约定将商品交付给银行或银行指定的第三方物流，买方追加相应保证金后，银行将商品发放给买方，如果卖方未按协议约定交付商品或买方提货不足，由卖方负责向承兑银行退还差额购货款。

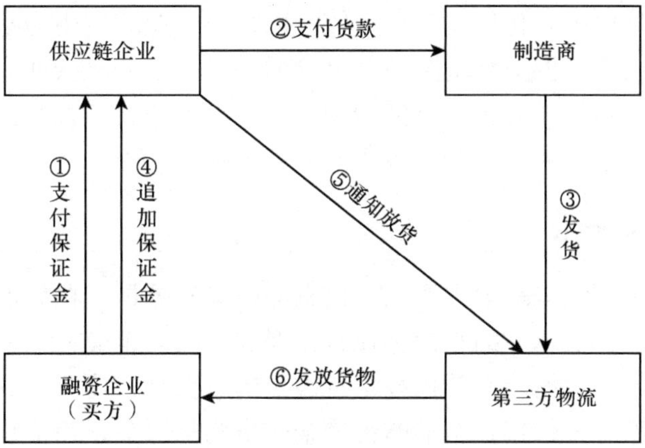

图 5-27 先款后货存货质押业务流程

（三）供应链金融的难点

1. 信息不透明

在供应链金融的运作中，各企业的信息相互独立。如果没有有效的信息共享途径，参与者无法及时充分地了解整个交易流程的信息流，将导致供应链金融运作效率低下，操作难度和风险增加。信息不透明使银行等金融机构无法获得小微企业的有效数据，不利于评估交易的真实性。

2. 授信对象局限性

出于风险管控的考虑，金融机构只能基于核心企业的主体信用对上下游企业授信。为避免风险传递和扩散，金融机构的服务对象通常局限于一级供应商和经销商，难以满足处于供应链远端的小微企业的融资需求。

3. 违约风险高

供应链管理体系施加给企业的约束力较弱，容易出现恶意虚假交易等违约行为。如果供应商、买方、融资方和金融机构间的现金结算过于依赖各方的契约精神，那么当交易涉及多方或多级时，违约风险可能成倍增长。

4. 监管难度大

供应链金融的资金来源和参与主体多样，增大了监管难度。供应链金融资金来源较多，除了传统的商业银行和商业保理机构外，资金还来自网络贷款平台、小贷公司等。供应链金融参与主体较多，涉及核心企业、专业的供应链服务公司、电商平台等。资金来源和参与主体的多样化意味着供应链金融业务复杂，监管难度大。

二、信息化与供应链金融

供应链金融最早以中心化模式为主。银行以核心企业的信用为基础，为核心企业及其上下游提供融资服务。供应链金融控制风险的手段以不动产抵押、信用评级为主。伴随着信息化技术的进步，供应链金融借助物联网、人工智能、大数据、区块链等技术，实现了信息集成和共享，大大提升了服务能力和效率。

（一）大数据技术

大数据技术在供应链金融中主要用于信息的收集和分析。在大数据技术的支持下，信息的来源更加广泛，从单一的小微企业数据变成了核心企业、第三方物流仓储企业、金融机构等各参与方的数据。大数据技术打破了信息孤岛，建立了供应链上各企业间的全方位多维度数据库。大数据技术能够帮助金融机构从源头跟踪货物信息，更容易辨别货物权属，降低实地核查、单据交接的操作成本。在信息分析方面，大数据技术能够基于企业交易历史和交易习惯等信息，进行风险建模和风险评估，并依据评估结果制定配套条款和贷款方案，降低供应链金融的业务成本和贷后管理成本。

（二）区块链技术

在供应链金融中，区块链技术主要用于增加信用度。区块链技术可以降低人为因素造成的违约或操作风险。智能合约是区块链的核心技术之一，是一种基于交易合同或交易约束的代码化合约。交易双方或多方将约定以代码的形式固化在区块链上，触发执行条件后自动执行，无须人工干预，降低了人为违约或人为操作失误造成的风险。区块链技术可以优化流程监督。区块链技术将供应链金融的信息上链加密并实现可追溯，确保数据的真实性和准确性。在此基础上，各参与方对资金流进行分析，能够及时核查交易的真实性并预警风险。区块链技术可以降低融资成本，提高融资效率。在区块链架构下，融资业务所需数据在节点公开和集中，各参与者使用一致的数据源，无须单独寻找分散在各节点、各系统的数据，避免了重复审查和反复校验，提高了融资效率。

案例：壹诺金融平台

壹诺金融平台以区块链技术为底层技术，实现了核心企业和小微企业间的信用流转，帮助银行等金融机构部分破除了金融属地原则，降低了银行的获客成本以及多方结算的复杂性。下面介绍壹诺金融平台的业务情况。

以A公司为例，A公司是国内主要的乳制品厂家，李经理所在的B公司是A公司的经销商之一。B公司每月从A公司以现货现款或预付款的形式购货50万元并提供给超市。B公司自身本金仅有100万元，只能提供2个月的商品给超市，第3个月便会缺乏资金无法购货。B公司自身资金体量小，缺乏完善的财务报表，难以自证偿还能力，难以获得银行贷款。即使B公司能够借到资金，也要等上几周。

A公司的刘经理也有苦恼。经销商采购量直接影响库存数量，经销商由于资金短缺，纷纷采取保守策略，采购数量增长乏力甚至有下降的趋势，造成了提货周期延长、库存积压等问题。如果次级经销商能够解决资金链问题，一切问题就迎刃而解了。

C银行的张经理同样寝食难安。目前客户基本覆盖一级经销商，但银行的风控体系以及小微企业信息状况差的特点让张经理始终无法安心放款给次级经销商。一级经销商下的多级经销商在整个供应链中的融资需求占58%，是银行未来的利润增长点。

针对A公司的具体情况，壹诺金融平台提供的解决方案是借助区块链技术搭建供应链体系内的共享账本，如图5-28所示。参与者按照一致的协议在链上对应节点写入数据，并在共享账本内预设权限规则。企业通过读取节点获得业务信息，实现内部数据与外部数据的对接，保证经营情况的真实性，实现商流和信息流互通。信息的统一可以帮助更多次级经销商申请贷款。

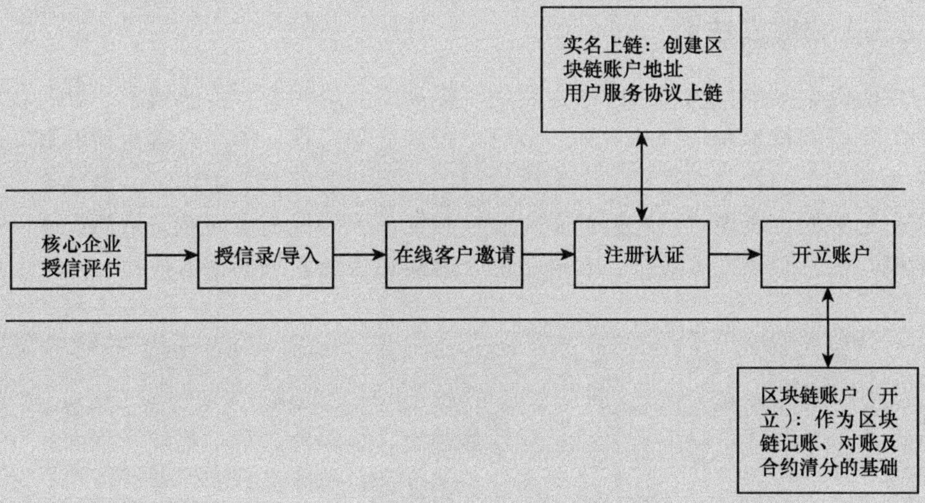

图5-28 壹诺金融企业资产上链过程

传统供应链金融模式下，只有少数与核心企业联系紧密且拥有完整财务和贸易数据的一级经销商能够获得融资。B公司虽然经营多年，但远未达到一级经销商的条件。这时A企业向所有经销商发布了入驻壹诺供应链平台的消息，B经销商在A公司的邀请下成功上链。借助区块链技术，核心企业A完成凭证登记和审批后，将凭证流转给各级经销商。凭证在一级经销商完成签收和金额拆分后，继续往下一级经销商流转，在融资方处完成凭证融资，B企业获得扣除费用的贷款，流程如图5-29所示。以前凭证不可拆分

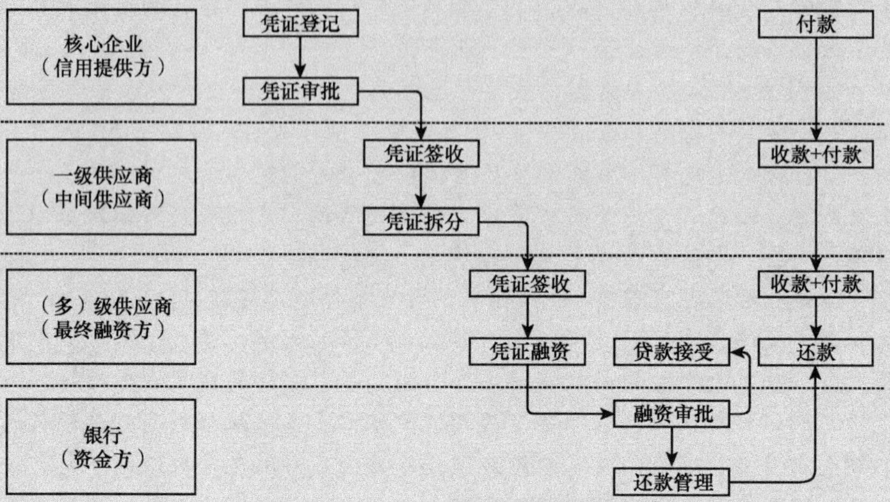

图5-29 壹诺金融平台凭证流转流程图

且很难融资，即使能够融资也要两周左右。企业上链后不仅能够融到资，而且一小时就能走完流程，解决资金问题。

资料来源：中国管理案例共享中心案例库——壹诺金融：区块链助力供应链金融破困局、谋变局、开新局

（三）物联网技术

在供应链金融中，物联网技术主要用于提高交易透明度。传感技术、导航技术、定位技术等物联网技术在仓储和货运环节可以控制交易过程，提高终端交易的真实性。通过与资金端结合的物联网平台，金融机构可以获得产业链上下游物流、信息流、资金流的真实交易数据，实现对供应链的实时监控和管理，确保资金回笼。依靠物联网技术，现代物流与信息系统高度融合，实现了资金融通和资金需求的紧密连接。

案例：感知科技与物联网技术

感知科技将物联网技术应用于供应链金融中，主要解决动产质押风险大、管理不透明等问题。通过物联网技术可以准确感知到质押动产的客观存在，并生成唯一的物理仓单登记状态。物联网技术监管还避免了人工监管可能带来的道德风险。

感知科技联合平安银行为汽车流通质押提供融资服务，具体业务流程如图5-30所示。汽车厂商、平安银行与感知科技或监管方签订三方协议，汽车厂商向平安银行推荐经销商。经销商向平安银行缴存保证金并申请开票，定向采购汽车厂商的产品。银行向汽车厂商开立银行承兑汇票。汽车厂商通过物流运输公司向汽车经销商运输产品，同时

将待售车辆的合格证及相关信息传递给银行和感知科技或监管方。感知科技利用物联网技术监管待售产品，确保货证匹配。当汽车经销商收到货款并存入银行指定账户后，通知感知科技解除产品监控并释放合格证，完成产品销售。

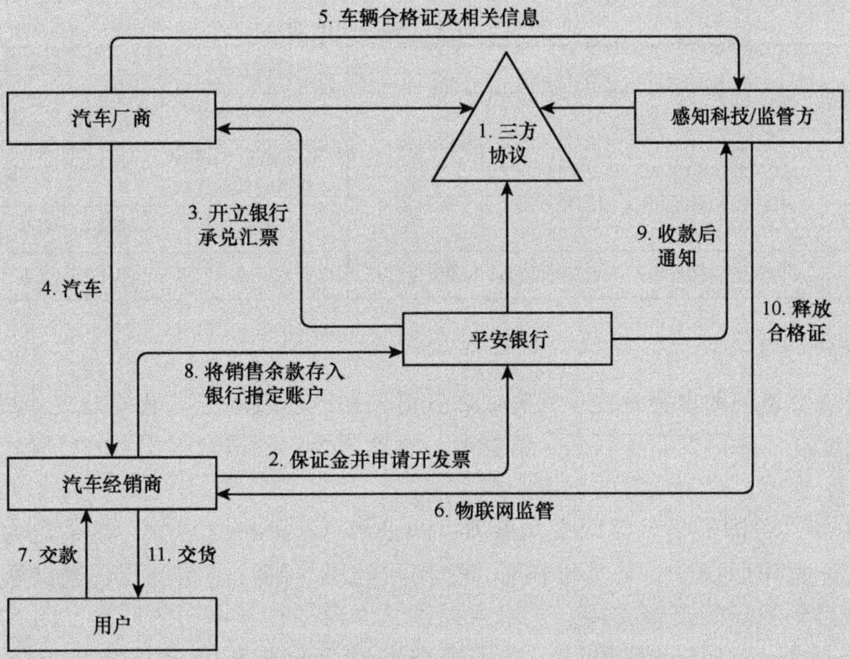

图 5-30 感知科技与平安银行的汽车质押融资

资料来源：宋华（2017）

第六节 众 筹

本节首先介绍众筹的兴起与发展模式，然后从投资方、发起方和平台的角度分别讨论影响众筹绩效的因素。

一、众筹的兴起

众筹是一种向投资者募集资金以支持发起项目的个人或企业的行为，本质上是一种融资方式。在中国，早期农村修渠开路、修缮寺庙的资金是民众筹集的。在国外，莫扎特、贝多芬等艺术家通过众筹筹集创作费用，在作品完成后用乐谱的副本或其他形式回馈。互联网技术推动了众筹的发展，人们借助互联网融资，为项目提供资金支持。2001年，世界上首家众筹平台 ArtistShare 在美国成立。此后新的众筹平台逐渐成立并不断推广宣传，众筹的影响力逐渐增大。

众筹的主要特点是人多力量大，能较容易地整合社会资源，帮助项目发起人便捷快速地筹集资金。众筹对企业规模和经营状况的要求较低，发起流程相对简单，审核时间较短。众筹还可能推动二次创新、聚合人脉和资源。目前，众筹有回报众筹、债权众筹、股权众筹和捐赠众筹四类，在规则、回报方式和运作类别上各有侧重，简要对比见表 5-31。

表 5-31 四种众筹类型的对比

众筹种类	规则	回报方式	运作类别
回报众筹	在设定天数内，筹集到的资金达到或超过目标，众筹项目发起成功，否则发起失败。若发起成功，发起方可获得资金，否则全部资金退还给投资方	产品或者服务	技术、工艺、游戏、漫画等
债权众筹		前期是债权，后期获取本金和利息	营利、非营利
股权众筹		股权	会籍式、凭证式、天使式
捐赠众筹	未筹集到目标金额，发起方同样可以申请资金提现	出资方不要求回报	募捐类、公益类、创业类

1. 回报众筹

回报众筹是一种投资者在项目完成后获得公司产品或服务的众筹方式。回报众筹是最早正式成立、最早发布项目的众筹类型。发展至今，回报众筹积累的经验较为丰富，形成了一定规模，成为众筹的重要模式。

2001 年，美国最早承接回报众筹项目的平台 ArtistShare 成立。该平台为方便艺术家筹集创作费用而设立。艺术家在平台上向粉丝展示唱片录制过程、提供获得唱片的机会，以得到粉丝的资金支持。艺术家提供的内容是粉丝期望的回报，因此能在很大程度上激励粉丝参与众筹项目。艺术家与粉丝双向获利使得此类型的众筹项目在 ArtistShare 平台上受到推崇。受到 ArtistShare 平台的启发和影响，承接不同项目类型的回报众筹平台逐渐增多。2008 年至 2009 年，美国两大新兴众筹平台 Indiegogo 和 Kickstarter 相继成立，现已成为美国最大的国际化综合众筹融资平台和全球声誉度最高的回报众筹平台。

2011 年，我国首个回报众筹平台“点名时间”成立，这也是我国首家众筹平台。该平台在转型前，凭借《十万个冷笑话》《大鱼海棠》等优秀作品让越来越多的人了解并参与到众筹中来。淘宝、京东等互联网公司也纷纷建设回报众筹平台。目前我国回报众筹平台主要覆盖音乐、影视、餐饮、农业、旅游等领域。

案例：众筹平台 Kickstarter 和《空洞骑士》

Kickstarter 于 2009 年 4 月在美国纽约成立，是一个致力于支持和激励创新的回报众筹平台，被《时代》周刊评为 2010 年最佳发明之一、2011 年最佳网站。Kickstarter 的众筹项目分为艺术、漫画、工艺品、舞蹈、设计、时尚、视频、食品、游戏、新闻、音乐、摄影、出版、技术和戏剧 15 类。该平台规定只能返还非金钱奖励，常见的奖励除了产品本身还包括产品测试资格、画册、笔记、挂件、纪念品等。

Kickstarter 平台的众多项目中不乏优质作品，《空洞骑士》就是其中之一。该项目曾入围美国电子游戏奖项 The Game Awards 2017 年最佳独立游戏，获得了各大媒体的一致好评。这是一款银河恶魔城风格的游戏，开发者是仅由三人组成的澳大利亚独立游戏工作室 Team Cherry。由于开发初始资金不足，他们在 Kickstarter 上开启了众筹，最终从 2158 名支持者那里筹得 57 138 澳元。除了一份开发完成的游戏，捐赠者根据捐赠金额还可以获得不同程度的奖励，捐赠 25 美元以上的会收到数字版的游戏原声带一份，捐赠 75 美元以上的会额外获得印有精美手绘图案和签名的感谢信。达到一定金额后，捐赠者可以在游戏内以自己设定的角色形象出现，甚至可以自己设计一个地下城。

《空洞骑士》获得了口碑和销量上的双丰收，卖出了超 300 万份。随后，Team Cherry 宣布他们将推出《空洞骑士》的续作《空洞骑士：丝之歌》。为了向捐赠者表示感谢，Team Cherry 宣布当初参与众筹的玩家会免费获得《空洞骑士：丝之歌》。

资料来源：Kickstarter 官网

2. 债权众筹

债权众筹指的是筹资人或筹资单位向投资者借款，投资者得到投资额相应比例的债权的一种众筹方式。债权众筹项目成功或取得一定进展后，筹资人或单位应根据投资者所持债权比例支付本金和约定的利息。债权众筹灵活高效，引起了极大的关注。2005 年在英国诞生的 Zopa 平台、2006 年美国成立的 Prosper 平台和 2007 年成立的 Lending Club 平台均属此类。国外众多成功案例极大地鼓舞了我国发展债权众筹的信心，我国于 2007 年成立了第一家债权众筹平台拍拍贷，该平台于 2019 年更名为信也科技集团。拍拍贷成立后，众多债权众筹平台随之成立并发展起来。

案例：债权众筹助力家禽养殖规模扩张

Kiva 是全球最大的非营利公益型债权众筹平台，该平台上发布的项目均无息，融资方仅需还清本金。相较于其他债权众筹平台，Kiva 的项目数量最多，资助规模最大，具备强大的行业影响力。截至 2016 年，Kiva 已为 80 多个国家和地区提供超 9 亿美元的无息贷款，为 200 多万名借款人提供了资金支持。

Kiva 主要承担联络人的角色。不追求收益的投资者可以把闲置的资金拿出来，通过 Kiva 向贫困国家和地区的借款人提供无息小额贷款。Kiva 面向的大多是贫困偏远地区的农民，绝大多数没有条件上网，发起人只能通过合作伙伴向借款人提供贷款。合作伙伴包括当地的非营利组织、小额信贷机构、学校等。国际非营利组织 Camfed 是典型代表，在当地为借款人服务，例如，为借款人拍照并上传照片，写众筹原因、资金用途、还款模式等项目介绍，翻译成英文后发布到 Kiva 平台上。项目成功筹得目标金额时，Kiva 将贷款经由合作伙伴发放给借款人，还款时同样如此。合作伙伴会向借款人收取一定费用以抵销开支。

22 岁的林迪瓦在津巴布韦的一个村子里经营着一家餐馆和家禽生意，是获益于 Kiva 平台的众多借款人之一。林迪瓦观察到村民对家禽肉制品有较大的需求量，萌生了贷款扩大家禽养殖规模的念头。通过 Kiva 平台，林迪瓦筹集到 500 美元，并接受了 Camfed 的业务培训和指导。受益于这一贷款模式，林迪瓦以无息的方式成功筹集到资金并获得了可观的收益。现在，林迪瓦自愿将自己的知识和经验与大家分享，回馈社会。
资料来源：Kiva 官网

3. 股权众筹

股权众筹是公司利用互联网平台向市场出让一定比例的股份，投资者通过购买股份为公司提供资金的一种众筹方式。股权众筹的发起人不用像回报众筹发起人那样承诺投资者产品或服务，也不用像债权众筹发起人那样为投资者承诺本息。股权众筹的投资者能否得到收益并不依赖于项目发起人的承诺，只与其购买的股份相关。

与债权众筹和回报众筹相比，股权众筹起步较晚。2010 年，在全球第一个回报众筹平台成立九年之后，全球第一个股权众筹平台 Crowdcube 在英国诞生；同年，美国首家股权众筹平台 AngelList 诞生。股权众筹因小额融资的条件比较宽松而发展迅速，CircleUp 和 Crowdfunder 等股权众筹平台不断涌现。

国外的成功经验刺激了国内股权众筹平台的成立和发展。我国于 2011 年成立了第一个股权众筹平台天使汇，股权众筹正式进入我国大众的视野。相较于其他类型，股权众筹的运作更复杂。按照经营方式，股权众筹可分为会籍式、凭证式和天使式；按照担保情况，股权众筹可分为无担保股权众筹和有担保股权众筹；按照招募方式，股权众筹可分为公募股权众筹和私募股权众筹。

为降低股权众筹可能引发的风险，监管部门提出了专门的指导意见。为促进私募股权众筹行业健康发展，中国证券业协会于 2014 年公开征求意见，发布了《私募股权众筹融资管理办法（试行）（征求意见稿）》。2019 年，中国证券监督管理委员会将《股权众筹试点管理办法》的制定提进立法工作进程，进一步规范私募股权众筹业务。

案例：Skipping Rocks Lab 的“Ooho!”可食用水珠

Crowdcube 是全球首个股权众筹平台，由 Darren Westlake（达伦·韦斯特莱克）和 Luke Lang（卢克·朗）在埃克塞特大学创新中心建立，被英格兰银行评价为银行业的颠覆者。不同于追随 Kickstarter 的其他众筹平台，Crowdcube 创立了企业经营者筹集资金的新模式，即以股票为基础的集资平台。企业家不需要通过天使投资和银行进行融资，直接从大众处获得资金。除了得到投资回报外，投资者还可以成为所支持企业的股东。

Crowdcube 实行“all or nothing”模式，若众筹期内筹得资金达到融资目标，则获得筹款；若未达到融资目标，发起人需将所得筹款全部返还；若项目超募，出让股权份额增加，众筹须经过发起人与投资者同意才可进行。Crowdcube 会向成功筹资的项目收取 5%的佣金作为盈利。

瓶装水虽然方便携带，但喝完水后的废弃塑料水瓶不仅影响环境美观，而且难以降解，想循环利用又面临细菌困扰。出于环保的目的，来自伦敦帝国理工学院的创新设计工程师 Gonzalez（冈萨雷斯）和 Paslier（帕利耶）对如何实现包装无塑化进行了研究。

经过两年的实验和研发，“Ooho!”可食用水珠问世。“Ooho!”是一种由海藻基膜制成的水包，具备可食用性和生物可降解性。饮用时只需将包装撕开一个洞，倒入口中或整个吃掉。外包装可在4周到6周内完成生物降解，不会对环境造成负担。每粒“Ooho!”薄膜的成本不到2美分，因此该产品问世后大受欢迎。

设计者乘势在Crowdcube上发起名为“Ooho!”的众筹项目，目标是40万欧元。该项目仅发布两天就筹集到60.5万英镑，最终筹集近85万英镑。除了逐利的投资者，还有一大部分参与者是环保主义人士，他们希望这一产品可以减少白色污染，并唤起人们的环保意识。随后，三得利集团旗下的运动品牌Lucozade Sport宣布联手该公司推出采用“Ooho!”包装的运动饮料，企图占据可食用水瓶这一全新市场。这一市场发展前景广阔，该项目的投资者预期将获得丰厚的回报。

“Ooho!”多次在马拉松比赛中亮相。马拉松参赛者在比赛过程中每人平均产生至少3个塑料瓶，大部分被随意丢弃。据《纽约时报》报道，2019年伦敦马拉松使用“Ooho!”后，废弃塑料水瓶较上年减少超215 000个。“Ooho!”已被运用到包装酱汁、软饮料甚至高温饮品等食品包装领域，适用边界还在不断拓展。它的出现让包装无塑料化成为可能。

资料来源：Crowdcube官网

4. 捐赠众筹

捐赠众筹是投资者对项目进行不要求经济回报的资助，发起人将无偿获得融资的一种众筹方式。捐赠众筹按融资内容细分为募捐类捐赠众筹、公益类捐赠众筹和创业类捐赠众筹。募捐类捐赠众筹往往救助患有重病但无法支付高昂医疗费的个人。公益类捐赠众筹侧重于促进公益性社会团体以及公益性非营利事业单位的发展。创业类捐赠众筹是出资人以无偿捐赠的方式资助创业企业。2000年，国际上第一家捐赠众筹平台DonorsChoose成立，主要为公立学校师生提供服务。2013年，我国第一家专业公益众筹平台创意鼓成立。此后，积善之家、水滴筹等专业公益众筹平台陆续上线。追梦网、众筹网等综合类众筹平台也涵盖捐赠众筹模块。

案例：史上所需金额最大的众筹运动

2015年，特朗普宣布参加总统竞选，并在演讲中提及自己的“筑墙计划”。特朗普声称墨西哥“非法移民”带来了毒品和犯罪，他决定修建一堵高墙阻止非法移民进入美国。2017年，特朗普刚刚入驻白宫，就签署了要求落实“筑墙计划”的总统行政命令，不惜由美国“垫资”也要尽快开建。

2017年1月30日，Ogden发起了名为“Build the Wall – AMERICA’S WALL FUND”（筑墙计划——美国隔离墙基金）的众筹运动，该运动的目的是帮助美国总统特朗普的“筑墙计划”筹集10亿美元的巨额资金。该运动上线3天后就筹集到700多万美元，并登上了该网站的热门。边境墙筹款活动从30多万名捐赠者那里筹集到了2000多万美元，没有达到10亿美元的目标，筹集到的资金被悉数退还，这场带有浓厚政治色彩的众筹运动落下帷幕。

虽然众筹运动没有成功，但在特朗普的坚持推动下，美国政府在新墨西哥州和亚利桑那州修建了458 mile（1 mile = 1.609 344 km）长的边境屏障，花费超110亿美元，这些钱主要是从五角大楼的拨款中挪用的。特朗普在墙上签下了自己的名字，声称这是世界级的安全系统，几乎无法逾越。

然而《华盛顿邮报》获得的未公开文件显示，在新墨西哥州以及亚利桑那州的边境城市纳科和道格拉斯，走私团伙至少破坏边境墙3272次。他们将墨西哥移民偷运到美国最为关键的工具——钢筋梯子仅需5美元。

资料来源：GoFundMe官网

二、众筹的绩效

四种众筹类型中，仅有捐赠众筹能在未筹集到目标金额的情况下申请资金提现，其他众筹类型均遵从“all or nothing”（全无或全有）原则，即若项目发起人在规定时间内不能达成既定目标，则视为项目发起失败，需将已筹集到的款项全部返还。对于另外三类众筹项目的发起人而言，如何尽可能多地获得资助，达到预设的筹资目标是最重要的。根据是否遵从“all or nothing”原则，不同类型的众筹项目有着不同的绩效衡量方式。对于捐赠众筹，筹集金额越大，绩效越好；对于其他三种众筹，能否达到既定融资目标用于衡量绩效好坏。

众筹的成功是项目发起人、潜在投资者和众筹平台合力作用产生的结果，下面分别从投资方、发起方和平台的角度探讨影响众筹绩效的因素。

（一）投资方层面

投资者数量以及单笔投资金额会直接影响项目融资进度，进而影响众筹绩效。投资者对项目的信任程度、投资者本身的参与和推广以及投资者之间的学习效应也会影响众筹的绩效。

1. 项目信任度

潜在投资者对众筹项目的信任程度直接影响投资意愿，这里的信任可分为理性信任和感性信任。项目发起方的业务能力越强，潜在投资者对项目的理性信任越高。双方情感连接越紧密，潜在投资者对项目的感性信任越高。两种信任程度的提升都能提高潜在投资者参与投资的可能性。

2. 推广贡献

为推动已投资项目取得进展，投资者通常扮演产品传播者的角色。投资者会在社交网络转发或介绍已投资项目，促进更多人了解，进而为项目带来更多投资者。回报众筹的投资者在产品开发过程中提供的建议有利于激发二次创新，提升产品性能，使得项目的宣传推广更加顺利。

3. 学习效应

在信息不完全的情况下，个体的投资决策往往会受到他人判断和行为的影响，这一现象被称为学习效应。该效应在众筹融资的过程中发挥着重要作用。潜在投资者认为，公开个人资料的投资者往往具有更高的教育水平与更丰富的投资经验。通过评估早期支持者的简历及其投资记录，潜在投资者会选出那些看起来拥有更多信息或专业知识的投资者，并对其投资行为进行模仿。

（二）发起方层面

项目发起方的披露技巧和宣传策略、潜在投资者之间的沟通以及企业自身条件都影响着潜在投资者的投资决策。回报众筹项目的发起方还应结合项目类别，制定更受欢迎的回报方式以提升项目的吸引力。

1. 信息披露

如果发起方在众筹平台上过早披露项目的详细信息，创意可能被剽窃。如果公布进度过慢，那么前期会很难吸引潜在投资者。恰当地部署披露主题可以实现创意保护与吸引投资者的平衡。在融资前期说明项目的关键时间节点，并向大家的关注表示感谢，能在保护项目创意的同时提升潜在投资者的好感。在融资中期说明项目创意，提升大家对项目内容的认知，可以避免过晚披露创意造成的投资者流失；汇报项目融资进度以便于投资者跟进项目动态，实现项目宣传。在融资后期再次提醒大家项目的时间节点，并对大家的关注表示感谢。

2. 宣传策略

项目发起方在社交网络上采取恰当的宣传策略能提高项目成功的概率。按照是否与众筹项目直接相关，项目发起方发布的内容可分为发起方的个人活动和众筹项目信息两种。合理安排这两种内容可以提升宣传效果。项目启动前，个人活动能有效增强潜在投资方的感性信任。项目启动后，项目信息能帮助潜在投资者建立理性信任。

3. 沟通交流

项目发起方与潜在投资者之间的沟通情况对众筹的绩效有着重要影响。项目发起方需要把握一切交流机会说服潜在投资者进行投资。项目融资截止前，即使融资情况不乐观，项目发起方也应当加强与潜在投资者的沟通。通过双方充分的沟通，融资情况可能得到改善，增加在截止日期前获得目标筹款的可能性。

4. 企业因素

当项目发起方代表企业时，企业家社会关系网络、企业过往众筹经历均会影响当前项目的融资进度。企业家作为企业的代表，是潜在投资者关注的重点。社会关系越广的企业家了解市场动向的渠道越多，越有可能带来更多推动项目进展的物质资源。潜在投资者更愿意相信曾顺利发起众筹项目的企业能再次成功。

5. 回报维度

回报众筹项目可细分到不同领域，不同领域的项目吸引潜在投资者的关键维度不同。在技术、工艺、游戏等领域的众筹项目中，功利价值是决定众筹绩效的关键维度。在漫画等以出版物为回报的众筹项目中，参与性价值是关键维度。在电影、戏剧、舞蹈、摄影等众筹项目中，社会情感价值是关键维度。与关键维度有关的回报情况对潜在投资者的决策起着重要作用。在制定回报策略时，应当关注项目的关键维度。

（三）平台层面

作为项目发起方与投资方的中介，众筹平台的页面展示和功能设置在一定程度上影响着项目的融资情况。

1. 平台页面展示

众筹平台的页面展示影响潜在投资者的浏览体验，进而影响潜在投资者的信任程度。作为一种视觉刺激，暖色比冷色更能唤起浏览者的温暖感，提高潜在投资者对项目的感性信任，增强投资意愿。平台展示的信息越丰富，越有助于加深潜在投资者对项目的了解，产生更多的理性信任，增强投资意愿。

2. 平台功能设置

众筹平台的功能设置影响潜在投资者的使用体验，进而影响潜在投资者的信息获取。以社交互动功能为例，潜在投资者可以通过该功能发表评论、咨询问题，进而了解项目情况；项目发起方可以通过该功能回复评论、解答提问，帮助潜在投资者了解项目，增强情感连接，提高潜在投资者参与投资的可能性。

课后习题

1. 信贷分为正规信贷和非正规信贷，非正规信贷在个人和小企业中普遍存在，其发展具有关系导向、不受法律监管、面向低端市场的特点。针对这些特点，监管部门应采取何种措施规范非正规信贷的发展？

2. 企业数字足迹包括企业交易数据、企业物流数据、企业司法数据和其他企业数据。以食品零售企业为例，说明这四类数据具体包括什么条目，哪些数据和企业经营绩效有关，食品零售企业应当如何利用数字足迹提高经营绩效。

3. 银行向金融弱势群体放贷存在信息收集成本高、风控手段有限、债务追偿手段有限的问题，这也是银行不愿向金融弱势群体放贷的原因。请从政府和银行的角度分析可以采取哪些措施缓解金融弱势群体的借贷困境。

4. A 公司是一家消费品产业综合服务平台。为解决消费品产业发展痛点，该公司通过采销订单统筹管理、优化物流、协同金融，实现供应链信息流、商流、物流及资金流的四流合一。A 公司借助系统平台及信息化技术开展"供应链+金融"服务，为客户提供交易线上化、渠道拓展与产品寻源、集采与代销、物流管理等服务，并通过数据协同为银行等金融机构提供风控支持。

信息化技术包括物联网、人工智能、大数据、区块链等。查阅相关资料并回答如何利用信息化技术实现供应链全流程动态数据监控，并说明其对降低风险和成本的作用。

5. 数字足迹可以替代某些难以量化的个体行为，对传统信用变量进行补充。本次作业提供了部分数据集（https://github.com/fintech-dataset/fintech-exercises-data），请仿照本章第二节个人数字足迹部分中的分析步骤，对个人数字足迹在信贷市场中的用途进行检验，有关变量说明请参考表 5-32。

表 5-32　变量说明

变量	说明
uid	交易 ID
id	用户 ID
provincecode	省份（编码）
birthday	生日
age	年龄
gender	性别，true 表示 female，false 表示 male
areaid	所在地的邮政编码
provincename	省份名称
cityname	城市名称
areaname	区县名称
instalments_num	分期期数
instalments_amount	分期总金额
shop_address	网上购物地址
trans_date	网上购物交易时间
taobaostartdate	淘宝记录开始时间
taobaoenddate	淘宝记录结束时间
taobaodealno	淘宝订单总数
apptimes	本平台贷款申请次数
apply_request_sum	除本平台外的贷款申请次数
apply_reject_sum	除本平台外的申请被拒绝次数
loan_offer_sum	除本平台外的贷款申请被批准次数
repay_fail_sum	除本平台外的贷款逾期及违约次数
max_default_days	最大逾期天数
province	省份（拼音）
nominalrates	名义利率

续表

变量	说明
default30	是否逾期 30 天以上；true 表示是，false 表示否，空表示无数据
alipaybalance	阿里账户余额（单位：元）
yuebaobalance	余额宝账户余额（单位：元）
huabeiamount	花呗额度（单位：元）
huabeibalance	花呗余额（单位：元）
creditlevelasbuyer	淘宝买家信用评分
tencentscore	腾讯风险评分
gaodescore	高德风险评分
numbercontact	手机频繁通话的联系人数量
numbercontact20s	手机频繁通话且单次时长 20 秒以上的联系人数量
numbercontacttotal	所有联系人数量
deal	贷款申请是否被批准
default	贷款是否违约
default_firstmonth_0	第一月是否违约
default_firstmonth_30	第一月是否违约超 30 天
default_firstmonth_60	第一月是否违约超 60 天
delaydate_max	最大逾期天数
default_max_0	最大逾期天数超过 0 天
default_max_30	最大逾期天数超过 30 天
default_max_60	最大逾期天数超过 60 天

（1）对关键变量进行描述性统计。关键变量包含借款者的年龄（age）、性别（gender）、分期总金额（instalments_amount）、利率（nominalrates）、信用评分（creditlevelasbuyer）、借款人是否有常用联系人（提示：需要根据 numbercontact 构造二元变量）、贷款批准（deal）、债务违约（default）。

（2）使用逻辑回归检验债务违约（default）和信用评分（creditlevelasbuyer）之间的关系。

（3）使用逻辑回归检验贷款批准（deal）与信用评分（creditlevelasbuyer）之间的关系。

（4）使用逻辑回归检验贷款批准（deal）与借款人是否有常用联系人之间的关系。

资料来源：Dai 等（2020）

6. 随着我国经济不断发展，以中小企业为代表的新兴力量崛起，给国内社会就业以及税收做出了举足轻重的贡献。中小企业在发展业务的道路上对资金需求日益增加。为缓解资金压力，中小企业纷纷向各大金融机构申请融资。大多数中小企业内部管理不够成熟，这对银行中小企业信贷业务的风险管理能力提出了要求。请以银行中小企业信贷业务为研究对象，从信贷业务流程入手，构建信贷业务风险管理评价体系。通过实地调研分析银行信贷业务风险管理流程中存在的问题，提出相应的对策建议。

（1）中小企业信贷业务风险管理评价体系如表 5-33 所示。请选择一家商业银行进行实地调研，根据专家访谈的结果构造中小企业信贷业务风险管理评价的判断矩阵，并确定准则层、指标层各指标的权重。

表 5-33 中小企业信贷业务风险管理评价体系

目标层	准则层	指标层
中小企业信贷业务风险管理评价因素	贷前调查	业务资料收集
		准入条件审查
		业务操作风险
		信息反馈效率
	贷中审查	流程效率
		审核能力
		担保物情况
	贷后检查	贷款质量分类
		预警系统效率
		风险处置能力
	其他因素	自动化程度
		绩效考核制度

（2）模糊综合评价法是用模糊数学对受多种因素制约的事物或对象做出总体评价。请按照以下步骤，使用模糊综合评价法评价中小企业信贷业务风险。

第一，以好、较好、一般、较差、差作为中小企业信贷业务风险管理评价集，分别赋值 1、3、5、7、9。

第二，邀请专家进行现场打分，根据打分结果对贷前调查、贷中审查、贷后检查、其他因素四个层次的风险因素赋值，并构造各层次的模糊一致矩阵。

第三，根据（1）确定的指标权重和模糊一致矩阵得出各环节与整体的评价结果向量，对银行中小企业信贷业务的风险进行评价。

资料来源：魏佳（2022）

7. 近年来我国工业化进程不断深入，由此带来的环境问题也日益突出。推进我国经济社会发展全面绿色化转型成为当前我国经济高质量绿色发展的迫切需要。绿色信贷是我国经济绿色发展的助推器，也是绿色金融的主要发展领域。商业银行作为绿色信贷业务的开展者，绿色信贷业务对其经营绩效的影响关系着商业银行推动绿色信贷政策落地施行的积极性与有效性，更关系着商业银行自身的转型发展。请分析绿色信贷对商业银行经营绩效的影响。

（1）请以 2011—2022 年国有商业银行为研究对象，根据表 5-34 所示的商业银行经营绩效评价体系，使用熵值法计算年度经营绩效综合指标。绘制各银行经营绩效平均值趋势图，从整体上分析银行经营绩效的动态变化。我国的 6 家国有商业银行分别是中国工商银行、中国农业银行、中国银行、中国建设银行、交通银行和中国邮政储蓄银行。

表 5-34　商业银行经营绩效评价体系

评价维度	具体指标	指标影响	指标说明
流动能力	流动性比例	正向	流动资产/流动负债×100%
	存贷比	负向	贷款总额/存款总额×100%
盈利能力	净资产收益率	正向	净利润/平均净资产×100%
	成本收入比	负向	业务及管理费/营业收入×100%
	营业收入（单位：亿元）	正向	商业银行营业总收入
	净利润（单位：亿元）	正向	商业银行净利润额
安全能力	不良贷款余额（单位：亿元）	负向	商业银行不良贷款余额
	资本充足率	正向	资本/风险资产×100%
	拨备覆盖率	正向	贷款减值准备余额/不良贷款余额×100%
营运能力	总资产周转率	正向	营业收入/总资产×100%
成长能力	净利润增长率	正向	当年净利润增长额/上年净利润×100%
	总资产增长率	正向	当年总资产增长额/上年末总资产

（2）请以（1）中计算得到的经营绩效综合指标作为被解释变量，选择恰当的回归模型实证分析绿色信贷对商业银行经营绩效的影响，所需变量如表 5-35 所示。绿色信贷数据可从各银行发布的可持续发展报告或社会责任报告中获取，财务数据可从国泰安数据库、万得数据库和各商业银行的年度报告中获取。

表 5-35　绿色信贷对商业银行经营绩效的影响变量说明

变量类型	变量名称	变量描述
被解释变量	经营绩效	经营绩效熵值法综合指标
解释变量	绿色信贷占比	绿色信贷余额/贷款总额×100%
中介变量	中间业务收入占比	非利息收入/总营业收入×100%
控制变量	核心一级资本充足率	（核心一级资本–对应资本扣除项）/风险加权资产×100%
	净利息收入增长率	本年净利息收入增长额/上年末净利息收入×100%
	不良贷款率	不良贷款/贷款总额×100%
	净资产增长率	本年净资产增长额/上年末净资产×100%
	通货膨胀率	消费者物价指数

资料来源：黄金光（2022）

8. 长期以来，我国中小企业面临资金缺口大的问题。供应链金融应运而生，为中小企业提供创新融资渠道。不同于传统供应链业务，供应链金融整合了供应链内信息流、资金流、物流及商流。供应链金融模式下，上下游中小企业依托与核心企业的交易及其信用水平，以应收账款、存货等动产作抵押。金融机构指定物流企业对抵押物进行评估和监管，调控企业资金流及提货权，为中小企业提供贷款支持。供应链金融的创新模式为企业融资提供了新思路，拓宽了上下游中小企业的融资渠道，缓解了中小企业应收账款和存货占用的难题，加速了供应链企业间的资金流动。

（1）请理论分析中小企业现金流和融资约束的关系，供应链金融对现金流与融资约束的关系起到何种影响。

（2）以2015—2021年深圳证券交易所中小板上市公司为样本，实证检验供应链金融对中小企业融资约束的缓解效果。所需变量如表5-36所示，请从国泰安数据库获取数据，构造变量并进行描述性统计。为避免异常值的影响，请选取上市三年及以上的公司，剔除金融行业、房地产行业以及ST、*ST或PT公司样本。

表5-36 供应链金融和中小企业融资约束变量说明

变量类型	变量名称	变量描述
被解释变量	现金变动	（t年现金及现金等价物−(t−1)年现金及现金等价物）/t年末总资产
解释变量	经营活动现金流	企业经营活动产生现金流量净额/年末总资产
	供应链金融发展程度	（短期借款+应付债券）/总资产
	企业经营活动现金流与供应链金融发展程度交乘项	经营活动现金流×供应链金融发展程度
控制变量	企业规模	年末总资产的自然对数
	资产负债率	年末总负债/年末总资产
	企业资本支出	资本支出/年末总资产
	托宾Q	企业的股票市场价值/企业的账面净值

（3）选择恰当的模型检验中小企业融资约束问题的程度，以及供应链金融对中小企业融资约束的影响。

（4）根据生产要素的相对密集度，将样本企业分为技术密集型、资本密集型和劳动密集型；按照产权性质分类，将样本企业分为国有中小企业和非国有中小企业，分别进行异质性分析。供应链金融对哪些企业融资约束的缓解更为有效，讨论背后的原因。

资料来源：石睿（2022）

参 考 文 献

黄金光. 2022. 绿色信贷对我国商业银行经营绩效的影响研究. 保定：河北大学.

石睿. 2022. 供应链金融缓解中小企业融资约束问题研究：基于中小板上市公司的经验证据. 长春：吉林大学.

宋华. 2017. 互联网供应链金融. 北京：中国人民大学出版社.

魏佳. 2022. C银行中小企业信贷业务风险管理问题与对策研究. 成都：电子科技大学.

Ayyagari M，Demirgiiç-Kunt A，Maksimovic V. 2010. Formal versus informal finance：evidence from China. The Review of Financial Studies，23（8）：3048-3097.

Barocas S，Selbst A D. 2016. Big data's disparate impact. California Law Review，104：671.

Bartlett R，Morse A，Stanton R，et al. 2022. Consumer-lending discrimination in the FinTech era. Journal of Financial Economics，143（1）：30-56.

Berg T, Burg V, Gombović A, et al. 2020. On the rise of FinTechs: credit scoring using digital footprints. The Review of Financial Studies, 33 (7): 2845-2897.

Bertrand M, Kamenica E. 2018. Coming apart? Cultural distances in the United States over time. Cambridge: National Bureau of Economic Research.

Blumenstock J, Cadamuro G, On R. 2015. Predicting poverty and wealth from mobile phone metadata. Science, 350 (6264): 1073-1076.

Burtch G, Ghose A, Wattal S. 2014. Cultural differences and geography as determinants of online prosocial lending. MIS Quarterly: Management Information Systems, 38 (3): 773-794.

Dai L L, Han J, Shi J, et al. 2020. Digital footprints as collateral for debt collection. http://cfrc.pbcsf.tsinghua.edu.cn/__local/0/4C/7D/2C6066380BC3B504E69482DB371_0C8811DE_E6BD7.pdf?e=.pdf[2024-05-30].

Djankov S, Hart O, McLiesh C, et al. 2008. Debt enforcement around the world. Journal of Political Economy, 116 (6): 1105-1149.

Duarte J, Siegel S, Young L. 2012. Trust and credit: the role of appearance in peer-to-peer lending. The Review of Financial Studies, 25 (8): 2455-2484.

Griffin J M, Kruger S, Mahajan P. 2023. Did FinTech lenders facilitate PPP fraud?. The Journal of Finance, 78 (3): 1777-1827.

Horwood S, Anglim J. 2018. Personality and problematic smartphone use: a facet-level analysis using the Five Factor Model and HEXACO frameworks. Computers in Human Behavior, 85: 349-359.

Huang Y P, Zhang L M, Li Z H, et al. 2020. Fintech credit risk assessment for SMEs: evidence from China. Washington: International Monetary Fund.

Kou G, Xu Y, Peng Y, et al. 2021. Bankruptcy prediction for SMEs using transactional data and two-stage multiobjective feature selection. Decision Support Systems, 140: 113429.

Lee S, Persson P. 2016. Financing from family and friends. The Review of Financial Studies, 29 (9): 2341-2386.

Lepp A, Li J, Barkley J E, et al. 2015. Exploring the relationships between college students' cell phone use, personality and leisure. Computers in Human Behavior, 43: 210-219.

Liu D, Brass D J, Lu Y, et al. 2015. Friendships in online peer-to-peer lending: pipes, prisms, and relational herding. Mis Quarterly, 39 (3): 729-742.

Montag C, Błaszkiewicz K, Lachmann B, et al. 2014. Correlating personality and actual phone usage: evidence from psychoinformatics. Journal of Individual Differences, 35 (3): 158.

Onnela J P, Saramäki J, Hyvönen J, et al. 2007. Structure and tie strengths in mobile communication networks. Proceedings of the National Academy of Sciences of the United States of America, 104 (18): 7332-7336.

Pope D G, Sydnor J R. 2011. What's in a picture?——Evidence of discrimination from Prosper.com. Journal of Human Resources, 46 (1): 53-92.

Preoţiuc-Pietro D, Volkova S, Lampos V, et al. 2015. Studying user income through language, behaviour and affect in social media. PLoS One, 10 (9): e0138717.

Scharlemann J P W, Eckel C C, Kacelnik A, et al. 2001. The value of a smile: game theory with a human face. Journal of Economic Psychology, 22 (5): 617-640.

Tortosa M I, Lupiáñez J, Ruz M. 2013. Race, emotion and trust: an ERP study. Brain Research, 1494: 44-55.

Volkova S, Bachrach Y, Armstrong M, et al. 2015. Inferring latent user properties from texts published in social media. Proceedings of the National Conference on Artificial Intelligence, 6: 4296-4297.

Williams L E, Stein R, Galguera L. 2014. The distinct affective consequences of psychological distance and construal level. Journal of Consumer Research, 40 (6): 1123-1138.

Wu Y Y, Kosinski M, Stillwell D. 2015. Computer-based personality judgments are more accurate than those made by humans. Proceedings of the National Academy of Sciences of the United States of America, 112 (4): 1036-1040.

Yin C, Jiang C Q, Jain H K, et al. 2020. Evaluating the credit risk of SMEs using legal judgments. Decision Support Systems, 136: 113364.

第六章

股　　票

本章导读：

金融科技的发展为我们分析股票市场提供了传统股票定价理论以外的新方法。本章首先回顾股票与资产管理市场的形成与发展，阐述基于财务数据的经典股票定价理论，然后介绍各类非财务数据的挖掘及其在股票市场的应用。

第一节　股票市场与资产管理市场

股票市场和资产管理市场是金融市场重要组成部分，本节分别介绍它们在美国和中国的发展。

一、美国股票市场与资产管理市场

（一）股票市场

1792 年，美国 24 名股票经纪人于梧桐树下签署了一份建立股票和债券买卖规则的协议——“梧桐树协议”，组成了一个独立的、享有交易特权的有价证券交易联盟，形成了纽约证券交易所的雏形。1817 年，美国乃至现在全球最大的证券交易所——纽约证券交易所正式成立。国际数据平台 Statista 表明，截至 2023 年底，纽约证券交易所拥有上市公司 2272 家。

1971 年，美国如今第二大证券交易所——纳斯达克证券交易所由美国全国证券交易商协会（美国金融业监管局前身）创立，标志着全球第一个电子股票市场问世。纳斯达克证券交易所以科技创新价值型企业为主要服务对象，上市条件较于主板市场更为宽松，例如，允许公司净资产收益率为负，为具有成长性和竞争力但难以达到主板上市要求的初创类科技公司提供了融资渠道，成就了以苹果、微软、亚马逊为代表的一大批科技创新型企业的成长。数据平台 Statista 发布的报告显示，截至 2023 年底，纳斯达克证券交易所拥有上市公司 3432 家。

（二）资产管理市场

资产管理服务由基金管理公司、保险资产管理公司等金融机构提供，金融机构根据合同经营委托人的资产并收取管理费用。这项服务最早出现在 19 世纪末的英国，金融机构以发行证券的方式向委托人募集资金并进行运作。合作结束后，代理人将资产及扣除管理费用后的收益返还给委托人。20 世纪 20 年代，受欧洲金融市场的影响，资产管理在美国流行起来。彼时，美国尚未发展出完善的保护委托人与受托人双方权利和义务的法律体系，也没有基于经营过程的审慎监管。20 世纪 30 年代，由资产价格泡沫引发的经济大萧条促使政府对金融行业进行重新审视。1940 年，美国制定了规范和监管资产管理公司及其资产管理活动的法案，奠定了资产管理行业法律与制度的基础。尽管经历了 20 世纪 70 年代的石油危机、20 世纪 80 年代的通胀危机、2001 年互联网泡沫、2008 年金融危机等事件的冲击，美国仍拥有全球最大的资产管理市场。

二、中国股票市场与资产管理市场

（一）股票市场

1. 股票市场的形成

在新中国成立初期，计划经济体制对迅速恢复国民经济，改变我国经济的落后面貌发挥了重要作用。随着我国社会主义建设的发展，计划经济体制的弊端逐渐显露。1982 年 5 月，我国成立了国家经济体制改革委员会。该委员会积极推动股份制改革，以国有企业的部分所有权和未来收益为筹码，吸引资金和其他形式的投入，为国有企业引入非国有属性，使一些国有企业和集体企业重组为股份公司。1986 年 12 月国务院颁布了《国务院关于深化企业改革增强企业活力的若干规定》，包括大型国有企业在内的更多企业开始发行股票，随后我国出现一级股票市场（中国证券监督管理委员会，2012）。为满足投资者日益增长的股票交易需求，中央政府于 1990 年和 1991 年分别批准成立上海证券交易所和深圳证券交易所用于股票的发行、上市和交易。

上海证券交易所于 1990 年 12 月 19 日正式运营，由证监会直接管理，是目前中国境内股票市值和交易量最大的股票交易场所。为满足拥有关键核心技术、市场认可度高的科技创新企业的上市需求，上海证券交易所设立科创板，并于 2019 年 6 月 13 日正式开板。

深圳证券交易所于 1991 年 7 月 3 日正式运营，采用与上海证券交易所类似的交易机制，但对中小企业的支持力度更大。2004 年 5 月，深圳证券交易所成立了用于上市和交易中小企业股票的中小企业板块。2009 年 10 月，为了更好地支持小企业融资，深圳证券交易所推出了创业板块。和中小企业板相比，创业板主要服务于规模更小的公司和高科技公司。

2013 年，全国中小企业股份转让系统即新三板正式运营，这是继上海证券交易所、深圳证券交易所之后第三家全国性证券交易场所。新三板主要服务于不满足主板、中小企业板、创业板和科创板上市条件的中小企业。按照进入难度，新三板分为基础层、创新层和精选层。2021 年 9 月 3 日，为继续支持中小企业创新发展，深化新三板的改革，以新三板精选层为基础组建的北京证券交易所正式成立。该证券交易所总体平移精选层各项基础制度，并同步试点证券发行注册制。

早在 2012 年，中央为了解决小微企业多、融资难，社会资金多、投资难的问题，推动在沪深交易所之外进行场外资本市场试验，允许各地设立区域性股权市场即新四板。2012 年 8 月，证监会首次确认中国多层次资本市场包括主板和中小板、创业板、新三板、新四板四个层次。新四板是地方政府扶持小微企业各种政策和资金综合运用平台，面向不具备上市条件的小微企业，以债权融资、并购重组为重点，逐步带动股权融资。截至 2023 年 6 月底，全国区域性股权交易场所已有 35 个，累计实现各类融资 2.3 万亿元。

2. 股票类型

根据上市场所、计价货币的不同，我国的股票主要有 A 股、B 股和 H 股三类。A 股即人民币普通股票，是由中国境内注册公司发行，在境内上市，以人民币计价，供境内投资者认购和交易的股票。B 股即人民币特种股票，是由中国境内注册公司发行，在境内上市，以人民币标明面值，以外币计价，供境外投资者认购和交易的股票。H 股是由中国境内注册公司发行，在香港上市，以港元计价，面向全球投资者认购和交易的股票。香港的英文是 HongKong，H 股取其首字母命名。类似地，中国境内注册公司在纽约、新加坡、东京上市的股票分别称为 N 股、S 股和 T 股。

3. 投资者类型

划分投资者类型的标准多样，根据参与属性可分为个人投资者和机构投资者。个人投资者是以个人身份参与股票市场投资的投资者，又称散户。机构投资者是以法人身份参与股票市场投资的投资者，包括政府机构类投资者、金融机构类投资者、境外机构投资者、境内机构投资者、企业和事业法人类机构投资者以及基金类投资者等。其中政府机构类投资者包括中央银行、国有资产管理部门或其授权部门，金融机构类投资者包括证券经营机构、银行业金融机构、保险经营机构、信托投资公司、企业集团财务公司和金融租赁公司等，境外机构投资者包括境外基金管理公司、保险公司、商业银行等，境内机构投资者包括境内公募和私募基金、证券、保险、信托等金融机构。

根据风险偏好可将投资者分为稳健型投资者、激进型投资者和温和型投资者。稳健型投资者是对风险采取回避的态度，以安全作为首要考虑因素的投资者；激进型投资者是为获得利益愿意承担较大风险的投资者；温和型投资者是对风险的态度介于稳健和激进之间，既希望获得稳定而丰厚的投资收益，又不忽略证券市场价格波动的投资者。

4. 股票市场的特点

中国股票市场的主要特点包括个股单日涨跌幅有限制和财务异常公司带有 ST（special treatment，特别处理）前缀。涨跌幅限制是指证券交易所为了抑制投资者过度投机和防止股价暴涨暴跌，对个股价格的每日波动幅度进行限制，价格波动幅度超过涨跌幅限制的交易无效。不同板块的涨跌幅限制规则不同。深沪主板新股上市第一天的涨跌幅限制为 44%，非上市首日为 10%，ST 股票为 5%。科创板上市的股票前 5 个交易日内无涨跌限制，后续为 20%。为调控市场风险，美国股票市场通过熔断机制对大盘的涨跌幅实施限制，交易过程中价格波动幅度达到某一阈值的股票将暂停交易。美股实行三级熔断机制，以标普 500 指数为例，指数下跌 5%时停盘 15 分钟，下跌 10%时停盘 1 小时，下跌 20%时关闭股市 1 天。我国的涨跌幅限制针对个股，对防控股票风险更具针对性，不会引起交易暂停。美股的熔断机制针对大盘，在股市出现剧烈波动时能够对全市场起到调控作用，但可能增加市场预期的一致性，使恐慌情绪迅速传播。并且熔断引起的交易暂停可能影响交易的连续性。ST 前缀是对连续两年亏损或净资产低于股票面值的公司的特殊标记，用于警示投资者注意投资风险和防止庄家恶意炒作。当公司连续亏损达到三年，将会以 ST*前缀警示股票面临被退市的风险。

（二）资产管理市场

1. 资产管理市场的形成与现状

中国资产管理市场形成于 20 世纪 90 年代中期。1998 年 3 月，随着中国第一家公募基金管理公司国泰基金管理有限公司宣告成立，我国资产管理业的发展拉开序幕，并在随后二十余年规模不断壮大。2022 年，在全球主要资产普遍下跌背景下，我国资产管理行业仍保持了上升的发展态势。根据安永发布的《中国资产管理行业报告 2023 年》，资产管理行业的市场规模从 2021 年的 68 万亿元微降至 2022 年的 67 万亿元人民币，2017 年至 2022 年的复合平均增长率为 7%。相较于 2021 年水平，公募基金规模增速放缓，私募基金规模微增。2022 年，资管行业的资金来源以零售为主导，贡献资金约 68.7 万亿元，占比为 54%。高净值人群的资金贡献为 29.1 万亿元，同比增长 4%；普通大众资金贡献为 39.6 万亿元，同比下降 1%。

2. 资产管理产品

资产管理产品是指由银行、证券机构、保险资产管理机构等受国务院金融监督管理机构监管的机构依法发行的产品，包括银行非保本理财、证券期货经营机构资产管理计划、信托计划、保险资产管理产品和在协会备案的私募基金等。根据 2018 年中国人民银行等部门联合发布的《关于规范金融机构资产管理业务的指导意见》，资产管理产品根据资金募集方式的不同分为公募产品和私募产品。公募产品面向不特定社会公众公开发行，私募产品面向具有一定资产规模或者收入水平，具备相应风险识别能力和风险承担能力，认购金额不低于规定限额的单位和个人发行。

第二节　股票定价理论

股票定价理论是研究不确定性条件下股票价格的决定及其市场均衡。本节主要介绍均值–方差模型和资产定价模型两种常用股票定价模型，并探讨资产定价的实证检验。

一、均值–方差模型

马科维茨（Markowitz）于1952年提出均值–方差模型，用均值表示收益，方差表示风险，求解投资组合的最优资产配置比例，给出了投资者如何通过建立有效边界，并根据自身风险承受能力选择最优投资组合，以实现期望收益最大化的理论。

令 $w=\left(w_1,w_2,\cdots,w_n\right)^{\mathrm{T}}$ 为投资组合中风险资产的比例，$\mu=\left(\mu_1,\mu_2,\cdots,\mu_n\right)^{\mathrm{T}}=\bar{\mu}$ 为投资组合中风险资产的期望收益，$\sigma^2\left(w\right)=w^{\mathrm{T}}Vw$ 为投资组合期望收益的方差，V 为投资组合期望收益的方差–协方差矩阵，$\bar{\mu}$ 为固定收益。假设某无风险资产的收益率为 μ_f，投资比例为 $w_f=1-w^{\mathrm{T}}e$，无风险资产的方差为0，其与风险资产之间的协方差为0。最小化风险问题可以表达为

$$\min_{w^*} \quad \sigma^2\left(w\right)=\frac{1}{2}w^{\mathrm{T}}Vw$$

$$\text{s.t.} \quad w^{\mathrm{T}}\mu=w_1\mu_1+w_2\mu_2+\cdots+w_n\mu_n=\bar{\mu}-\left(1-w^{\mathrm{T}}e\right)\mu_f$$

其中，约束条件可以化简为

$$w^{\mathrm{T}}\left(\mu-\mu_f e\right)=\bar{\mu}-\mu_f$$

对应的拉格朗日函数和一阶条件为

$$\begin{gathered}L=\frac{1}{2}w^{\mathrm{T}}Vw+\lambda\left(\bar{\mu}-\mu_f-w^{\mathrm{T}}\left(\mu-\mu_f e\right)\right)\\ Vw-\lambda\left(\mu-\mu_f e\right)=0\end{gathered}\tag{6-1}$$

该问题的最优解即该组合中风险资产的最优投资比例为

$$w^*=\frac{\bar{\mu}-\mu_f}{\left(\mu-\mu_f e\right)^{\mathrm{T}}V^{-1}\left(\mu-\mu_f e\right)}V^{-1}\left(\mu-\mu_f e\right)$$

无风险资产的投资比例为

$$w_f^*=1-e^{\mathrm{T}}w^*$$

该投资组合的方差为

$$\sigma^2\left(w^*\right)=\frac{\left(\bar{\mu}-\mu_f\right)^2}{\left(\mu-\mu_f e\right)^{\mathrm{T}}V^{-1}\left(\mu-\mu_f e\right)}$$

最优解 w^* 称为对应收益 $\bar{\mu}$ 的均值–方差组合，不同 $\bar{\mu}$ 对应的 w^* 的集合称为有效边界，有效边界上的投资组合称为有效组合。

二、资本资产定价模型

资本资产定价模型（capital asset pricing model，CAPM）把注意力从单个投资者转向整个市场。该模型假设市场中所有投资者均按马科维茨投资组合理论进行投资，将市场达到均衡状态时资产的期望收益与风险间的关系用简洁的线性关系表达出来。

（一）任意组合和有效组合的关系

根据上文求解出的风险资产的有效边界，找出任意投资组合和有效组合的关系。在投资组合中存在无风险资产的情形下，令 p 为有效组合，q 为其他任意组合，由组合 p 的最优性可知 p 满足式（6-1），可得

$$Vw_p^* = \lambda\left(\mu - \mu_f e\right)$$

等式两边分别同乘 w_q^{T} 、$w_p^{*\mathrm{T}}$ 得到：

$$w_q^{\mathrm{T}} V w_p^* = \lambda w_q^{\mathrm{T}}\left(\mu - \mu_f e\right) = \lambda\left(\bar{\mu}_q - \mu_f\right)$$

$$w_p^{*\mathrm{T}} V w_p^* = \lambda w_p^{*\mathrm{T}}\left(\mu - \mu_f e\right) = \lambda\left(\bar{\mu}_q - \mu_f\right)$$

结合方差、协方差的定义及性质可得

$$\mathrm{Var}\left(\bar{\mu}_p\right) = \mathrm{Var}\left(w_p^{*\mathrm{T}}\mu + w_f \mu_f\right) = \mathrm{Var}\left(w_p^{*\mathrm{T}}\mu\right) = w_p^{*\mathrm{T}} V w_p^*$$

$$\mathrm{Cov}\left(\bar{\mu}_q,\ \bar{\mu}_p\right) = \mathrm{Cov}\left(w_q^{\mathrm{T}}\mu,\ w_p^{*\mathrm{T}}\mu\right) = w_q^{\mathrm{T}} V w_p^*$$

联立上式后有

$$\bar{\mu}_q - \mu_f = \frac{\mathrm{Cov}\left(\bar{\mu}_q, \bar{\mu}_p\right)}{\mathrm{Var}\left(\bar{\mu}_p\right)}\left(\bar{\mu}_p - \mu_f\right) \tag{6-2}$$

记投资组合的期望收益率超过无风险资产期望收益率的部分为超额收益率，式（6-2）说明组合 q 和 p 的超额收益率呈线性关系，斜率为 $\beta_{qp} = \dfrac{\mathrm{Cov}\left(\bar{\mu}_q, \bar{\mu}_p\right)}{\mathrm{Var}\left(\bar{\mu}_p\right)}$。

（二）市场出清条件和 CAPM

当资产的供需不平衡时，市场会根据供需关系对资产价格进行调整，直至供给等于需求，此时的资产价格为均衡价格。引入市场出清条件，即市场上每种资产的供给都等于需求，以便我们能够分析资产的期望收益与风险间的关系。

投资者的资本配置过程分两步，首先将资金在无风险资产和风险资产之间分配，然后将投资于风险资产的资金在不同的风险资产之间分配，得到风险资产的投资比例为 w^* 的有效组合，最终形成由无风险资产和有效组合两者搭配而成的最优投资组合。当资本市场

上的投资者能够以无风险利率自由借贷，所有投资者的有效组合都相同。在市场出清条件下，该组合中各风险资产的比例等于其市值比例，这样的组合称为市场组合，记为 M。

投资者将资金在有效组合 w^* 和无风险资产之间进行分配。设投资者 k（$k=1, 2, \cdots, K$）的总财富为 W_k，其对风险资产投资的财富为 A_k，对无风险资产投资的财富为 $W_k - A_k$。全部投资者投资在风险资产上的总财富为 $\sum_{k=1}^{K} A_k$，投资在无风险资产上的总财富为 $\sum_{k=1}^{K}(W_k - A_k)$。记资产 i（$i=1, 2, \cdots, n$）的数量和价格分别为 s_i 和 p_i，则资产 i 的市场价值 $v_i = p_i s_i$，市场组合的总价值 $v_M = \sum_{i=1}^{n} v_i = \sum_{i=1}^{n} p_i s_i$。资产 i 的相对市值权重为 $z_{Mi} = v_i / v_M = p_i s_i / v_M$，用相对市值权重表示的市场组合为 $z_M = (p_1 s_1 / v_M, \cdots, p_n s_n / v_M)^{\mathrm{T}}$，市场上风险资产的总市值为 $(p_1 s_1, \cdots, p_n s_n)^{\mathrm{T}} = v_M z_M$。在市场出清的条件下，每种风险资产的投资总额等于其总市值：

$$\sum_{k=1}^{K} A_k w^* = v_M z_M \tag{6-3}$$

对于无风险资产而言，市场出清条件下的借贷净额为零：

$$\sum_{k=1}^{K}(W_k - A_k) = 0$$

将上式代入式（6-3）可得

$$\sum_{k=1}^{K} W_k w^* = v_M z_M \tag{6-4}$$

由于市场整体的投资总额等于所有资产的总市值，因此 $\sum_{k=1}^{K} W_k = v_M$。将该式代入式（6-4）可得 $w^* = z_M$，即市场组合是一个有效组合。根据式（6-2）可得，在市场达到均衡时任一投资组合 q 和市场组合 M 的关系为

$$\bar{\mu}_q - \mu_f = \frac{\operatorname{Cov}(\bar{\mu}_q, \bar{\mu}_M)}{\operatorname{Var}(\bar{\mu}_M)}(\bar{\mu}_M - \mu_f)$$

当投资者仅投资单一证券 i 和无风险资产时，其风险资产投资组合 w_q 可表示为除 $w_i = 1 - w_f$ 外其他分量均为 0 的向量。令 $\mu_f \equiv R_f$，$\bar{\mu}_q \equiv E(R_i) \equiv \bar{\mu}_i$，证券 i 的期望收益为 $E(R_i) \equiv \bar{\mu}_i$，$\bar{\mu}_M \equiv E(R_M)$，证券 i 的期望收益与市场组合的协方差 $\beta_i = \dfrac{\operatorname{Cov}(\bar{\mu}_i, \bar{\mu}_M)}{\operatorname{Var}(\bar{\mu}_M)}$，可得

$$E(R_i) = R_f + \beta_i\left[E(R_M) - R_f\right] \tag{6-5}$$

协方差 β_i 衡量了单个证券与整体市场组合的联动性，表示单个证券的风险。这一描述单个证券预期收益 $E(R_i)$ 与风险系数 β_i 之间关系的公式就是 CAPM 资产定价公式。该式表明，当资本市场达到均衡状态时风险的边际收益不变，即增加一个单位的风险所得到的

补偿是相同的。

三、资产定价实证检验

根据 CAPM 公式可得以下内容：第一，β_i 的系数等于市场组合的超额收益率；第二，β_i 是解释风险资产收益的唯一因素，承受非市场风险不应有额外收益；第三，β_i 与证券收益线性相关。下面将对上述推论进行实证检验。

早期的检验主要以股票为对象，假定市场上所有股票的收益分布都是随时间稳定的。用下标 i 表示第 i 只股票，下标 t 表示第 t 期（$i=1,2,\cdots,I$；$t=1,2,\cdots,T$），记第 i 只股票的 β 值为 β_i。先用时间序列回归估计 β_i，再用估计出的 β_i 进行横截面回归来检验上述 3 条推论。CAPM 中的 $E(R_i)$ 是不可观测的期望收益，实践中使用实际收益代替期望收益，将公式（6-5）改写为

$$r_{i,t}-r_{f,t}=\alpha_i+\beta_i\left(r_{m,t}-r_{f,t}\right)+e_{i,t}$$

其中，$r_{i,t}$ 为股票 i 在 t 期的收益率；$r_{f,t}$ 为 t 期的无风险收益率；$r_{m,t}$ 为市场组合在 t 期的收益率。

检验 CAPM 最著名的三种方法分别是 Black 等（1972）的时间序列和横截面回归［BJS（Black-Jensen-Scholes）检验方法］、Fama 和 MacBeth（1973）的横截面回归［FM（Fama-MacBeth）检验方法］、Fama 和 French（1992）的三因子模型［FF（Fama-French）检验方法］，接下来分别介绍这三种方法。

（一）BJS 检验方法

Black 等（1972）以 1926 年至 1965 年在纽约证券交易所上市的全部股票为研究对象，将 1926 年至 1947 年的交易所商业本票利率和 1948 年至 1965 年的美国国库券利率作为对应时期的无风险收益率，将每月月初样本股票构成的等权重组合作为市场组合。先通过时间序列回归估计 β_i，再利用横截面回归检验 CAPM 是否成立。该方法被称为 BJS 检验方法，具体步骤如下。

（1）将形成期 1926 年至 1930 年各股票样本的月收益率对市场月收益率进行时间序列回归，得到 β_i 的估计值 $\hat{\beta}_i$。

（2）针对个股的回归残差在横截面上是非独立的，为缓解该问题，使用（1）中估计得到的 $\hat{\beta}_i$，在 1931 年构造 10 个投资组合 w（w=1,2,⋯,10）。然后计算出 10 个投资组合在检验期 1931 年 t 月的月度收益率 $r_{w,t}$，$r_{w,t}$ 是组合 w 包含的所有个股的 t 月收益率的加权平均值。

（3）将形成期递推至 1927 年至 1931 年，检验期递推至 1932 年。用 1927 年至 1931 年的数据估计 β_i，依据估计值 $\hat{\beta}_i$ 构造 10 个投资组合并计算各组合于 1932 年每月的月度收益率。

（4）重复以上步骤，得到 10 个组合 1931 年至 1965 年共 420 个月度收益率 $r_{w,t}$，如图 6-1 所示。

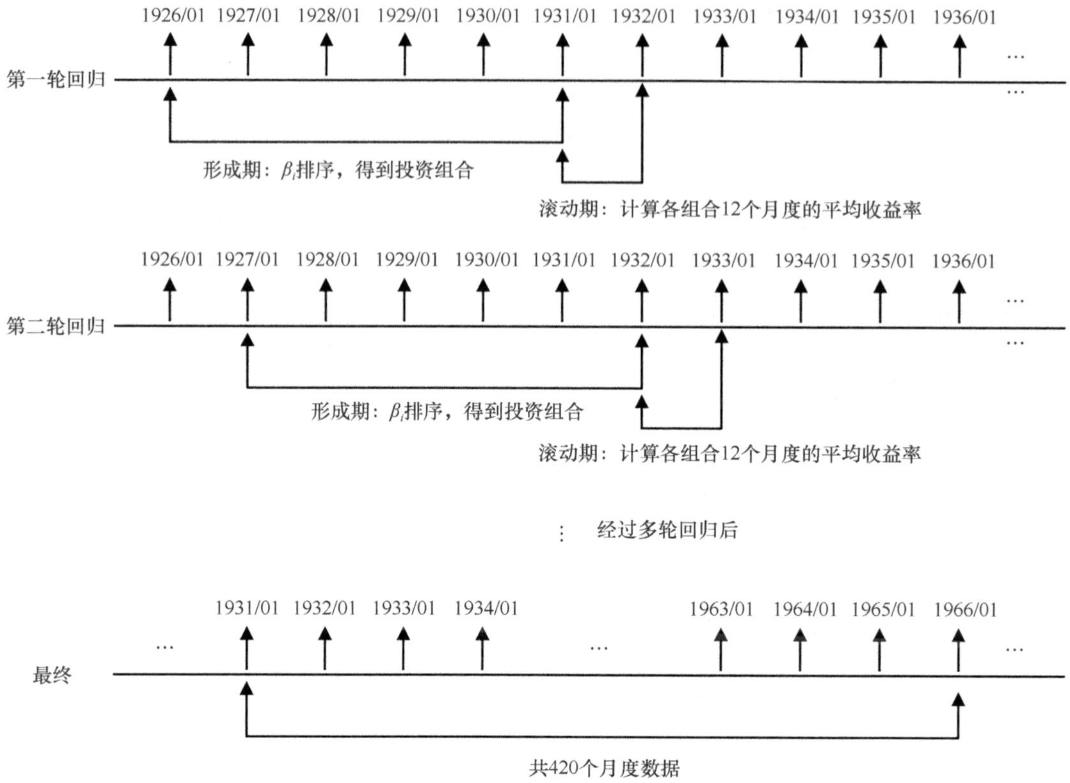

图 6-1　BJS 检验滚动回归过程

（5）用投资组合的月收益率 $r_{w,t}$ 对市场月收益率 $r_{m,t}$ 进行时间序列回归，得到 $\hat{\beta}_w$ 和 $\hat{\alpha}_w$。如表 6-1 所示，10 个组合中有 7 个组合的 $\hat{\alpha}_w$ 与 0 无显著差异，符合 CAPM。

表 6-1　BJS 时间序列回归结果

参数	W_1	W_2	W_3	W_4	W_5	W_6	W_7	W_8	W_9	W_{10}
$\hat{\beta}_w$	1.5614	1.3838	1.2483	1.1625	1.0572	0.9229	0.8531	0.7534	0.6291	0.4992
$\hat{\alpha}_w$	−0.0829	−0.1938	−0.0649	−0.0167	−0.0534	0.0593	0.0462	0.0812	0.1968	0.2012
$t(\hat{\alpha}_w)$	−0.4274	−1.9935	−0.7597	−0.2468	−0.8869	0.7878	0.7050	1.1837	2.3126	1.8684

（6）使用横截面回归检验投资组合的期望收益率和风险之间是否存在线性关系，检验周期包括 1931 年至 1965 年和从中划分出的四个子时期，如表 6-2 第一列所示。横截面回归方程如式（6-6）所示：

$$\overline{R}_w = \gamma_0 + \gamma_1 \times \hat{\beta}_w + \varepsilon_w \quad (w=1,2,\cdots,10) \tag{6-6}$$

其中，$\overline{R}_w = \overline{r}_{w,t} - \overline{r}_{f,t}$，为投资组合于 1931 年至 1965 年的平均超额收益率。若 CAPM 成

立，模型（6-6）的回归结果应有 $\hat{\gamma}_0=0$，$\hat{\gamma}_1=\bar{R}_m$，$\bar{R}_m$ 是样本期内市场组合的平均超额收益率。回归结果如表 6-2 所示，$\hat{\gamma}_0$ 与 0 以及 $\hat{\gamma}_1$ 与 $\bar{R}_m$ 均存在显著差异，与 CAPM 的推论相反。

表 6-2 BJS 横截面回归结果

检验周期	$\hat{\gamma}_0$	$t(\hat{\gamma}_0)$	$\hat{\gamma}_1$	$\bar{R}_m$	$t(\gamma_1-\hat{\gamma}_1)$
1931/01—1965/12	0.0036	6.52	0.0108	0.0142	6.53
1931/01—1939/09	−0.0080	−4.45	0.0304	0.0220	−4.91
1939/10—1948/06	0.0044	3.20	0.0107	0.0149	3.23
1948/07—1957/03	0.0078	7.40	0.0033	0.0112	7.98
1957/04—1965/12	0.0102	18.89	−0.0012	0.0088	19.61

（二）FM 检验方法

Fama 和 MacBeth（1973）同样采用先估计 β_i，再通过横截面回归检验 CAPM 的方法。由于无法避免估计值 $\hat{\beta}_i$ 与真实值 β_i 存在的差异，检验结果可能有误。投资组合 $w(1,2,\cdots,W)$ 是由多只个股组合而成的股票组合。记第 w 个投资组合的 β 值为 β_w，β_w 等于组合内所有个股 β_i 的加权平均。只要 $\hat{\beta}_i$ 的估计误差不是完全相关，$\hat{\beta}_w$ 相较于 β_w 就会比 $\hat{\beta}_i$ 相较于 β_i 更加准确。因此在组合层面检验模型可以缓解估计误差对检验模型的影响。为了减少信息损失，按 $\hat{\beta}_i$ 的大小对股票排序构造投资组合，让不同组合的 $\hat{\beta}_w$ 存在差异。由于 $\hat{\beta}_i$ 越大越有可能是高估的，反之则是低估的，该分组方式使得同一方向的误差在投资组合内增强，加权求和得到的 $\hat{\beta}_w$ 将会是有偏的。用下一期的个股数据重新计算 $\hat{\beta}_i$，对不同股票而言，新的 $\hat{\beta}_i$ 具有的估计误差几乎是随机分布的。根据新的 $\hat{\beta}_i$ 计算 $\hat{\beta}_w$ 就能使误差双向增强问题得到缓解。

以 1926 年至 1968 年在纽约证券交易所上市的股票为研究对象检验 CAPM。为检验期望收益与风险之间是否存在非线性关系，在 CAPM 的基础上加入了 β 的平方项。为检验期望收益是否受 β 之外风险的影响，加入非系统性风险 S。模型设定如下：

$$r_{i,t}=\gamma_{0,t}+\gamma_{1,t}\hat{\beta}_i+\gamma_{2,t}\hat{\beta}_i^2+\gamma_{3,t}S_i+\eta_{i,t}$$

其中，$r_{i,t}$ 为股票 i 在 t 期的收益率；$\hat{\beta}_i$ 为股票 i 的系统性风险；S_i 为股票 i 的非系统性风险；$\eta_{i,t}$ 为残差项。检验步骤如图 6-2 所示。

（1）用形成期 1926 年至 1929 年个股的月度收益率对市场组合收益率进行时间序列回归估计出 $\hat{\beta}_i$，根据 $\hat{\beta}_i$ 的大小对股票排序，构造 20 个投资组合。

（2）用初始估计期 1930 年至 1934 年的数据重新计算 $\hat{\beta}_i$，对投资组合 w 内所有个股的 $\hat{\beta}_i$ 取均值作为 1935 年 1 月 β_w 的估计值，记为 $\hat{\beta}_{w,t}$，表示投资组合 w 在 t 时期具有的系统性风险。在 1935 年 2 月至 1935 年 12 月，每月将退市的股票从投资组合中剔除后重新计算 $\hat{\beta}_{w,t}$，得到 20 个投资组合在 1935 年每月的 $\hat{\beta}_{w,t}$。对于股票 i，用 1935 年的月度收益作为被解释变量对市场收益进行时间序列回归，回归残差的标准差 $s(\hat{\epsilon}_i)$ 表示股票

i 具有的非系统性风险。

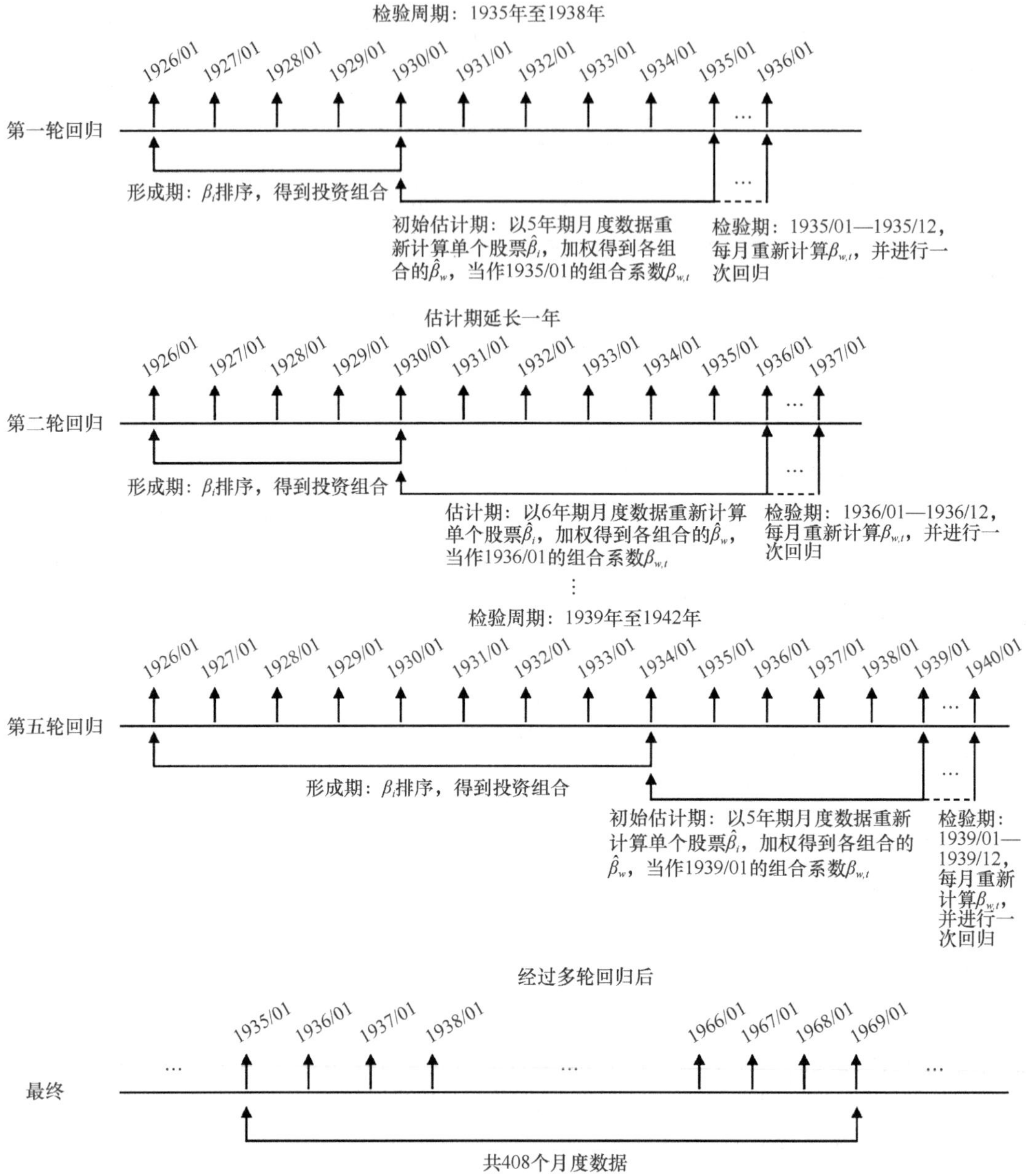

图 6-2　FM 检验滚动回归过程

（3）将估计期向后延长一年，用新的估计期的数据重复步骤（2），直到估计期为1930年至1937年。即接下来用1930年至1935年的数据重新计算 $\hat{\beta}_i$ 并估计1936年的 $\hat{\beta}_{w,t}$ 和 $s\left(\hat{\epsilon}_i\right)$。以此类推，得到检验期1935年至1938年20个投资组合的月度 $\hat{\beta}_{w,t}$ 和个股的年度 $s\left(\hat{\epsilon}_i\right)$。

（4）1935年至1938年的每个月进行横截面回归，估计得到 $\hat{\gamma}_{i,t}$（i=0, 1, 2, 3），回

归公式如下：

$$\gamma_{w,t}=\hat{\gamma}_{0,t}+\hat{\gamma}_{1,t}\hat{\beta}_{w,t-1}+\hat{\gamma}_{2,t}\hat{\beta}_{w,t-1}^{2}+\hat{\gamma}_{3,t}\overline{s}_{w,t-1}(\hat{\epsilon}_{i})+\hat{\eta}_{w,t} \qquad (6\text{-}7)$$

其中，$\gamma_{w,t}$ 为投资组合 w 内个股收益的均值；$\hat{\beta}_{w,t-1}$ 为 $\hat{\beta}_i$ 的均值；$\hat{\beta}_{w,t-1}^2$ 为 $\hat{\beta}_i^2$ 的均值；$\overline{s}_{w,t-1}(\hat{\epsilon}_i)$ 为 $s(\hat{\epsilon}_i)$ 的均值。

（5）按表 6-3 调整形成期、初始估计期和检验期，重复步骤（1）至步骤（5），得到 1935 年至 1968 年 408 个月 20 个投资组合的估计系数 $\hat{\gamma}_i$，检验回归系数是否符合 CAPM 的推论。更新投资组合需要重新计算 $\hat{\beta}_i$，每年更新一次的计算量较大，因此每四年更新一次，相应的检验期的长度为四年。使用不同时间长度的样本估计的模型参数可能存在差异，形成期的长度选择应满足用该时间跨度样本估计的模型参数尽可能贴近全时期。除了第一个子时期，其余子时期的形成期设置为 7 年。重新计算 $\hat{\beta}_i$ 时，估计期的样本量越大，由抽样误差导致的 $\hat{\beta}_i$ 的波动越小，对模型系数的估计越有效。因此在每一个检验周期中，估计期的开始时间保持不变，每 12 次回归后将结束时间后移一年继续估计次年 12 个月的系数。对于每个周期，四轮回归对应的估计期长度分别为 5 年、6 年、7 年和 8 年。

表 6-3 形成期、初始估计期和检验期

项目	周期				
	1	2	3	4	5
形成期	1926—1929 年	1927—1933 年	1931—1937 年	1935—1941 年	1939—1945 年
初始估计期	1930—1934 年	1934—1938 年	1938—1942 年	1942—1946 年	1946—1950 年
检验期	1935—1938 年	1939—1942 年	1943—1946 年	1947—1950 年	1951—1954 年
项目	周期				
	6	7	8	9	
形成期	1943—1949 年	1947—1953 年	1951—1957 年	1955—1961 年	
初始估计期	1950—1954 年	1954—1958 年	1958—1962 年	1962—1966 年	
检验期	1955—1958 年	1959—1962 年	1963—1966 年	1967—1968 年	

1935 年至 1968 年 6 月以及三个子时期的回归结果如表 6-4 所示。面板 A 是只考虑系统性风险的结果，对应 CAPM；面板 B 和面板 C 分别是加入系统性风险平方项和非系统性风险的结果；面板 D 是考虑所有因素的结果。面板 A 的结果说明，期望回报与系统性风险在全时期和 1946 年至 1955 年存在显著的正相关关系，但在 1935 年至 1945 年和 1956 年至 1968 年 6 月两个子时期无显著关系。面板 B 中，除了 1946 年至 1955 年这个子时期的 $t(\overline{\hat{\gamma}}_2)$ 为−2.83，其他时期的 $t(\overline{\hat{\gamma}}_2)$ 均接近零，说明期望回报和风险之间不存在非线性关系。面板 C 和面板 D 中，$\overline{\hat{\gamma}_3}$ 只在少数子样本期显著，无法说明非系统性风险对资产收益具有显著影响。上述结果说明，无法拒绝 CAPM 对资产收益和风险关系的推断，但可能存在其他影响收益的因素。

表 6-4　FM 横截面回归结果

检验周期	$\overline{\hat{\gamma}_0}$	$\overline{\hat{\gamma}_1}$	$\overline{\hat{\gamma}_2}$	$\overline{\hat{\gamma}_3}$	$\overline{\hat{\gamma}_0}-\overline{r_f}$	$\overline{r_m}-\overline{r_f}$
			面板 A			
1935–1968/06	0.0061（3.24）	0.0085（2.57）			0.0048（2.55）	0.0130（4.28）
1935–1945	0.0017（0.26）	0.0104（1.41）			0.0037（0.82）	0.0195（2.54）
1946–1955	0.0110（3.78）	0.0075（1.47）			0.0078（3.31）	0.0103（2.60）
1956–1968/06	0.0042（1.28）	0.0041（0.96）			0.0034（1.39）	0.0095（2.92）
			面板 B			
1935–1968/06	0.0049（1.92）	0.0105（1.79）	−0.0008（−0.29）			
1935–1945	0.0074（1.39）	0.0079（0.65）	0.0040（0.61）			
1946–1955	−0.0002（−0.07）	0.0217（2.51）	−0.0087（−2.83）			
1956–1968/06	0.0069（1.56）	0.0040（0.42）	0.0013（0.29）			
			面板 C			
1935–1968/06	0.0054（2.10）	0.0072（2.20）		0.0198（0.46）		
1935–1945	0.0017（0.26）	0.0104（1.41）		0.0841（1.05）		
1946–1955	0.0110（3.78）	0.0075（1.47）		−0.1052（−1.89）		
1956–1968/06	0.0042（1.28）	0.0041（0.96）		0.0633（0.79）		
			面板 D			
1935–1968/06	0.0020（0.55）	0.0114（1.85）	−0.0026（−0.86）	0.0516（1.11）		
1935–1945	0.0011（0.13）	0.0118（0.94）	−0.0009（−0.14）	0.0817（0.94）		
1946–1955	0.0017（0.44）	0.0209（2.39）	−0.0076（−2.16）	−0.0378（−0.67）		
1956–1968/06	0.0031（0.59）	0.0034（0.34）	−0.0000（−0.00）	0.0960（1.11）		

（三）FF 检验方法

CAPM 的核心预测是证券的期望收益与 β 正相关，β 能够充分地解释证券的横截面收益，一些实证检验结果却与之违背。最著名的是使用 β 预测的股票横截面收益在市值（market equity，ME）小的公司上偏高，而在市值大的公司上偏低。这说明市值同样具有解释股票横截面收益的能力。股票市值衡量了股票规模，该现象被称为规模效应。随后的研究发现，即使同时考虑了 β 和市值，账面市值比（book-to-market equity，BE/ME）、财务杠杆系数（degree of financial leverage，DFL）和盈利价格比（earnings-to-price，E/P）也能帮助解释股票横截面收益。这些变量都可以被视为衡量股价的不同方式，可能包含股票风险和收益关系的信息。为检验 CAPM 的核心预测是否成立，Fama 和 French（1992）分析了 β、ME、BE/ME、DFL 和 E/P 五个指标对股票横截面收益的共同作用。

以 1968—1989 年美国三大交易所的股票为样本，使用 Fama 和 MacBeth（1973）的横截面回归估计模型系数。按市值排序将股票样本分为 10 组，每组按个股 β_i 大小再分为 10 组，得到 100 个投资组合。由于估计投资组合的 β 值比个股更准确，以往的检验大多针对投资组合，但个股的 ME、DFL 和 BE/ME 是用财务数据计算得到的准确结果，没有理由在使用 Fama 和 MacBeth（1973）构造投资组合方法的过程中模糊掉这些变量中的信息。因此 Fama 和 French（1992）在估计出投资组合的 β 后将其作为组合内个股的 β，并用它来检验个股层面的模型效果。在 CAPM 的基础上逐步加入解释变量 ME、BE/ME、DFL 和 E/P，每个月对个股月度收益和解释变量进行截面回归，再将系数取时序上的平均值作为最终的系数估计值。

回归结果如表 6-5 所示，其中 A 代表资产总值，资产总值和股票市值之比（A/ME）代表市场杠杆，资产总值和账面价值之比（A/BE）代表账面杠杆，可通过 ln(BE/ME)= ln(A/ME)−ln(A/BE)换算而得。从表 6-5 可知 β_w 无法完全解释股票收益率，ME 也具有显著的解释能力。单独考虑 E/P 能够预测股票收益率，但加入 ME 和 BE/ME 后，E/P 失去了解释能力，说明 ME 和 BE/ME 是解释股票收益率的决定性因素。

表 6-5 FF 横截面回归结果

β_w	ln(ME)	ln(BE/ME)	ln(A/ME)	ln(A/BE)	E/P Dummy	$E(+)/P$
0.15 （0.46）						
	−0.15*** （−2.58）					
−0.37 （−1.21）	−0.17*** （−3.41）					
		0.50*** （5.71）				
			0.50*** （5.69）	−0.57*** （−5.34）		
					0.57** （2.28）	4.72*** （4.57）
	−0.11** （−1.99）	0.35*** （4.44）				
	−0.11** （−2.06）		0.35*** （4.32）	−0.50*** （−4.56）		
	−0.16*** （−3.06）				0.06 （0.38）	2.99*** （3.04）
	−0.13** （−2.47）	0.33*** （4.46）			−0.14 （−0.90）	0.87 （1.23）
	−0.13** （−2.47）		0.32*** （4.28）	−0.46*** （−4.45）	−0.08 （−0.56）	1.15 （1.57）

注：小括号内的数字表示 t 值

、*分别表示显著性水平为 5%、1%

如果市场是一个整体，定价模型也可以解释其他资产的回报，如债券回报。规模和账面市值比等变量是针对股票的，在债券回报中发挥相似作用的是期限结构变量，但无法纳入横截面回归。使用时间序列回归，期限结构等变量可以加入模型，从而使模型的测试范围拓展到债券等更广泛的资产上。

记 $\mathrm{MK}_t = r_m - r_f$ 为市场因子。r_m 是以市值为权重，对市场上所有股票月度收益率加权得到的收益率，r_f 是一月期国债收益率。根据公式，市场因子是由市场上所有股票构成的投资组合具有的超额收益率，表示承担一单位市场层面的系统性风险所能获得的收益，是一个系统性风险因子。记 SMB 为规模因子，HML 为账面市值比因子。Fama 和 French（1992）以 1968 年至 1989 年间美国三大交易所中所有的股票为样本，使用时间序列回归方法检验市场因子能否稳定发挥作用，以及另外两个因子能否为资产定价。具体步骤如下。

（1）构造规模因子和账面市值比因子，模拟资产承担系统性的与规模和账面市值比相关的风险所能获得的收益。市场因子用承担市场风险的资产与不承担市场风险的资产具有的收益之差表示。如果存在与市值相关驱动收益的风险，那么该风险对应的收益就等于承担市值风险的资产与不承担市值风险的资产具有的收益之差。市值小的股票收益高，说明它们承担了较多的与市值相关的系统性风险。因此用市值小和市值大的股票分别构造投资组合，用投资组合的收益来模拟承担市值风险和不承担市值风险的股票能够获得的收益，二者之差即为规模因子。与账面市值比相关的风险同理。为构造规模因子，以每年 6 月底的股票市场价格计算股票规模，作为下一年规模的分组依据。以纽约证券交易所股票按市值从小到大排序后的中位数为分组标准，将所有股票分为大、小两组。为构造账面市值比因子，以每年末的账面价值和股票规模计算出的账面市值比作为下一年的分组依据。以纽约证券交易所股票按账面市值比从小到大排序后的三十百分位数、七十百分位数作为分组标准，将所有股票分为低（L）、中（M）、高（H）三组。两次分组后，所有股票均有市值、账面市值比两个标签，每年 6 月底重新分组。标签相同的股票构成投资组合，得到表 6-6 中的 6 个投资组合。

表 6-6 FF 分组结果

项目		账面市值比分组		
		H	M	L
市值分组	S	S/H	S/M	S/L
	B	B/H	B/M	B/L

注：S 表示 samll，市值小；B 表示 big，市值大

计算 6 个投资组合的月度市值加权收益率，分别记为 $r_{S/H}$、$r_{S/M}$、$r_{S/L}$、$r_{B/H}$、$r_{B/M}$、$r_{B/L}$，按下式计算出月度 SMB 与 HML：

$$\mathrm{SMB}=\frac{1}{3}\left(r_{S/H}+r_{S/M}+r_{S/L}\right)-\frac{1}{3}\left(r_{B/H}+r_{B/M}+r_{B/L}\right)$$

$$\mathrm{HML}=\frac{1}{2}\left(r_{S/H}+r_{B/H}\right)-\frac{1}{2}\left(r_{S/L}+r_{B/L}\right)$$

其中，SMB 和 HML 分别为剔除账面市值比因素后小规模与大规模股票组合收益率的差异，以及剔除规模因素后高账面市值比与低账面市值比股票组合收益率的差异。

（2）时间序列回归的被解释变量是股票收益。Fama 和 MacBeth（1973）为了缓解在个股层面检验 CAPM 存在的估计误差问题，根据 $\hat{\beta}_i$ 对股票排序构造了 20 个投资组合，并在组合层面检验模型。Fama 和 French（1992）同样采用在投资组合层面检验模型的

方式。为了分析使用上述方法构造的因子是否捕捉到了与规模和账面市值比相关的系统性风险，将股票分别按照市值、账面市值比等分为五组，构造出共5×5个投资组合。以投资组合的超额收益率$r_{w,t}-r_{f,t}$作为被解释变量。$r_{w,t}$是以股票市值为权重，对投资组合w中所有股票t月的收益率加权得到的组合收益率，$r_{f,t}$是一月期国债在t月的收益率。

（3）使用1963年7月至1991年12月共342个月的数据，按照放入市场因子、放入规模因子和账面市值比因子、同时放入三种因子的顺序，对25个组合进行时间序列回归。回归方程如式（6-8）—式（6-10）所示，回归结果见表6-7—表6-9：

$$r_{w,t}-r_{f,t}=\alpha_w+b_w\left(r_{m,t}-r_{f,t}\right)+e_w \tag{6-8}$$

$$r_{w,t}-r_{f,t}=\alpha_w+s_w\text{SMB}_t+h_w\text{HML}_t+e_w \tag{6-9}$$

$$r_{w,t}-r_{f,t}=\alpha_w+b_w\left(r_{m,t}-r_{f,t}\right)+s_w\text{SMB}_t+h_w\text{HML}_t+e_w \tag{6-10}$$

表6-7　式（6-8）回归结果

规模五分位	账面市值比五分位									
	b					系数b的t值				
	低	2	3	4	高	低	2	3	4	高
小	1.40	1.26	1.14	1.06	1.08	26.33	28.12	27.01	25.03	23.01
2	1.42	1.25	1.12	1.02	1.13	35.76	35.56	33.12	33.14	29.04
3	1.36	1.15	1.04	0.96	1.08	42.98	42.52	37.50	35.81	31.16
4	1.24	1.14	1.03	0.98	1.10	51.67	55.12	46.96	37.00	32.76
大	1.03	0.99	0.89	0.84	0.89	51.92	61.51	43.03	35.96	27.75

规模五分位	账面市值比五分位									
	R^2					残差项e的标准误差				
	低	2	3	4	高	低	2	3	4	高
小	0.67	0.70	0.68	0.65	0.61	4.46	3.76	3.55	3.56	3.92
2	0.79	0.79	0.76	0.76	0.71	3.34	2.96	2.85	2.59	3.25
3	0.84	0.84	0.80	0.79	0.74	2.65	2.28	2.33	2.26	2.90
4	0.89	0.90	0.87	0.80	0.76	2.01	173	1.84	2.21	2.83
大	0.89	0.92	0.84	0.79	0.69	1.66	1.35	1.73	1.95	2.69

表6-8　式（6-9）回归结果

规模五分位	账面市值比五分位									
	s					系数s的t值				
	低	2	3	4	高	低	2	3	4	高
小	1.93	1.73	1.63	1.59	1.67	22.52	21.38	21.88	22.30	22.16
2	1.52	1.46	1.35	1.18	1.40	17.23	17.68	17.08	15.47	16.42
3	1.28	1.12	1.05	0.93	1.16	14.43	13.89	13.42	1213	13.45
4	0.86	0.82	0.77	0.72	0.95	10.16	9.64	9.29	8.57	10.02
大	0.28	0.35	0.22	0.29	0.44	3.70	4.39	2.79	3.69	5.02

续表

规模五分位	账面市值比五分位									
	h					系数 h 的 t 值				
	低	2	3	4	高	低	2	3	4	高
小	−0.95	−0.57	−0.35	−0.18	−0.01	−9.72	−6.19	−4.10	−2.20	−0.16
2	−1.23	−0.66	−0.38	−0.16	−0.00	−12.25	−7.02	−4.20	−1.82	−0.05
3	−1.09	−0.65	−0.31	−0.11	−0.01	−10.84	−7.07	−3.43	−1.23	−0.12
4	−1.11	−0.65	−0.36	−0.11	−0.01	−11.43	−6.69	−3.80	−1.12	−0.09
大	−1.07	−0.65	−0.42	−0.06	−0.08	−12.46	−7.07	−4.64	−0.66	−0.81

规模五分位	账面市值比五分位									
	R^2					残差项 e 的标准误差				
	低	2	3	4	高	低	2	3	4	高
小	0.65	0.60	0.60	0.60	0.59	4.57	4.31	3.98	3.79	4.01
2	0.59	0.53	0.49	0.42	0.44	4.68	4.41	4.20	4.06	4.53
3	0.51	0.43	0.37	0.31	0.35	4.71	4.31	4.19	4.10	4.60
4	0.43	0.30	0.24	0.18	0.23	4.53	4.55	4.40	4.48	5.06
大	0.34	0.18	0.08	0.04	0.06	4.02	4.27	4.20	4.19	4.69

表 6-9　式（6-10）回归结果

规模五分位	账面市值比五分位									
	b					系数 b 的 t 值				
	低	2	3	4	高	低	2	3	4	高
小	1.04	1.02	0.95	0.91	0.96	39.37	51.80	60.44	59.73	57.89
2	1.11	1.06	1.00	0.97	1.09	52.49	61.18	55.88	61.54	65.52
3	1.12	1.02	0.98	0.97	1.09	56.88	53.17	50.78	54.38	52.52
4	1.07	1.08	1.04	1.05	1.18	53.94	53.51	51.21	47.09	46.10
大	0.96	1.02	0.98	0.99	1.06	60.93	56.76	46.57	53.87	38.61

规模五分位	账面市值比五分位									
	s					系数 s 的 t 值				
	低	2	3	4	高	低	2	3	4	高
小	1.46	1.26	1.19	1.17	1.23	37.92	44.11	52.03	52.85	50.97
2	1.00	0.98	0.88	0.73	0.89	32.73	38.79	34.03	31.66	36.78
3	0.76	0.65	0.60	0.48	0.66	26.40	23.39	21.23	18.62	21.91
4	0.37	0.33	0.29	0.24	0.41	12.73	11.11	9.81	7.38	11.01
大	−0.17	−012	−0.23	−0.17	−0.05	−7.18	−4.51	−7.58	−6.27	−1.18

规模五分位	账面市值比五分位									
	h					系数 h 的 t 值				
	低	2	3	4	高	低	2	3	4	高
小	−0.29	0.08	0.26	0.40	0.62	−6.47	2.35	9.66	15.53	22.24
2	−0.52	0.01	0.26	0.46	0.70	−14.57	0.41	8.56	17.24	24.80
3	−0.38	−0.00	0.32	0.51	0.68	−11.26	−0.05	9.75	16.88	19.39
4	−0.42	0.04	0.30	0.56	0.74	−12.51	1.04	8.83	14.84	17.09
大	−0.46	0.00	0.21	0.57	0.76	−17.03	0.09	5.80	18.34	16.24

续表

规模五分位	账面市值比五分位									
	R^2					残差项 e 的标准误差				
	低	2	3	4	高	低	2	3	4	高
小	0.94	0.96	0.97	0.97	0.96	1.94	1.44	1.16	1.12	1.22
2	0.95	0.96	0.95	0.95	0.96	1.55	1.27	1.31	1.16	1.23
3	0.95	0.94	0.93	0.93	0.93	1.45	1.41	1.43	132	1.52
4	0.94	0.93	0.91	0.89	0.89	1.46	1.48	1.49	1.63	1.88
大	0.94	0.92	0.88	0.90	0.83	1.15	1.32	1.55	1.36	2.02

由表 6-7 至表 6-9 可知，在仅考虑市场因子时，各投资组合回归结果的 R^2 均超 0.6，说明市场因子对投资组合收益率具有一定的解释能力；大市值组的 R^2 明显高于小市值组，说明市场因子对大市值股票组合收益的解释能力更强。考虑规模因子和账面市值比因子时，各投资组合回归结果的 R^2 大部分低于 0.6，说明二者对投资组合收益率的解释能力并不理想；小市值组的 R^2 明显高于大市值组，说明规模因子和账面市值比因子对小市值组合的解释能力更强。同时考虑市场因子、规模因子和账面市值比因子时，各投资组合回归结果的 R^2 大多数在 0.90 以上，说明三个因子对所有投资组合的收益都有较强的解释力。上述结果证明了市场因子并非投资组合收益的唯一影响因素，市场因子、规模因子和账面市值比因子能够解释大部分股票收益的变化，FF 三因子模型应运而生。

第三节　公司另类数据

公司另类数据能够对财务数据形成补充，帮助投资者分析公司经营状况和预测股价波动情况。本节介绍公司另类数据的类型及其在股票市场的应用。

一、公司另类数据概述

（一）传统金融数据的局限

知识拓展：上市公司的信息披露

上市公司须按照有关规定公开披露公司业绩和可能对股价产生重大影响的事件。信息披露的内容包括对投资者的价值判断和投资决策有重大影响的信息，以及投资者尚未得知的可能对上市公司证券及其衍生品交易价格产生重大影响的信息。信息披露的文件有招股说明书、上市公告书、定期报告和临时报告等。

以财务报表为代表的传统金融数据是投资者了解公司经营状况，预测未来表现的重要信息源。由于其存在易造假、单一性和滞后性的局限，投资者仅依赖传统金融数据并不能达成目的。

1. 易造假

财务报表由上市公司编制并公布。管理层出于保全职位、获取奖励、操纵股价等动机，可能选择性地披露数据，甚至直接造假。例如，某公司通过虚构交易的方式虚增 2019 年第二季度到第四季度的收入，报告的 29 亿元营业收入中有约 22 亿元为虚构。承认财务造假后，该公司及其关联公司的股价经历了暴跌和停盘，给投资者造成了巨大损失，最终在 2020 年 6 月 29 日从纳斯达克退市。

2. 单一性

公司财报主要呈现与经营和现金流相关的财务信息，对影响公司发展的其他关键因素，如人力资源、核心技术、产品竞争力、供应链整合能力和品牌影响力的体现较少。投资者难以从公司财报中获取多角度、多维度的企业信息。

3. 滞后性

传统金融数据的披露周期较长，滞后于公司当前的经营情况。例如，年报通常在年度结束后的 4 个月内披露，半年报通常在半年度结束后的 2 个月内披露，季报通常在季度结束后的 1 个月内披露。

（二）公司另类数据的内涵

1. 公司另类数据的含义

另类数据是相对于传统数据的概念。传统数据是格式统一、易于获取、已经在投资领域广泛应用的数据，其他有利于投资者进行投资决策的数据统称为另类数据。当另类数据逐渐被市场接纳和使用时就不再“另类”。近年来，公司另类数据逐渐受到资本市场的关注。国际咨询公司格林威治（Greenwich）在 2023 年的研究报告中指出，44%的机构资产管理公司和对冲基金已在构建投资组合的过程中使用另类数据，73%的受访者表示他们在过去两年中使用另类数据的频次增加。

2. 公司另类数据的特点

1）难造假

公司另类数据一般由第三方产生或提供，相较于财报数据的造假难度更高。例如，手机移动定位这类不易被篡改的地理位置数据可以提供零售店、餐馆、电影院和酒店等门店的客流量信息，帮助投资者了解企业真实的经营情况。

2）多样性

公司另类数据的形式和类别多样。不同于传统金融数据的结构化，另类数据通常以文本、图片、视频等非结构化的形式存在，常见的有物流数据、信用卡消费数据、商场停车场卫星图片等。

3）时效性

公司另类数据的时效性更强。例如，商场的实时人流数据和快递公司的实时物流数据能够实时反映公司的经营活动开展情况，而传统数据通常反映公司过去的经营状况。

二、公司另类数据的类型与价值

（一）公司另类数据的类型

公司另类数据种类繁多，常见的有销售数据、物流数据、众包数据和关系网络数据。

1. 公司销售数据

财报中的销售数据存在时间滞后、不够准确等问题，难以有效指导投资决策。投资者使用另类销售数据可以更及时准确地刻画客户的购买行为，估计公司经营业绩，例如，使用卫星获取零售商的客流量信息来估计零售商的销售额。

2. 公司物流数据

物流数据是在开展物流活动的过程中产生的文本、图像等数据的总称。在公司和客户、供应商、投资者、政府等利益关联方之间进行业务往来的过程中，传递信函、商业文件等物品都需要用到物流。国际咨询公司格林威治在2016年的调查报告中指出，在种类繁多的公司另类数据中，物流数据在资产经理的获取愿望清单上排名第一。

3. 公司众包数据

众包是一种在大众的帮助下构建数据集的方法。通过在众包网站内上传公司相关的任务或问卷收集到的反馈数据就是公司众包数据。公司众包数据可以较低的成本在较短时间内收集到，通常来自可实现交互和数据收集功能的应用程序或网络平台。

4. 公司关系网络数据

公司关系网络是董监高、政府、投资者等利益相关者由于特定的社交关系而形成的，包括以供需关系为基础形成的贸易网络、以员工或管理层的社会关系为基础形成的社会关系网络、以企业所有权关系为基础形成的股权网络等。将关系网络的内容以文本或图形的方式记录下来就形成了公司关系网络数据。

（二）公司另类数据的价值

投资者可以利用公司另类数据研究公司的运营情况和发展潜力，探索公司之间的潜在关联并推测公司绩效。例如，投资者可以通过分析研报、财经新闻等文本预测个股表现；使用搜索引擎的搜索指数、点击率等数据，构造衡量投资者关注度和投资者情绪的指标；分析信用卡数据、电商消费数据、消费者足迹等与公司营业收入相关的数据，推测公司运营情况；利用产业链上客户和供应商的盈利表现，预测公司自身的股票回报；通过相邻地理位置公司的违约情况，分析发债企业评级的变化。

三、公司另类数据与股票

（一）公司物流数据与股票收益

股票收益受公司基本面影响。传统金融数据往往不能反映公司基本面的所有信息，使用该数据预测的股票收益存在偏差。公司另类数据通过提供传统数据之外的公司基本面信息，帮助投资者更准确地预测股票收益。物流数据提供公司与供应商的合作情况以及客户对产品的需求量信息，可用于推测公司基本面。公司与供应商之间的物流规模扩大意味着原材料供应更充足，与客户之间的物流规模扩大意味着产品需求更高，均预示着公司基本面向好。

Chang 等（2020）收集了上海证券交易所和深圳证券交易所 2035 家上市公司 2012 年至 2019 年期间的物流记录以及股价数据。用包裹增长率 $_{i,q}$ 表示公司 i 在季度 q 的包裹同比增长率，根据包裹增长率 $_{i,q-1}$ 由低到高将股票分为 Q1 至 Q5 五个投资组合，控制市场因子、公司规模、账面市值比和动量因子四个因子。以价值加权方式构造投资组合，分析不同组合的月度收益，结果如表 6-10 所示。若四因子能够完全解释股票收益，投资组合的收益不应有显著差异。然而投资组合 Q1 的月度收益显著低于 Q5，采用做空 Q1 并做多 Q5 的投资策略可获得 0.809%的月度收益。这表明存在四因子无法解释但包裹增长率能够解释的收益。

表 6-10　投资组合的月度超额收益

项目	Q1	Q2	Q3	Q4	Q5
股票收益	-0.405^{***} （−2.09）	−0.260 （−1.08）	0.084 （0.49）	0.201 （0.55）	0.404^{***} （2.37）

注：小括号内的数字表示 t 值

***表示显著性水平为 1%

用收益 $_{i,t,q}$ 表示公司 i 的股票于季度 q 第 t 月的收益，使用如下回归公式分析包裹增长率对股票收益的预测能力：

$$\text{收益}_{i,t,q} = \beta_0 + \beta_1 \text{包裹增长率}_{i,t,q-1} + \text{控制变量}_{i,t,q} + \varepsilon_{i,t,q} \tag{6-11}$$

控制变量包括资产回报率、账面市值比等预测收益的常用指标。资产回报率的计算如式（6-12）所示，该指标越大表明公司盈利能力越强；账面市值比的计算如式（6-13）所示，该指标越大代表公司股票价值越被市场低估，未来股价上涨的可能性越大。

$$\text{资产回报率} = \frac{\text{公司净收益}}{\text{总资产}} \tag{6-12}$$

$$账面市值比=\frac{公司账面价值}{市场价值}=\frac{总资产-总负债}{股票数量\times股价} \quad (6\text{-}13)$$

该研究的回归结果如表 6-11 所示。$q-1$ 季度的包裹增长率和 q 季度的收益显著正相关，系数 0.324 表示包裹增长率每增长 1%，收益增加 0.324%。$q-1$ 季度的包裹增长率对 $q+1$ 季度和 $q+2$ 季度的收益同样具有显著预测能力，但该能力随时间推移逐渐下降。

表 6-11 收益和包裹增长率回归结果

项目	收益 $_{i,t,q}$	收益 $_{i,t,q+1}$	收益 $_{i,t,q+2}$	收益 $_{i,t,q+3}$
包裹增长率 $_{i,t,q-1}$	0.324*** (4.15)	0.258*** (3.07)	0.186** (2.30)	0.094 (1.10)
控制变量	控制	控制	控制	—
R^2	0.088	0.082	0.080	0.075

注：小括号内的数字表示 t 值

、*分别表示显著性水平为 5%、1%

（二）消费数据与累计异常收益

异常收益是证券实际收益与正常收益的差值，是由市场对公司基本面的预期偏差引起的。传统金融数据不能全面反映公司基本面，仅使用传统数据无法准确估计预期偏差以及异常收益。公司另类数据能够对传统金融数据形成补充，有助于更准确地解释和预测异常收益。

大量研究者通过财报中的产品销售和收益情况推断公司财务状况，估计市场预期偏差，预测股票异常收益。然而财报从销售起点记录销售额和净收益的方式在某些情况下并不准确，例如，当产品积压在经销商手中时用户并未购买，实际销售额和净收益低于财报数据。客户消费数据从销售终点记录了客户的购买信息，比财报数据更准确地体现销售额和净收益，可以提高对异常收益的预测准确性。

Agarwal 等（2021）收集了美国某大型银行六万多名客户于 2003 年 3 月 1 日至 2003 年 10 月 31 日的信用卡消费数据以及公司的股价数据。构造信用卡消费指标标准化消费额 $_{i,k,q}$、收益惊喜 $_{i,k,q}$、销售惊喜 $_{i,k,q}$ 的计算如式（6-14）—式（6-16）所示：

$$标准化消费额_{i,k,q}=\frac{消费额_{i,k,q}-行业平均消费额_{k,q}}{销售额_{i,k,q}+1} \quad (6\text{-}14)$$

$$收益惊喜_{i,k,q}=\frac{\mathrm{EPS}_{i,k,q}-\mathrm{EPS}_{i,k,q-4}}{P_{i,k,q}} \quad (6\text{-}15)$$

$$销售惊喜_{i,k,q}=\frac{\mathrm{SPS}_{i,k,q}-\mathrm{SPS}_{i,k,q-4}}{P_{i,k,q}} \quad (6\text{-}16)$$

其中，消费额 $_{i,k,q}$ 为所有客户于 q 季度在 k 行业 i 公司的信用卡消费总额；销售额 $_{i,k,q}$ 为该公司于 q 季度的销售额；行业平均消费额 $_{k,q}$ 为 k 行业所有公司在 q 季度的用户平均信用卡消费额；标准化消费额 $_{i,k,q}$ 为公司信用卡消费在整个行业的水平；$P_{i,k,q}$ 为该公司于 q 季度的股票价格；$\mathrm{EPS}_{i,k,q}$ 为该公司于 q 季度的单位股票收益；$\mathrm{SPS}_{i,k,q}$ 为该公司于 q

季度的单位股票销售额；收益惊喜 $_{i,k,q}$ 和销售惊喜 $_{i,k,q}$ 常被用于预测股票异常收益，越高代表公司盈利能力越强，经营状况越好。

各指标的相关性系数如表 6-12 所示。消费额 $_{i,k,q}$ 和销售额 $_{i,k,q}$、公司净收益 $_{i,k,q}$ 显著正相关，说明客户的信用卡消费额越高，公司销售额和净收益也越高，即信用卡消费数据能够反映公司财务状况。消费额 $_{i,k,q}$ 与收益惊喜 $_{i,k,q}$、销售惊喜 $_{i,k,q}$ 之间的相关性不显著，表明消费指标包含与收益惊喜 $_{i,k,q}$ 和销售惊喜 $_{i,k,q}$ 等财务指标不同的信息，可以对解释未来异常收益形成补充。

表 6-12 变量相关性

变量	销售额 $_{i,k,q}$	公司净收益 $_{i,k,q}$	消费额 $_{i,k,q}$	标准化消费额 $_{i,k,q}$	收益惊喜 $_{i,k,q}$	销售惊喜 $_{i,k,q}$
销售额 $_{i,k,q}$	1					
公司净收益 $_{i,k,q}$	0.810***	1				
消费额 $_{i,k,q}$	0.520***	0.350***	1			
标准化消费额 $_{i,k,q}$	0.030	0.020	0.060**	1		
收益惊喜 $_{i,k,q}$	−0.010	−0.004	0.001	−0.040	1	
销售惊喜 $_{i,k,q}$	0.040	0.030	0.020	0.020	−0.100***	1

、*分别表示显著性水平为 5%、1%

为进一步研究消费指标对异常收益的预测能力，将股票根据标准化消费额 $_{i,k,q}$ 从低到高平均分为五组。构造标准化消费额分位数 $_{i,k,q}$ 这一信用卡消费指标，当股票对应的标准化消费额 $_{i,k,q}$ 属于最低组时，其标准化消费额分位数 $_{i,k,q}$ 为 1；标准化消费额 $_{i,k,q}$ 属于最高组时，其标准化消费额分位数 $_{i,k,q}$ 为 5。将持有 Fama 和 French（1992）按市值和账面市值比构建的投资组合 60 天所获得的投资回报视为正常收益。用累计异常收益 $[+2,+61]_{i,k,q}$ 表示从公司披露财报后的第 2 天开始，持有该公司股票 60 天获得的收益与正常收益的差。通过式（6-17）所示的回归方程分析累计异常收益 $[+2,+61]_{i,k,q}$ 和标准化消费额分位数 $_{i,k,q}$ 的关系：

$$\text{累计异常收益}[+2,+61]_{i,k,q}=\alpha+\beta\,\text{标准化消费额分位数}_{i,k,q}+\text{控制变量} \tag{6-17}$$

其中，控制变量包括收益惊喜 $_{i,k,q}$、销售惊喜 $_{i,k,q}$ 等。回归结果如表 6-13 所示，标准化消费额分位数 $_{i,k,q}$ 与累计异常收益 $[+2,+61]_{i,k,q}$ 显著正相关，标准化消费额每上升一组分位数，累计异常收益 $[+2,+61]_{i,k,q}$ 平均提高 1.49%，说明在解释公司股票异常收益时，信用卡消费数据能对财务报表数据形成补充。

表 6-13 累计异常收益和标准化消费额分位数回归结果

项目	累计异常收益[+2，+61] $_{i,k,q}$
标准化消费额分位数 $_{i,k,q}$	1.490***（3.72）
控制变量	控制
R^2	0.13

注：小括号内的数字表示 t 值

***表示显著性水平为 1%

第四节 新闻文本数据

本节探讨新闻对股价的影响，介绍如何利用文本分析方法挖掘新闻中的有效信息，以此来预测企业未来表现和解释股票市场的波动。

一、新闻与股票市场

（一）新闻的产生与特点

从社区商品价格到国家政策，财经类新闻覆盖面广泛，是投资者决策判断的重要消息来源。在我国，主流财经新闻报刊包括1979年人民日报社创办的《市场报》、1983年经济日报社创办的《经济日报》，以及20世纪90年代推出的《中国证券报》《证券时报》《上海证券报》三大证券类报纸。

新闻报道影响投资者的投资决策。受机构属性、政治倾向、被报道对象等因素的影响，媒体报道可能无法做到完全真实客观。例如，为了达到激发讨论或是吸引流量等目的，媒体可能使用能够吸引大众眼球的报道风格而摒弃客观和中立，干扰投资者的决策。

（二）新闻对股价的影响

1. 新闻影响股价的实例

特斯拉是一家由工程师马丁·艾伯哈德和马克·塔彭宁于2003年创立，并于2010年在纳斯达克上市的美国电动汽车及能源公司。如图6-3所示，2021年特斯拉的电动汽车全球市场份额达14%，居于最高位。

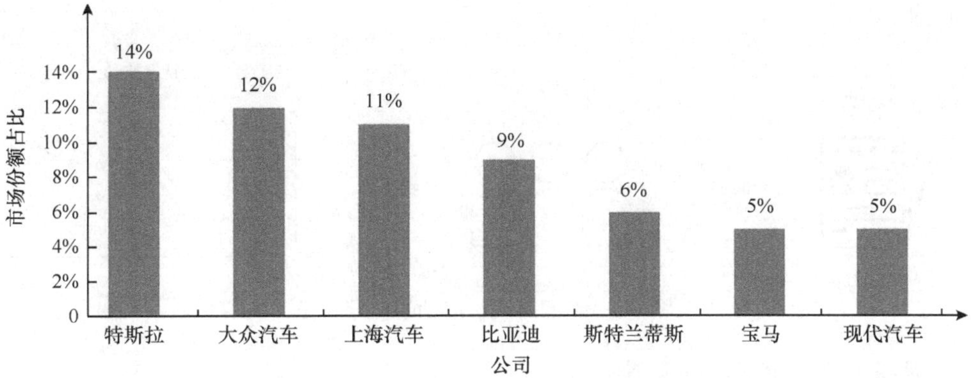

图6-3 2021年电动汽车全球市场份额

图6-4是2020年10月初的特斯拉股价走势图。圆圈标记处对应的四个时间与表6-14中特斯拉公司发布四篇新闻报道的时间对应。与公司收入增长、建立合作关系、签署商

业合同相关的利好新闻伴随着股价上涨，而与抛售股票相关的负面新闻伴随着股价下跌，说明新闻内容包含股票价格变化的信息。

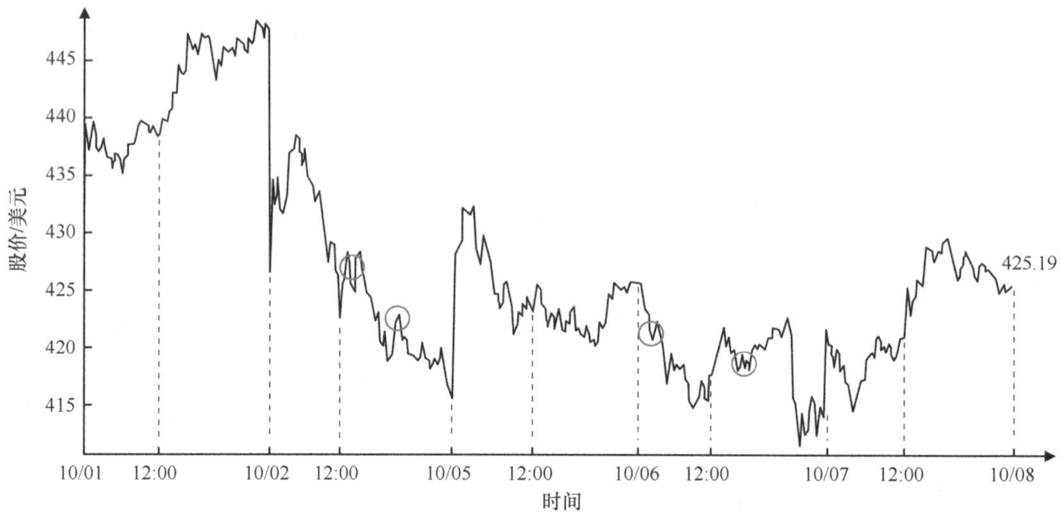

图 6-4　特斯拉股票价格走势图

表 6-14　2020 年 10 月 2 日至 10 月 6 日关于特斯拉公司的新闻

时间戳	事件	来源	标题
2020/10/02　13:21	收入增长	https://www.whio.com	随着全球需求猛涨，特斯拉的销量激增
2020/10/02　18:59	合作关系	https://www.benzinga.com/	Ring 公司与特斯拉合作提升内置摄像头的安全性
2020/10/06　1:12	内部销售	https://www.dowjones.com/	特斯拉总裁吉伦（Guillen）出售持有的 15 000 股股票
2020/10/06　17:34	商业合同	https://www.benzinga.com/	特斯拉与必和必拓公司就镍供应展开谈判

新闻通过将信息传递给投资者影响其买卖意愿，改变其交易行为，进而影响股票价格，如图 6-5 所示。

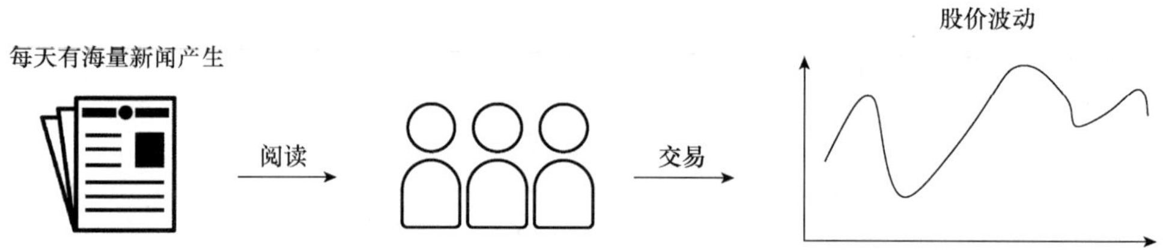

图 6-5　新闻对股价波动的传导路径

2. 新闻影响股价的理论基础

1）股票的预期收益

股票的预期收益 $E(R)$ 由风险补偿收益 $E(R_{\text{risk}})$ 和错误定价收益 $E(R_{\text{mispricing}})$ 构成：

$$E(R)=E(R_{\text{risk}})+E(R_{\text{mispricing}})$$

风险补偿收益是因承担额外风险而获得的收益，通常风险越高补偿收益越大。错误定价收益是市场失灵时资产价格偏离内在价值带来的收益。对新闻信息进行挖掘能够帮助投资者识别错误定价收益。

2）有效市场假说、理性个体和有限理性个体

有效市场假说认为，有效股票市场中的所有有价值的信息都能及时、准确、充分地反映在股价上；股价只会对新信息产生反应，而新信息不可预测，因此股价遵循随机漫步。该假说基于投资者完全理性，能够有效处理信息并追求效用最大化的前提假设。事实上投资者是不完全理性的。1987 年“黑色星期一”、1995 年至 2001 年“互联网泡沫”等事件中，投资者由于不完全理性产生的恐慌和从众心理在一定程度上加剧了股价的戏剧性变化并导致系统性偏差。新闻作为决策的重要消息来源对投资者的不完全理性有潜在影响。不够客观的新闻可能会激发读者的偏见，媒体关于“大众声音”的报道可能会使投资者产生从众心理。

二、新闻文本分析

文本分析是利用计算机处理技术从文本数据中提取有价值信息和知识的方法。对新闻进行文本分析能够从中挖掘出情绪、主题等信息，在财务数据之外提供能够帮助人们进行金融领域投资决策的额外信息。如图 6-6 所示，文本分析的步骤包括原始数据获取、文本预处理、文本表示、特征提取四个。特征提取分为直接和间接两种方式。直接提取使用基于情感词典的文本情绪计算、文本可读性分析等方法，可以省略文本表示的步骤。间接提取是指先用词袋法等文本表示方法将文本转换成向量，再对向量进行数学加工提取文本相似性、主题重要性等特征。

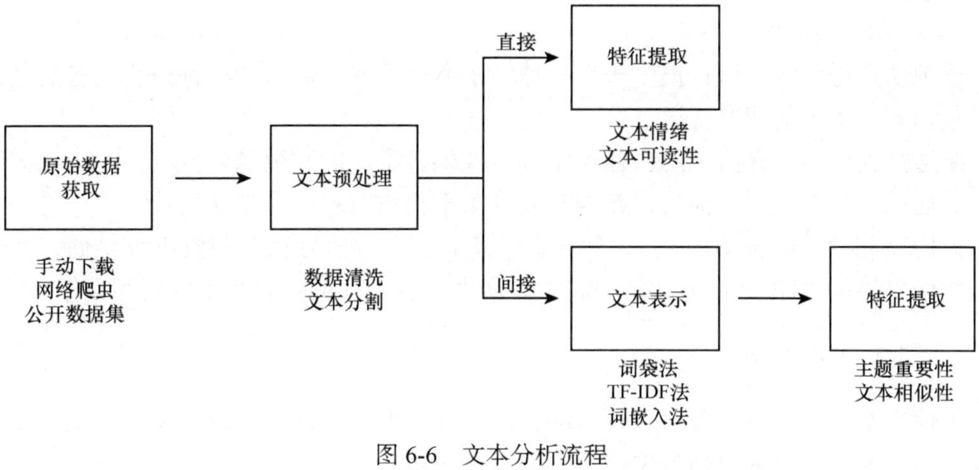

图 6-6 文本分析流程

TF-IDF 即 term frequency-inverse document frequency，词频–逆文本频率指数

（一）原始数据获取

获取新闻文本原始数据的方法主要有手动下载、编写网络爬虫代码自动下载和直接使用公开数据集三种。

1. 手动下载获取

手动下载是获取原始数据最简单直接的方式，但低效耗时多。

2. 网络爬虫获取

网络爬虫是按照一定规则自动抓取万维网信息的程序或脚本。从一个或一组待访问的统一资源定位（uniform resource locator，URL）链接开始，抓取并存储对应网页内容，同时从内容中抽取出新的 URL 加入待访问 URL 队列，然后根据一定的规则从队列中取出下一个要访问的 URL。重复上述过程，直到 URL 队列为空。一些新闻文本数据的爬取和收集可以通过对应的封装好的、通用的程序包来实现，例如，彭博网的新闻文本可以通过 Python 语言中的 BLPAPI 包或者 R 语言中的 Rblpapi 包获取。

3. 公开数据集获取

除上述方式外，还可以通过新闻公开数据集直接获取数据。下面介绍一些金融市场研究中常用的新闻数据集。

1）中国新闻数据集

慧科新闻：由香港慧科讯业创立，提供新闻全文数据，具有新闻分类浏览和检索的功能。

数行者：由数行者科技公司构建，提供海内外报刊媒体和核心新闻网站的大量新闻，支持新闻文本在线分析，可输出新闻舆情量化评分、相关公司名录、情感倾向性评分等信息。

2）国际新闻数据集

道琼斯路透商业资讯：提供来自全球几乎所有国家、涵盖 28 种语言的各类信息资源，包括 600 多个新闻专线。

路透社：位列世界前三的新闻通讯社，提供各类新闻和金融数据。

美通社：位于美国，为公司新闻和公共关系提供服务的大型通讯社。

彭博新闻社（简称彭博社）：全球著名商业、金融信息和新闻资讯提供商，其强大的金融信息终端（Bloomberg Terminal）数据库提供了大量商业和市场新闻数据。

（二）文本预处理

为使文本满足下游任务对于输入的要求，在抽取特征前需要进行文本预处理以减少数据噪声。文本预处理包括数据清洗、文本分割等工作。

1. 数据清洗

数据清洗能够使得数据集更"干净"、数据特征更明显，有助于提高分析的准确性。

1）去掉停用词

为避免不重要词语的干扰，通常需要去掉停用词。对于英文，包括助词、连词等不影响文章内容的词，如"a""the""and""to be"等。对于中文，包括连接词、语气词和副词等在文本中没有实际意义和分析价值的词，如"之""乎""者""也"等虚词和"在""和""接着"等连接词。常用停用词词库有百度停用词列表、哈尔滨工业大学停用词表、四川大学机器智能实验室停用词库等。去掉停用词的例子如下。

（1）Ring, ~~a~~ company owned by Amazon.com, Inc~~(NASDAQ: AMZN)~~, on Thursday announced ~~a~~ new security camera for cars including ~~the~~ new Car Cam, Car Alarm, ~~and~~ Car Connect.

（2）~~我~~认为未来~~的~~商业房地产市场仍然相当不确定~~。我们~~现有~~的~~门店~~有~~很多提高生产力~~的~~机会~~，我们将~~继续投资新方法~~，以~~改善~~我们~~现有门店~~的~~表现~~。~~

2）词形规范化

在针对英语等欧美语言进行文本分析前，通常需要对词进行规范化，以提高计算机的处理效率，同时缓解文本表示可能造成的数据稀疏问题。以英语为例，词形规范化主要有两方面内容：一是大小写的统一，即将文本中的英文统一转化为大写或小写，如将"AbCdE"转化为"abcde"。二是词形还原，即将单词还原为其在字典中的原型词汇，也称为词元（lemma），如将"We are students"还原为"We be student"。三是词干提取，即去除单词的词缀以得到其词根,如将"affection"转化为"affect"。与词形还原不同，词干提取后的词不一定能够表达正确的语义，如将"better"转化为"bet"。

2. 文本分割

文本分割有文档级、句子级和字符级三个不同的层级。为了从文档中提取不同粒度的文本特征，需要将一篇完整的新闻切分为数个句子或字符，再进行特征提取。下面介绍其中最基本的字符级分割。

英文文本的词语被空格自然分割，中文则不然。中文文本分词方法大多利用基于统计学的方法，认为如果字共同出现的次数越多，这些字组成词语的可能性就越大。目前，中文分词的主要工具有 Python 的 Jieba 库、哈尔滨工业大学的语言技术平台以及中国科学院的自然语言处理与信息检索共享平台。

知识拓展：词云图

词云图是对高频关键词的可视化。生成词云图的方法是将所有词语排列到一个词汇簇或词汇云中，通过字体大小表示词语在给定文本中出现的相对频率。如图 6-7 所示，字体大小和词语的出现频率成正比，即一个词语的字体越大表明该词语在给定的新闻数据集中出现的频率越高，反之则越低。词云图通过直观地展示词语的出现频率帮助读者快速了解文档主要内容，如初步明确新闻主题等。

图 6-7　2020 年 10 月初关于特斯拉公司的新闻文本词云图

（三）文本表示

三种最常见的文本表示方法分别是词袋法、TF-IDF 法和词嵌入法。

1. 词袋法

词袋法是一种文本表示的简单方法，使用单词在文本中的频率表示文本，不考虑单词出现的顺序及上下文关系，仅仅将文本看作单词的组合。将文本中 n 个经去重处理的单词组成词典，在词典中的位置为 k 的单词可以用第 k 维为 1、其余维全为 0 的 n 维向量表示，该向量称为独热向量。将文本中每个单词的独热向量直接相加即为该文本的向量。接下来以如下 3 个句子为例，展示如何使用词袋法将给定文本转化为文本向量。

句子 1：特斯拉销量激增。

句子 2：随着全球需求激增，特斯拉销量激增。

句子 3：全球需求激增。

第一步：从给定的文本中挑出不重复的单词，将其数量作为文本的向量维度。上述 3 个句子中，“特斯拉”“销量”“激增”“随着”“全球”“需求”构成词典，可知该文本的向量维度为 6。以单词“特斯拉”为例，其独热向量为[1，0，0，0，0，0]。

第二步：将句子中所有单词的独热向量相加，结果如表 6-15 所示。

表 6-15　词袋法表示

句子	特斯拉	销量	激增	随着	全球	需求
句子 1	1	1	1	0	0	0
句子 2	1	1	2	1	1	1
句子 3	0	0	1	0	1	1

2. TF-IDF 法

在构造向量时，词袋法只用词频度量单词的重要程度，但当某个单词在所有文档中出现的频率都很高时，不一定说明该单词重要。TF-IDF 法在判定一个单词的重要程度时，不仅考虑了单词在一篇文档中出现的次数，同时考虑了文档数据集中包含该单词的文档篇数。如果包含该词的文档数较多，说明该词可能并不是重要的特征性单词，而是较为宽泛的干扰词。TF-IDF 的计算公式如下：

$$\text{TF-IDF}(t,d)=\text{TF}(t,d)\times\text{IDF}(t)$$

其中，$\text{TF}(t,d)$ 为单词 t 在文档 d 中出现的频率；$\text{IDF}(t)$ 为逆文本频率，越常见的单词其值越小。计算公式如下：

$$\text{IDF}(t)=\log_{10}\frac{\text{语料库文档总数}}{\text{单词}t\text{出现的文档数}+1}$$

TF-IDF 与单词在文档中出现的次数成正比，与单词在整个语料库中出现的次数成反比。上文词袋法中的例子，分词后得到词典“特斯拉”“销量”“激增”“随着”“全球”“需求”，句子 1 中单词数为 3，其中“特斯拉”出现 1 次，TF 值为 1；语料库中有 3 个句子，“特斯拉”在 2 个句子中出现，所以语料库文档总数为 3，关键词出现的文档数为 2，IDF 值为 0，“特斯拉”对应的 TF-IDF 值为 0。假如词典中有 n 个词，某个词在词典中的位置为 k，那么该词可以表示为一个第 k 维为 TF-IDF 值、其余维全为 0 的 n 维向量。

3. 词嵌入法

词袋法和 TF-IDF 法是简单有效的文本表示方法，但不利于后续特征提取，且难以体现复杂语义。二者将文本集中所有出现过且不重复的单词数量作为向量维度，导致向量高维；单词数量较少文档的向量中大部分维度的值为 0，导致矩阵稀疏。这两种方法将单词无差别地放入词袋中，忽略了词与词、句子与句子、词与句子间的关联关系，难以体现近义词、反义词等诸多复杂语义。

词嵌入是文本表示的一类方法，通过该方法得到的词向量能够使语义上相似的词在向量空间中距离较近，其中 Mikolov 等（2013）提出的 Word2Vec 模型是目前最常用的词嵌入模型之一。它可以将词袋模型得到的高维、稀疏的词向量映射到低维、稠密的向量空间中，并提取单词在上下文中的语义信息。

Word2Vec 模型是基于神经网络训练的自然语言模型。记独特单词数量为 v，每个单词的向量表示为输入词的独热编码（$1\times v$ 维）与训练后得到的参数矩阵（$v\times n$ 维）相乘的结果（$1\times n$ 维）。一般 n 远小于 v，从而将稀疏词向量转为稠密词向量。Word2Vec 模型有两种估计参数矩阵的方法，一种是连续词袋模型（continuous bag-of-words model，CBOW），即通过给定的上下文预测中间词；另一种是 Skip-Gram 模型，即通过给定的中间词预测上下文。例如，句子“股价/遵循/随机漫步”，CBOW 模型根据“股价”和“随机漫步”，预测中间词，Skip-Gram 模型根据中间词“遵循”预测最有可能的上下文。相比而言，Skip-Gram 模型的复杂度更高，预测次数更多，训练时间更长，更适用于数据量较少或语料库中存在大量低频词的场景。

英文单词对应的词向量可从 Python 的 Genism 库获取。中文单词对应的词向量可从腾讯提供的开源词向量数据集获取，该数据集包含 800 万个词汇，每个词对应 200 维词向量。

（四）新闻文本特征提取

文本情绪、文本可读性、主题重要性、文本相似性是新闻文本的重要特征，本节介绍这四个文本特征的提取方法和在金融市场的应用。

1. 文本情绪

提取文本情绪特征是自然语言处理的重要任务之一。文本情绪特征可用于构建金融市场情绪，分析其与股票市场的关联。

1）情绪指标

文本情绪是文本中带有的感情倾向。当文本情绪被二分类为积极或消极时，积极（消极）情绪可以用积极（消极）词词数占词总数的比例表示，新闻情绪可用二者之差表示，计算公式如下：

$$\text{积极情绪}=\frac{\text{积极词词数}}{\text{所有词词数}}$$

$$\text{消极情绪}=\frac{\text{消极词词数}}{\text{所有词词数}}$$

$$\text{新闻情绪}=\text{积极情绪}-\text{消极情绪}=\frac{\text{积极词词数}-\text{消极词词数}}{\text{所有词词数}}$$

根据感情的强烈程度可以将情绪词划分为粒度更细的类别，比如非常积极、积极、中立、消极和非常消极。还可以根据内涵进行更多元的划分，如愤怒、高兴、悲伤、开心、平静等具体的心情。新闻文本情绪的量化需要根据预先指定的情感词典划定情绪词，并给词语赋予相应的情感分数，然后加和得到文档级别的文本情绪。

2）情感词典

情感词典是计算新闻情绪的基础，下面介绍英文和中文中常用的情感词典。

（1）英文情感词典。General Inquirer 是最早的情感词典，使用人为分类的方法构建。其情绪词的主要来源是已被广泛使用的哈佛 IV-4 词典和拉斯韦尔词典。该词典收集了按情感正负倾向分类的 1915 个积极词和 2291 个消极词，并按照情感强度、词性等维度对词汇进行分类。

将通用词典作为学科领域的专用情感词典容易产生歧义。Loughran 和 McDonald（2011）在哈佛 IV-4 词典的基础上构造了金融领域专用情感词典——LM 词典。表 6-16 列举了 LM 词典中的部分词汇。

表 6-16 LM 词典中的部分词汇

积极词				消极词			
achieve	benefit	creative	delight	abolish	bad	cancel	damage
easily	enable	enjoy	favored	erode	fail	guilty	hurt
good	happy	improve	loyal	impede	lapse	misconduct	neglect
perfect	premier	regain	solves	obscene	omit	panic	refuse

（2）中文情感词典。在中文领域，较常用的通用情感词典是中国知网于 2007 年发布的知网词典。该词典词量较小，包含 836 个正面情感词和 1254 个负面情感词。You 等（2018）从中文主流报纸的新闻文章中抽取出了积极词和消极词，构造了一个中文词典，部分词汇如表 6-17 所示。

表 6-17 新闻中提取的积极词和消极词

积极词				消极词			
宝座	保障	堡垒	报喜	半停产	半停工	绊倒	棒杀
暴涨	爆发式	爆红	备受瞩目	保护主义抬头	保壳失败	保留意见	保守
必胜	便捷	便利	变革	暴跌	爆仓	杯水车薪	悲催
飙红	飙升	飙涨	表彰	悲壮	背道而驰	背离	被带走

知识拓展：常用的情感词典

General Inquirer 词典是由 Philip Stone 等于 1966 年开发的英文情感词典，是情感倾向分析研究中常用的基础资源之一。该词典包含了 182 个词语类目以及 11 788 个英语词汇。其中有 1915 个标注了“褒义”属性和 2291 个标注了“贬义”属性的词语。对于一个词语的多个词性，词典中将之作为不同条目列出，用于区分某个词语在特定词性上体现的不同褒贬属性。例如，英语词汇 kind 作为形容词时，具有褒义，而作为名词时则不具有这种情感倾向。

Loughran-McDonald 词典是 Loughran 和 McDonald（2011）基于 1994 年至 2008 年间的美国上市公司年报文本构建的金融词典。该词典包括积极、不确定性、诉讼、强势语调、弱势语调五个词表，能够捕捉金融文本不同类别的特征。该词典被广泛用于金融领域相关研究，例如，构建衡量公司年报、财经新闻等金融文本语调的指标，预测公司股票超额收益、交易量、回报波动率、未预期盈余和公司财务舞弊行为等。

You 等（2018）构建了区分词语的情感极性和准确性的中文词汇表。该词汇表由翻译 Loughran 和 McDonald（2011）词典的英文词汇和自制的词汇两部分构成。自制词汇表中的词汇是从 2000 篇财经新闻中人工提取得到的。最终的词汇表包含 1425 个积极词、1583 个消极词、388 个明确词和 178 个模糊词。比较一篇文章中积极词和消极词出现次数的多少，或是明确词和模糊词出现次数的多少，就能对文章的情绪极性或表述是否明确进行分类。

3）媒体情绪与股票市场反应

新闻媒体以文本为传递信息的主要载体，文本传递出的情绪特征与媒体的价值判断有关。媒体类型可分为受政府管控的国有媒体和由个人所有的市场化媒体两类。国有媒体的影响范围更大，全球近 86%的人口从国有媒体接收信息（Karlekar and Dunham，2013）。国有媒体面临严格的审查机制，报道的内容相较于市场化媒体更加真实完整，但及时性较差。市场化媒体的运作机制独立高效，报道的内容更加全面，发布的文章及时性强，容易引起读者情绪的波动进而对资本市场产生显著的影响。

You 等（2018）收集了 2004—2014 年 8 个主要中文商业报纸的 210 199 篇新闻分析这两类媒体的情绪特征及其对股票市场的影响。国有媒体包括《中国证券报》《证券日报》《证券时报》《上海证券报》，市场化媒体包括《中国商报》《第一财经日报》《经济观察报》《21 世纪经济报道》。先根据情绪词典中给定的情绪标签划定情绪词类别，再通过情绪词在文中的数量占比计算文本情绪。每篇新闻的消极情绪为该新闻每千字的平均消极词数量，具体公式如下：

$$\text{消极情绪}=\frac{\text{单篇新闻消极词总数}}{\text{新闻总字数}}\times 1000$$

消极情绪词的占比反映了新闻的批判性，通过如下回归分析市场化媒体和国有媒体批判性的差异：

$$\text{消极情绪}_{i,j,t}=\alpha+\beta_1\text{市场化媒体}_{j,t}+\beta_2 X_{i,t}+\text{公司固定效应}_t+\text{年份固定效应}+\varepsilon_{i,j,t}$$

其中，消极情绪$_{i,j,t}$为媒体 j 在 t 年对企业 i 的消极情绪；市场化媒体为虚拟变量，由市场化媒体报道的新闻取 1，反之取 0；$X_{i,t}$ 为控制变量。为控制不可观测的公司特征和时间趋势，加入了公司固定效应和年份固定效应。回归结果如表 6-18 所示，市场化媒体的系数显著为正，说明市场化媒体发布的新闻比国有媒体更具批判性。

表 6-18 市场化媒体与消极情绪的回归结果

项目	消极情绪
市场化媒体	7.539***（45.99）
公司固定效应	控制
年份固定效应	控制
控制变量	控制
R^2	0.095

注：小括号内的数字表示 t 值

***表示显著性水平为 1%

投资者认识到这种差异后，会对两类媒体发布的带有正面、负面或中立态度的文章产生不同的反应。使用 1 天和 5 天的累计异常收益表示新闻事件冲击股市时的市场反应，检验市场对两类媒体发布的不同语气新闻反应的差异：

$$累计异常收益_{i,t+1}=\alpha+\beta_1市场化（国有）媒体文章语气_{j,t}+\beta_2 X_{i,t}固定效应+\varepsilon_{i,j,t}$$

其中，累计异常收益 $_{i,t+1}$ 为公司 i 在时间 t+1 开始的窗口期内的累计异常收益；控制变量 $X_{i,t}$ 包括资产回报率、公司规模、财务杠杆等；固定效应包括公司固定效应和年份固定效应。市场化（国有）媒体文章语气 $_{j,t}$ 指的是市场化（国有）媒体在 t 时刻发布的文章 j 的语气，是由人工判定的分类变量，正面、中立和负面的语气分别对应 1、0 和–1。回归结果如表 6-19 所示，无论是市场化媒体还是国有媒体发布的文章，正面语气引起积极的市场反应，负面语气引起消极的市场反应。市场化媒体文章语气的系数是国有媒体文章语气的近两倍，说明与国有媒体相比，市场化媒体发布的文章对股票市场的影响更大。

表 6-19　不同媒体文章语气与不同时间窗口累计异常收益的回归结果

项目	1 天累计异常收益	5 天累计异常收益
市场化媒体文章语气	0.578*** (18.54)	0.496*** (10.08)
国有媒体文章语气	0.314*** (11.49)	0.269*** (5.74)
公司固定效应	控制	控制
年份固定效应	控制	控制
控制变量	控制	控制
R^2	0.058	0.058

注：小括号内的数字表示 t 值

***分别表示显著性水平为 1%

2. 文本可读性

可读性衡量文本表意的清晰程度。文本的意思表达越清晰，可读性越高，越容易被读者理解。可读性低的文本可能使投资者误解表达者的意思，导致投资决策的失误。

1）英文可读性度量

（1）迷雾指数。迷雾指数来源于计算语言学，是罗伯特·甘宁（Robert Gunning）提出的评估文本可读性的指标。该指标基于单词的音节、文本包含的单词数和句子数构造，公式如下：

$$迷雾指数=0.4\times\left(\frac{词数}{句子数}+100\times\frac{复杂词词数}{词数}\right)$$

英文中的复杂词是含有三个或三个以上音节的词。迷雾指数假定句子的平均长度越长或文章包含的复杂词数越多，可读性越差。迷雾指数表示读懂文本需要的最低教育年限。例如，迷雾指数取值 10 表示读懂该文本至少需要接受 10 年教育。

（2）新闻文章的长度。文章越长，信息处理成本越高，可读性越差。因此可用文章长度，即文本中的单词数量衡量可读性。为压缩数据尺度，使用文本中单词数量的自然对数表示文章长度：

文章长度=ln 文本中单词个数

（3）影响可读性的写作方式。美国证券交易委员会在其出版的《简明英语写作手册》（1998 年）中列出了可读性差的文章写作方式具有如下特点：被动动词、隐含动词、冗长短语、法律词汇和过度写作。对这些特点进行修改能够提高可读性，下面举例说明。

将包含被动动词的句子“We must consider how our resources will be used to deliver quality services”（我们必须考虑如何运用我们的资源提供优质服务）修正为“We must consider how to use our resources to deliver quality services”，可读性就明显提升。

隐含动词是指将动词用作名词。例如，将“This means we must undertake the calculation of new figures for the congressional hearing”（这意味着我们必须为国会听证会计算新的数字）修正为“This means calculating new figures for the congressional hearing”，可读性更高。

“forthwith”（立即）、“herewith”（随函）、“in said agreement”（在所述协议中）、“any part thereof”（其中任何部分）等法律用语会降低文章可读性。

过度写作是指使用了多余的限定词或短语。比如，“It is completely unnecessary”（没必要）可更正为“It is unnecessary”；“an appreciable number of”（大量）可改成“many”；“has a requirement for”（需要）可改成“requires”。

一篇文章具有这些特点的句子越多，可读性越差。Hwang 和 Kim（2017）统计了文章中包含上述五类写作特点的句子数量，并将其占文章句子总数的比例作为可读性的衡量指标。

2）中文可读性度量

中文可读性的度量通常是在国外研究的基础上结合中文的特点和语言环境进行调整和改进。中文词语音节的长度难以计算，因此迷雾指数不适用，可以采用平均句长来测量文章的可读性。平均句长是文本的总字数除以文章断句标点符号（“。”“！”“？”）总数。文章的平均句长越长，可读性越差。

3）年报可读性与公司收益持续性

公司公开披露的信息可读性越差，传递有效信息的效率越低，市场反应越不完全。因此当公司表现不佳时，公司高管可能通过降低披露信息可读性的方式隐藏不利信息，以避免投资者大量抛售股票导致股价大幅下跌。当这种动机存在时，收益越差的公司披露的年报越难以理解。

Li（2008）对 1994—2004 年的 55 719 份美国证券交易委员会年报（10-K）文件进行了可读性分析。10-K 是美国证券交易委员会要求上市公司每年 3 月 1 日前必须提交的有关其上一年度财务表现与公司运营情况的综合性报告，包含比公司年度报告更为详细的内容，包括公司组织架构、财务状况、分支机构和高管薪酬等。Li（2008）使用如下回归方程分析公司营业收入和年报可读性的关系：

$$\text{年报可读性}_{i,t} = \beta_0 + \beta_1\text{营业收入}_{i,t} + \beta_2\text{控制变量}_{i,t} + \text{固定效应} + \varepsilon_{i,t,q}$$

其中，年报可读性使用迷雾指数和文章长度两个指标衡量；营业收入是一个虚拟变量，相较于上一年增加取 1，否则取 0；固定效应包括公司固定效应和年份固定效应。回归结果如表 6-20 所示，营业收入与迷雾指数、文章长度均显著负相关，说明公司绩效越好，年度报告可读性越强。

表 6-20 收入利润与不同可读性指标回归结果

项目	年报可读性	
	迷雾指数	文章长度
营业收入	−0.458*** (−4.44)	−0.508*** (−12.93)
公司固定效应	控制	控制
年份固定效应	控制	控制
其他控制变量	控制	控制
R^2	0.08	0.19

注：小括号内的数字表示 t 值

***表示显著性水平为 1%

信息披露质量与企业当前业绩的关联可以扩展到对公司收益持续性的预测上。公司管理者可能通过降低年报可读性来隐瞒不利消息。当年报可读性低时，公司无法持续盈利的可能性更大。构造如下回归方程分析年报可读性和未来收益的关系：

$$\text{收益}_{i,t+1} = \beta_0 + \beta_1 \times \text{收益}_{i,t} + \beta_2 \times \text{迷雾指数}_{i,t} + \beta_3 \times \text{收益}_{i,t} \times \text{迷雾指数}_{i,t} + \beta_4 \times \text{控制变量} + \text{固定效应} + \varepsilon_t$$

其中，收益 $_{i,t+1}$ 和收益 $_{i,t}$ 分别为公司 i 在 t+1 年和 t 年的收益；迷雾指数 $_{i,t}$ 衡量公司 i 第 t 年年报的可读性；固定效应包括年份固定效应和行业固定效应。回归结果如表 6-21 所示，收益和迷雾指数交乘项的系数显著为负，说明年报可读性越差，公司盈利的持续性越低。

表 6-21 收益持续性与年报可读性回归结果

项目	收益 $_{i,t+1}$
收益 $_t$	0.026 (0.03)
迷雾指数 $_t$	0.003*** (4.01)
收益 $_t$×迷雾指数 $_t$	−0.028*** (−3.74)
控制变量	控制
年份固定效应	控制
行业固定效应	控制
R^2	0.41

注：小括号内的数字表示 t 值

***表示显著性水平为 1%

3. 主题重要性

1）主题重要性度量

（1）频率统计。主题重要性衡量新闻文本中抽象主题的重要程度。越重要的主题在新闻中讨论的次数越多，与之相关的词语将以更高的频率出现，基于词袋的方法被广泛用于衡量主题重要性，即通过主题相关词语在文本中出现的频率来量化对主题的讨论程度，词库通常人为确定或是通过扩充特定词语的同义词确定。该方法可以从单一主题扩展到多个主题。例如，想要衡量与特定类别相关的风险时，为风险和类别分别确定词库，统计两个词库中的词语共同出现的频率就能进行量化。共同出现可以通过限定词语距离来表示，如果两个词语出现在较近的距离内则表明它们是共同出现。

（2）隐含狄利克雷分配。隐含狄利克雷分配（latent Dirichlet allocation，LDA）是一种概率主题模型，用于从文本中自动提取主题。该模型将每篇文档视为在不同主题上的概率分布，将每一主题视为在不同词语上的概率分布，通过推断每一个词语所属主题，估计出文档的主题分布和主题的词语分布，帮助我们快速理解大量文本的主要内容。

知识拓展：LDA 模型基本原理

LDA是最常用的主题模型之一，采用无监督学习方法自动提取文档主题，在语料规模较大的文本上表现良好。作为典型的词袋模型，它只考虑文档中不同词语的计数，而不必考虑词义、词性及词序。如图 6-8 所示，该模型认为每个文档由若干主题构成，每个主题由若干词语构成。

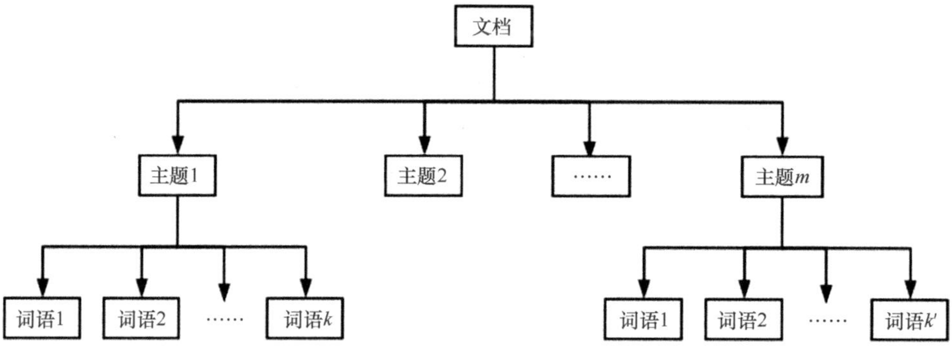

图 6-8 LDA 模型结构

例如，有以下三个文档。

文档一：我整天都在图书馆学习。

文档二：我爱喝可乐和奶茶。

文档三：我喜欢在图书馆里边看书边喝咖啡。

LDA 模型可能认为：

文档一的内容是 100%关于主题 A 的；

文档二的内容是 100%关于主题 B 的；

文档三的内容是 60%关于主题 A 和 40%关于主题 B 的。

LDA 模型还可能认为：

主题 A 包含 25%图书馆，15%学习，10%看书……（可推断主题 A 与学习有关）；

主题 B 包含 30%喝，20%可乐，20%奶茶，15%咖啡……（可推断主题 B 与饮料有关）。

如上例所示，LDA 模型将一个文档视作 K 个主题的多项式分布，记第 k 个主题为 T_k（$k=1,2,\cdots,K$），满足 $P(T_k)\geqslant 0$，即每个主题出现的概率为非负（$1\leqslant k\leqslant K$）；$\sum_{1}^{K}P(T_k)=1$，即各主题出现的概率之和为 1。

我们想要得到文档中各主题出现的确切概率，即文档–主题分布，表示为 θ。为了实现这一目标，需要先设定 θ 的一个先验概率分布，再计算其后验概率分布。LDA 模型选择狄利克雷分布作为先验概率分布，因为它是多项式分布的共轭先验分布。在贝叶斯统计中，共轭先验分布与后验分布具有相同的函数形式，从而简化了计算过程。狄利克雷分布的参数 α 能够调节 θ 的稀疏程度。当 α 的值较大时，文档中各主题出现的概率相对均匀，各主题的权重较为接近；当 α 的值较小时，某些主题在文档中出现的概率会明显高于其他主题，各主题的权重差异更大。

LDA 模型又将一个主题视作 N 个不同词语的多项式分布，记第 n 个词语为 W_n（$n=1,2,\cdots,N$），满足 $P(W_n)\geqslant 0$，即每个词语出现的概率为非负（$1\leqslant n\leqslant N$）；$\sum_{1}^{N}P(W_n)=1$，即各词语出现的概率之和为 1。

我们也想要得到主题–词分布，表示为 φ。同样地，LDA 模型选择狄利克雷分布作为 φ 的先验概率分布。狄利克雷分布的参数 β 能够调节分布 φ 的稀疏程度。当 β 的值较大时，主题中各词语出现的概率相对均匀，各词语的权重较为接近；当 β 的值较小时，某些词语在主题中出现的概率会明显高于其他词语，各词语的权重差异更大。

在 LDA 模型中，文档–主题和主题–词语的后验概率分布通常无法被直接求解，可采用吉布斯采样法进行近似推断。吉布斯采样法适用于推断复杂结构概率模型中的多维概率分布，该方法首先随机设定初始分布，然后通过迭代采样逐步优化，直至收敛到最优分布。

LDA 模型的基本原理如图 6-9 所示。

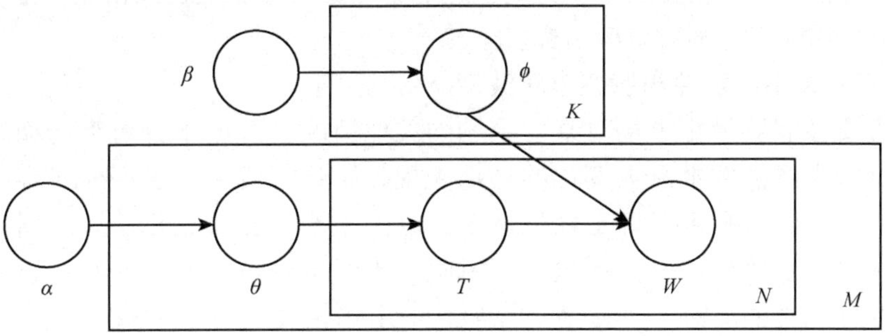

图 6-9　LDA 模型基本原理

（1）设定文档的主题个数为 K。

（2）遍历每个文档中的每个词语，为每个词语随机分配一个主题。

（3）设$P(T_{m,k} \mid D_m)=\dfrac{\text{当前}T_{m,k}\text{中包含的词语个数}}{D_m\text{中包含的词语总个数}}$，表示在当前文档–主题分布 θ 下，文档 D_m（$m=1,2,\cdots,M$）中词语被分配到主题 $T_{m,k}$ 的概率，反映了主题 $T_{m,k}$ 在文档 D_m 中的重要程度。

又设$P(W_n \mid T_{m,k})=\dfrac{\text{当前}W_n\text{在}T_{m,k}\text{中出现的次数}}{W_n\text{在所有文档中出现的总次数}}$，表示在当前主题–词分布 φ 下，词语 W_n 在所有文档中被分配到主题 $T_{m,k}$ 的概率，反映了词语 W_n 与主题 $T_{m,k}$ 的相关程度。再将 $P(T_{m,k} \mid D_m)$ 与 $P(W_n \mid T_{m,k})$ 相乘，得到二者的联合概率。其值越大，表明在确定文档 D_m 的情况下，主题 $T_{m,k}$ 更有可能在文档 D_m 中出现，同时词语 W_n 也更有可能被分配到主题 $T_{m,k}$ 中。

因此，对于任意词语 W_n，如果 $P(T_{m,i} \mid D_m)\times P(W_n \mid T_{m,i})<P(T_{m,j} \mid D_m)\times P(W_n \mid T_{m,j})(i\neq j,1\ll i,j\ll K)$，则该词语归属主题 $T_{m,j}$ 的可能性更大，故将 W_n 由归属主题 $T_{m,i}$ 更新为归属主题 $T_{m,j}$。

（4）重复步骤（3），逐一对每个文档中的每个词语进行采样，直到所有词语的主题归属均不再更新为止，最终得到每个文档的主题分布及每个主题的词分布。

LDA 主题模型可以从海量文本数据中快速挖掘潜在语义信息，适用于年报、招股说明书等篇幅大、主题内容繁多的文本。与人工阅读、词典法等判别文本内容的方式相比，该模型自动发现文本主题的方式更加客观。与忽略一词多义的频率统计方法相比，该模型根据主题为相同词语赋予不同的出现概率，考虑了相同词语在不同上下文中的不同含义。由于具有这些优势，LDA 主题模型在金融经济领域的研究中逐步得到了应用。对公司年报应用 LDA 模型可以识别年报内容的变化趋势，分析风险披露如何影响投资者的风险认知。分析盈余电话会议后发布的大量分析师报告的主题与电话会议本身的主题的关系，可以探究分析师在金融市场上起到的信息传递和信息发现的作用。使用 LDA 模型提取分析师报告中与企业创新相关的主题，并以此度量企业创新活动，能够让企业创新的量化不再局限于专利数量等指标。

2）经济政策不确定性与股票市场波动

主题重要性能够量化市场对某一主题的关注情况，有助于分析市场动态。政策的不确定性是宏观经济发生巨大变化的外部表现，意味着过去的发展模式难以持续，经济风险加剧。“经济政策不确定性”这个主题的重要性变大意味着风险增加，因此可以通过度量主题重要性进一步衡量经济风险。当经济政策发生变动时，新闻中会更多地谈论“经济”“不确定”“赤字”等与这一主题相关的词汇。Baker 等（2016）采用频率统计的方法从新闻文本中构建了经济政策不确定性（economic policy uncertainty，EPU）指标。该指标可以用于研究经济政策不确定性对 GDP 增长率等宏观经济变量的影响，以及解释标准普尔 500 指数的大幅波动。彭博社、路透社等商业数据提供商会提供经济政策不确定性指数，以满足银行、对冲基金、企业和政策制定者对未来整体经济走势分析的需求。

具体而言，从 1985 年至 2009 年《今日美国》《迈阿密先驱报》《芝加哥论坛报》《华盛顿邮报》《洛杉矶时报》《波士顿环球报》《旧金山纪事报》《达拉斯晨报》《纽约时报》《华尔街日报》十份报刊中，以月度为单位找出同时包含如下所示的关于经济、政策和不确定三类词汇的文章，分别计算十个报刊符合要求的文章数量占当月该报刊所有文章数量的比重。

（1）“economic”或“economy”（经济）。

（2）“Congress”（国会）、“deficit”（赤字）、“Federal Reserve”（联邦储备系统）、“legislation”（立法）、“regulation”（监管）或“White House”（白宫）。

（3）“uncertainty”或“uncertain”（不确定）。

将十个时间序列除以各自的标准差，以消除不同报刊对经济政策不确定性事件关注程度的固有差异，再按月取均值，得到报刊中有关经济政策不确定性的文章比重的时间趋势，最后将其标准化为均值为 100 的便于展示的结果，即为经济政策不确定性指数。如图 6-10 所示，美国经济政策不确定性指数能够在一定程度上体现部分大型历史事件的影响。在总统竞选、两次海湾战争、“9・11”事件、雷曼兄弟公司破产、2011 年债务上限争端等重大事件发生时，经济政策不确定性指数均出现飙升。

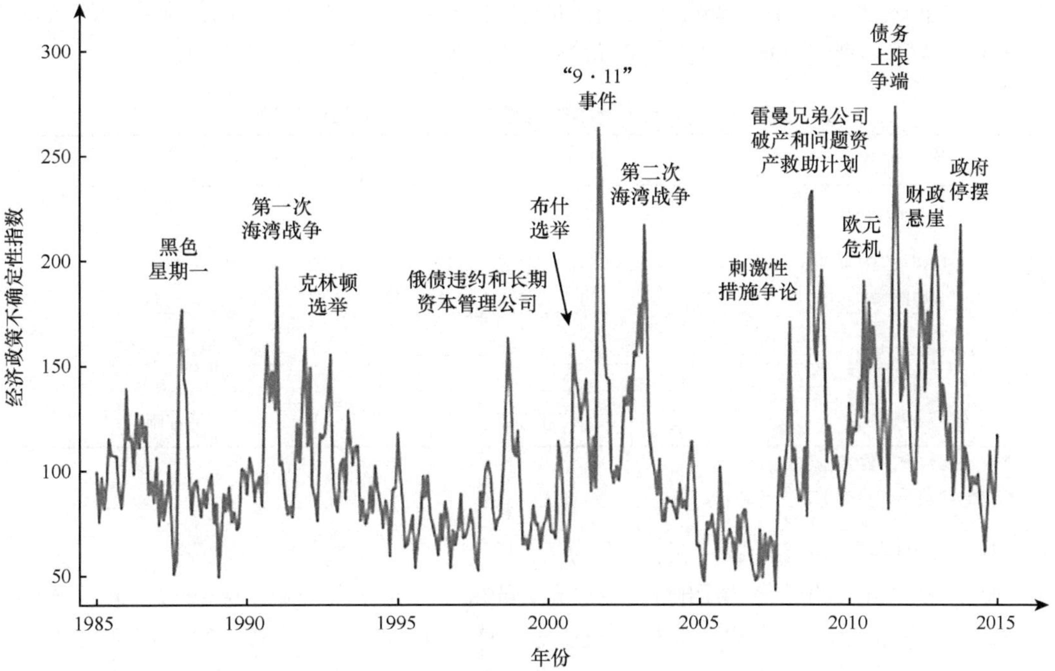

图 6-10　美国经济政策不确定性指数

为检验宏观经济政策的不确定性是否会引起股价波动，接下来分析隐含波动率和经济政策不确定性的关系。隐含波动率是体现市场对股票期权未来波动率预期的指标，通过将市场上股票期权的交易价格代入权证理论价格模型后反推而得。使用期权定价模型可以求得其他标的，如股票、股票指数、商品和货币等在特定时期内价格的预期变化程度。为分析隐含波动率和经济政策不确定性的关系是否在对政府依赖性较大的公司身上更强，将公司对政府购买暴露程度与经济政策不确定性的交乘项加入模型，回归公式如下：

$$\log\left(\text{隐含波动率}\right)_{i,t+1} = \beta_0 + \beta_1 \times \log\left(\text{EPU}\right)_t + \beta_2 \times \log\left(\text{EPU}\right)_t \times \text{强度}_{i,t} + \beta_3 \times \frac{\text{联邦政府支出}}{\text{GDP}}_t + \text{固定效应} + \varepsilon_t$$

其中，$\log\left(\text{隐含波动率}\right)_{i,t+1}$ 为公司 i 在季度 t+1 的隐含波动率的对数；强度$_{i,t}$ 为 t 季度公司 i 对政府购买的暴露程度，衡量公司收入对政府的依赖性；$\log\left(\text{EPU}\right)_t$ 为经济政策不确定性指数的对数。此外还控制了联邦政府支出与 GDP 的比值，固定效应包括公司固定效应和时间固定效应。表 6-22 是经济政策不确定性与隐含波动率的回归结果，第一列中 log(EPU)的回归系数为 0.432 且显著，说明经济政策不确定性每增加 1%，公司层面隐含波动率增加 0.432%。第二列加入固定效应控制不同公司之间的差异和随时间变化的未观察到的影响因素。log(EPU)和 $\frac{\text{联邦政府支出}}{\text{GDP}}$ 与时间固定效应共线，因而将其排除。log(EPU)与强度的交乘项的系数为 0.215 且显著，说明经济政策不确定性指数每增加 1%，一家收入的 50%来自政府的公司的股票波动性就会上升 0.108%，说明经济政策不确定性传导到了股票市场，会引起股价波动的增加。

表 6-22 经济政策不确定性与隐含波动率回归结果

项目	log(隐含波动率)	
Log(EPU)	0.432*** (0.01)	—
Log(EPU)×强度	—	0.215*** (0.07)
$\frac{\text{联邦政府支出}}{\text{GDP}}$	−19.30*** (1.50)	—
$\frac{\text{联邦政府支出}}{\text{GDP}}$×强度	—	−29.45* (12.72)
固定效应	不控制	控制

注：小括号内的数字表示 t 值

*、***分别表示显著性水平为 10%、1%

3）公司层面的政治风险与公司行为

政治事件引发的风险会影响公司投资、雇佣等行为。由于缺乏公司层面政治风险暴露的数据，量化政治风险的影响往往很困难。Hassan 等（2019）以 2002 年至 2016 年的 7357 家美国公司为研究对象，以 178 173 份季度电话会议的文本为样本，构造公司层面政治风险的指标。

将电话会议文本视为二元词组的集合，将“政治”和“风险”视为两个主题。当电话会议的参与者讨论政治相关的风险时，描述两个主题的词语会共同出现，以该频率作为衡量公司层面的政治风险的指标。首先确定政治二元词库。人为确定词库主观性较强，使用政治教科书和政治新闻中的全部二元词组 P 与会计教科书中的全部二元词组 N 的差集 $P \setminus N$ 作为政治主题的词库，从而内生地找出讨论政治话题经常使用的词组。以牛津词典中“risk”和“uncertainty”的同义词 r 作为风险词库。共同出现定义为距离小于十个词语。不同政治二元词组的重要性不同，以词组 b 在词库 $P \setminus N$ 中出现的频率 $\frac{f_{b,P}}{B_P}$ 为词组赋权。公司层面政治风险的计算公式如下：

$$\text{PRisk}_{it} = \frac{\sum_{b}^{B}\left(1\left[b \in P \setminus N\right] \times 1\left[\left|b - r\right| < 10\right] \times \frac{f_{b,P}}{B_P}\right)}{B_{it}}$$

其中，B_{it} 为公司 i 的 t 季度电话会议中二元词组的总数。该指标体现了电话会议参与者对政治风险的讨论程度，讨论越多说明公司面临的政治风险越大。表 6-23 是词库中出现频率前 20 的政治二元词组，它们都有着强烈的政治含义。

表 6-23 出现频率最高的 20 个政治二元词组

政治二元词组	$\frac{f_{b,P}}{B_P}$	政治二元词组	$\frac{f_{b,P}}{B_P}$
the constitution	201.15	elected officials	60.40
the states	134.29	politics is	53.95
public opinion	119.05	political parties	51.61
interest groups	118.46	office of	51.02
of government	115.53	the political	51.02
the GOP	102.22	interest group	48.09
in Congress	78.00	the bureaucracy	48.09
national government	68.03	and Senate	46.33
social policy	62.16	government and	44.57
the civil	60.99	for governor	41.48

如果政治风险指标捕捉到了公司层面的风险，就会与股票波动率相关。使用政治风险与股票波动率回归进行检验，回归公式如下：

$$\text{股票波动率}_{it} = \beta_0 + \beta_1 \times \text{政治风险}_{it} + \text{固定效应} + \varepsilon_i$$

其中，股票波动率包括隐含波动率和已实现波动率，分别衡量股票的预期风险和当前的风险。隐含波动率$_{it}$是季度 t 行权价格等于股票 i 价格的期权的预期未来波动率，已实现波动率$_{it}$是股票 i 在季度 t 的日度持有收益标准差。固定效应包括时间固定效应、行业固定效应、公司固定效应和 CEO 固定效应。回归结果如表 6-24 所示。无论是否控制时间、行业、公司和 CEO 对股票波动率的影响，隐含波动率和已实现波动率的系数均为正，说明政治风险指标捕捉到了公司层面的风险。

表 6-24 股票波动率与政治风险回归结果

项目	隐含波动率		已实现波动率	
政治风险	0.056***	0.016***	0.048***	0.013***
	(–0.006)	(–0.006)	(–0.005)	(–0.006)
固定效应	不控制	控制	不控制	控制
样本量	115 059	18 060	162 153	20 816
R^2	0.214	0.783	0.140	0.709

注：小括号内的数字表示标准误差

***表示显著性水平为 1%

进一步分析政治风险指标与公司行为之间的关系。政治风险会减少公司投资和就业，促使公司积极参与政治进程以减少政治风险，尤其是对于规模较大的公司。使用如下回归方程检验政治风险指标是否与政治相关的公司行为有关。

$$公司投资/公司就业/政治参与_{it} = \beta_0 + \beta_1 \times 政治风险_{it} + \beta_2 \times 政治风险_{it} \times 大公司_{it} + 固定效应 + \varepsilon_i$$

其中，公司投资、公司就业和政治参与分别用公司 i 在 t 季度的资本投资率、就业变化率和向政治家捐款金额的对数衡量。大公司是虚拟变量，公司 i 在 t 季度的资产规模位于该季度所有公司规模的中位数以上时取 1，否则取 0。固定效应包括时间固定效应和行业固定效应。回归结果如表 6-25 所示。

表 6-25 股票波动率与公司行为回归结果

项目	资本投资率		就业变化率		log(1+捐款金额)	
政治风险	–0.159*** (0.041)	–0.233*** (0.059)	–0.769*** (0.155)	–1.064*** (0.230)	0.087*** (0.018)	0.025 (0.016)
政治风险×大公司	—	0.149* (0.081)	—	0.620** (0.289)	—	0.154*** (0.039)
固定效应	控制	控制	控制	控制	控制	控制
样本量	119 853	119 853	45 930	45 930	176 173	176 173
R^2	0.035	—	0.024	—	0.250	—

注：小括号内的数字表示标准误差

*、**、***分别表示显著性水平为 10%、5%、1%

政治风险与资本投资率和就业变化率的回归系数显著为负，与捐款金额的系数显著为正，说明公司层面政治风险指标和与政治相关的公司行为有关。加入政治风险与公司规模的交乘项后，规模高于中位数的公司取值为 1。被解释变量为公司投资和就业时，交乘项系数为正，且只在 10%和 5%的水平下显著；被解释变量为捐款金额时，交乘项系数在 1%的水平下显著为正。这说明在面临政治风险时，采取捐款的主要是大型企业，小型企业往往会缩紧招聘和投资。以上结果与理论预期一致，进一步证明了政治风险指标捕捉到了公司层面的政治风险。

4）监管与 IPO 的信息披露和市场估值

公司 IPO 前需向监管机构提交招股说明书，陈述公司的经营和财务状况。监管机构审核后以发送问询函的方式提出疑问，要求公司修改招股说明书并重新提交，实现对 IPO 过程中信息披露的监管。这一互动过程带来的影响有利有弊。有利之处是能够提高公司的信息透明度，减少公司和投资者之间的信息不对称，促进交易公平。不利之处是可能需要公司披露不愿公开的信息，延迟公司的上市时间，影响公司治理并可能导致放弃上市。分析监管机构关注的主题与程度，问询前后招股说明书相关内容的变化及发行定价的变化，能够帮助了解监管过程对公司信息披露和对市场估值的影响。

Lowry 等（2020）等以 2005 年至 2016 年间在美国申请上市的 952 家 IPO 公司为样本，使用 LDA 主题模型分析美国证券交易委员会发送的首封问询函和公司招股说明书的内容及其关联。使用 Jegadeesh 和 Wu（2017）等采用的分层狄利克雷过程这一机器学习方法自动确定最优主题数量。随着主题数量的增加，不同主题之间的区分度随之增加。但主题数过高时主题内部发生分裂，区分度会随之下降。对 200 个问询函应用该算法，确定最佳主题数为 8 个。通过 LDA 模型得到每封问询函属于 8 个主题的概率。接下来确定主题的含义。相比于人为确定，参考问询函里的段落标题更加客观。选取 25 个最常出现的段落标题，使用 LDA 模型获得每个标题下各个段落属于 8 个主题的概率。最有可能属于哪个主题的段落占比最大，就用标题对该主题命名。8 个主题的含义如表 6-26 所示，以主题 1 为例，问询函样本中共有 281 个段落属于“收入确认”标题。在这些段落中，有 78%的段落是主题 1 最具代表性。

表 6-26 主题含义

项目	主题 1	主题 2	主题 3	主题 4	主题 5	主题 6	主题 7	主题 8
平均字数	278	223	225	363	227	283	246	103
对应标题	收入确认	资本化	流动性	风险因子	股票薪酬	高管薪酬	知识产权	样板文件
所有信中段落总数	281	192	392	769	175	277	165	—
匹配主题的段落占比	78%	46%	46%	57%	91%	91%	81%	—

为分析问询对招股书信息披露的影响，先用相同方法分析招股说明书的主题，再量化问询函和招股说明书主题的关联。把 LDA 模型和上述确定最佳主题数量的方法应用于 IPO 公司招股说明书的第一稿和最终稿，将每个招股说明书降维成为 28 个不同主题。为了选出和问询函的 8 个主题相匹配的招股说明书主题，使用 Kullback-Leibler 散度衡量主题间的相似度，选出最相近的来代表该主题在招股书中的讨论程度。Kullback-Leibler 散度常用于衡量同一随机变量的两种概率分布间的差异。对于离散变量 X 中的任一取值 x，其概率分布 $p(x)$和 $q(x)$之和都为 1 且取值大于 0，$p(x)$和 $q(x)$的 Kullback-Leibler 散度由如下公式计算得出，度量用 $q(x)$来估计 $p(x)$时损失的信息量。

$$D_{kL}\left(p(x)||q(x)\right)=\sum_{x\in X}p(x)\ln\frac{p(x)}{q(x)}$$

由吉布斯不等式可证明 Kullback-Leibler 散度恒为非负数，取值越小越说明两者相似。由此把招股说明书披露的内容与美国证券交易委员会关注的内容联系起来。

用文本中某一主题包含词语数量的自然对数衡量对主题的披露程度，问询函主题披露度和问询前后招股说明书主题披露度的变化用如下公式表示：

$$\text{问询函主题披露度}_i = \ln\left(\text{问询函主题词语数量}\right)_i$$

$$\text{招股说明书主题披露度变化}_i = \ln\left(\frac{\text{招股说明书初稿主题词语数量}_i}{\text{招股说明书终稿主题词语数量}_i}\right)$$

对于每一个主题，用招股说明书信息披露的变化对问询函中相应主题的披露进行回归，公式如下：

$$\begin{aligned}\text{招股说明书主题披露度变化}_i = {} & \beta_0 + \beta_1 \times \text{问询函主题披露度}_i \\ & + \beta_2 \times \text{控制变量} + \text{固定效应} + \varepsilon_i\end{aligned}$$

其中，控制变量包括公司年龄、承销商等级等影响招股说明书信息披露度的变量；固定效应包括年份固定效应和行业固定效应。回归结果如表 6-27 所示，问询函主题披露度的系数在收入确认、资本化、流动性、风险因子、股票薪酬、知识产权主题上显著为正，说明监管机构针对特定主题的审核问询起到了针对性地提高公司信息披露透明度的效果。

表 6-27　问询函主题与公司招股说明书中对应主题的披露度变化间的联系

项目	招股说明书主题的披露度变化							
	收入确认	资本化	流动性	风险因子	股票薪酬	高管薪酬	知识产权	样板文件
问询函主题披露度	0.016**	0.031***	0.023**	0.016***	0.023**	0.008	0.030***	0.011
控制变量	控制	控制	控制	控制	控制	控制	控制	控制
年份固定效应	控制	控制	控制	控制	控制	控制	控制	控制
行业固定效应	控制	控制	控制	控制	控制	控制	控制	控制
样本量	952	952	952	952	952	952	952	952
R^2	0.130	0.141	0.134	0.091	0.135	0.273	0.096	0.273

***、**分别表示显著性水平为 1%、5%

进一步探究监管机构对某些主题进行更严格的审查是否与公司估值相关。股票的发行价格通过询价的方式确定。发行机构在制定初始价格区间后向投资者询价，按照大多数投资者反馈的价格进行更新确定最终发行价格。价格更新反映了上市前市场对公司价值的评估。使用发行机构初始价格区间的中位数至最终发行价格的变化百分比表示价格更新的程度，将其作为被解释变量与问询函和初始招股说明书中 8 个主题的字数分别进行回归，控制问询函总数等影响价格更新的因素。结果如表 6-28 所示，每一行对应一个主题。问询函和招股说明书中与收入确认、资本化和流动性这三个主题相关的内容与价格更新显著相关。监管机构对这三个主题的问询显著降低了市场对公司的估值，公司在招股说明书中对这三个主题的披露会提高市场估值。

表 6-28 问询函字数与发行股价变化

主题	价格更新				
	问询函主题字数	初始招股说明书主题字数	控制变量	R^2	样本量
收入确认	–2.504***	1.295***	控制	0.216	952
资本化	–1.873**	1.317***	控制	0.214	952
流动性	–3.128***	1.390***	控制	0.219	952
风险因子	–1.031	0.257	控制	0.204	952
股票薪酬	–0.525	1.327	控制	0.211	952
高管薪酬	–0.852	–0.002	控制	0.204	952
知识产权	–1.213	0.256	控制	0.205	952
样板文件	–0.006	–0.012	控制	0.203	952

***、**分别表示显著性水平为 1%、5%

4. 文本相似性

1）文本相似性度量

文本相似性刻画了不同文章在内容上的相似程度，通常用余弦相似度来度量。先对每一篇文本进行向量表示，再计算两个文本向量的余弦角度，得到两篇文本的相似性。计算方法如下。

现有两篇新闻文章 a 和 b，可以用前文词表示的方法将文本转化为向量形式。文章中独特词语的数量为 n，a 的向量表示是 $A=(w_{a1}, w_{a2}, \cdots, w_{an})$，$b$ 的向量表示是 $B=(w_{b1}, w_{b2}, \cdots, w_{bn})$。

$$\text{余弦相似度}(A,B)=\frac{A\times B}{\|A\|\times\|B\|}=\frac{\sum_{1}^{n} w_{ai}\times w_{bi}}{\sqrt{\sum_{1}^{n} w_{ai}^2}\times\sqrt{\sum_{1}^{n} w_{bi}^2}}$$

余弦相似度范围从 0 到 1，值越大表示两个向量间的夹角越小，向量在空间上越接近，两篇新闻文章内容越相似。

2）产品相似度与企业并购绩效

文本相似性可用于度量企业在产品描述、专利等方面的相关程度，发现企业间的内在联系，进而分析预测企业行为及盈利表现。以企业并购为例，企业在并购时，倾向选择与其产品相似的企业便于部署新资产；同时又希望通过并购引入新产品，与竞争者产生差异以增强竞争力。为了检验这种并购倾向是否有利于企业未来的盈利表现，可以根据企业的产品说明书计算并购双方产品的相似度和产品差异化增量，检验其与收购方并购后的销量增长的关系。

Hoberg 和 Phillips（2010）通过对从美国证券电子数据收集、分析及检索系统获取的 49 408 个 10-K 文件中的产品描述进行文本分析构造相似度指标。首先，从产品描述中抽取并构建一个包含 n 个单词的词典，根据词典将每个企业表征为 n 维的独热向量，即向量的第 k 个元素对应的单词如果在某企业的产品描述中存在，那么该企业的独热

向量的第 k 个元素值为 1，否则为 0。然后计算并购双方的余弦相似度作为产品相似度指标。为了计算并购带来的与竞争者的产品差异，将与收购方相似度最高的 10 家企业看作竞争对手，分别计算被收购方和收购方与这 10 家企业的余弦相似度均值，用二者相减得到的指标度量收购方获得的产品差异化增量。将并购一年后收购方的年销量增长作为因变量，并购双方产品相似度和产品差异化增量作为自变量进行回归。回归结果如表 6-29 所示，并购双方产品相似度和产品差异化增量的回归系数均显著为正，说明并购双方的产品相似度越高，并购带来的产品差异化程度越高，企业在并购后实现销量增长的可能性越大。

表 6-29　年销量增长与并购双方产品相似度和产品差异

项目	年销量增长
并购双方产品相似度	0.257** (2.05)
产品差异化增量	0.172*** (1.94)
控制变量	控制
年份固定效应	控制
行业固定效应	控制
R^2	0.03

注：小括号内的数字表示 t 值

、*分别表示显著性水平为 5%、1%

第五节　搜索引擎数据

搜索引擎记录了用户浏览、查询等反映用户搜索行为和关注内容的数据，这些数据蕴含了投资者情绪和注意力等可用于预测股票收益的信息。本节介绍搜索引擎数据及其在股票市场中的应用。

一、搜索引擎概述

搜索引擎是通过搜寻和组织网络上的信息为搜索内容提供最相关结果的信息检索系统。它丰富了人们的信息来源，降低了信息搜索成本，但也引发了隐私泄露等问题。

（一）搜索引擎的发展历程

搜索引擎的发展大致经历了四个阶段。

第一阶段的搜索引擎与导航网站相似，将抓取的网站分类并以目录的形式呈现。网站选取、分类以及目录构建依赖人工，过程烦琐且可扩展性不强，大量网站难以被收录。

第二阶段的搜索引擎通过信息检索模型计算用户输入与网页文本内容的相关度，将最相关的内容返回给用户。1994 年问世的网络爬虫搜索引擎最具代表性，该引擎允许用户在任何网页搜索任何文本词语的功能成为之后主流搜索引擎的基础功能。

第三阶段的搜索引擎增加了对网页链接质量的分析，提供更准确优质的结果。代表搜索引擎有谷歌和百度。

第四阶段的搜索引擎融合了机器学习等技术，通过分析用户意图提供个性化服务，如智能方言语音识别、智能化信息过滤和推送等。这一阶段的搜索引擎同样以谷歌和百度为代表。

网络流量分析网站 StatCounter 发布的数据显示，截至 2024 年 7 月，在全球搜索引擎市场中，谷歌以 91.04%的市场占有率保持绝对领先地位，必应、Yandex、雅虎、百度分别以 3.86%、1.36%、1.24%、0.91%的市场占有率位列第二位、第三位、第四位、第五位；在中国市场中，排名前五的搜索引擎分别是百度、必应、好搜（360 搜索）、搜狗、神马搜索，其市场占有率分别为 52.11%、31.53%、7.21%、4.36%、1.88%。

（二）搜索引擎的功能与局限

1. 搜索引擎的功能

1）降低信息检索成本

搜索引擎降低了人们的信息搜索成本。用户只需要一台接入网络的电脑，便可在数秒内获得检索结果。谷歌等部分搜索引擎拥有地区化索引表，能够提供基于用户地理位置的、相关度更高的信息。

2）缓解信息不对称

搜索引擎丰富了人们的信息来源，能够在一定程度上缓解信息不对称。例如，投资者可通过搜索引擎获取公司的发展状况、战略部署以及用户评价等信息，对公司做出更好的价值判断。

案例：雅百特财务造假事件

江苏雅百特科技股份有限公司（简称雅百特）是一家从事金属维护和分布式光伏发电的公司。2015 年 8 月，雅百特借壳中联电气在深圳证券交易所上市，成为业内首家 A 股上市的公司。2014 年 12 月 31 日，重组过程中雅百特估值高达 34.98 亿元，溢价超过权益账面价值的 10 倍。2015 年至 2016 年 9 月，雅百特以虚构海外工程项目、虚构国际贸易和国内贸易等手段，累计虚增营业收入约 5.8 亿元，虚增利润近 2.6 亿元。2015 年虚增利润约占全年总利润的 73%，2016 年虚增利润约占当期披露利润总额的 11%。2017 年 5 月，证监会发出《行政处罚及市场禁入事先告知书》，公布雅百特财务造假一事，并于 12 月 15 日正式发布《行政处罚决定书》。由于不便访问海外信息，国内投资者难以确认雅百特披露信息的真伪。雅百特的虚假信息严重损害了中小投资者的利益，证监会对其处以 60 万元罚款，对实控人陆某处以 30 万元罚款和终身禁入证券市场。

资料来源：《证监会拟对雅百特、山东墨龙作出行政处罚》，http://www.csrc.gov.cn/csrc/c100028/c1001535/content.shtml，2024 年 8 月 7 日

3）预测事态发展动向

搜索引擎提供的搜索记录可用于预测事态发展动向。人们从搜索引擎获取信息时，会留下反映真实想法的搜索记录，在预测舆情发展、公共事件时能够对问卷调查数据、机构统计数据等形成补充，提高预测准确性。

案例：搜索引擎数据与总统大选

2016 年 11 月 8 日，美国进行了第 58 届总统大选，共和党总统候选人特朗普以 304 张对 227 张选票战胜了民主党总统候选人希拉里。选举前的民意调查却显示希拉里会获得此次总统大选的胜利，可能是大量参与民意调查的公民并未参与选举投票。真正参与选举的公民更有可能在投票前使用谷歌搜索候选人的名字。候选人名字的搜索量指数反映了候选人受到关注的程度，但无法体现公民态度。根据以往三次大选的经验，人们同时搜索多位候选人时，倾向于把支持的候选人放在首位。在包含两位候选人名字的搜索中，“Trump”位于“Clinton”之前的次数更多，与特朗普获胜的结果一致，说明搜索记录反映了人们对候选人的真实态度。

资料来源：Stephens-Davidowi（2017）

2. 搜索引擎的局限

1）侵害个人隐私

搜索引擎可能会长久保存用户的个人信息，带来侵害个人隐私的风险。1998 年，西班牙《先锋报》网站发布了由于债务问题强制处理公民 Costeja 房产的公告。2009 年，Costeja 联系《先锋报》表示自己的个人隐私受到了侵害，“强制处理已执行，但在网上搜索自己的姓名时仍会显示债务相关公告”。2010 年，Costeja 向西班牙数据保护局投诉，要求谷歌从搜索引擎中删除自己的个人信息。2014 年，欧盟法院宣布欧盟公民对其个人隐私享有“被遗忘权”，可要求搜索引擎删除有关当事人“不充分、不相关或不再相关”的信息（Kuner，2015）。在我国，《中华人民共和国民法典》对个人信息的删除权也作出了相关规定。

2）误导搜索者

搜索结果的展示顺序根据系统排名而定。部分搜索引擎为获利引入竞价机制，优先在搜索结果中展示出价高者的信息。搜索引擎并不对信息的真伪负责，信息发布者可能利用竞价机制扩大虚假信息的传播范围，对搜索者产生误导。

案例：魏则西事件

2016 年魏则西因患滑膜肉瘤辗转多家医院治疗，病情久久不见好转。他前往百度搜索排名靠前的武警北京市总队第二医院进行医治，花光了东拼西凑的二十多万元，于 2016 年 4 月 12 日去世。后经多方查证得知，该医院将美国 20 年前因效率太低在临床阶段就淘汰的“生物免疫疗法”搬回国内，当作最新技术欺骗患者及其家属。魏则西误以为搜索结果排名靠前的医院具有良好的医疗水平，但百度搜索页面结果的排序在很大程度上取决于竞价而非医院资质。此事件掀起了一场舆论风波，不仅引发了社会热议还引起了国家的高度重视。

资料来源：《人民日报：魏则西之死，拷问企业责任伦理》，https://m.haiwainet.cn/middle/3541083/2016/0501/content_29881733_1.html，2024 年 8 月 7 日

二、搜索量指数

搜索量指数（search volume index，SVI）是搜索引擎提供的反映一定时间和地理范围内人们搜索行为的指数。谷歌和百度等搜索引擎都提供可公开下载的搜索量指数，丰富了经济社会研究的数据来源。

（一）搜索量指数的构造

用户设定查询词、地理区域和时间范围后，搜索引擎会展示该查询词在指定地理区域内搜索量随时间变化的趋势图，图上各点数值代表搜索量指数。搜索量指数经过两次标准化处理：首先，用查询词的搜索量除以所有查询词的总搜索量得到搜索占比，以消除单词使用频率天然差异的影响；其次，用该搜索占比除以同词历史最高搜索占比，得到 0 到 100 的搜索量指数，反映该查询词搜索频率随时间相对变化的情况。

以谷歌为例计算 2021 年 7 月 20 日北京地区“奥运”一词的搜索量指数。统计 2021 年 7 月 20 日北京地区所有查询词的日度搜索量，计算“奥运”的日度搜索占比。设当天“奥运”的搜索量为 20 万次，所有查询词的总搜索量为 5000 万次，则“奥运”的搜索占比为 $\frac{20\text{万}}{5000\text{万}}\times 100\% = 0.4\%$ 。再用其除以当月“奥运”的最高日度搜索占比。设最大搜索占比为 1.0%，则搜索量指数为 $\frac{0.4\%}{1.0\%}\times 100 = 40$ 。

2021 年奥运会于 7 月 23 日至 8 月 8 日在日本东京举办。图 6-11 是 2021 年 7 月至 8 月“奥运”一词的搜索量指数变化趋势图。指数的攀升和回落与奥运会开幕和闭幕的时间对应的，说明搜索量指数能够反映人们对于搜索内容的关注程度。

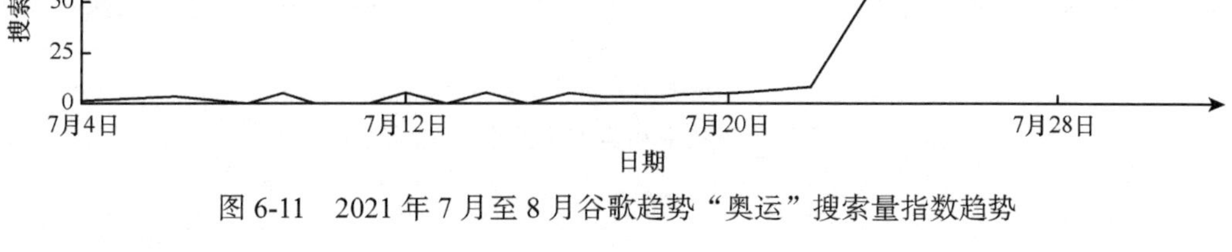

图 6-11　2021 年 7 月至 8 月谷歌趋势“奥运”搜索量指数趋势

谷歌于 2006 年创建的谷歌趋势提供查询词的搜索量指数、变化趋势、相关主题、相关查询等信息，囊括不同国家和地区以及不同语言的数据。百度于 2006 年创建的百度指数是以用户行为数据为基础的数据平台，提供查询词的搜索规模、涨跌趋势、相关新闻舆论变化等信息，主要面向中国用户。

（二）搜索量指数与社会管理

搜索量指数实时反映人们的搜索行为，可用于合理推断意图，助力发现社会管理中的规律。

1. 搜索量指数与公共卫生

每年有上亿人次使用搜索引擎搜索疾病和医疗信息，相关搜索数据可帮助卫生部门监测国民健康趋势。季节性流感是公共卫生关注的主要问题之一，对流感发病强度的实时跟踪能够帮助卫生部门及时采取防治措施（Ferguson et al.，2005）。传统监测方法基于对就诊数据及药物销售数据的统计和分析。汇总和处理各来源的信息需要时间，从疾病发生到疾控中心得出分析结果会有数天甚至数十天的滞后，有碍在流感暴发早期采取措施减少扩散。近年来，研究人员发现利用搜索引擎数据监控流感发病情况可大大降低信息的滞后程度。Yang 等（2015）提出了一种结合搜索量指数、近期和过去同期发病强度来预测流感类疾病活跃水平的模型。如图 6-12 所示，该模型的预测结果与美国疾控中心公布的流感类疾病活跃水平高度吻合，说明使用搜索量指数能够实时跟踪流感的发病强度，该方法可以作为传统流感监测方法的有效补充。

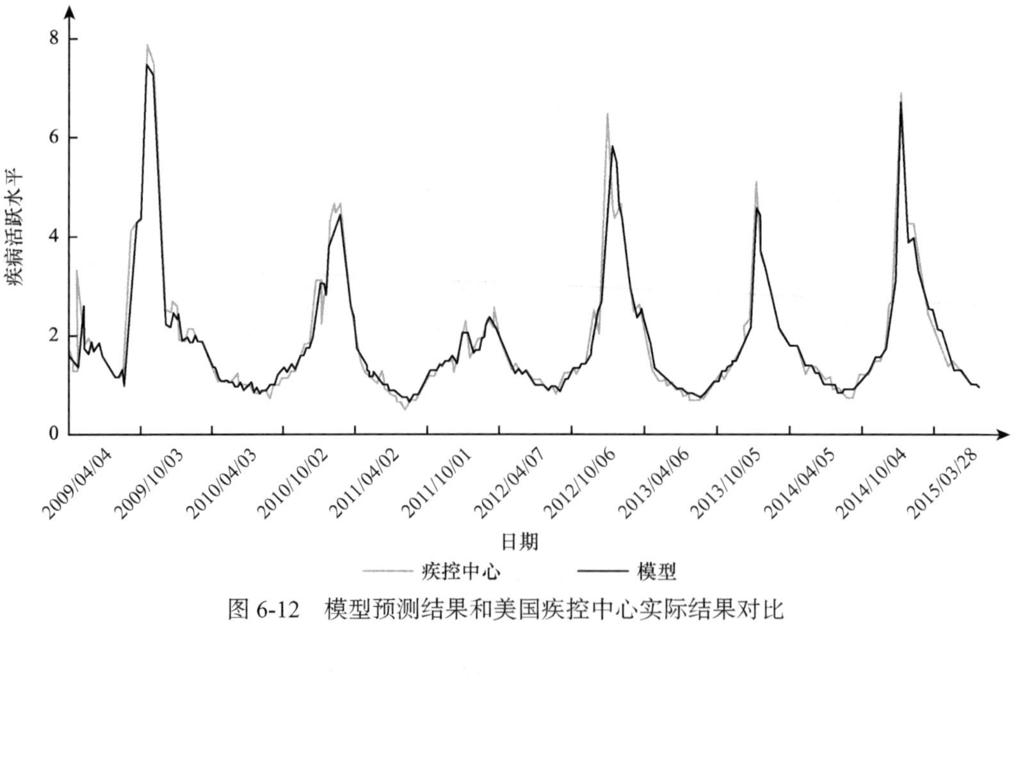

图 6-12　模型预测结果和美国疾控中心实际结果对比

2. 搜索量指数与工作选择

研究表明空气质量会影响人们对工作城市的选择。Xue 等（2021）以查询词“北京（深圳）找工作”的日度搜索量指数衡量人们更换工作城市的意愿，发现空气质量下降时，人们会更频繁地搜索空气质量更好的城市。如图 6-13 所示，横坐标为相对时间，纵坐标为“北京（深圳）找工作”的搜索量指数。北京空气质量下降（Day 0）前，“北京找工作”和“深圳找工作”的搜索量指数并无显著差异；北京空气质量下降后，“北京找工作”的搜索量指数显著下降，“深圳找工作”的搜索量指数显著上升。说明搜索量指数能够反映人们对工作城市的偏好。

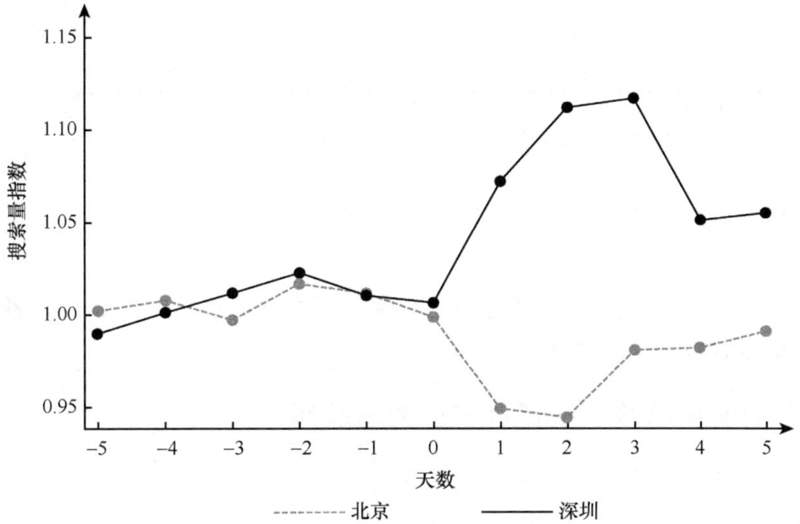

图 6-13　“北京（深圳）找工作”的搜索量指数

为进一步分析空气污染对人力资本积累的影响，Xue 等（2021）从 2000 年和 2010 年中国人口普查数据中获取公民居住省份、户籍所在省份等信息，将移民划分为技术移民、非技术移民、高学历移民和低学历移民四类。北方供暖政策造成秦岭淮河线南北两侧空气污染变化不连续，构建如下断点回归模型：

$$\text{人力资本}_{c,t+1}=\alpha+\beta\,\text{北方}_c+f(\text{纬度})_c+\text{地区特征}_t+\text{固定效应}+\mu_t$$

其中，t 为年份；c 为城市；北方$_c$为虚拟变量，位于北方为 1，否则为 0；$f(\text{纬度})_c$为纬度的平滑控制函数；固定效应包括年度固定效应和经度固定效应；μ_t 为随机扰动项。四类移民的断点回归结果如表 6-30 所示。北方$_c$的系数均为负，且在技术移民和高学历移民组具有显著性。这说明空气污染会对技术移民和高学历移民两类人力资本的积累产生负面影响。

表 6-30　断点回归结果

项目	技术移民	非技术移民	高学历移民	低学历移民
北方	-0.009^{*}（−1.70）	−0.122（−1.33）	-0.019^{***}（−2.65）	−0.155（−1.54）
教育支出	0.064^{**}（1.97）	2.042^{**}（3.78）	0.075^{*}（1.82）	2.425^{**}（4.07）

续表

项目	技术移民	非技术移民	高学历移民	低学历移民
地区生产总值增长	0.000（−0.03）	0.019（0.20）	0.000（0.02）	0.012（0.11）
人均地区生产总值	0.003***（6.87）	0.057***（7.39）	0.003***（4.70）	0.064***（7.54）
人口密度	0.002**（2.14）	0.022*（1.72）	0.001（1.21）	0.021（1.47）
温度	0.002（1.14）	−0.036（−1.14）	0.005*（1.89）	−0.039（−1.13）
f(纬度)	控制	控制	控制	控制
年度固定效应	控制	控制	控制	控制
经度固定效应	控制	控制	控制	控制
样本数	387	387	387	387
R^2	0.342	0.496	0.167	0.489

注：小括号内的数字表示 t 值

*、**、***分别表示显著性水平为 10%、5%、1%

三、搜索量指数与股票

搜索行为反映人们对搜索内容的关注程度，查询词能够用于推断搜索者的情绪，因此可将搜索量指数应用于股票市场分析中。

（一）搜索量指数、投资者注意力与股票

1. 投资者注意力与股票

经典的定价模型建立在投资者能够快速充分理解信息的基础上，认为信息到达市场后能够被迅速纳入股票价格。然而注意力是一种稀缺的认知资源（Kahneman，1973），投资者对某一信息的注意需要以牺牲对其他信息的注意为代价。当面临大量信息时，投资者无法对所有信息做出及时充分的反应，股票价格偏离定价模型预测，股票回报具有可预测性。相比于从已有的少数股票中卖出股票，从海量股票中买进股票需占用投资者更多的注意力，这意味着投资者注意力更有可能反映股票的买进。短期来看，买进股票使股票价格上升，带来正的股票回报；长期来看，随着注意力转移，股价逐渐恢复到市场价值，股票回报随之下降。

2. 投资者注意力的度量

投资者对股票的注意力无法直接测度，过去的研究大多采用能够表征投资者注意到股票的变量作为代理指标，包括异常成交量、异常股票收益、媒体报道、广告支出等。成交量、收益通过股票市场数据生成，隐含着公司和市场微观结构的许多特征。媒体报道和广告宣传可能不会引起投资者的关注，难以作为衡量投资者注意力的理想变量。

搜索量指数反映投资者主动搜索公司或股票相关内容的行为，能直接体现投资者对搜索内容投入注意力。Da 等（2011）使用搜索量指数构造衡量投资者注意力的指标。以

2004 年 1 月至 2008 年 6 月罗素 3000 指数包含的所有股票为研究对象，从谷歌获取相关查询词的周度搜索量指数。公司名称、主要产品、股票代码等都是可选的查询词，由于搜索公司名称可能与投资无关、公司名称存在多义性、投资者搜索时使用的称谓各异等问题，使用股票代码作为最终使用的查询词。

记股票 i 在 t 周的搜索量指数为 $\mathrm{SVI}_{i,t}$，为使变量平滑取对数记为 $\log(\mathrm{SVI}_{i,t})$。通常情况下，投资者对某股票的关注维持在常规水平，相应的搜索量指数维持在常规值。注意力的异常变动体现在搜索量指数与常规值的差异上。对于第 t 周，用前 m 周搜索量指数中位数的对数表示注意力的常规水平。使用中位数而非平均值避免了注意力大幅变动的影响。记搜索量指数超过常规水平的部分为异常搜索量指数，公式如下：

$$\text{异常搜索量指数}_{i,t} = \log(\mathrm{SVI}_{i,t}) - \log\left[\mathrm{median}\left(\mathrm{SVI}_{i,t-1},\cdots,\mathrm{SVI}_{i,t-m}\right)\right]$$

该指标反映第 t 周投资者对股票 i 异于常规的关注程度，越大说明关注程度越高。使用异常搜索量指数衡量投资者注意力，排除了时间趋势和季节性变化的干扰，也让不同股票的受关注度在同一时间上具有可比性。

3. 投资者注意力与股票回报的检验

吸引关注的个股更容易引发投资者的买进行为，导致股价上涨，带来正回报。随着注意力的减弱，股票回报逐渐减少。构建如下回归方程检验 2004 年 1 月至 2008 年 6 月美国股票市场上投资者注意力和未来三周股票回报的关系：

$$\text{股票回报}_{i,t+n} = \beta_0 + \beta_1 \times \text{异常搜索量指数}_{i,t} + \beta_2 \times \text{控制变量} + \varepsilon_{i,t}$$

其中，股票回报$_{i,t+n}$ 为股票 i 在 $t+n$（n=1,2,3）周的回报；控制变量包括股票规模、个人投资者占比、换手率等其他反映投资者关注的指标；$\varepsilon_{i,t}$ 为误差项。回归结果如表 6-31 所示，股票异常搜索量指数与未来一周股票回报的回归系数显著为正，说明投资者注意力异常增加引起的股票买进行为在短期内推高了股价。异常搜索量指数与股票回报的正相关关系随时间推移逐渐减弱，到第三周不再显著，符合理论预期。

表 6-31 异常搜索量指数与股票回报的回归结果

项目	股票回报 $_{i,t+1}$	股票回报 $_{i,t+2}$	股票回报 $_{i,t+3}$
异常搜索量指数 $_{i,t}$	18.742***（7.00）	14.904**（7.56）	3.850（6.28）
控制变量	控制	控制	控制
R^2	0.014	0.119	0.011

注：小括号内的数字表示标准误差

、*分别表示显著性水平为 5%、1%

（二）搜索量指数、投资者情绪与股票

1. 投资者情绪与股票

投资者情绪是使投资者对资产未来预期产生系统性偏差的心理活动或情感（Baker

and Wurgler，2006）。行为金融学的视角下，投资者是有限理性的，受乐观、悲观、恐惧等情绪的影响，无法对股票价值做出无偏估计，其非理性的交易行为导致股票价格偏离内在价值。乐观的投资者会高估股票价值，盲目购买股票进而推高股票价格；悲观的投资者会低估股票价值，大量抛售股票使股票价格下降。尽管套利交易能够纠正非理性交易造成的股票价格变动，但股票市场不完全有效，这种纠正并不充分，因此投资者情绪对股票价格有重要影响。

案例：投资者情绪与互联网泡沫

20 世纪 90 年代初，Mosaic 浏览器及万维网的出现吸引了公众的注意，随后互联网行业飞速发展。不少投资者对这一概念过分乐观，认为与互联网有关的公司都有巨大的前景。公司为名称加上前缀“e-”或后缀“.com”就能让股票价格飙升。投资者的热情支持使这些公司获得了大量资金并大肆扩张，这进一步增强了投资者的乐观情绪。虽然公司并没有赚取多少收入，但投资者相信只要互联网不断发展公司总会盈利。2000 年 3 月，以科技股为主的纳斯达克综合指数攀升至 5048，标志着互联网经济泡沫达到顶峰。随着时间推移，公司并未实现预期的收益，投资者失去对公司的信心纷纷抛售股票，公司股价及股票指数暴跌，泡沫消退。实际上，许多互联网公司把风投资金烧光后停止交易，甚至没有盈利过。

资料来源：根据公开资料整理

2. 投资者情绪的度量

量化投资者情绪能够帮助我们分析股票价格的变化规律。投资者情绪无法直接观测，学者使用能够表征投资者情绪的指标作为代理变量，包括封闭式基金折价率、IPO 首日收益率、散户投资者的买卖等，以及由多个指标构建的投资者情绪综合指数。随着搜索引擎的普及，世界各地的人们都开始通过搜索引擎获取信息。搜索记录反映了人们的态度，形成的搜索量指数是可用于度量投资者情绪的新颖数据。该数据更新频率高，可用于构造高频的投资者情绪指标；覆盖范围广，能够就投资者情绪对资产价格的影响进行跨国分析。

Gao 等（2020）使用谷歌趋势提供的搜索量指数构造了 38 个国家的投资者情绪指标。投资者情绪受金融市场基本面等经济金融因素的影响，也受天气、灾害、假期等非经济金融因素的影响，在构造指标时需要同时考虑。以 2004 年至 2014 年的 38 个国家为样本，从谷歌趋势获取经济金融和非经济金融相关术语的周度搜索量指数。经济金融相关术语从哈佛 IV-4 词典和拉斯韦尔词典获取，非经济金融相关术语从南佛罗里达大学自由协会规范获取。非经济金融相关术语来自天气、灾难、污染、恐怖活动、假期和体育这六个会显著影响市场情绪的主题。

情绪分为积极和消极，构造情绪指数需要对术语的情绪极性进行划分。记 $\Delta SVI_{i,t}=$

$SVI_{i,t} - SVI_{i,t-1}$ 为术语 i 在 t 周搜索量指数的变化。以 6 个月为窗口期，2004 年 1 月至窗口期结束期间，对经济金融相关术语的 $\Delta SVI_{i,t}$ 与市场回报进行回归。保留回归系数为正且显著性最高的前 30 个术语和回归系数为负且显著性最高的前 30 个术语，分别定义为积极术语和消极术语，用于构造经济金融相关投资者情绪指数。为了衡量积极情绪和消极情绪对市场的净影响，用 t 周积极术语 i（i=1,2,⋯,30）搜索量指数变化的均值，与消极术语搜索量指数变化的均值 $\frac{1}{30}\sum_{i=1}^{30}\Delta SVI_{i,t}^{-}$ 之差表示 t 周的经济金融相关投资者情绪指数，公式如下：

$$\text{经济金融相关投资者情绪指数}_t = \frac{1}{30}\left(\sum_{i=1}^{30}\Delta SVI_{i,t}^{+} - \sum_{i=1}^{30}\Delta SVI_{i,t}^{-}\right)$$

非经济金融相关术语根据意见词典和多视角问答主观词典中的情绪标签划分积极和消极，删除中性词语和两个词典给出相反标签的词语。使用上述方式构造非经济金融相关投资者情绪指数，公式如下：

$$\text{非经济金融相关投资者情绪指数}_t = \frac{1}{30}\left(\sum_{i=1}^{30}\Delta SVI_{i,t}^{+} - \sum_{i=1}^{30}\Delta SVI_{i,t}^{-}\right)$$

表 6-32 是经济金融相关和非经济金融相关的积极与消极术语示例。

表 6-32　经济金融相关和非经济金融相关术语

项目	经济金融相关	非经济金融相关
积极	盈利（profit）	夺冠（winning the championship）
	资本收益（capital gain）	圣诞节（Christmas）
	税收优惠（tax benefit）	天晴（sunny）
	住房津贴（housing allowance）	感恩节（Thanksgiving）
消极	破产（bankruptcy）	车祸（car crash）
	大萧条（The Great Depression）	寒冷（cold）
	金融危机（financial crisis）	噪声污染（noise pollution）
	通货膨胀（inflation）	地震（earthquake）

投资者情绪受经济金融因素和非经济金融因素的共同影响，使用总体情绪指数衡量投资者情绪能够比仅使用经济金融或非经济金融情绪指数更准确。对两个情绪指数取均值得到 t 周的总体投资者情绪指数：

$$\text{总体投资者情绪指数}_t = \frac{1}{2}(\text{经济金融相关投资者情绪指数}_t + \text{非经济金融相关投资者情绪指数}_t)$$

3. 投资者情绪与股票回报的检验

积极情绪推高股价，消极情绪压低股价，情绪平复后股价回归基本面，据此推测投资者情绪与未来股票市场回报之间存在负相关关系。Gao 等（2020）使用如下回归方程检验 2004 年至 2014 年 38 个国家的投资者情绪和未来股票市场回报的关系：

$$股票市场回报_{j,t+1} = \beta_0 + \beta_1 \times 总体投资者情绪指数_{j,t} + \beta_2 \times 控制变量_{j,t} + 国家固定效应 + \varepsilon_{j,t}$$

其中，总体投资者情绪指数$_{j,t}$为国家 j 在 t 周的总体投资者情绪指数；控制变量包括国家经济政策不确定性、前期的股票市场回报等；$\varepsilon_{j,t}$ 为误差项。回归结果如表 6-33 全球一列所示，t 周的总体投资者情绪指数与 t+1 周的股票市场回报显著负相关，说明投资者情绪能够对未来股票市场回报进行合理预测。将 38 个国家划分为发展中国家和发达国家，分别进行上式回归，结果如表 6-33 发达国家和发展中国家两列所示。总体投资者情绪指数的系数均显著为负，发达国家对应系数的绝对值更大，说明发达国家股票市场受投资者情绪的影响更大。

表 6-33 投资者情绪与股票回报回归结果

项目	股票市场回报 $_{t+1}$		
	全球	发达国家	发展中国家
总体投资者情绪指数 $_t$	−0.450*** (−7.66)	−0.511*** (−5.71)	−0.395*** (−5.83)
控制变量	控制	控制	控制
固定效应	控制	控制	控制
R^2	0.027	0.037	0.023

注：小括号内的数字表示 t 值

***表示显著性水平为 1%

第六节 卫星遥感数据

卫星遥感数据指遥感卫星收集地表物体发射的电磁波形成的影像数据，是金融领域的新颖数据来源，在预测企业经营状况、评估区域经济发展情况、优化金融投资决策方面有着重要的应用潜力。本节介绍卫星遥感数据的相关概念、使用方法及应用实践。

一、卫星遥感技术与功能

（一）卫星遥感技术与价值链

1. 遥感定义

遥感是一种用于观察和研究地球系统及其动力学的技术。与现场观察相对，遥感能够在不与物体发生物理接触的情况下获取数据，广泛应用于资源调查、地表环境监测、人类活动监测等方面。如图 6-14 所示，常见的类型包括地面遥感、机载遥感和卫星遥感。

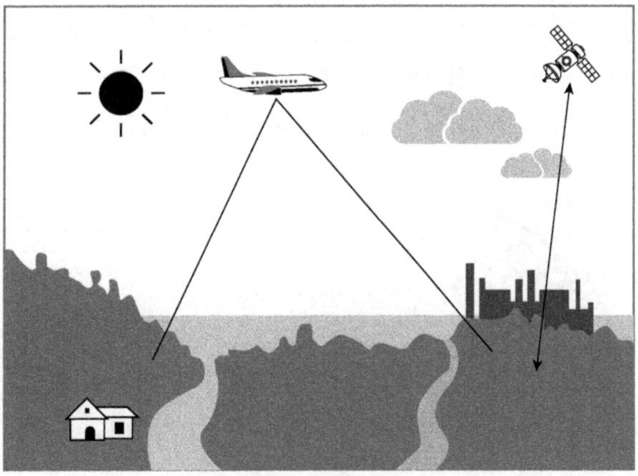

图 6-14 遥感示意图

2. 卫星遥感数据的获取和使用

使用卫星遥感数据包括信息获取和数据分析两步。如图 6-15 所示，信息获取阶段，来自辐射源太阳的能量通过大气传输至地面，地面反射能量至卫星遥感接收系统，由系统转化为信息并传输至地面接收器。数据分析阶段，接收器生成图像或数据信息并传输至卫星分析公司。卫星分析公司生成信息产品，帮助客户开展气象、环境、经济等领域的研究。

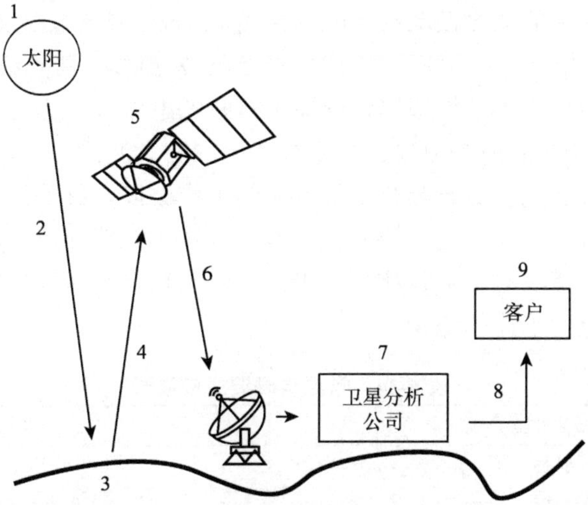

图 6-15 卫星遥感数据的获取和使用

3. 卫星遥感系统的类别

卫星遥感系统可根据辐射源、电磁波波长、适用性以及卫星轨道高度进行分类。

1）根据辐射源分类

根据辐射源可将卫星遥感系统分为主动遥感系统和被动遥感系统。如图 6-16 所示，主动遥感系统的传感器自带辐射源，传感器向目标物发出辐射后接收目标物反射的辐射，称为有源传感器。被动遥感系统的传感器不能发出辐射，只能接收物体表面反射的来自其他辐射源的辐射，称为无源传感器。主动遥感的使用不受天气制约，精度较高，功耗和成本也较高，是地形测量、军事侦察的首选；被动遥感受天气和光照条件影响较大，但具有功耗和成本低廉的优势，在气象观测、农业监测和资源调查等领域应用广泛。

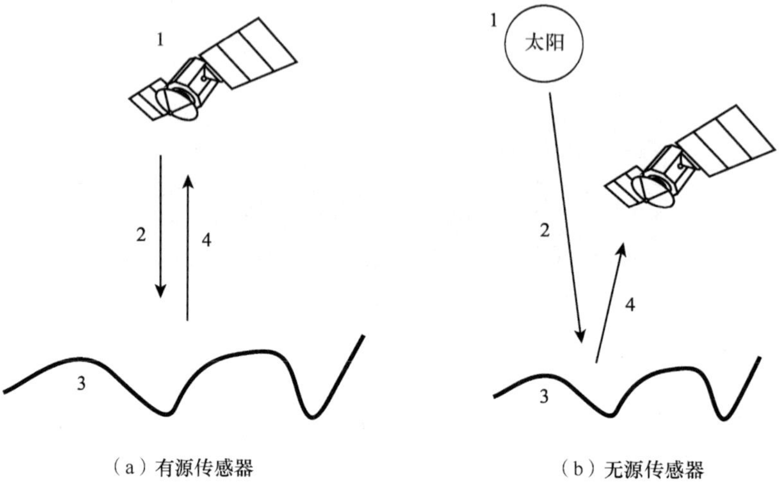

图 6-16　有源传感器和无源传感器

2）根据电磁波波长分类

电磁波是振源发出的电磁振动在空间的传播。不同类型的电磁波波长不同，如表 6-34 所示，常见的电磁波根据波长由短到长分为γ射线、X 射线、紫外线、可见光、红外线、微波和无线电波。卫星遥感系统根据传感器可接收的电磁波分为可见光遥感、红外线遥感等。可见光、红外线和微波是卫星遥感系统常用的三大波段。可见光的使用频率最高，是传统航空摄影侦察和航空摄影测绘中最常用的工作波段。红外线在云、雾、雨中传播时会衰减，使用频率次于可见光。微波受环境影响较小，能穿透云雾、小雨，因此微波遥感可全天候使用。微波对植被、冰雪、干沙、干土均具有较强的穿透力，常用于探测被冰雪、植被、沙土所遮掩的地物。

表 6-34　常见电磁波对应波长

电磁波种类	波长
γ 射线	小于 0.01 nm
X 射线	0.01 nm—0.01 μm
紫外线	0.01 μm—0.4 μm
可见光	0.4 μm —0.75 μm
红外线	0.75 μm—1 mm
微波	1 mm—1 m
无线电波	1 m—100 km

3）根据适用性分类

卫星遥感系统根据适用性分为夜间灯光遥感、高分辨率遥感、大气遥感、热红外遥感、海洋遥感和地质遥感。

夜间灯光遥感是利用遥感卫星获取夜间照明设备发出的辐射并成像的技术。夜间灯光强度反映了特定区域的光照程度和能源消耗程度，可作为衡量经济社会发展水平的指标，也可用于城市发展、人口密度模拟、电力消耗、人类活动等领域的研究。

高分辨率遥感是获取高分辨率遥感影像的技术，能提供丰富的图像信息。高分辨率遥感影像具有地物纹理信息丰富、成像光谱波段多、重访时间短的特征，可用于分析相关地物的空间分布和变化情况，为灾害监测、土地规划等提供帮助。

大气遥感是指仪器不直接与大气接触，而是在一定距离以外测量大气气象要素的技术。大气遥感通过接收大气发射的电磁波来获取大气信息，常见的大气遥感有气象雷达和气象卫星。

热红外遥感是传感器接收并处理红外线的遥感技术，原理是温度超过绝对零度的物质都会不断发射红外能量。热红外遥感广泛应用于地表温度反演、城市热岛效应、灾害监测、探矿等领域，对研究全球能源变化和可持续发展具有重要意义。

海洋遥感是以海洋及海岸带作为测量对象的遥感技术。海洋遥感利用传感器对海洋进行远距离非接触观测，以获取海洋景观和海洋要素的图像或数据资料，为监测海洋环境、实施近岸工程等提供支持。

地质遥感是以研究地质规律、进行地质调查和资源勘察为目的的遥感技术。地质遥感结合电子计算机技术、电磁辐射理论、现代光学、电子技术以及数学地质的理论与方法，应用于区域地质调查、矿产地质勘查、工程地质勘查以及地质灾害监测和预警等方面。

4）根据卫星轨道高度分类

卫星遥感系统根据卫星轨道高度分为近地轨道（low earth orbit，LEO）、中地轨道（middle earth orbit，MEO）和地球同步转移轨道（geostationary transfer orbit，GTO）卫星遥感系统，如图 6-17 所示。

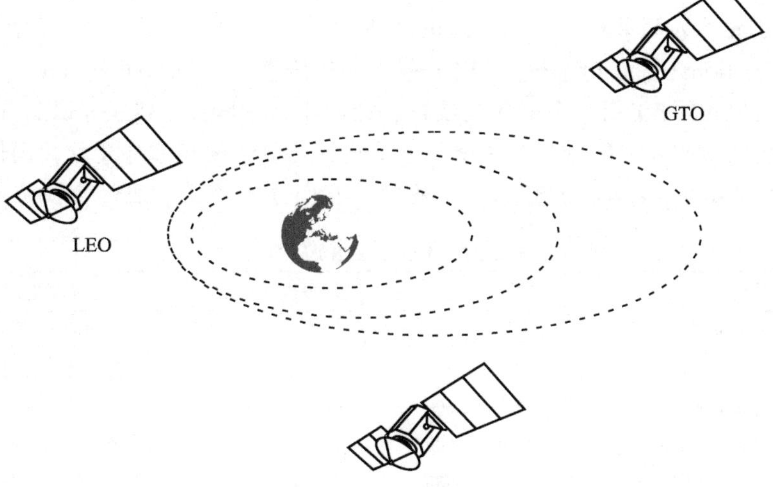

图 6-17 LEO、MEO、GTO 示意图

表 6-35 总结了三种不同轨道高度卫星的轨道周期、特征和代表卫星。

表 6-35 卫星按轨道高度分类表

种类	高度	轨道周期	特征	代表卫星
近地轨道	200—2 000km	90 min	高空间分辨率；覆盖一小部分地球；轨道衰减快	地球观测和侦察卫星
中地轨道	2 000—35 790 km	2—12 h	居中	GPS、伽利略卫星导航系统
地球赤道同步轨道	35 790 km	一天	低空间分辨率；覆盖地球的很大部分；轨道衰减慢	通信卫星

知识拓展：陆地卫星（Landsat）系列卫星

陆地卫星（Landsat）是美国地质调查局和美国国家航空航天局的一项联合计划，该计划发射的卫星自 1972 年运行至今，为各领域的用户和研究人员提供了大量地球资源观测数据。Landsat 系列卫星发射时间如图 6-18 所示。

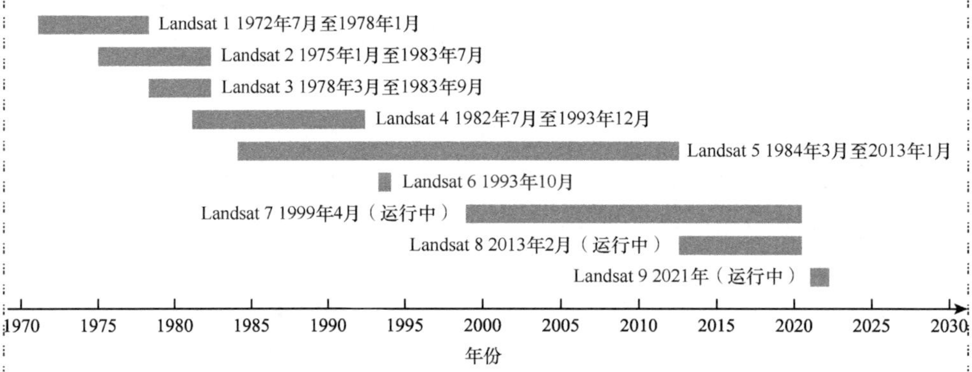

图 6-18 Landsat 系列卫星发射时间表

Landsat 8 于 2013 年 2 月 11 日从美国加利福尼亚州范登堡空军基地发射，是 Landsat 系列的第八颗卫星。Landsat 8 携带了两种传感器，分别是陆地成像仪（operational land imager，OLI）和热红外传感器（thermal infrared sensor，TIRS）。OLI 可识别 9 个电磁波波段，分辨率为 30 m；TIRS 可识别 2 个热红外波段，分辨率为 100 m。二者分别用于收集光谱波段和红外波段的图像数据。表 6-36 总结了 Landsat 8 可识别的波段、空间分辨率及对应的主要应用。

表 6-36 Landsat 8 波段介绍

波段	波长范围/μm	空间分辨率/m	主要应用
海岸波段（Band 1 Coastal）	0.433—0.453	30	海岸带观测
蓝波段（Band 2 Blue）	0.450—0.515	30	分辨水体穿透、土壤植被
绿波段（Band 3 Green）	0.525—0.600	30	分辨植被
红波段（Band 4 Red）	0.630—0.680	30	观测道路、裸露土壤、植被
近红外波段（Band 5 NIR）	0.845—0.885	30	估算生物量，分辨潮湿土壤

续表

波段	波长范围/μm	空间分辨率/m	主要应用
短波红外 1（Band 6 SWIR1）	1.560—1.660	30	分辨道路、裸露土壤、水域、大气、云雾
短波红外 2（Band 7 SWIR2）	2.100—2.300	30	分辨岩石、矿物、植被、土壤
全色波段（Band 8 Pan）	0.500—0.680	15	15 m 分辨率的黑白图像，用于增强分辨率
卷云波段（Band 9 Cirrus）	1.360—1.390	30	包含水汽强吸收特征，可用于检测云
热红外 1（Band 10 TIRS1）	10.600—11.190	100	感应目标的热辐射
热红外 2（Band 11 TIRS2）	11.500—12.510	100	感应目标的热辐射

Landsat 9 于 2021 年 9 月 27 日从美国加利福尼亚州范登堡空军基地发射，携带二代陆地成像仪（OLI-2）和二代热红外传感器（TIRS-2），能够识别的电磁波波段和一代相同，但具有更高的识别精度。

资料来源：美国地质调查局

4. 卫星遥感产业链

卫星遥感产业链包括卫星制造、卫星发射、数据经销、数据应用四个主要环节。如图 6-19 所示，产业链的上游是卫星制造商；中游包括卫星发射服务提供商、商业和政府两类运营商以及数据经销商；下游包括各类相关公司，主要提供卫星遥感数据服务及相关技术服务，开发并出售基于卫星遥感数据的软件。产业链下游的需求是带动整个行业发展的主要动力。

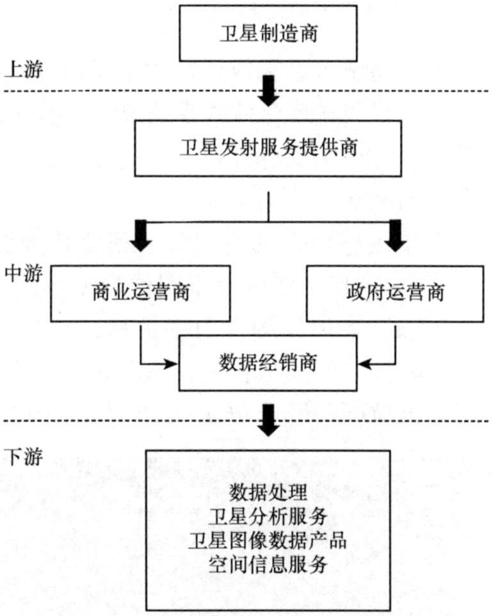

图 6-19 卫星遥感产业链结构图

5. 全球卫星遥感行业发展状况

近年来，全球卫星遥感行业发展迅速。国际咨询公司 Mordor Intelligence 发布的一份报道称，2023 年全球卫星遥感行业市场规模约为 384 亿美元。公开数据显示，近年来全球遥感卫星的发射数量总体上也呈现出上涨趋势，如图 6-20 所示。

6. 中国卫星遥感行业发展状况

我国卫星遥感行业起步于 20 世纪 70 年代，经过几十年的发展现已达到世界领先水平。中国遥感应用协会发布的《中国遥感应用事业发展蓝皮书（2023）》显示，截至 2023 年

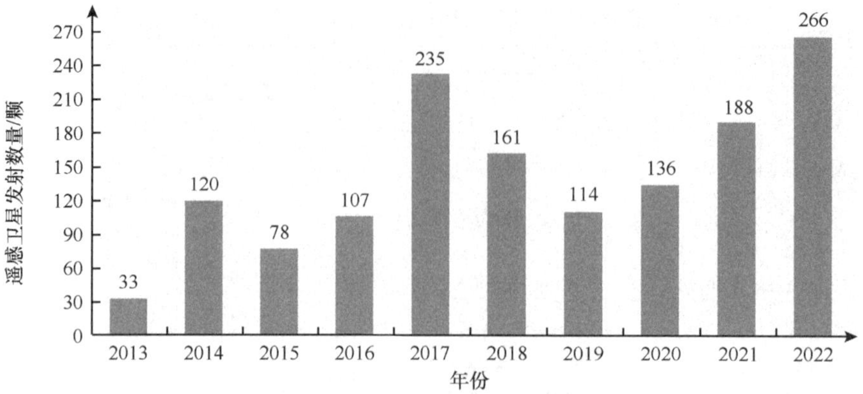

图 6-20 2013—2022 年全球遥感卫星发射数量

6 月底，我国各型遥感卫星发射近 300 颗；我国遥感相关企业至少 4.7 万家，产业规模在 2020 年已达千亿元人民币量级，预计到 2025 年增长到 2000 亿元人民币量级，到 2035 年增长到 5000 亿元人民币量级。遥感系列卫星提供的海量信息在提高人们生活质量、促进经济发展以及推动航天科技研究等方面发挥了重要作用。

7. 卫星遥感数据的优势

卫星遥感可以获取传统方法难以获取的数据。在印度尼西亚，官员有时因受贿而放任非法砍伐，导致森林砍伐的统计数据不准确。Burgess 等（2012）分析了卫星遥感图像数据，通过识别森林裸露土地的面积，得出“在一个省内每增加一个地区，森林砍伐率就会增加 8.2%”的结论。

卫星遥感数据的空间分辨率比普通图像更高，在相同面积下能够提供更多信息。Marx 等（2019）使用卫星图像数据推测住户的经济状况。经济状况好的住户更有可能更换屋顶，新屋顶的反射率更高，从分辨率高的卫星遥感图像中提取屋顶的反射率，就能推断住户的经济状况。如图 6-21 所示，图 6-21（a）和图 6-21（b）分别是肯尼亚内罗毕基贝拉同一区域 2009 年 7 月和 2012 年 8 月的卫星遥感图像。与图 6-21（a）相比，

（a）2009年7月　（b）2012年8月

图 6-21 肯尼亚内罗毕基贝拉的屋顶图像

图 6-21（b）左下角的金属屋顶失去光泽，说明住户三年内没有更换屋顶；右上角的屋顶变得更有光泽，说明住户更换了屋顶，由此可以推测右上角住户的经济状况更好。

卫星遥感数据的时空范围广。时间上，遥感卫星能够数十年持续不断地获取数据；空间上，卫星遥感提供全球范围的数据。Costinot 等（2016）利用遥感卫星数据考察全球气候变化，并估计农业产出的变化趋势，发现气候变化可能会使全球农业产出减少约 1/6。

8. 卫星遥感数据面临的挑战

尽管具有以上优势，卫星遥感数据也面临挑战。处理和分析卫星遥感提供的海量数据对算力提出了较高要求。测量环境以及测量工具的变化，如大气环境的变化和传感器的老化，会使遥感数据产生测量误差。随着卫星遥感图像分辨率不断提高，卫星遥感数据能够提供的信息越来越多，非公开卫星遥感数据的泄露对隐私安全造成的威胁随之扩大，引发新的伦理和监管问题。

（二）卫星遥感的功能

卫星遥感可用于直接观测公司经营情况、区域经济活动，也可用于水环境观测、地理绘制和环境监测。

1. 公司经营情况观测

卫星遥感技术能够捕捉公司经营过程中留下的信息，为投资者分析公司经营绩效提供新的数据。卫星遥感拍摄的超市停车场影像可用于推测超市人流量，为投资者分析超市销售量提供财务指标之外的补充数据，提高预测公司股价变化的准确性。公司生产过程中会释放热辐射，卫星遥感能够识别并记录热辐射的强度，形成可用于评估公司产出和销售情况的数据，为投资者分析公司经营活动提供支持。

2. 区域经济活动观测

卫星遥感技术可用于观测特定区域的经济活动。夜间的生产活动和消费都需要照明，因而夜间灯光强度反映了地区的经济活跃程度。卫星遥感提供的夜间灯光数据可用于及时准确地计算 GDP、衡量区域贫困情况和发展不平衡情况、估计区域人口数量以及评估自然灾害带来的经济变化。从卫星图像数据中获取的住宅数量、建筑新旧程度、人口密集程度、交通便捷程度等信息可提高人口普查的准确性，可量化数据缺失地区的社会经济参数，也可用于评价经济发展水平。

3. 水环境观测

卫星遥感技术获取到的水资源数据可用于推测湖泊、湿地等水体的面积变化，监测冰川和积雪的融化状态，提高水环境研究的工作质量与效率。

4. 地理绘制

卫星遥感技术可用于估计不透水地表面积，衡量地区城市化进程。不透水地表面是水不能穿透的屋顶、铺砌道路等人造表面，其分布格局是对城市土地利用形态的连续化描述。不透水地表面不易受季节、物候等外界因素的影响，能够较为准确地反映某一区域的城市化程度。

5. 环境监测

卫星遥感技术不受地域限制，可以快速获取有关地表的大量信息，帮助政府低成本地观测和研究大面积区域的光污染，估计二氧化碳等温室气体的排放量，高效开展环境监测工作。

二、卫星遥感图像的处理

为从卫星遥感图像中提取有价值的信息，需将图像转换为计算机可以处理的数字形式。图像处理包括数字化、图像预处理和图像分析三步。数字化是将模拟信号转换为数字信号的过程；图像预处理是通过减少噪声、校准像素和数据标准化提高图像质量的过程；图像分析是提取图像中有用信息的过程。预处理是数据分析中的常规操作，本节不单独介绍，下面我们展开介绍数字化和图像分析。

（一）数字化

图像处理的第一步是数字化。如图 6-22 所示，照片转换为矩阵形式的过程称为数字化，转换得到的矩阵称作数字图像，可显示在电子设备上。下面介绍相关概念。

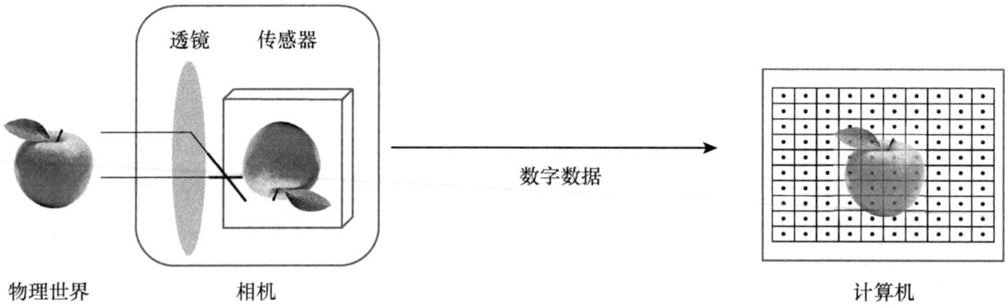

图 6-22 图像的数字化过程

1. 像素

像素是图像在数字设备上显示的最小单位，像素组成的矩阵构成了数字图像。如图 6-23 所示，每个像素都是一个只能表示一种颜色的正方形。

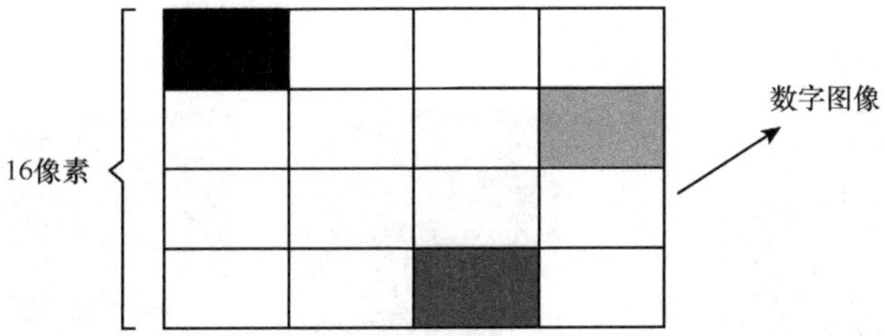

图 6-23 图片像素图示

2. 色彩深度

色彩深度简称色深，是位图中存储一个像素的颜色所用的位数，常用单位为位/像素（bits per pixel，bpp）。色深越大，单个像素可选择的颜色越多，图像可记录的色彩变化越细致，对计算机处理和存储图像能力的要求也越大。n 位图像中每个像素有 2^n 种颜色选择。如图 6-24 所示，2 位图像的像素只能分配 0（黑色）、1（灰色）、2（浅灰）和 3（白色）四种颜色。

3	0	3	3
3	0	3	3
3	1	2	3
3	3	3	3

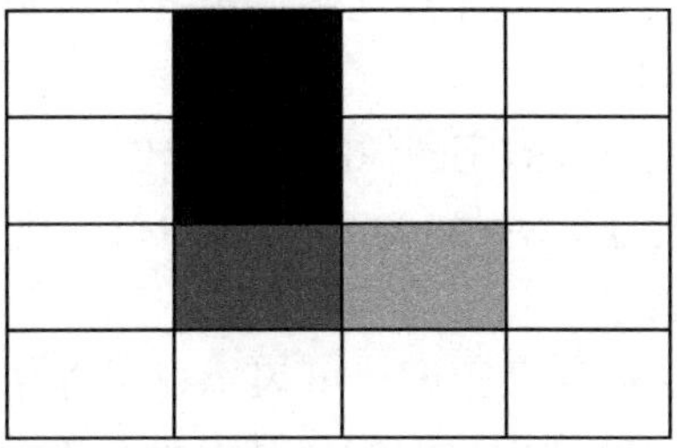

图 6-24 2 位图像

3. 色彩表示

根据色彩表示方式的不同，图像可分为灰度图像和 RGB 图像。灰度图像的每个像素只有一种颜色。如图 6-25 所示，灰度图像通常显示为从最亮的纯白色到最暗的纯黑色。

图 6-25 灰度图像的颜色深度

RGB 图像是使用红（red）、绿（green）、蓝（blue）三基色加色的颜色模型形成的图像，如图 6-26 所示。任何一种基色都不能由另外两种基色合成，将三基色的色光以不同比例相加可以得到其他任意颜色，例如：

红（R）+绿（G）=黄（Y） 红（R）+蓝（B）=品红（M）

蓝（B）+绿（G）=青（C） 红（R）+蓝（B）+绿（G）=白（W）

RGB 图像可由灰度图像生成，生成一幅 RGB 图像的三幅灰度图像为红色、绿色和蓝色分量图像。一幅 RGB 图像由 3 个大小相同的二维数组表示，3 个数组分别代表红色、

图 6-26 RGB 图像

绿色和蓝色 3 个分量，每种颜色的分量占 8 位，每一位由[0，255]中任意值表示。

4. 分辨率

分辨率是数字图像横向和纵向的像素数，从 640×480 到 2048×1536 不等。分辨率最常用的单位是每英寸[①]点数（dots per inch，DPI）和每英寸像素数（pixels per inch，PPI）。

1）DPI

DPI 是点阵数字图像的量度单位，是每英寸长度可显示或输出的点的数目。例如，打印机输出的分辨率为 300 DPI，表示打印机可以在每平方英寸上输出 300×300=90 000 个点。

2）PPI

PPI 又称像素密度，可表示显示器单位长度上的像素数量。例如，以一平方英寸显示的 100×100 像素图像的分辨率为每英寸 100 像素。每英寸像素值越高，图像越精细。

（二）图像分析

图像预处理后，能通过图像分析技术获取所需信息。图像分析包括分割、特征提取和分类三种方法，其中分割最为常用。

分割是把图像细分成小块后，将感兴趣的对象与背景区分开的过程。图像的像素可用坐标 (x,y) 表示。分割前，需要通过函数 $f(x,y)$ 计算得到像素对应的像素强度。如图 6-27 所示，在表示 8 位灰度图像的矩阵中，像素强度在 0（黑色）和 255（白色）之间。

分割的基本方法是根据像素强度阈值区分目标对象与背景。具体而言，比较图像中每一个像素点对应的函数值与给定阈值 T 的大小，将 $f(x,y)<T$ 的像素点视为对象点，否则为背景点。得到的图像称为阈值图像 $g(x,y)$，即

$$g(x,y)=\begin{cases}1, & f(x,y)<T\\0, & f(x,y)\geqslant T\end{cases}$$

图 6-28 展示了从 2 位灰度图像中分割出的“L”。

① 1 英寸=2.54 厘米。

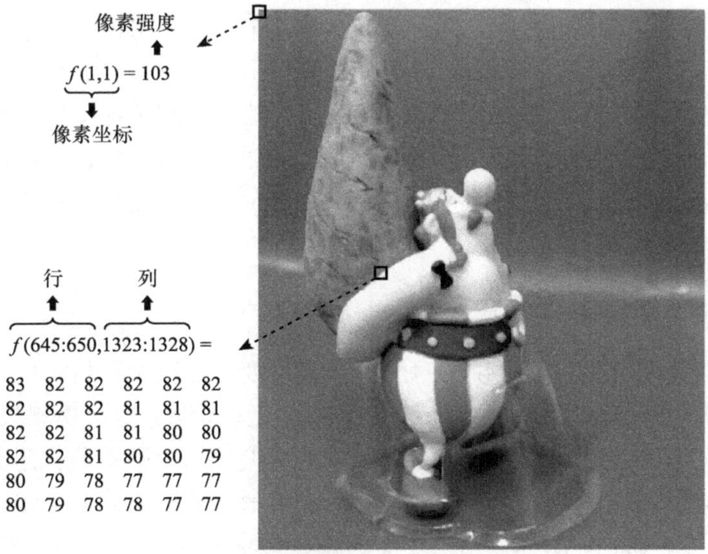

图 6-27　8 位灰度图像像素强度

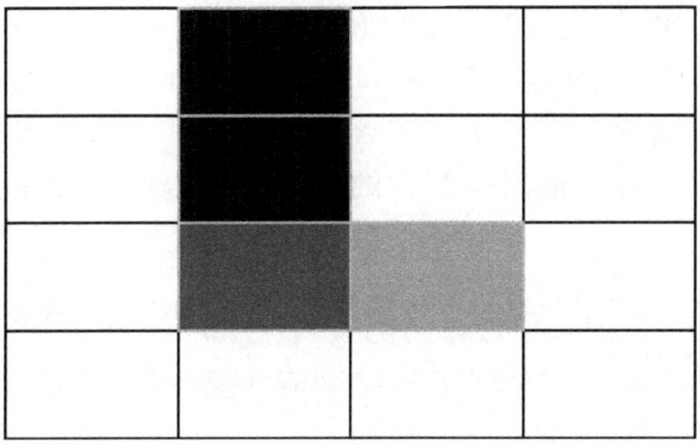

图 6-28　2 位灰度图像中的“L”

图 6-29 是对图像进行阈值化处理并分割出指纹的示例。左边是原始图像，右边是经过阈值处理后的分割结果。先设置阈值，然后遍历图像中的像素，如果像素强度小于阈值，则将该点赋值为 1，该点为对象点，显示为黑色；如果像素强度大于阈值，则将该点赋值为 0，该点为背景点，显示为白色。

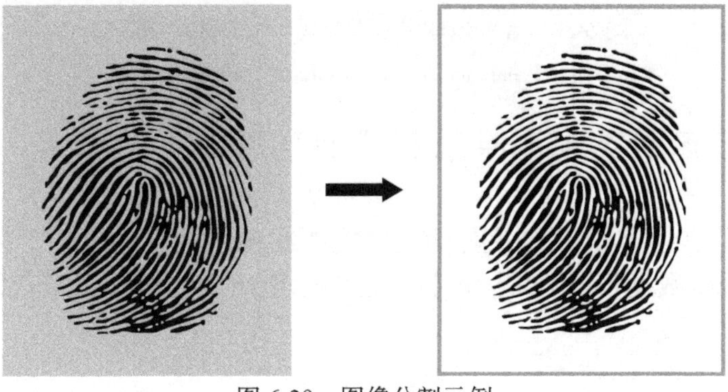

图 6-29　图像分割示例

深度学习是图像分析的重要工具。深度学习基于神经网络模型，这类模型由多个神经网络层构成，逐层学习输入数据的特征，最终输出类别概率。卷积神经网络是处理卫星遥感图像的常用方法。卷积神经网络由卷积层、池化层和全连接层三种结构组成。在卷积层，输入图像与卷积核进行卷积生成新的特征图。在池化层，图像被划分为若干个矩阵，通常以取最大值的方式进行降采样。最后由全连接层输出图像属于每一个类别的概率（Litjens et al.，2017）。

（三）谷歌地球引擎平台

谷歌地球引擎平台是谷歌提供的对海量全球尺度地球科学资料，尤其是卫星数据进行可视化、计算分析和处理的云平台。该平台存取卫星图像等地球观测数据，包含超 200 个公共数据集、超 500 万张影像以及超 5 PB 数据，并能够对这些数据进行快速、批量的处理。谷歌地球引擎平台提供的数据集涵盖了四十余年的历史数据，包括气象数据（表面温度、气候、大气层）、图像数据（地球表面、陆地和海洋、地球环境、农业）和地球物理数据（地形、土地覆盖、农田、其他），并每天进行更新和扩展。

登录谷歌地球引擎平台首页，右上角有数据集、账号登录、平台代码编辑区等选项。平台代码编辑区各个区域的功能如图 6-30 所示。左侧是脚本文件，中间是编辑区，右侧是输出控制台。脚本文件包含公共代码和自行上传的资源。编辑区用于编辑脚本以实现任务分析。输出控制台的功能包括查看地图单点对应的影像值以及导出或上传资源。

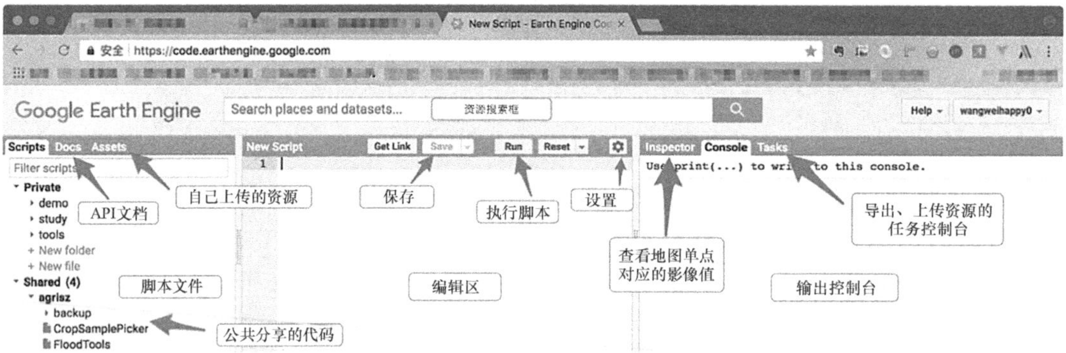

图 6-30　谷歌地球引擎平台代码编辑区功能分布

API 即 application program interface，应用程序接口

三、卫星遥感数据在金融领域的应用

卫星遥感数据的客观性和及时性使其能够准确描述金融市场的复杂特征与动态变化，对传统金融数据形成补充。该数据已实际应用于分析公司经营绩效和预测股票收益。

（一）停车场卫星图像和公司股票收益

停车场卫星图像能够反映公司的销售情况。遥感卫星以 0.5 m 的分辨率记录公司露天停车场的停放情况，停放率越高客流量越大，越有可能有更高的销量。公司的销量上升会使基本面变好，带来正的股票收益。因此通过卫星图像分析公司停车场车辆数量可以对股票收益情况做出合理预测。Katona 等（2018）使用停车场卫星图像数据研究公司停车场停放率的变化和股票收益之间的关系。

1. 停车场卫星图像数据

停车场卫星图像数据由 Orbital Insight 提供。Orbital Insight 成立于 2013 年，是一家通过分析地球表面卫星图像提供数据产品和服务的公司。该公司能够以超过 95%的准确率对停车场卫星图像中的汽车进行计数。图 6-31 是目标商店的停车场卫星图像，计数结果为 500 个停车位和 150 辆车。

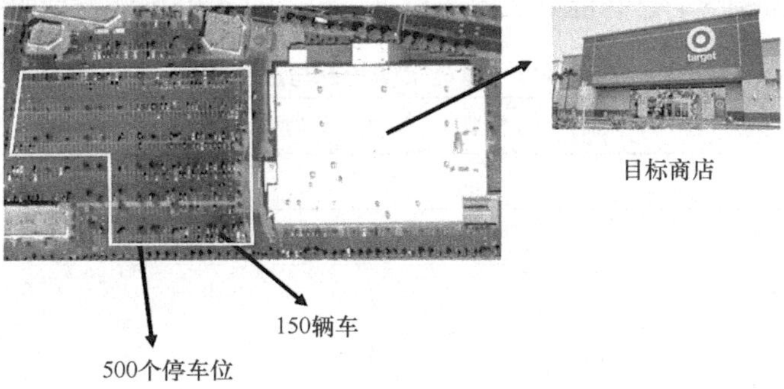

图 6-31 停车场卫星图像

2. 车辆停放情况

以 44 家美国零售公司的 67 078 个门店为样本，从 Orbital Insight 获取 2011 年第一季度至 2017 年第四季度间的车辆停放数据。为消除季节因素的影响，用公司 i 在季度 q 的停放率相较于上年同期即季度 $q-4$ 的增长率表示季度 q 的车辆停放情况。将门店数据加总得到公司层面的数据，用公司 i 在季度 q 的停车数量和车位数量的比值表示停放率 $_{i,q}$：

$$停放率_{i,q}=\frac{停车数量_{i,q}}{车位数量_{i,q}}$$

再计算季度 q 的停放率相较于上年同期的增长率：

$$停放率增长率_{i,q}=\frac{停放率_{i,q}-停放率_{i,q-4}}{停放率_{i,q-4}}$$

3. 停放率增长率与股票收益

用股票收益率对停车场停放率增长率进行回归，分析停车场停放率的变化将如何影响公司的股票收益，回归公式如下：

$$股票收益率_{i,q} = a + b \times 停放率增长率_{i,q} + c \times 销售额增长率_{i,q-1} + d \times 持有收益率_{i,q} + \varepsilon_{i,q}$$

其中，股票收益率$_{i,q}$为以收益公告为中心的三天窗口期内的股票收益率；销售额增长率$_{i,q-1}$为零售商 i 在 $q-1$ 季度销售额的同比增长率；持有收益率$_{i,q}$为于季度 q 初买入并持有至盈利公告前两天的股票回报。回归结果如表 6-37 面板 A 所示。停放率增长率与股票收益率的回归系数为 0.012 且显著，说明停放率增长率每增加 1%，平均而言股票收益会增加 1.2%。根据停放率增长率买卖股票，预期能够实现正的超额收益。接下来进行检验，每季度初按停放率增长率对股票排序，买入停放率增长率在前 25%的股票，卖出停放率增长率在后 25%的股票。如表 6-37 面板 B 所示，由低停放率增长率和高停放率增长率股票构成的投资组合，在以季度盈利公告为中心的三天窗口期内实现的市场调整收益分别是−3.0%和 1.6%，使用该策略平均而言能够实现 4.6%的收益。这说明停放率增长率包含了与股票收益相关的信息，能够在财务数据之外帮助人们预测股票收益。

表 6-37 停放率增长率与股票收益

面板 A：股票收益率对停放率增长率回归		
变量	股票收益率	
停放率增长率	0.012*** (2.77)	0.012** (2.07)
销售额增长率	—	0.002 (0.31)
持有收益率	—	−0.006 (−1.11)
公司固定效应	—	控制
季度固定效应	—	控制
R^2	0.013	0.017

面板 B：投资组合收益率	
变量	市场调整收益
低停放率增长率	−0.030*** (−3.13)
高停放率增长率	0.016** (2.17)
高−低	0.046*** (3.80)

注：小括号内的数字表示 t 值

、*分别表示显著性水平为 5%和 1%

（二）红外热辐射数据和股票超额收益

企业在生产和经营活动中会释放热量，热量以热红外辐射（thermal infrared radiation，TIR）的形式向周围扩散。TIR 不能肉眼感知，但能被遥感卫星搭载的红外传感设备捕捉到。当企业扩大生产规模时，辐射的红外强度会增加，被遥感卫星探测后形成可反映公司实际运营状况并预测股票表现的新颖数据。Xue 等（2024）研究了 TIR 与公司股票收益的关系。

1. TIR 数据获取与计算

以广州某上市汽车企业的 TIR 数据为例，该数据包括反映生产活动的 TIR 信息和反映季节、区域因素的 TIR 信息。利用卫星数据得到的土地覆盖类别信息可将后者剔除（Saiz，2010），得到工厂 f 在时间 t 内的生产活动相关红外热辐射数据。将企业 i 在时间 t 内生产活动产生的热辐射用工厂 f 销售额占企业总销售额的比重 $W_{f,t}$ 对其红外热辐射的加权平均表示：

$$\text{红外热辐射}_{i,t}=\sum_{f=1}^{F}W_{f,t}\times(\text{工厂红外热辐射}_{f,t}-\text{裸地红外热辐射}_{f,t})$$

为消除季节性因素对 TIR 信息价值的影响，用企业 i 的月度红外热辐射同比增长率衡量变化情况：

$$\text{红外热辐射增长率}_{i,m}=\frac{\text{红外热辐射}_{i,m}-\text{红外热辐射}_{i,m-12}}{\left|\text{红外热辐射}_{i,m-12}\right|}$$

其中，m 为月份，$m-12$ 代表去年同月。最后，对一个季度内的月度红外热辐射增长率$_{i,m}$取均值得到企业 i 于季度 q 的红外热辐射增长率。

2. TIR 预测企业经营绩效

传统财务数据的披露具有滞后性，并且可能被管理者操纵。卫星遥感图像及时、客观地记录下公司的生产活动，在分析公司经营绩效时能够对传统财务数据形成补充。使用销售增长率或利润增长率对红外热辐射增长率回归，发现红外热辐射可从不同于股价数据的维度对公司经营绩效做出预测，回归方程如下：

$$\text{销售（利润）增长率}_{i,q+1}=\alpha+\beta\times\text{红外热辐射增长率}_{i,q}+\text{控制变量}+\text{固定效应}+\varepsilon_{i,q}$$

其中，销售增长率$_{i,q+1}$和利润增长率$_{i,q+1}$分别为公司 i 在 q+1 季度的同比销售增长和同比利润增长；控制变量包括股票收益、公司时变特征；固定效应包括公司固定效应和季度固定效应。回归结果如表 6-38 所示。红外热辐射增长率$_{i,q}$的回归系数显著为正，说明该变量对企业下一季度销售和利润的变化具有一定的预测能力，且提供的信息是同期股票回报的增量补充。

表 6-38 TIR 预测企业经营活动

项目	销售增长率		利润增长率	
红外热辐射增长率	0.019**（2.17）	0.020**（2.28）	0.155**（2.36）	0.162**（2.49）
控制变量	—	控制	—	控制
公司和季度固定效应	控制	控制	控制	控制
R^2	0.296	0.303	0.169	0.178

注：小括号内的数字表示 t 值

**表示显著性水平为 5%

3. 基于 TIR 的股票超额收益

如果 TIR 包含尚未反映在股价中的信息，采用基于 TIR 的股票投资策略可能会获取超额收益。为验证这一猜想，构造一个买入高 TIR 股票并卖出低 TIR 股票的投资组合，每个季度进行一次调仓。表 6-39 面板 A 的结果表明，该投资组合每季度平均获得 1.4% 的正回报。利用下式回归方程进一步检验 TIR 预测未来股票收益的能力：

$$股票超额收益率_{i,q+1}=\alpha+\beta\times 红外热辐射增长率_{i,q}+控制变量+固定效应+\varepsilon_{i,q}$$

其中，股票超额收益率$_{i,q+1}$为公司 i 在 $q+1$ 季度的股票超额回报；其余变量与前文一致。如表 6-39 面板 B 所示，无论是否控制股票收益等公司时变特征，红外热辐射增长率$_{i,q}$的回归系数均显著为正，说明 TIR 能够预测未来股票收益，且提供了同期股票收益之外的增量信息。

表 6-39　基于 TIR 的股票投资回报

面板 A：投资组合收益率	
变量	收益率
低红外热辐射	0.031
高红外热辐射	0.045
对冲投资组合（高–低）	0.014**

面板 B：超额收益率与红外热辐射增长率		
变量	超额收益率	
红外热辐射增长率	0.003*（1.79）	0.004**（2.16）
控制变量	—	控制
公司和季度固定效应	控制	控制
R^2	0.005	0.138

注：小括号内的数字表示 t 值

*、**分别表示显著性水平为 10%、5%

四、卫星遥感数据在经济与社会管理方面的应用

除金融领域，卫星遥感数据还可应用在宏观经济运行、公共卫生管理等方面，对提高经济预测准确性、促进社会治理高效开展起着重要作用。

（一）夜间灯光数据

夜间灯光数据是从卫星记录的夜间灯光图像中提取的表示夜间灯光明暗程度的数据。夜间灯光强度和夜间消费活动密切相关，因此夜间灯光数据可用于预测国家或地区的生产总值。该数据及时性强，准确性仅受天气变化以及卫星设备老化的影响，进行比较时不受地域和制度结构的限制，弥补了 GDP 统计数据的局限。如图 6-32 所示，地区的夜间消费活动越多，夜间灯光强度越大，GDP 越高。

图 6-32 夜间灯光强度和 GDP 关系图

美国国防部发起的国防气象卫星计划提供了 1992 年至 2013 年的全球年度夜间灯光数据。Henderson 等（2012）使用该数据分析了 1992 年至 2008 年 188 个国家夜间灯光强度和 GDP 的关系。以 i 和 t 分别表示国家和年份，回归方程如下：

$$\ln\left(\text{GDP}\right)_{i,t} = \alpha + \beta \ln\left(\text{夜间灯光强度}\right)_{i,t} + \varepsilon_{i,t}$$

回归结果如表 6-40 第二列所示。夜间灯光强度每增加 1%，平均而言 GDP 就会增加 0.277%，说明夜间灯光强度能够较好地反映 GDP。夜间灯光与电力消耗相关，将国家的电力消耗作为解释变量加入上述回归模型，分析夜间灯光强度对 GDP 的预测能力是否受电力消耗的影响，回归结果如表 6-40 第三列所示。夜间灯光强度和电力消耗的系数均显著，说明夜间灯光和电力消耗捕捉到了经济活动不同方面的信息。对于研究而言，夜间灯光数据的实用性更强，样本中有 60 个国家的电力消耗数据无法获取。

表 6-40 GDP 对夜间灯光强度的回归结果

变量	ln(GDP)	
ln(夜间灯光强度)	0.277***（0.031）	0.166***（0.051）
电力消耗	—	0.201***（0.041）
样本量	3 015	1 836
国家数量	188	128
R^2	0.77	0.78

注：小括号内的数字表示标准误差

***表示显著性水平为 1%

夜间灯光数据也能用于衡量收入不平等。传统的研究方法通常使用基于收入的基尼系数来反映收入不平等。但在很多国家和地区，难以获取可靠的数据来准确刻画收入不平等现象。使用夜间灯光数据衡量收入不平等，能够对传统研究方法形成补充，提高收入不平等估计的准确性。

知识拓展：基尼系数

基尼系数是国际通用的、用以衡量一个国家或地区居民收入差距的常用指标，取值在 0 到 1 之间，越小表示财富分配越平均。设实际收入分配曲线和收入分配绝对平等曲线之间的面积为 A，实际收入分配曲线右下方的面积为 B。以 $\frac{A}{A+B}$ 表示不平等程度，对应数值称为基尼系数或洛伦兹系数。如

果 A 为 0，基尼系数为 0，表示收入分配完全平等；如果 B 为 0，基尼系数为 1，收入分配绝对不平等。收入分配越趋向平等，洛伦兹曲线的弧度越小，基尼系数也越小，反之则越大。

资料来源：维基百科

Mirza 等（2021）使用不同网格单元的人均光照强度构造光感基尼系数，研究其与收入基尼系数的关系。通过卫星遥感技术获取夜间光照数据，除以地区人口数量得到地区人均光照强度。用人均光照强度代替收入，按照基尼系数的计算方法算出光感基尼系数。比较 2010 年各国的收入基尼系数和光感基尼系数。发现二者在俄罗斯、东南亚、非洲、南美洲等收入不平等较为突出的地区都较高，在西欧、加拿大等收入不平等程度较低的地区都较低。分析 1990 年至 2010 年各国的收入基尼系数和光感基尼系数，发现二者存在正相关关系，如图 6-33 所示。

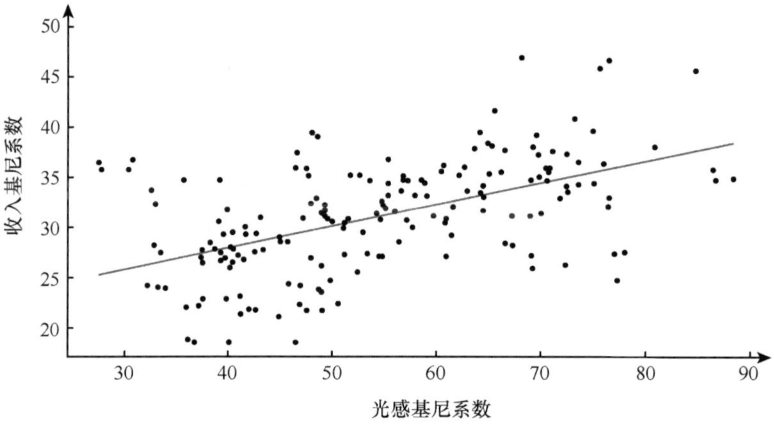

图 6-33 1990—2010 年全球光感基尼系数和收入基尼系数关系

夜间灯光强度数据还能帮助克服复杂经济现象难以衡量的问题。地区偏袒是指政治领导人向出生地、家乡等偏爱地区分配更多经济资源的现象。例如，扎伊尔（现刚果民主共和国）的独裁者 Mobutu（蒙博托）于 1965 年至 1997 年在任期间向祖籍巴多利特投入大量资金。如图 6-34 所示，巴多利特的夜间灯光强度在 1997 年之前更大，说明地区偏袒能够反映在夜间灯光强度的变化上。Hodler 和 Raschky（2014）使用夜间灯光数据检验地区偏袒现象是否存在。通过下式研究夜间灯光强度和偏爱地区的关系：

$$\text{夜间灯光强度}_{i,c,t}=\alpha+\beta\times\text{偏爱地区}_{i,c,t}+\text{控制变量}+\text{固定效应}+\varepsilon_{i,c,t}$$

其中，夜间灯光强度$_{i,c,t}$ 为 t 时刻（年）国家 c 地区 i 平均夜间灯光强度的对数；偏爱地区$_{i,c,t}$ 为虚拟变量，若 t 时刻（年）地区 i 为国家 c 领导人的偏爱地区，则取值为 1，否则为 0；控制变量包括卫星传感器设置等；固定效应包括地区和国家年度固定效应。回归结果如表 6-41 第二列所示，偏爱地区与夜间灯光强度显著正相关，说明领导人在任期间

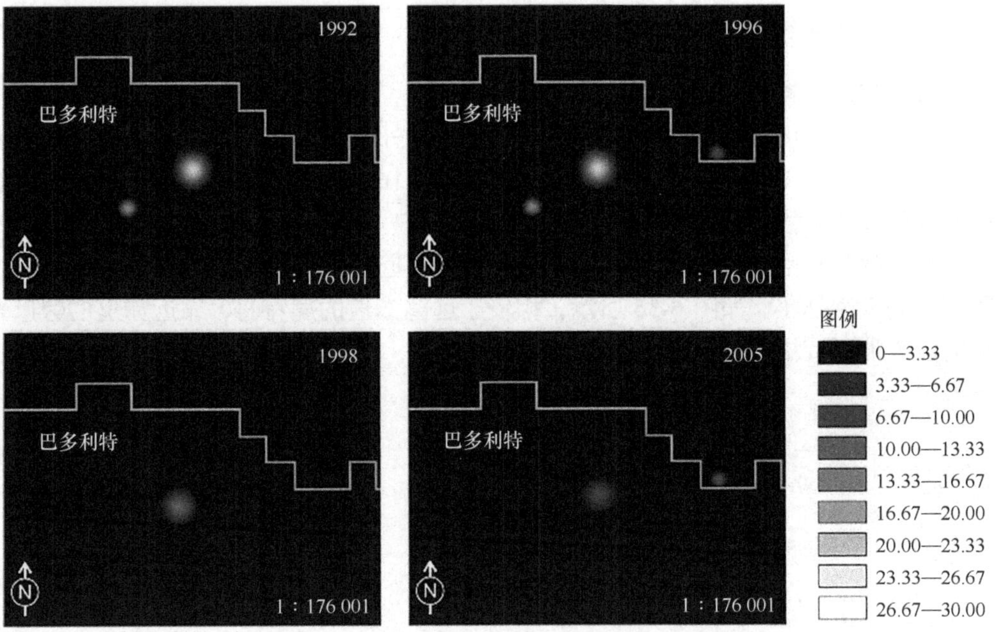

图 6-34 不同年份的巴多利特夜间灯光数据

倾向于选择利于其偏爱地区的政策，从而推动该地区的经济发展。领导人在任时间越长，越有可能向偏爱地区分配更多资源。用经验$_{c,t}$表示截至 t 年的领导人在任时间，在上述模型中加入偏爱地区$_{i,c,t}$和经验$_{c,t}$的交乘项，检验领导人在任时间和地区偏袒的关系。回归结果如表 6-41 第三列所示，交乘项系数显著为正，偏爱地区的系数不再显著，说明地区偏袒现象随领导人在任时间的增长而愈加明显。

表 6-41 夜间灯光数据与地区偏袒回归结果

变量	夜间灯光强度	
偏爱地区	0.038*** (0.01)	0.006 (0.024)
偏爱地区×经验	—	0.007*** (0.002)
地区固定效应	控制	控制
年度–国家固定效应	控制	控制
样本量	690 495	690 495
R^2	0.32	0.32

注：小括号内的数字表示标准误差

***表示显著性水平为 1%

虽然夜间灯光数据受到空间地域隔离和分辨率的约束，但能够在一定程度上打破研究中数据缺失和指标难以量化的局限，为探索经济社会发展规律提供了新颖的思路。

（二）紫外线辐射强度数据

通过大气层传输至地球表面的太阳紫外线辐射，可通过卫星遥感技术捕获，并据此构建出单位面积上的紫外线辐射强度分布数据。紫外线辐射强度数据能够用于解释赤道附近国家经济发展程度低的现象。Andersen 等（2016）使用美国航空航天局提供的全球范围的紫外线辐射强度数据，发现紫外线会缩短工人的可工作年限，使人均 GDP 降低。白内障发病率与年龄和紫外线辐射强度有关。越靠近赤道的国家紫外线辐射越强，白内障平均发病年龄越小。如图 6-35 所示，相较于远离赤道的鹿特丹，靠近赤道的旁遮普的各年龄段人群有着更高的白内障发病率。

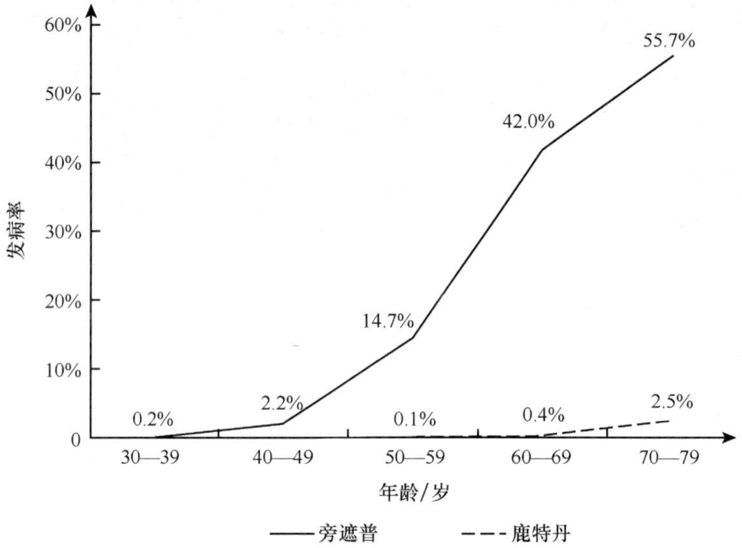

图 6-35　鹿特丹和旁遮普白内障发病率对比图

白内障影响工作需要的阅读和书写技能，在白内障平均发病年龄越小的国家，工人的平均可工作年限越短。工作能力随工作经验的累积而提升，可工作年限短意味着较低的平均工作能力，人均 GDP 也相应较低。通过下式研究 2004 年 145 个国家紫外线强度、白内障患病率以及人均 GDP 的关系：

$$\text{白内障患病率}_i = \alpha + \beta_1 \times \ln(\text{紫外线强度})_i + \beta_2 \times \text{控制变量}_i + \varepsilon_i$$

$$\text{人均GDP}_i = \alpha + \beta_1 \times \ln(\text{紫外线强度})_i + \beta_2 \times \text{白内障患病率}_i + \beta_3 \times \text{控制变量}_i + \varepsilon_i$$

回归结果如表 6-42 所示。紫外线强度与白内障患病率显著正相关，说明紫外线强度能够捕捉到白内障患病率相关信息。紫外线强度与人均 GDP 的回归系数显著为负，说明在其他条件不变的情况下，紫外线强度越大的国家人均 GDP 越小。加入白内障患病率后，紫外线强度的系数不再显著，白内障患病率的回归系数显著为负，说明紫外线强度通过提高白内障患病率降低人均 GDP。该结果说明卫星遥感提供的紫外线辐射强度数据能够帮助推断国家经济发展水平。

表 6-42　紫外线强度、生育推迟与人均 GDP 回归结果

变量	白内障患病率	人均 GDP	
ln(紫外线强度)	2.11***（0.58）	−1.460**（0.61）	−0.500（0.49）
白内障患病率	—	—	−0.160*（0.088）
控制变量	控制	控制	控制
样本量	147	145	120
R^2	0.58	0.72	0.71

注：小括号内的数字表示标准误差

*、**、***分别表示显著性水平为 10%、5%、1%

（三）NO_2 热力图数据

NO_2 热力图是根据遥感卫星测量的大气 NO_2 含量绘制的图像，图像颜色反映 NO_2 排放情况。NO_2 热力图数据可以应用在公共卫生领域，例如，帮助政府监控新冠疫情期间的人流情况。人流量越大，工厂和汽车排放的温室气体越多，NO_2 热力图中对应区域颜色越深。Xiao（2021）使用 NO_2 热力图衡量新冠疫情期间人群活动的活跃程度。疫情暴发初期，热力图红色面积减少明显，说明防疫指令和居家指令发挥了作用。

（四）停车场卫星图像数据

停车场卫星图像数据是遥感卫星对停车场进行摄影或扫描后获得的图像，可从中获取停车数量等信息。Minetto 等（2020）使用商业停车场图像数据衡量新冠疫情期间人群活动状况。图 6-36 为疫情暴发前后高尔夫球场、超市停车场中小汽车数量的实际值和检测值。停车场的车辆数量反映了人群活跃程度。疫情暴发后商业停车场中的车辆数量明显减少，说明停车场卫星图像数据能够帮助监测疫情期间的人群活跃程度。

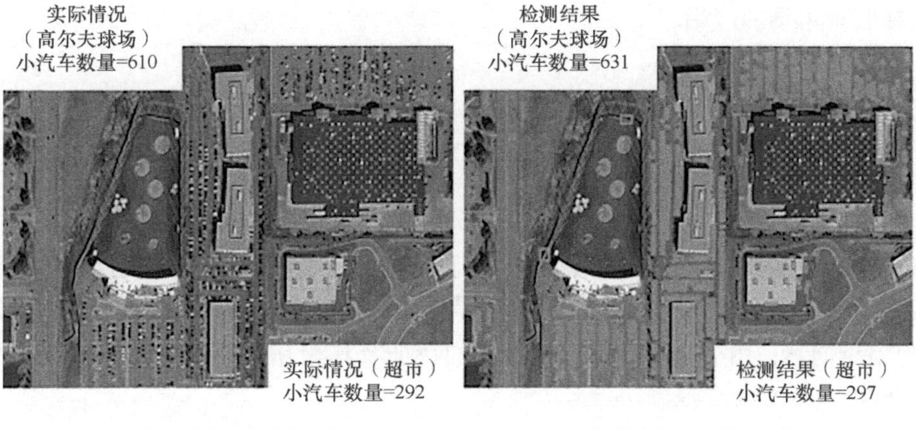

（a）疫情暴发前实际情况　　（b）疫情暴发前检测结果

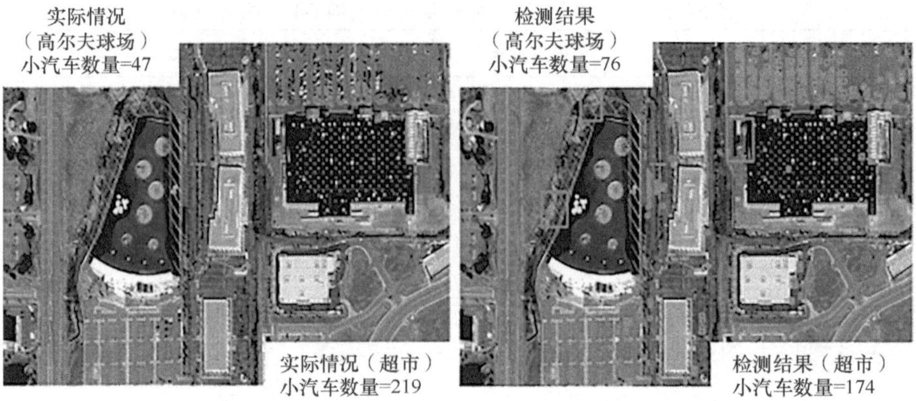

（c）疫情暴发后实际情况　　（d）疫情暴发后检测结果

图 6-36　新冠疫情暴发前后高尔夫球场和超市的停车情况

第七节　机器学习与股票

大数据时代，投资者可获得数据的体量和维度显著增长。机器学习为处理海量高维数据提供了有力支撑，成为预测股票收益的重要工具。

一、机器学习的预测优势

资产风险溢价受众多因素的共同作用，且各因素具体影响的数学表达形式并非固定不变。传统统计方法假设各影响因素与股票风险溢价的关系为线性，机器学习方法的函数形式多样，可反映复杂的非线性关系。机器学习方法的参数惩罚和模型选择标准能有效防止函数形式过度复杂化导致的过拟合问题。接下来以预测股票收益为例介绍机器学习方法在股票市场的应用。

二、机器学习预测股票收益

（一）股票收益与特征的关系

机器学习方法将用于预测的变量称为特征。用 i 代表股票，t 代表月度。投资者通常关心股票带来的超额收益，用 $r_{i,t}$ 表示股票 i 在 t 时刻真实收益与无风险利率的差。假设 $z_{i,t}$ 为多维向量，由 t 时刻影响未来收益的特征及其相互关系组成，$r_{i,t+1}$ 和 $z_{i,t}$ 的关系可表示为

$$r_{i,t+1} = f\left(z_{i,t};\theta\right) + \epsilon_{i,t+1}$$

其中，θ 为参数向量；$\epsilon_{i,t+1}$ 为误差项。预测 $r_{i,t+1}$ 前需要确定 θ，一种常用的估计方法是假设 $r_{i,t+1}$ 和 $z_{i,t}$ 线性相关，$f(g)$为线性函数，$\hat{\theta}$ 为 θ 的估计参数。损失函数如下：

$$L\left(\hat{\theta}\right)=\frac{1}{NT}\sum_{i=1}^{N}\sum_{t=1}^{T}\left(r_{i,t+1}-f\left(z_{i,t};\hat{\theta}\right)\right)^2$$

其中，$f\left(z_{i,t};\hat{\theta}\right)$为$r_{i,t+1}$的预测值。$L\left(\hat{\theta}\right)$越小表明真实值和预测值之间的差距越小，预测越准确。使得$L\left(\hat{\theta}\right)$最小的$\hat{\theta}$就是$\theta$的最优估计。

（二）机器学习方法应用过程

在实际问题中，$r_{i,t+1}$和$r_{i,t}$可能存在复杂的非线性关系，基于线性假设对$r_{i,t+1}$进行预测会产生较大误差。机器学习方法中的神经网络、随机森林等模型不对$f(g)$做出线性假设，能够建立$r_{i,t+1}$和$r_{i,t}$之间的非线性关系。使用机器学习方法预测$r_{i,t+1}$包括收集数据、建立特征向量、划分数据集、拟合与评估模型四个步骤。

首先收集股票实际收益、无风险利率和特征相关数据，根据实际收益和无风险利率计算$r_{i,t+1}$，根据已有研究和自身经验确定影响$r_{i,t+1}$的特征并建立特征向量。将收集到的数据根据用途进行划分，通常可分为训练集、验证集和测试集。训练集用于训练模型的估计参数$\hat{\theta}$，如神经网络的权重和偏置项。验证集用于调整模型的超参数，如神经网络隐藏层神经元数量、随机森林树的数量等。超参数影响模型的性能，例如，神经网络隐藏层神经元数量越多，模型拟合能力就越强，消耗的计算资源也越多。调整超参数的常用方法是迭代调整。模型经过训练得到$\hat{\theta}$后，将验证集中的特征数据输入模型，预测验证集中的$r_{i,t+1}$并根据预测误差调整超参数，每次调整后都基于新的超参数重新训练$\hat{\theta}$，重复这一过程直到无法再提高模型表现。测试集仅用于模型效果评估，不参与调整模型参数或超参数。最后使用划分好的数据集拟合模型，计算模型在测试集上的预测误差，基于预测误差评估模型效果。接下来以 Gu 等（2020）的研究为例做进一步介绍。

1. 收集数据、构造特征向量与划分数据集

收集 1957 年到 2016 年，纽约证券交易所、美国证券交易所和纳斯达克证券交易所上市的所有公司的股票收益数据。用美国月度国债利率代表无风险利率，计算真实$r_{i,t+1}$。例如，2022 年 2 月苹果公司股票实际收益为−4.95%，当月美国月度国债利率为 0.35%，则当月的$r_{i,t}$为−4.95%−0.35%=−5.30%。

收集 1957 年至 2016 年的特征数据。如表 6-43 所示，影响股票收益的主要特征有短期反转、股票动量、股票成交量等（Welch and Goyal，2008；Kelly et al.，2019；Freyberger et al.，2020）。使用这些特征构造 p 维特征向量$z_{i,t}=\left[z_{i,t,1},z_{i,t,2},z_{i,t,3},\cdots,z_{i,t,p}\right]^{\mathrm{T}}$。然后将 60 年真实$r_{i,t+1}$和特征数据分为 18 年（1957 年至 1974 年）的训练集、12 年（1975 年至 1986 年）的验证集以及 30 年（1987 年至 2016 年）的测试集。

表 6-43 影响股票收益的主要特征

变量	含义
短期反转	股票短期的价格变动趋势
市场净值对数	股票市场资产净值的对数
股票动量	股票价格变化速率
动量变化	股票价格变化速率的变动情况
近期最大回报	股票近期的最大的回报率
行业动量	行业股票价格变化速率
总回报波动性	股票回报的总波动变化
股票成交量	股票的成交份额
销售价格比	股价与每股销售额的比值
周转率	一定时间内市场股票的买卖频率

2. 模型拟合与评估

1）拟合过程

对模型进行递归式拟合，每次拟合为训练集增加 1 年数据，同时使验证集保持 12 年的长度向前滚动。首先输入 1957 年至 1974 年的数据对模型进行训练，得到估计参数 $\hat{\theta}$。输入 1975 年至 1986 年的数据，对超参数进行迭代调整，同时更新 $\hat{\theta}$。随后使用完成调整的模型预测 1987 年的 $r_{i,t+1}$，计算预测误差 $\sum_{(i,t)\in 1987}\left(r_{i,t+1}-f\left(z_{i,t};\ \hat{\theta}\right)\right)^2$。接下来增加 1 年的训练数据，输入 1957 年至 1975 年的数据对模型重新训练，输入 1976 年至 1987 年的数据调整超参数。之后将 1988 年的测试集数据输入模型，计算误差。以此类推，直到完成对测试集 30 年数据的预测。

2）评估效果

不同机器学习模型面对同一问题的效果可能不同。基于测试集计算的样本外 R^2 能够清晰地反映预测值与真实值的符合程度，常用于评估模型预测效果。计算 R^2 的公式为

$$R^2 = 1-\frac{\sum_{(i,t)\in T_3}\left(r_{i,t+1}-f\left(z_{i,t};\ \hat{\theta}\right)\right)^2}{\sum_{(i,t)\in T_3} r_{i,t+1}^2}$$

其中，T_3 为测试集。R^2 越大表明预测值越接近真实值，机器学习模型性能越好。将 30 年的 $r_{i,t+1}$ 数据以及拟合过程中计算的不同年份的预测误差代入公式，不同模型的样本外 R^2 结果如表 6-44。可以看出，随机森林和神经网络的表现比线性回归好，神经网络在所有情况下的 R^2 值都最高，效果最好。

表 6-44 月度样本外 R^2

项目	线性回归	随机森林	神经网络
All	−3.46	0.33	0.40
Top 1000	−11.28	0.63	0.70
Bottom 1000	−1.30	0.35	0.45

注：All 表示在所有股票上的预测结果，Top 1000 表示股票样本仅包括市值最高的 1000 只股票，Bottom 1000 表示股票样本仅包括市值最低的 1000 只股票

3）选择特征

在股票收益预测中，不同特征的作用不同，部分特征对预测结果的影响并不明显，会使模型变得复杂且冗余。可根据去除特定特征后样本外 R^2 的变化程度来衡量特征重要性，并进行特征选择。使用所有特征完成模型的拟合和效果评估后，可得到样本外 R^2。随后去掉指定特征，重复模型的拟合和效果评估，得到 R_{new}^2。若 R_{new}^2 明显小于 R^2，则该特征对于解释股票收益具有重要作用，需要保留，反之可以考虑删除。研究结果表明，对解释股票收益具有重要作用的特征有短期反转、市场净值、股票动量，去除这些特征后各模型样本外 R^2 显著降低。

3. 机器学习与债券

除了股票市场，机器学习方法还用于债券市场。Bianchi 等（2021）遵循 Gu 等（2020）提出的研究框架，使用过往的债券收益以及特征数据拟合机器学习模型，用样本外 R^2 衡量模型预测债券收益的效果。研究结果表明，能够建立债券收益与预测变量间非线性关系的机器学习模型的预测效果比常用统计方法更好。和线性模型相比，机器学习模型可以显著提升宏观信息的预测作用。

课后习题

1. Fama 和 French 在检验 CAPM 时提出了三因子模型，通过在标准 CAPM 的基础上增加两个因子获得了更好的拟合效果。在 Fama-French 三因子模型中，三个因子分别表示什么含义？Fama 和 French 在 2015 年提出了五因子模型，请阅读文献“A five-factor asset pricing model”并对五因子模型进行实证检验。

2. 公司另类数据的类型多样。选择一种另类数据，讨论相较于传统金融数据，使用该数据研究公司股价波动、优化投资策略具有什么优势。

3. 使用机器学习预测股价变动的步骤是什么？围绕机器学习的特点，分析这类方法解决了传统统计方法存在的哪些问题和局限。

4. 搜索引擎记录了用户的各类搜索信息，在一定程度上体现了用户的行为模式，能用于挖掘用户对特定主题的关注程度、预测涨跌趋势以及舆情变化。谷歌和百度于 2006 年分别创建了谷歌趋势和百度指数。谷歌趋势记录了全球大多数国家和地区的用户查询数据；百度指数聚焦中国用户，以用户的行为数据为基础，记录了搜索规模、涨跌趋势和舆情变化等。借助谷歌趋势和百度指数对以下问题进行研究。

（1）使用百度指数构建一个能够反映中国股票市场情绪的指数，绘制并展示该指数的时间变化趋势。

（2）新冠疫情这一突发公共卫生事件引起了投资者的关注，可能使其调整投资行为，对股市产生影响。请使用谷歌趋势构建投资者对于新冠疫情关注度的代理变量，分析投资者关注下新冠疫情对美国股票市场的影响。讨论不同行业和规模的公司股票受投资者对于新冠疫情关注程度的影响有何不同。

5. 请阅读以下新闻文本，根据要求进行文本挖掘。

“Tesla’s third-quarter sales jumped 44% as global demand for its electric vehicles outpaced that of most other automakers. The company reported Friday that it had delivered 139 000 SUVs and sedans from July through September，compared with 97 000 deliveries during the same period a year ago. The sales topped even some of the most optimistic projections coming from Wall Street. Analysts polled by data provider FactSet expected the company to sell closer to 137 000. Telsa has been rewriting the script throughout the year amidst a pandemic that has closed factories and scrambled supply lines. ‘This puts Musk & Co. in prime position to hit the area code of 500k units for the year which six months ago was not even on the map for the bulls，’ Daniel Ives of Wedbush wrote Friday. China was likely a major source of strength in the quarter，Ives said. Tesla could post its fifth consecutive quarter of profits later this month.”

（1）词云图是一种常见的文本可视化方法，通过字体大小直观反映单词在文档中出现的频率，将所有文字排列到一个词汇簇或词汇云中。通过词云可视化，我们能更好地理解单词的含义，发现文档主题等基础特征。Python 开放了相关的词云代码包（wordcloud），请使用该代码包绘制该段文本的词云图。

（2）新闻情绪是指对新闻中的描述作情绪判定，一般包括积极、消极及中性三种类型，也能进行更细粒度的情绪提取，如愤怒、兴奋、悲伤、开心、平静等情绪类型。基于情绪字典进行情绪提取在金融科技领域应用广泛，通常是基于给定的情感词典统计文本中各类情绪词汇，取得分最大的情绪类型作为该段新闻文本的主情绪。请基于情绪字典（Loughran and McDonald Sentiment Word Lists）计算该段新闻的情绪变量。

（3）迷雾指数（Fog）来源于计算语言学，用于评估文本可读性，通常用平均每个句子包含的单词数以及复杂单词（3 个及以上音节的单词，如 responsibility）在文档中的比例来衡量，其公式为

$$\text{Fog}=0.4\times\left(\frac{\text{Words}}{\text{Sentences}}+100\times\frac{\text{Complex Words}}{\text{Words}}\right)$$

迷雾指数越大，阅读难度越大。一般来说，Fog≥18 表示文本不可读；14（含）—18 表示困难；12（含）—14 表示理想；10（含）—12 表示可接受；8（含）—10 表示易理解。请计算本段新闻文本的迷雾指数，并讨论其阅读难度。

6. 谷歌地球引擎平台提供了海量卫星遥感数据，请使用谷歌地球引擎平台完成以下作业。

（1）使用美国国防气象卫星（Defense Meteorological Satellite Program，DMSP）的线性扫描业务系统（operational linescan system，OLS）发布的 DMSP-OLS 夜间灯光时间序列数据为所有年份分别制作两张图表，一张捕捉间歇性点灯的区域，另一张捕捉持续性点灯的区域。利用谷歌地球引擎平台的基础地图组合这两张图片，并讨论其经济含义。

（2）使用 2013 年 DMSP-OLS 夜间灯光时间序列数据，计算深圳与硅谷 2013 年的夜间灯光数均值，并比较两个城市的夜间经济活动。同样地，计算深圳与硅谷所有年份的夜间灯光数均值，画出时间趋势图，并分析两个城市的区别。

（3）使用 MOD11A2.006 全球 8 天平均地表温度和辐射率数据，计算深圳与硅谷的

8天日间地表温度均值，并比较两地2020年1月25日至2020年2月2日的经济活动活跃程度。

7. 自20世纪以来，关于股票定价理论的研究从未停歇，从最初的马科维茨的资本资产理论到单因子模型再到Fama-French的三因子模型，不断有学者进行完善。该类模型皆为国外学者针对美股市场进行的研究，在我国A股市场的适用性存在一定的争议。Liu等（2019）在*Journal of Financial Economics*上提出的针对中国市场的拓展三因子模型，相对于Fama-French三因子模型能更好地解释动量效应以及国内市场投资组合超额收益率。阅读论文并回答以下问题。

（1）Fama-French三因子模型在美股市场具有较好的解释力，但在中国A股市场上，照搬Fama-French三因子的研究并没有取得非常理想的结果，原因是什么？

（2）什么是换手率因子？作者为什么要提出换手率因子？请围绕中国A股市场与美股市场的差异进行分析。

（3）Liu等（2019）指出，中国股市中市值最小的30%的上市公司会受到壳价值污染的严重影响，造成资本资产定价模型不能正确反映出股票截面预期收益率的差异。请以2000年至2022年A股市场上市值在30%以上的上市公司为研究对象，使用市盈率、账面价值对市场价值、资产对市值、现金流对价格四个价值指标构造因子，并通过Fama-MacBeth回归比较四个价值因子在A股市场的效果（上市公司数据可从万得数据库获取）。

资料来源：Liu等（2019）

8. 复杂网络是洞察世界的有力工具，通过将事件抽象为网络节点、将事物间关系映射为网络边，得到描述某一特定系统的网络，可帮助人们理解该特定系统背后的自然或社会问题。构建金融网络并开展分析，能更全面地理解金融系统中已存在的现象，并从中探讨系统内个体乃至整个系统的演变趋势。结合以新闻文本为代表的另类数据，涌现出了更多的金融网络构建和分析思路，也吸引到金融领域外的研究者关注相关课题。

（1）金融事件关联网络是指构建对象为金融系统内事件的网络$G(V, E)$。网络的节点集合$v \in V$代表金融事件，网络边集合$e \in E$代表对事件之间关联关系的描述。请使用爬虫技术从新浪财经获取2017年1月1日至2022年12月31日中文财经新闻标题数据，按以下步骤构建金融事件关联网络。

1）构建词向量和文本向量。

2）根据文本向量计算新闻半句（两段式新闻从空格处打断后所形成的两条语句之一）间的相似度，获取文本相似度矩阵。

3）将半句标题层次聚类形成相似文本簇，输出数个抽象的类事件。

4）利用关键词提取技术获取类事件的标签，输出带有标签的完整事件集合。

5）生成描述类事件间关联关系的邻接矩阵，构建金融事件关联网络。

（2）用中证100指数的成份股2017年1月1日至2022年12月31日的交易日收盘价数据，进行基于事件关联网络的股票关联预测，步骤如下。

1）从构建事件关联网络所用的新闻数据集中，获取每只股票对应的事件集合。

2）根据已构建的事件关联网络，将各股票所包含事件转化为抽象事件，并得到抽象事件间的传递演变路径。

3）对比各股票的事件传递演变路径，设定股票事件路径的时间缓冲间隔 gap，计算路径相似度，得到基于事件关联的股票关联关系。

4）绘制 gap 被设定为 1、3、5、7、14、30 个交易日时，基于事件关联的中证 100 成份股关联网络。

5）设股票 S 与其基于事件关联的 n 只关联股票的关联权重为 $W=\{w_1,w_2,\cdots,w_n\}$。这 n 只股票 t+1 个交易日内的股价数据 $P=\{p_1,p_2,\cdots,p_n\}$，在第 t 和第 t+1 个交易日，各只股票的价格构成的集合分别为 $P_t=\{p_{1,t},p_{2,t},\cdots,p_{n,t}\}$ 和 $P_{t+1}=\{p_{1,t+1},p_{2,t+1},\cdots,p_{n,t+1}\}$。股价日变化幅度集合为 $C_{(t,t+1)}=\{c_{1,(t,t+1)},c_{2,(t,t+1)},\cdots,c_{n,(t,t+1)}\}$，每只股票的变化值 $c_{i,(t,t+1)}=p_{i,t+1}-p_{i,t}$，$i\in n$。可通过式（6-18）估计股票 S 从第 t 到第 t+1 个交易日的股价变化趋势 $q_{S,(t,t+1)}$：

$$q_{S,(t,t+1)}=W\times C_{t+1}^{\mathrm{T}}=\begin{cases}1, & q_{S,(t,t+1)}>0\\0, & q_{S,(t,t+1)}=0\\-1, & q_{S,(t,t+1)}<0\end{cases} \tag{6-18}$$

按照式（6-18）计算各股票的价格变化趋势，得到股票 S 在 t+1 个交易日内的股价变化趋势序列 $Q_{S,(t,t+1)}=\{q_{S(1,2)},q_{S(2,3)},\cdots,q_{S,(t,t+1)}\}$。将 Q_S 与股票 S 在共计 t+1 个交易日内的股票价格实际变动序列 $C_{S,(t,t+1)}=\{c_{S(1,2)},c_{S(2,3)},\cdots,c_{S,(t,t+1)}\}$ 按式（6-19）计算，得到股票 S 在 t+1 个交易日内依据事件关联的趋势预测的准确度 $\mathrm{Acc}(S,j)$：

$$\begin{aligned}\mathrm{Acc}(S,j)=&\frac{\left|\{j|q_{S,(j,j+1)}=1,q_{S,(j,j+1)}\in Q_S\}\cap\{j\,|\,c_{S,(j,j+1)}>0,c_{S,(j,j+1)}\in C_{S,(j,j+1)}\}\right|}{|Q_S|}\\&+\frac{\left|\{j|q_{S,(j,j+1)}=0,q_{S,(j,j+1)}\in Q_S\}\cap\{j\,|\,c_{S,(j,j+1)}=0,c_{S,(j,j+1)}\in C_{S,(j,j+1)}\}\right|}{|Q_S|}\\&+\frac{\left|\{j|q_{S,(j,j+1)}=-1,q_{S,(j,j+1)}\in Q_S\}\cap\{j|c_{S,(j,j+1)}<0,c_{S,(j,j+1)}\in C_{S,(j,j+1)}\}\right|}{|Q_S|},j\in t\end{aligned} \tag{6-19}$$

分别以 10 天和 30 天为窗口期，预测股价在窗口期内的变化趋势，并计算平均预测准确度 $\mathrm{Acc}(S,j)$。

资料来源：李朋远（2020）

参考文献

李朋远. 2020. 金融事件关联网络构建与应用研究. 北京：中国科学院大学.

中国证券监督管理委员会. 2012. 中国资本市场二十年. 北京：中信出版社：4.

Agarwal S, Qian W L, Zou X. 2021. Disaggregated sales and stock returns. Management Science, 67（11）: 7167-7183.

Andersen T B, Dalgaard C J, Selaya P. 2016. Climate and the emergence of global income differences. The Review of Economic Studies, 83（4）: 1334-1363.

Baker M, Wurgler J. 2006. Investor sentiment and the cross-section of stock returns. The Journal of Finance, 61（4）: 1645-1680.

Baker S R, Bloom N, Davis S J. 2016. Measuring economic policy uncertainty. The Quarterly Journal of Economics, 131（4）: 1593-1636.

Bianchi D, Büchner M, Tamoni A. 2021. Bond risk premiums with machine learning. The Review of Financial Studies, 34（2）: 1046-1089.

Black F, Jensen M C, Scholes M S. 1972. The capital asset pricing model: some empirical tests//Jensen M C. Studies in the Theory of Capital Markets. New York: Praeger.

Burgess R, Hansen M, Olken B A, et al. 2012. The political economy of deforestation in the tropics. Quarterly Journal of Economics, 127（4）: 1707-1754.

Chang J, Yang S J, Zhang B H. 2020. Does express delivery run ahead of stock price?. Working paper.

Costinot A, Donaldson D, Smith C. 2016. Evolving comparative advantage and the impact of climate change in agricultural markets: evidence from 1.7 million fields around the world. Journal of Political Economy, 124（1）: 205-248.

Da Z, Engelberg J, Gao P J. 2011. In search of attention. The Journal of Finance, 66（5）: 1461-1499.

Fama E F, French K P. 1992. The cross-section of expected stock returns. The Journal of Finance, 47（2）: 427-465.

Fama E F, MacBeth J D. 1973. Risk, return, and equilibrium: empirical tests. Journal of Political Economy, 81（3）: 607-636.

Ferguson N M, Cummings D A T, Cauchemez S, et al. 2005. Strategies for containing an emerging influenza pandemic in Southeast Asia. Nature, 437（7056）: 209-214.

Freyberger J, Neuhierl A, Weber M. 2020. Dissecting characteristics nonparametrically. The Review of Financial Studies, 33（5）: 2326-2377.

Gao Z Y, Ren H H, Zhang B H. 2020. Googling investor sentiment around the world. Journal of Financial and Quantitative Analysis, 55（2）: 549-580.

Gu S H, Kelly B, Xiu D C. 2020. Empirical asset pricing via machine learning. The Review of Financial Studies, 33（5）: 2223-2273.

Hassan T A, Hollander S, van Lent L, et al. 2019. Firm-level political risk: measurement and effects. The Quarterly Journal of Economics, 134（4）: 2135-2202.

Henderson J V, Storeygard A, Weil D N. 2012. Measuring economic growth from outer space. The American Economic Review, 102（2）: 994-1028.

Hoberg G, Phillips G, 2010. Product market synergies and competition in mergers and acquisitions: a text-based analysis. The Review of Financial Studies, 23（10）: 3773-3811.

Hodler R, Raschky P A. 2014. Regional favoritism. The Quarterly Journal of Economics, 129（2）: 995-1033.

Hwang B H, Kim H H. 2017. It pays to write well. Journal of Financial Economics, 124（2）: 373-394.

Jegadeesh N, Wu D. 2017. Deciphering Fedspeak: the information content of FOMC meetings. Working Paper SSRN 2939937.

Kahneman D. 1973. Attention and Effort. Englewood Cliffs：Prentice-Hall.

Karlekar K D，Dunham J. 2013. Press freedom in 2013：media freedom hits decade low. Freedom House，New York.

Katona Z，Painter M，Patatoukas P N，et al. 2018. On the capital market consequences of alternative data：evidence from outer space. 9th Miami Behavioral Finance Conference.

Kelly B T，Pruitt S，Su Y N. 2019. Characteristics are covariances：a unified model of risk and return. Journal of Financial Economics，134（3）：501-524.

Kuner C. 2015. The court of justice of the EU judgment on data protection and internet search engines. London：London School of Economics and Political Science.

Li F. 2008. Annual report readability，current earnings，and earnings persistence. Journal of Accounting and Economics，45（2/3）：221-247.

Litjens G，Kooi T，Bejnordi B E，et al. 2017. A survey on deep learning in medical image analysis. Medical Image Analysis，42：60-88.

Liu J N，Stambaugh R F，Yuan Y. 2019. Size and value in China. Journal of Financial Economics，134（1）：48-69.

Loughran T，McDonald B. 2011. When is a liability not a liability? Textual analysis，dictionaries，and 10-ks. The Journal of Finance，66（1）：35-65.

Lowry M，Michaely R，Volkova E. 2020. Information revealed through the regulatory process: interactions between the SEC and companies ahead of their IPO. The Review of Financial Studies，33（12）：5510-5554.

Markowitz H. 1952. Portfolio selection. The Journal of Finance，7（1）：77-91.

Marx B，Stoker T M，Suri T. 2019. There is no free house：ethnic patronage in a Kenyan slum. American Economic Journal：Applied Economics，11（4）：36-70.

Mikolov T，Chen K，Corrado G，et al. 2013. Efficient estimation of word representations in vector space. https://arxiv.org/abs/1301.3781[2024-05-30].

Minetto R，Segundo M P，Rotich G，et al. 2020. Measuring human and economic activity from satellite imagery to support city-scale decision-making during COVID-19 pandemic. IEEE Transactions on Big Data，7（1）：56-68.

Mirza M U，Xu C，Bavel B V，et al. 2021. Global inequality remotely sensed. Proceedings of the National Academy of Sciences of the United States of America，118（18）：e1919913118.

Saiz A. 2010. The geographic determinants of housing supply. The Quarterly Journal of Economics，125（3）：1253-1296.

Stephens-Davidowitz S. 2017. Everybody lies：how Google search reveals our darkest secrets. https://internet.psych.wisc.edu/wp-content/uploads/532-Master/532-UnitPages/Unit-14/Stephens-Davidowitz_Guardian_2017.pdf[2024-05-30].

Welch I，Goyal A. 2008. A comprehensive look at the empirical performance of equity premium prediction. The Review of Financial Studies，21（4）：1455-1508.

Xiao K R. 2021. The value of big data in a pandemic. https://voxchina.org/show-3-228.html[2024-05-30].

Xue S Y，Zhang B H，Zhao X F. 2021. Brain drain：the impact of air pollution on firm performance. Journal of Environmental Economics and Management，110：102546.

Xue Y, Zhang B, Zhao X. 2024. Nowcasting firms' operating activities from satellite data on thermal infrared radiation. Working Paper.

Yang S H, Santillana M, Kou S C. 2015. Accurate estimation of influenza epidemics using Google search data via ARGO. Proceedings of the National Academy of Sciences of the United States of America，112（47）：14473-14478.

You J X，Zhang B H，Zhang L. 2018. Who captures the power of the pen?. The Review of Financial Studies，31（1）：43-96.

第七章

投　　顾

📖 本章导读：

投资顾问为客户提供专业的投资建议、资产管理等服务，是金融服务领域的重要角色。随着金融科技的进步，智能投顾逐渐兴起，运用智能算法为用户提供便捷和个性化的投资服务。本章从个人理财入手，介绍智能投顾的兴起与发展。

第一节　个人理财

经济社会快速发展使得家庭收入和财富不断增长，金融市场产品日益丰富，个人理财业务需求随之扩大。个人理财是通过对消费、储蓄、投资、融资等财务决策进行规划以实现个人财务目标的过程。本节简要介绍个人理财、个人投资、投资顾问等基本概念。

一、个人理财概述

在个人一生中，各时期的财富和收入获取存在不确定性，且个人收入水平和资金需求通常并不能完全匹配。全面精细的理财规划有助于利用已有资源对抗外界的不确定性冲击，通过财富的跨时期配置缓解收入与资金需求的不匹配问题。

（一）个人理财规划

个人理财规划通常包括收入和预算、现金流、融资、投资、保险、税务、养老和遗产等七个方面。

1. 收入和预算规划

收入是个人理财资金的主要来源，不同的收入水平不仅会影响个人理财观念，还影响个人理财的方法和策略；预算是基于目前收入情况对未来财务决策做出的预先安排，财务目标的不同使得每个人的预算水平和结构也有所区别。基于个人收入状况制订合理的预算规划是实现个人财务目标的基础。

2. 现金流规划

现金流规划又称流动性规划，是指将一定数量的财富以高流动性资产的形式储存，以应对日常花销和临时性资金需求。高流动性资产不仅指现金，还包括活期存款、货币型基金等能快速变现的金融资产。若个人财富主要以房产等难以快速变现的形式存在，那在面对意外支出时很可能陷入现金荒。因此，现金流规划是个人理财的重要组成部分。

3. 融资规划

融资是指通过贷款等方式获取额外资金或财务资源，以满足个人的资金需求。在面临预算外的大额支出时，现金流可能难以满足支出需求，通常需要通过贷款等方式进行融资。此时，对融资金额、融资渠道等做出合理决策既能及时满足资金需求，又能避免高额的负债。

4. 投资规划

投资是指将资金投入不同的资产，以期在未来获得盈利或增值的过程。当个人资金充裕且流动性较高时，富余的资金可通过投资来获取合理的收益。个人可选择的投资对象包括货币市场工具、股票、债券、共同基金、不动产等。为应对投资带来的风险，需对投资内容、投资金额以及投资方式等进行合理规划，以实现风险和收益的平衡。

5. 保险规划

保险规划用于个人在遭遇生活中的意外损失后对其财务目标进行保障。例如，医疗保险可以为个人提供经济支持，确保其获得及时且负担得起的医疗服务，避免因病致贫；残疾险和寿险可以在个人遭遇意外后保障家庭收入。保险规划需要综合考虑个人和家庭的实际情况，对保险标的、保险产品、保险金额、保险期限等做出合理规划。

6. 税务规划

税务规划是指在纳税行为发生前，在合法的条件下，利用税法的规定对纳税主体的经营、理财等经济活动进行筹划，以达到税后收益最大化的目的。合理的税务规划不仅有助于降低税负和减少支出，还能为个人创造更多的财富增值机会。

7. 养老和遗产规划

养老规划是指个体对退休后现金流的期望折算到当期，需要计划多少资金供退休使用，通常可以通过社保养老金保险、企业年金保险、商业养老保险等方式进行安排。遗产规划是指将个人财富在生前或死后进行分配，以实现财富传承，也是实现个人财务目标的途径之一。合理的规划有助于将财富传承过程中产生的遗产税、赠与税、所得税等应纳税额降至最低，使得遗产能够最大化传承。

在个人理财活动中，维护良好的个人信用水平至关重要。个人理财通常需要与各种金融机构进行业务往来，这涉及对个人信用的评价。个人信用体现了个人遵守约定、履行承诺的能力和意愿，良好的信用水平有助于建立信任关系，减少交易成本。

（二）理财顾问

合理的理财计划有助于实现个人财务目标，但由于专业知识不足、时间精力有限、信息不对称等原因，个人制订理财计划时往往需要寻求专业人士的建议。理财顾问通过向客户提供理财建议或指导来获取劳务报酬，其服务范围涵盖了上述各个理财规划。从职业类型来看，理财顾问涵盖了不同类型的金融专业人士，如股票经纪人、保险代理人、税务规划师、投资经理、私人银行家等。

理财顾问业务在国外兴起较早。1969 年，国际理财规划师协会成立，标志着个人理财业务向专业化方向发展。20 世纪七八十年代，在金融改革的浪潮下，各类金融产品层出不穷，理财业务快速发展。直至 20 世纪 90 年代中后期，个人理财业务发展趋于成熟，业务模式从销售金融产品获取佣金，逐渐转变为向客户提供专业咨询服务，并从中获取咨询费。理财顾问对专业知识和能力要求较高，通常需要具备一些专业性较强的金融类资质，如注册投资顾问、注册财务规划师、特许金融分析师等。

20 世纪 90 年代中后期，我国个人理财业务兴起，商业银行逐渐面向个人推出以银行储蓄及国债为主的资产配置服务。21 世纪初，我国个人理财业务进入探索阶段，理财环境及理财顾问专业队伍建设取得显著进步，商业银行、证券、保险及第三方金融机构的产品和服务不断创新，私人理财顾问也应运而生。2003 年，劳动和社会保障部颁布《理财规划师国家职业标准》，正式制定了理财规划师在个人理财业务中的执业要求和规范。

知识拓展：银行个人理财业务的发展与规范

我国一直以来都是一个高储蓄率国家，银行业较为发达，这为个人理财业务在银行中的兴起创造了条件。自 20 世纪 90 年代中期以来，商业银行逐步推出个人理财业务，各种理财产品相继登场，如中国工商银行的“理财金账户”、中国农业银行的“金钥匙”理财、招商银行的“金葵花”理财等。

随着理财业务的快速发展，诸如误导销售、信息披露不充分、理财资金与银行自营资金不分离等问题日渐显现。为规范理财业务的发展，中国银行业监督管理委员会于 2014 年 7 月 11 日发布《关于完善银行理财业务组织管理体系有关事项的通知》（简称《通知》），要求银行按照“单独核算、风险隔离、行为规范、归口管理”四项基本原则规范开展理财业务。

单独核算是指理财业务经营部要作为独立的利润主体进行核算。根据《通知》要求，理财业务经营部同时要对每只银行理财产品分别单独建立明细账，单独核算，并应覆盖表内外的所有理财产品。

风险隔离是指理财业务与信贷等其他业务相分离、自营业务与代客业务相分离、银行理财产品与银行代销的第三方机构理财产品相分离、银行理财产品之间相分离、理财业务操作与银行其他业务操作相分离。根据《通知》要求，理财产品的资金来源和资金运用要对应且独立于银行的信贷业务，本行信贷资金不得为本行理财产品提供融资和担保。同时，本行理财产品之间不得相互交易、相互调节收益，代客理财资金不得运用于本行自营业务，不得通过理财产品期限设置、会计记账调整等方式调节监管指标。

此外，银行开展理财业务时要遵守销售、投资、运营行为规范，由总行设立专门部门，对理财产品的研发设计、投资运作、风险管理、产品发行、销售管理等环节进行归口管理。对于银行代销第三方理财产品，《通知》明确要求，银行代销第三方机构产品时不得出现代销机构的标识，必须采用产品发行机构制作的宣传推介材料和销售合同。

二、个人投资

个人投资是个人理财中的一项重要内容，也是实现个人财务目标的重要途径。个人投资者需要具备较高水平的金融知识和素养，深入理解投资标的、投资风险和资产配置等基础知识。

（一）投资标的

金融市场上常见的投资标的有货币市场、股票、债券、共同基金等。如表 7-1 所示，不同的投资标的各有特点，个人投资者应根据自己的财务目标和风险承受能力选择适合的投资标的，而非盲目地追求高收益。

表 7-1 常见投资标的及其特点

投资标的	特点
货币市场	期限短、流动性强
股票	高风险、高收益
债券	收益固定、风险较低
共同基金	集合理财、专业管理

（二）投资风险

投资风险刻画了未来收益的不确定性，可能导致收益或本金遭受损失。因此，衡量投资风险以及权衡投资收益和风险是个人投资的重要内容。

1. 投资风险衡量

投资风险的衡量方法很多，对于有持续市场报价的金融产品，通常采用计算收益波动范围和收益标准差的方法。

1）收益波动范围

收益波动范围一般以最小到最大收益率变动的幅度区间来表示，汇总投资对象在一段时间内的收益就可以确定其收益波动范围，收益波动范围越小，投资收益越稳定，面临的风险就越小。

2）收益标准差

在汇总投资对象某一时期内的收益后，除了确定收益波动范围，还可以确定收益标准差。收益标准差衡量的是投资收益的发散程度，标准差越大意味着各期收益偏离均值的幅度越大，面临的投资风险更大。

2. 收益–风险权衡

投资收益和风险是成正比的，投资者需要在二者之间进行权衡，根据个人需求选择适合自己的投资方式。例如，想在短期内获取基本无风险的投资收益，就要牺牲收益率，考虑收益率较低的短期国债；想追求高收益，就要具备较高的风险承受能力，考虑风险较高的股票。

（三）资产配置

诺贝尔经济学奖得主托宾曾说，“不要把鸡蛋放在同一个篮子里”。资产配置是将资金分散到多个资产的组合中，从而使得投资收益不依赖于单一资产，在投资风险可控的同时能够获得期望的收益。

1. 现代投资组合理论

现代投资组合理论由诺贝尔经济学奖得主马科维茨于 1952 年提出，解释了投资者的分散化投资行为。夏普、法玛等将该理论延伸发展，形成一套完整的理论体系，奠定了资产配置模型的基础。现代投资组合理论认为金融市场的风险可以分为系统性风险和非系统性风险。系统性风险是指无法通过分散化投资来减轻或消除的风险，是整个市场或部分市场的内在属性，体现了整个市场或经济状况对投资的影响。非系统性风险可以通过变换投资组合中资产的组合方式进行分散，属于个别公司或资产特有的风险。因此，分散化投资可以通过提高资产分散化的程度来降低非系统性风险。

2. 资产配置策略

受到投资目标、风险承受能力和个人金融素养等因素的影响，不同投资者的资产配置策略有所不同，可大致分为稳健型、平衡型和进取型。

1）稳健型

稳健型策略的目标是在资产保值的基础上尽可能降低投资风险，通常将资金重点投资在固定收益类产品中，如公债、企业债券、绩优股票等，其特点是收益稳定，投资风险较低。

2）平衡型

平衡型策略的目标是在承担一定风险的情况下获得较高的投资收益，通常将资金投资在股票和债券等金融产品中，并根据市场行情灵活调控股债配比，其特点是兼顾风险和收益，攻守兼备。

3）进取型

进取型策略的目标是资本升值，偏好高风险资产配置带来的高收益，通常将资金配置的重点放在股票、期货等产品中，其特点是高收益和高风险并存。进取型策略可能取得远高于市场平均收益率的投资回报，但也面临较大财产损失的潜在风险。

3. 个性化资产配置

不同资产配置策略对投资者的风险承受能力要求不同，无论何种资产配置策略都无法做到绝对安全，即便是最保守的配置方式在特定情况下也会遭受损失。在进行资产配置决策时，投资者所处生命周期的阶段是影响风险承受能力的重要因素，因为每个阶段投资者的财务状况和资金需求有所不同。

对于刚进入职场的青年人而言，他们资金需求较大，有一定的风险承受能力。但由于资金有限，他们在资产配置时偏向于投资流动性较强的资产组合，如构建一个包含货币市场投资基金、股票型共同基金和短期国债等的投资组合。对于处在职业生涯中期的中年人而言，他们已积累了一定的财富，对投资风险的承受力较强，希望资金能够通过金融市场增值，因而他们在资产配置时可能更加偏好进取型策略，适当增加股票配比。当进入退休阶段，大部分人会更看重资产的安全性，采取稳健型资产配置策略，降低股票在投资组合中的比重。

三、投资顾问

金融市场上不断涌现的投资产品和投资者专业性不足等问题逐渐催生了个人投资者对专业投资顾问业务的需求。投资顾问是指以营利为目的，通过直接或间接的方式向客户推荐证券或发送有关证券分析报告的个人或者机构。投资顾问最早可追溯到 16 世纪瑞士的私人银行服务。私人银行家通常给拥有高额资产的客户提供包括资产分配、避税、风险管理等投资与资产管理建议。20 世纪 30 年代，美国的保险营销人员会给客户提供一些简单的资产咨询服务，投资顾问业务初具雏形。为规范投资顾问业务的发展，美国颁布了《1940 年投资顾问法》，这标志着投资顾问行业正式成形。

投资顾问服务的关键在于根据市场行情为客户提供量身定制的资产配置建议。如图 7-1 所示，投资顾问会综合考虑客户的资产现状、投资需求、期望收益、风险偏好等具体特征，为客户提供投资组合方案，并结合市场变化适时地对已配置资产进行动态调整，从而降低资产配置风险、保障客户投资收益。

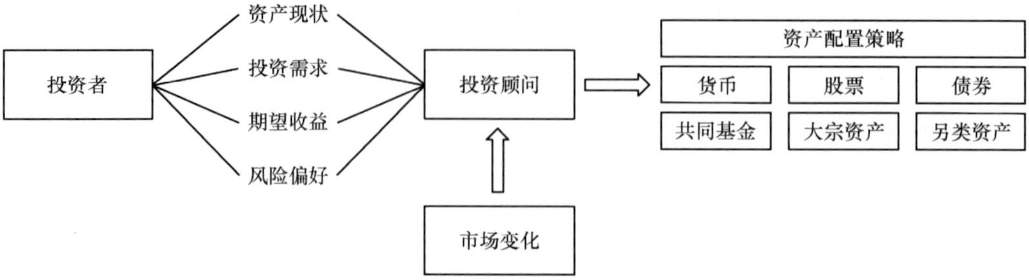

图 7-1 投资顾问业务流程

虽然投资顾问致力于满足投资者对专业资产配置建议的需求，但是在发展过程中仍存在一些问题。

第一，投资顾问覆盖范围有限。从服务对象结构来看，投资顾问业务主要面向高净值人士，这群人始终是财富金字塔顶端的一小部分，而更多财富较少的中产阶级和年轻群体也存在相应的服务需求。从服务对象数量来看，投资顾问提供个性化的资产配置建议需要和客户进行大量烦琐的沟通，而每个顾问的时间和精力有限，因此他们能够覆盖的人数有限。

第二，投资顾问费用昂贵且收费模式复杂。投资顾问业务的核心力量是具有专业金融知识和丰富投资经验的专业人士，而高昂的人力成本导致投资顾问收取的费用普遍较高。除收费金额高外，投资顾问的收费模式也较为复杂，客户难以清楚地了解到自己到底为投顾服务支付了多少费用。投资顾问通常按管理资产规模的一定百分比收取咨询费用，收取费率随着管理资产规模的增大而减小。为满足不同客户的需求，投资顾问也会采用固定收费模式，如按项目收费、按服务时长（小时）收费、收取聘用费等。表 7-2 展示了 2022 年福布斯咨询发布的投资顾问业务常见收费模式及其平均费用。

表 7-2 投资顾问业务常见收费模式及其平均费用

费用类型	描述	平均费用
百分比浮动费用	按资产管理规模收费，规模越大费率越低	1.0%
项目费	按购买的项目付费，如创建财务计划	2318 美元
时长费	按服务时长收费，通常以小时为单位	253 美元
聘用费	支付给投资顾问的预付款，多退少补	5704 美元

昂贵且复杂的收费模式不仅增加了客户的投资成本，还可能引发利益冲突。Linnainmaa 等（2021）研究发现，在提供资产配置建议时，投资顾问的“误导性观念”导致了利益冲突。为了提高业绩，或者出于对自身投资能力的过度自信，投资顾问偏向于推荐昂贵的主动型基金，导致最后的投资回报较低，无意中损害了投资者利益。

投资顾问和理财顾问概念相近但有所不同。他们都是为了帮助客户实现财务目标，但前者专注于提供专业的投资建议或报告，后者通常充当经纪人的角色对客户的财富进行全方位管理，业务范围更广。此外，投资顾问遵守信托标准，以客户的最佳利益行事并提供建议，而理财顾问可能在更宽松的适用性标准下运作。根据美国证券交易委员会的说法，专业从事投资咨询业务的公司及个人必须注册成为投资顾问，但只要不是专门通过提供投资建议来盈利，理财顾问也可以在不需要注册成为投资顾问的情况下提供一些附带的投资建议。

第二节 智能投顾

金融科技的快速发展为理财业务带来全新思路。本节讨论智能投顾的兴起与发展，分析其商业模式及优缺点，并介绍智能投顾的监管要求。

一、智能投顾的兴起

自 2008 年金融危机后，人们对传统金融服务机构的信任受到冲击，智能投顾率先在美国财富市场兴起，成为投资顾问行业的新发展趋势。智能投顾将数字技术与传统的投资顾问业务结合起来，通过大数据获得用户个性化的风险偏好及其变化规律，结合算法模型定制个性化的资产配置方案，并利用互联网跟踪调整资产配置方案，以在用户可以承受的风险范围内实现收益最大化。智能投顾的兴起离不开投资群体变化、被动投资理念的兴起和技术进步这三个关键因素的驱动。

（一）投资群体变化

投资群体变化是智能投顾率先在美国财富管理市场出现的重要原因之一。如今，千禧一代正在成为美国财富市场的主要力量，但由于传统投资顾问服务门槛较高，大多数千禧一代客户群体资产有限，难以充分享受投顾服务。在对待投资顾问的态度上，千禧一代也与其父辈不同。他们的父辈在进入市场时正值美国股市繁荣发展时期，而千禧一代进入市场时则亲历了互联网泡沫和房地产泡沫，又目睹了如安然财务造假丑闻、麦道夫庞氏骗局、LIBOR 利率操纵等金融乱象。因此，千禧一代对真人投资顾问的信任度较低。世界经济论坛发布的《2017 年“全球杰出青年”年度调查》表明，45.3%的受访者对“银行是公平诚实的”表示不同意，而在超过 3 万个千禧一代的受访者中，72%都不同意这一说法。在互联网环境中成长起来的千禧一代更偏好智能投顾，国际咨询机构 Hearts & Wallets 的调查显示，在各世代群体中，千禧一代是智能投顾的主要客户群体，如图 7-2 所示。

（二）被动投资

近年来，美国资产管理行业存在从主动投资向被动投资转变的趋势。2024 年 2 月发布的《上海证券交易所 ETF 行业发展报告（2024）》提到，截至 2023 年底，美国被动基

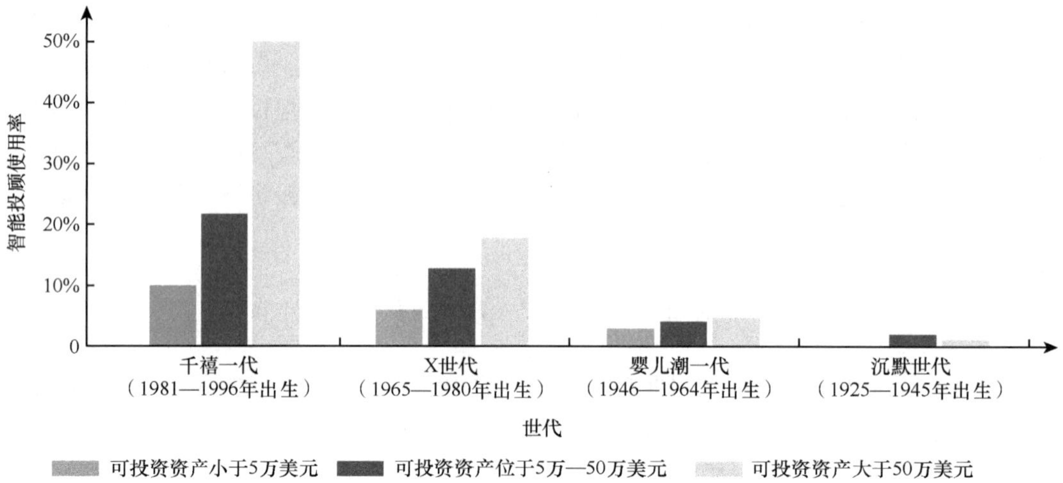

图 7-2　不同世代智能投顾服务使用情况

金和主动基金的规模分别为 13.29 万亿美元和 13.23 万亿美元，被动基金规模首次超越主动基金规模。

主动投资是一种追求超越股票市场平均回报的投资理念，需要投资者主动了解何时买入或卖出特定股票、债券或其他资产。被动投资是通过跟踪特定指数并保持长期投资来接受股票市场平均回报的投资理念，其典型策略就是购买指数基金。指数基金选择能反映全市场或某一特定类型的指数作为跟踪目标，按比例买入构成该指数的各种证券，并根据成份股的变化调整，保证基金组合与指数的一致性。指数基金回报率与市场指数的回报率接近，有利于规避非系统风险。

相比主动投资，被动投资无须择时或择股，成本更低、表现也更稳健。French（2008）对 1980—2006 年美国股票市场进行分析，结果表明，若投资者从主动投资转向被动投资，其平均年回报率将增加 6.7%。Fama 和 French（2010）的研究表明，虽然主动管理的股票基金投资组合表现接近于市场，但主动管理带来的高成本使得投资者最终的回报率较低。

作为典型的被动投资产品，交易所交易基金（exchange traded fund，ETF）已在美国市场发展成熟。《2024 年美国基金业年鉴》显示，截至 2023 年底，美国市场拥有 3108 只 ETF，规模合计为 8.1 万亿美元（净资产总额），是世界上最大的 ETF 市场，占全球 ETF 净资产（11.3 万亿美元）的 72%。这些丰富的 ETF 产品为智能投顾提供了广泛的选择空间，满足了不同类型用户的投资需求，进一步刺激着智能投顾热度的增长。

（三）技术进步

在传统的投资顾问中，计算机主要用于数据保存与传输、数值计算等，而核心环节资产组合配置则依赖于人工决策。随着大数据、人工智能等技术的不断发展与成熟，资产配置实现了从人工操作到机器算法的转变，越来越多的投资顾问平台转向自动化、算法驱动的智能投顾模式。

二、智能投顾的发展

智能投顾基于现代投资组合理论，运用智能化的算法构建投资决策模型，根据客户风险偏好、经济状况及财务目标等特征，自动生成资产配置建议，包括股票、债权、房地产等多元化配置，同时为客户提供交易执行、税收规划、房贷偿还等一系列增值服务。

（一）美国智能投顾发展

美国的财富市场发展成熟，2010 年 Wealthfront 和 Betterment 正式使用智能投顾为投资者提供资产组合建议，是最早面向个人投资者的智能投顾公司。随后其他财富管理公司也纷纷效仿，智能投顾业务在全球快速发展。国际数据公司 Statista 调查显示，2019 年全球智能投顾资产管理规模约为 220 亿美元，到 2023 年已经达到 1.372 万亿美元，预计 2024 年将超过 1.8 万亿美元，如图 7-3 所示。其中，传统大型财富管理公司利用其现有客户基础迅速占领了智能投顾市场份额。2024 年 8 月，福布斯咨询（Forbes Advisor）发布的数据显示，智能投顾行业中资产管理规模排名前五的公司分别是 Vanguard（2066 亿美元）、Charles Schwab（658 亿美元）、Betterment（268 亿美元）、Wealthfront（214 亿美元）、Personal Capital Advisors（161 亿美元）。其中 Vanguard 和 Charles Schwab 均是传统财富管理市场中的巨头。

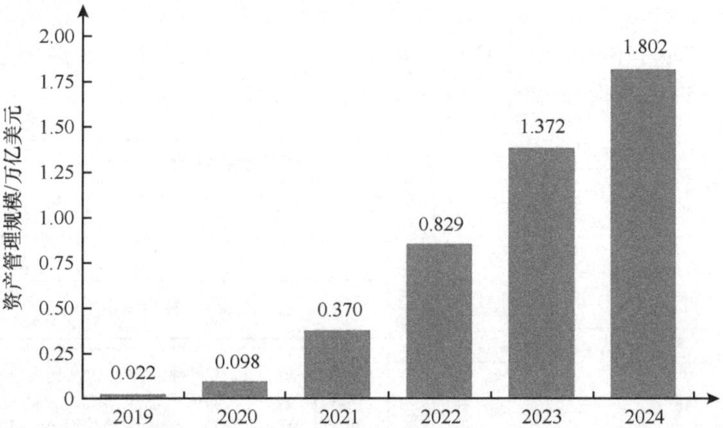

图 7-3 全球智能投顾资产管理规模

案例：Wealthfront——“坚守初心”的智能投顾平台

Wealthfront 是美国具有代表性的智能投顾平台之一，前身是一家名叫 Kaching 的基金公司，由拉克列夫（Rachleff）和卡罗尔（Carroll）于 2008 年创立，2011 年 12 月转型成为在线财富管理公司。Wealthfront 借助机器模型和技术，为客户推荐与其风险偏好和风险承受能力相匹配的资产投资组合，并提供税收优化、大学储蓄计划、贷款等附加服务。

实现金融民主化是 Weathfront 创始人的创业初心。Rachleff 曾是风险投资公司 Benchmark Capital 的联合创始人，退休后在斯坦福大学商学院教授创业课程，很多企业家和学生都喜欢向他寻求投资建议。由于经验传递和交流需要大量时间，Rachleff 无法满足每个寻求帮助的人的需求。随着求助者越来越多，Rachleff 逐渐意识到金融与投资应该实现民主化，让每个人都能够有享受金融服务的权利。

另一位创始人 Carroll 也遇到类似的情况。2008 年金融危机爆发，Carroll 在帮助父母评估投资损失时发现，造成父母财富亏损的那笔交易其实可以避免。尽管他的父母支付了大量的顾问费，但却未得到应有的关注，这让 Carroll 意识到大多数人都无法获得良好的财务建议，也无法获得投资顾问足够的关注来管理自己的财富。因此，Carroll 着手寻求解决方案，并建立了一个有吸引力的商业模式。此模式引起了 Rachleff 的注意，两位创始人就此相遇，并怀揣着金融民主化的期许共同创立了 Wealthfront。

Wealthfront 的智能投顾业务流程如图 7-4 所示。首先，Wealthfront 通过问卷收集客户的年龄、收入、资产规模、投资目标、风险偏好水平等信息，计算客户的风险等级。其次，根据调查结果，平台利用智能算法为客户推荐合适的投资组合。Wealthfront 推荐两大类投资计划，一类是适用于个人账户、联合账户、信托账户等需要纳税的投资组合；另一类是适用于各种养老退休金账户的退休金投资组合，如传统个人退休账户（individual retirement accounts，IRAs）、Roth IRAs（罗斯个人退休账户）、401（K）账户等。Wealthfront 投资标的为 ETF，包含 11 种资产大类，涵盖股票、债券、自然资源、房产等。选好投资组合后，平台代客户向证券经纪公司 Apex Clearing 发送交易指令，买卖 ETF。最后，Wealthfront 会实时跟踪用户的需求和市场情况，如需变更投资组合，平台会在满足事先设定的阈值下自动调整资产配置比例。

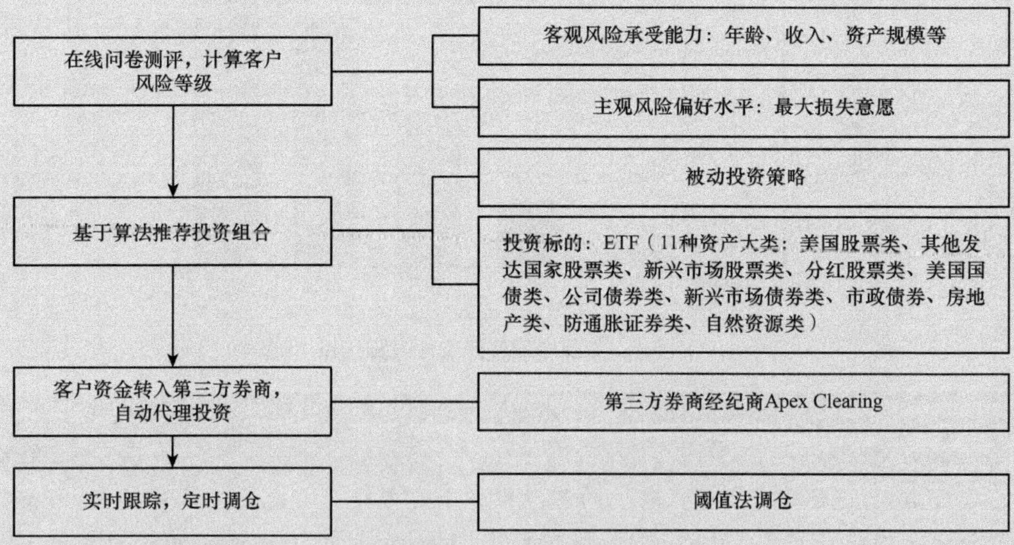

图 7-4 Wealthfront 智能投顾业务流程

此外，Wealthfront 还推出了特色服务税收损失收割，即卖出当期亏损的证券，用已经确认的损失来抵扣所获投资收益的应交税款，投资者可以将节省的税款再投资，从而使得投资者税后收益最大化。

相对于传统投顾，Wealthfront 基于现代投资组合理论，利用智能算法为客户推荐合适的资产配置，能够全天候自动化交易，整个投资流程透明度高。Wealthfront 智能投顾的费用也较低，每年按资产管理规模的 0.25%收取服务费用。这些特点使得 Wealthfront 赢得了大量客户的青睐。Wealthfront 官网数据显示，截至 2022 年 9 月，其资产管理规模超过了 260 亿美元，服务客户数量超过了 48 万。

资料来源：根据公开资料整理

（二）中国智能投顾发展

我国智能投顾行业起步较晚，直到 2015 年才相继推出智能投顾产品。随后，大量资本迅速进入智能投顾市场，各类机构纷纷推出智能投顾业务。从设立主体来看，智能投顾产品可分为三类：一是新兴智能投顾企业的产品，如弥财、璇玑智投、理财魔方等；二是传统金融机构推出的智能投顾产品和服务，如嘉实基金的金贝塔、招商银行的摩羯智投、平安集团的平安一账通等；三是互联网企业旗下的金融服务平台，如蚂蚁聚宝、京东智投等。自智能投顾正式出现以来，智能投顾行业在中国取得了迅速发展。Statista 统计数据显示，2019 年中国智能投顾资产管理规模不足 1 亿美元，经过数年的发展，到 2023 年已增长至约 20 亿美元，预计 2024 年将达到近 27 亿美元，如图 7-5 所示。

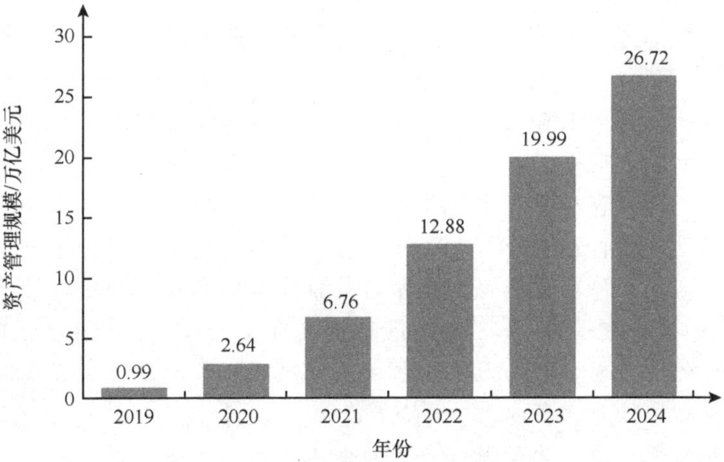

图 7-5 中国智能投顾资产管理规模

在国外智能投顾市场中，ETF 产品丰富，被动投资理念发展成熟，对于智能投顾的监管规范也较为明确。相比之下，国内 ETF 产品较少，智能投顾投资产品主要围绕基金、股票、债券等资产，且国内投资市场散户居多、缺乏长期投资理念，现阶段也没有专门对智能投顾业务的法律监管，因此我国智能投顾市场的发展尚未完全成熟。

案例：招商银行摩羯智投

面对日益激烈的内外部环境变化和竞争，银行结合现有的庞大客户群体和多年的金融数据积累，也开始布局智能投顾业务。2016 年 12 月，招商银行推出摩羯智投——一个以公募基金为基础的、全球资产配置的智能投顾平台，主要依赖推荐基金的代销手续费来获取业务收入。摩羯智投以大数据和人工智能技术为承载，将以往的财富管理经验融入机器学习算法中，分析用户画像和风险偏好，匹配最优的资产配置组合，并根据市场反馈动态调整组合中的资产比例。截至 2018 年上半年，摩羯智投累计销售规模已达 116.25 亿元，客户数达到 16.69 万人。

摩羯智投根据客户的投资期限和风险承受能力构建个性化资产配置。投资期限分为三个阶段：0—1 年（含）、1—3 年（含）、3 年以上。每个阶段有 10 个风险承受等级，共形成 30 种资产配置组合。每种组合大约选择 10—14 只基金，涵盖固定收益、现金及货币、股票类、另类及其他四类资产。以投资期限为 0—1 年为例，表 7-3 展示了不同风险等级投资组合中的资产配置比例。

表 7-3 投资期限为 0—1 年的各风险等级投资组合的资产配置情况

组合内容	风险等级									
	1	2	3	4	5	6	7	8	9	10
固定收益	62.66%	56.48%	49.82%	45.37%	44.41%	39.25%	34.93%	29.52%	23.88%	21.94%
现金及货币	16.52%	16.14%	16.26%	13.40%	12.08%	11.49%	9.85%	9.05%	9.39%	5.12%
股票类	15.02%	12.38%	18.80%	25.82%	27.63%	33.30%	39.25%	50.26%	55.17%	61.79%
另类及其他	5.80%	15.00%	15.12%	15.41%	15.88%	15.96%	15.97%	11.17%	11.56%	11.15%

资料来源：招商银行 App

在确定客户的投资期限和风险承受能力后，摩羯智投根据现代投资组合理财计算有效边界和资本配置线，结合客户输入的风险偏好，计算客户的风险厌恶水平，最终为客户提供效用最大化的投资组合方案，其中摩羯 22 号、摩羯 14 号以及摩羯 9 号是较为典型的策略。摩羯 22 号对应的投资期限为 0—1 年，风险等级为 8，适合初入职场的青年群体，他们有一定收入愿意冒险，倾向于短期投资获取高收益，能够接受较高的风险；摩羯 14 号对应的投资期限为 1—3 年，风险等级为 5，适合“上有老、下有小”的中年群体，他们在重大的家庭责任下无法承担过高的风险，希望通过投资实现财富增值；摩羯 9 号对应的投资期限为 3 年以上，风险等级为 3，适合接近退休或已退休的老年群体，他们没有过多的财务压力，为了保证自己的退休生活，希望投资长期稳健的资产。以摩羯 22 号为例，表 7-4 展示了该组合中资产配置详情。在为客户构建出合适的摩羯组合后，摩羯智投同时会提供该组合在一定时期的模拟历史年化收益率和模拟历史波动率，以供投资者评价这些投资组合，最后是否购买由客户决定。

表 7-4 摩羯 22 号资产配置详情

类别（占比）	基金代码	基金名称
股票类（37.83%）	100061	富国中国中小盘混合（QDII）

续表

类别（占比）	基金代码	基金名称
股票类（37.83%）	004232	中欧价值发现混合 C
	202005	南方成份精选混合 A
	002808	泓德优势领航混合
	206009	鹏华新兴产业混合
	002624	广发优企精选混合 A
	486002	工银全球精选股票（QDII）
	003629	摩根全球多元配置（QDII-FOF）人民币 A
现金及货币（30.28%）	217004	招商现金增值货币 A
固定收益（28.44%）	004220	长信纯债壹号债券 C
	005008	东方红汇阳债券 Z
	006837	银华信用四季红债券 C
另类及其他（3.45%）	002611	博时黄金 ETF 联接 C

注：QDII 即 qualified domestic institutional investor，合格境内机构投资者

此外，摩羯智投采用“机器+人”结合的模式，利用人工来弥补机器无法对外界突发性事件把握的不足，还可以在机器学习的前期进行指导，以提高模型准确率。资产组合的构建有赖于对基金预期收益的预测，摩羯智投通过构建更加全面的数据库来优化预测。基金的市场表现通常与基金经理的风格密切相关。为了明确每位基金经理的投资风格，摩羯智投用定量数据加定性调查方式建立了一个独有的基金经理数据库，包括基金经理的工作绩效、激励考核、职业规划、公司治理结构等数据。这一过程首先需要人工经验来构建模型指标，其次需要借助机器强大的数据处理能力来计算。人与机器的拥抱，构成了摩羯智投强大的数据内核，为构建资产组合提供了强有力的支撑。

资料来源：中国管理案例共享中心——招商银行“摩羯智投”的创新之道

三、智能投顾的商业模式

下面从运营模式、收费模式、业务环节、投资产品四个方面对智能投顾的商业模式展开介绍。

（一）智能投顾的运营模式

智能投顾的重点在于利用机器算法代替人工进行投资决策，根据人工顾问在业务中的参与程度，可以将智能投顾分为全机器模式和人机结合模式，如图 7-6 所示。

全机器模式没有人工顾问参与，仅由机器进行分析和配置。根据机器是否拥有交易决策权，全机器模式分为“推荐”模式和“推荐+管理”模式。“推荐”模式只监控客户的投资组合并推荐资产配置，不直接代表客户管理投资，代表性企业有 MarketRiders、

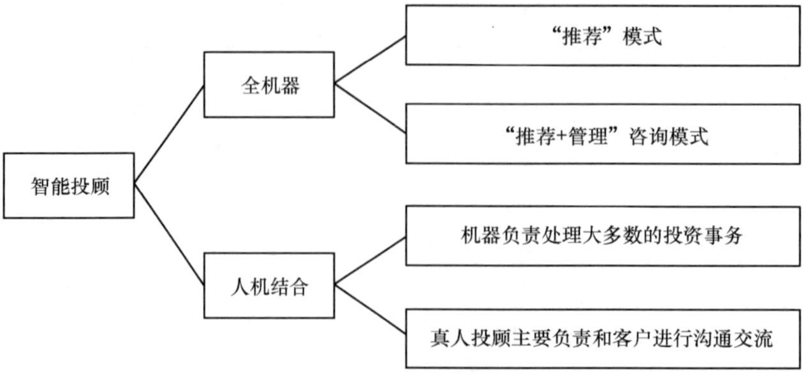

图 7-6　智能投顾运营模式

理财魔方等。在这种模式下，交易决策权仍在客户手中，客户可以对算法推荐的资产配置比例进行调整，并决定是否执行算法提出的交易。“推荐+管理”模式不仅可以推荐资产配置，还可以由客户全权委托直接对资产进行管理，拥有交易决策的权力，代表性企业有 Wealthfront、Betterment 等。

人机结合模式使用人工和机器相结合的方式，又被称为混合模式，代表性企业有 Charles Schwab、TD Ameritrade 等。在混合模式中，机器负责执行设计投资组合方面的工作，人工主要负责在关键时刻与客户进行沟通交流。大多数年长客户对新兴技术的熟悉程度不如年轻一代，会更偏好于混合模式的智能投顾。采用混合模式的企业多为传统金融机构，这些机构已经拥有了一定的客户基础，倾向于通过这种方式来兼顾新老客户的需求。

（二）智能投顾的收费模式

智能投顾收费简单透明，具体收费模式如图 7-7 所示。智能投顾公司收取的咨询费用一般为资产管理规模的 0.15%—0.35%，但需要投资者自行承担在交易过程中产生的管理费、交易佣金等其他相关费用。由于目前智能投顾标的以费率较低的 ETF 为主（ETF 管理费约为 0.03%—0.55%），且避免了线下获客及销售、人工咨询等人力成本较高的环节，因此智能投顾收取的总费用较低，一般不超过 1%，能够提升产业链效率及行业竞争实力（罗明雄等，2018）。

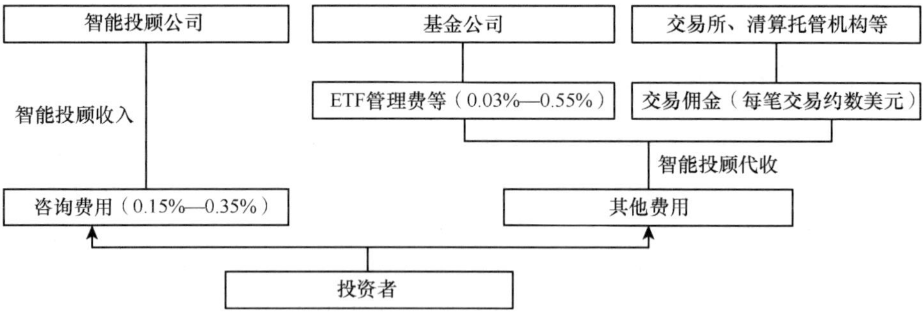

图 7-7　智能投顾的收费模式

（三）智能投顾的业务环节

智能投顾业务通常包含以下环节：客户画像、大类资产配置、投资组合选择、交易执行、投资组合再平衡、税收规划和投资组合业绩分析，如图7-8所示。

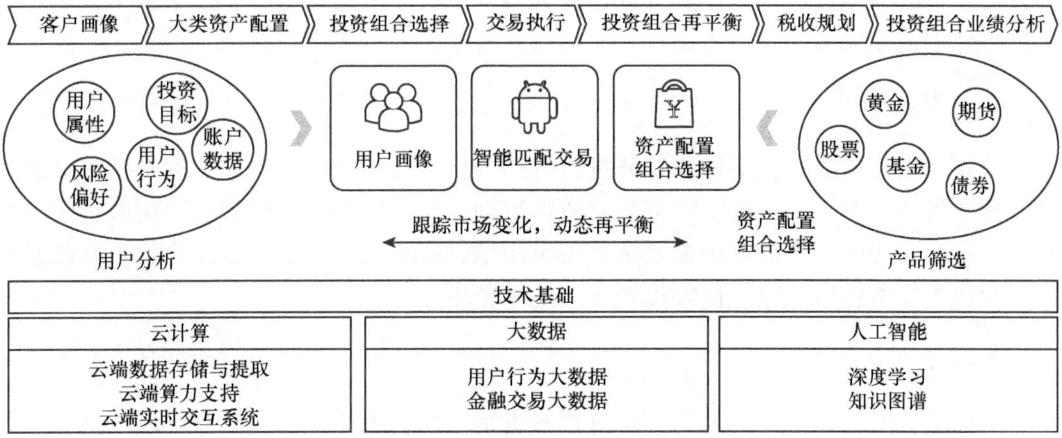

图7-8 智能投顾服务流程

1. 客户画像

为了清晰了解客户投资目标和风险偏好，建立客户画像是智能投顾服务的前提和基础。通过线上问卷、询问打分、数据采集等形式，智能投顾收集客户的财务状况、投资期限、风险等级、预期收益等信息，以便后续根据客户的实际情况提供个性化的投资组合。客户的投资目标和风险偏好可能随时间和市场的改变而变化，需要建立动态、多因素的模型来更准确地进行客户画像。

2. 大类资产配置

马科维茨的现代资产组合理论定义了资产配置的有效前沿，即在确定风险水平下使收益最大化，或者在确定收益水平下使风险最小化的资产组合集。智能投顾基于该理论建立投资组合，巧妙配置不同大类资产以实现风险分散。

3. 投资组合选择

在客户画像和大类资产配置基础上，投资组合选择利用智能算法自动生成对应的投资策略。客户画像提供客户的投资需求和风险偏好参数，大类资产配置提供不同风险偏好的资产组合，投资组合选择便是完成客户与投资组合的对应匹配，实现在大类资产配置基础上的最优化资产配置。

4. 交易执行

交易执行是通过券商买入或卖出资产。目前大多数智能投顾平台都是利用自有的券商或合作券商提供顺畅的交易执行服务。

5. 投资组合再平衡

投资组合再平衡是根据市场行情变化，动态调整投资组合的配置比例的过程。当投资组合中的某一资产配置比例超过设定的阈值时，系统便会自动进行买入或卖出操作，将投资组合的各项资产配置比例维持在较为稳定的水平。这类组合管理策略可在事先预设的条件下自动完成，避免主观情绪变动对投资组合的有效运行产生影响。

6. 税收规划

税收规划是指对税收结构和特征进行智能分析，优化资产配置，使客户获得最多的税后投资收益。在美国，由于实行综合所得税制，税务统筹的空间较大，税收规划应用较为广泛。在我国，投资者需要就单个项目缴纳收益个人所得税，也就是说投资收益和投资亏损不能抵扣后征税，税收规划适用范围较小。

7. 投资组合业绩分析

投资组合业绩分析主要是为客户分析投资组合的业绩情况，包括业绩展示、业绩归因、风险因子分析、组合描述性统计分析、回测和模拟等。

（四）智能投顾的投资产品

得益于被动型投资产品的快速发展，美国智能投顾的投资产品以 ETF 为主，而中国的 ETF 数量有限。《上海证券交易所 ETF 行业发展报告（2024）》的数据显示，截至 2023 年底，我国境内交易所挂牌上市的 ETF 数量为 889 只，总市值达 2.05 万亿元，约占美国 ETF 数量的 29%。相比之下，经过三十余载的发展，我国公募基金行业在规范化、法治化和市场化的过程中逐步走向成熟。深圳高等金融研究院和清华大学发布的《2024 年中国公募基金研究报告》表明，截至 2023 年底，我国继续运营的公募基金数量为 20 005 只（包括不同收费类别的基金），资产管理规模近 28 万亿元，已成为全球第四大公募基金市场。在此背景下，我国智能投顾推荐的投资标的以基金产品为主，包括股票基金、债券基金、混合基金、指数基金等，催生了中国特色的基金投顾业务。近年来，越来越多的企业获得基金投顾管理牌照，如华夏基金、嘉实基金、南方基金等，这些企业也逐渐使用智能投顾的方式来发展基金投顾业务，有效分散非系统性风险，为投资者提供合适的资产配置策略。

表 7-5 对比了国内外几家智能投顾公司，新兴智能投顾企业更多采用全机器模式为客户提供投顾服务，而传统财富管理企业除了提供数字化投顾服务外，还提供人工顾问服务满足部分高净值客户的需求，且服务费用也低于传统投顾。

表 7-5 国内外智能投顾公司商业模式对比

项目	Betterment	Vanguard	理财魔方	弥财
公司背景	新兴智能投顾平台	传统金融机构	新兴智能投顾平台	新兴智能投顾平台
运营模式	机器导向	人机结合	机器导向	机器导向

续表

项目	Betterment	Vanguard	理财魔方	弥财
服务费用	基础服务为 0.25%，高端服务为 0.4%	数字顾问为 0.15%，个人顾问为 0.3%	0.5%	0.5%
投资门槛	基础服务无限制，高端服务 10 万美元	数字顾问为 3 000 美元，个人顾问为 50 000 美元	2 000 元	50 000 元
投资产品	ETF	ETF、股票、债券、基金等	基金为主，还包括债券、股票、黄金等	ETF

注：表中数据截至 2022 年末

四、智能投顾的优势与局限

（一）智能投顾的优势

与传统投顾相比，智能投顾在咨询成本、投资建议、覆盖范围、操作流程、风险管理等方面都具有一定优势，如表 7-6 所示。

表 7-6　传统投顾与智能投顾

项目	传统投顾	智能投顾
咨询成本	高，总费率约在 1%至 2%之间	低，总费率一般不超过 1%
投资建议	易受主观情绪影响，具有道德风险，并且投资范围有限	客观理性，投资产品分散度高
覆盖范围	主要针对高净值客户	对客户的最低投资金额要求较低，覆盖更多用户
操作流程	流程烦琐，沟通不便	流程自动化、网络化，操作便捷，透明度高
风险管理	无法实时监控市场	7×24 小时监控市场变化并及时反馈调整

1. 咨询成本较低

传统投资顾问收费项目种类繁多，包括咨询费、交易费、充值提现费、投资组合调整费等，总费率一般占管理资产的 1%至 2%。智能投顾业务采用可复制的算法，自动化处理投资组合的配置流程，节省人力成本，总费率一般不超过 1%，能够有效降低咨询成本。

2. 投资建议客观

传统人工投顾在决策时受到注意力有限、利益冲突、道德风险等主观限制，而智能投顾通常利用丰富详细的客户个人数据，基于经典的资产配置理论，遵循一套严格的智能算法，提供更加客观理性的投资建议，投资产品更为分散，不容易受主观偏见行为的影响，能在一定程度上降低道德风险。

3. 覆盖范围广泛

传统投顾服务主要针对高净值客户，资金要求门槛高，大量中低财富人群难以享受投顾服务。智能投顾平台对客户的最低投资金额要求较低，甚至部分智能投顾企业实现了零门槛，扩大了服务覆盖半径，让投资服务得到了普及。

4. 操作流程便捷高效

传统投顾需要花费大量时间与客户进行沟通交流，整个过程十分复杂烦琐，消耗双方时间和精力。智能投顾可以通过网络问卷调查等形式收集客户信息，利用智能算法自动生成相应的投资配置组合，整个流程都可以通过互联网自动化实现，大幅简化了用户操作过程，并且操作过程的透明度高，能够有效提升用户体验。

5. 风险管理动态监控

与传统投顾相比，智能投顾能够全天候监控市场情况。当市场环境发生变化时，智能投顾能够及时采集这些信息，对资产配置比例进行针对性调整，以此来降低投资风险。

（二）智能投顾的局限

1. 技术方法的局限性

智能投顾依托人工智能、大数据等技术，根据智能算法和量化模型为客户提供自动化的投资服务，但这些技术发展仍有待完善，使得智能投顾面临着技术局限性带来的风险。目前大数据、人工智能等技术还处在发展的初期阶段，模型和算法的完备性需要通过长期数据的学习和修正，模型和算法的市场有效性也需要较长的周期来检验，这就导致了智能投顾的理论预期和现实存在一定的差距。

2. 投资理念的局限性

智能投顾大多遵循以价值投资为导向的长期投资理念。然而我国投资市场中散户占比较高，他们以市场风向为主导，关注市场短期波动，依赖于追涨杀跌的短期策略，倾向于个股的简单化操作，较少采取分散化投资组合策略，这对我国智能投顾的业务拓展也是一个挑战。

3. 数据安全的局限性

智能投顾依靠个人特征数据对客户进行画像，在数据采集和使用的过程中涉及大量隐私数据，容易引发数据不合规、数据泄露等安全性方面的担忧。同时，一些基于数据的资产配置建议遵循黑盒逻辑，可解释性不强，难以得到部分用户的认同。

五、智能投顾的监管

（一）国外对智能投顾的监管

美国智能投顾市场发展体系较为成熟，占据了全球市场的绝大多数份额。美国对智能投顾的监管主要由美国证券交易委员会和美国金融业监管局（Financial Industry Regulatory Authority，FINRA）负责。美国证券交易委员会强调智能投顾应注册成为投资顾问，遵守《1940 年投资顾问法》中对投资顾问的相关要求，并严格履行信息披露制度。智能投顾平台在获得投资顾问牌照并满足监管要求后，既可提供投资建议服务，也可以直接管理客户的资产。2016 年，FINRA 发布《关于数字投资建议的报告》，将智能投顾纳入传统投资顾问监管体系中，强调了对算法和投资组合结构的监管规定。在算法层面，平台要想从事智能投顾服务必须具备算法技术上的可行性，并将智能投顾涉及的底层算法交由平台自行监管，但并未明确具体的算法技术标准。在投资组合结构层面，FINRA 增强了对投资组合下相关利益冲突的监管，强调化解利益冲突的关键是要让独立于该业务的人员对投资组合进行审查。

英国智能投顾曾受到《欧盟金融工具市场指令Ⅱ》（MiFIDⅡ）的监管。MiFIDⅡ将智能投顾机构和传统投顾机构完全等同地纳入监管范围，强调最佳交易原则以强化交易透明度，且禁止捆绑式的佣金支付规则以避免利益冲突问题。MiFIDⅡ并不完全适用于英国市场，英国金融行为监管局（ Financial Conduct Authority，FCA）选择性地引入了其中的监管规则。考虑到智能投顾可能的创新性，FCA 创设了例外监管体制，以进一步激发和强化智能投顾的创新性，为金融创新预留空间。

加拿大证券管理局（Canadian Securities Administrators，CSA）对智能投顾的业务范围并未做出明确规定。平台可选择经营资产管理业务或投资咨询业务，并在此基础上鼓励科技创新。对于服务提供者来说，CSA 依据传统投顾的监管体系对人员和机构进行分开监管，人工顾问和投顾平台提供服务前都必须满足注册要求。

（二）国内对智能投顾的监管

1. 市场准入监管

从市场准入条件来看，开展智能投顾业务需要取得相应的资质。《关于规范金融机构资产管理业务的指导意见》（简称《意见》）规定，运用人工智能技术开展投资顾问业务应当取得投资顾问资质，非金融机构不得借助智能投资顾问超范围经营或者变相开展资产管理业务。《证券投资顾问业务暂行规定（2020 年修订）》中明确提出，“证券公司、证券投资咨询机构从事证券投资顾问业务，应当遵守法律、行政法规和本规定，加强合规管理”“向客户提供证券投资顾问服务的人员，应当符合相关从业条件，并在中国证券业协会注册登记为证券投资顾问”。

近年来，我国证券投资咨询服务牌照受到严格限制。根据证监会网站 2019 年 4 月发布的《证券投资咨询机构名录》，证券投资咨询牌照已从 2004 年的 108 张下降到 2019 年的 84 张，2016 年至 2019 年没有增加新牌照。另外，证监会发布的最新数据显示，截至 2024 年 6 月底，具有证券投资咨询牌照的企业下降为 78 家。对于互联网金融平台和独立智能投顾平台而言，它们从事智能投顾业务存在一定的合规风险。

2. 委托代理监管

从委托代理关系来看，我国现行监管体系对投资顾问服务和资产管理服务实行分业经营和监管。《证券投资顾问业务暂行规定（2020 年修订）》明确规定，投资顾问业务是“向客户提供涉及证券及证券相关产品的投资建议服务，辅助客户作出投资决策”“证券投资顾问不得代客户作出投资决策”。《中华人民共和国证券法》中同样规定投资咨询机构不得“代理委托人从事证券投资”，不得买卖本证券投资咨询机构提供服务的证券。这些监管措施给智能投顾开展委托代理业务带来了挑战。

3. 业务规范监管

从业务开展来看，智能投顾要严格遵守证券投资相关规范。《意见》指出，金融机构“应当坚持‘了解产品’和‘了解客户’的经营理念，加强投资者适当性管理，向投资者销售与其风险识别能力和风险承担能力相适应的资产管理产品”“运用人工智能技术开展资产管理业务应当严格遵守本意见有关投资者适当性、投资范围、信息披露、风险隔离等一般性规定，不得借助人工智能业务夸大宣传资产管理产品或者误导投资者”。目前这些制度体现为原则性规定，在操作层面还有待进一步深化完善。

4. 算法技术监管

算法是智能投顾运行的核心，现有监管体系对投顾算法进行了规定。《意见》指出，金融机构应当根据不同产品投资策略研发对应的人工智能算法或者程序化交易，避免算法同质化加剧投资行为的顺周期性，并针对由此可能引发的市场波动风险制定应对预案。因算法同质化、编程设计错误、对数据利用深度不够等人工智能算法模型缺陷或者系统异常，导致羊群效应、影响金融市场稳定运行的，金融机构应当及时采取人工干预措施，强制调整或者终止人工智能业务。但在具体的技术标准和规范、因算法和技术操作而产生的损失追责等问题上还未有详尽的规定。

总体来说，我国现有监管体系在市场准入、委托代理、业务规范、算法技术等方面有一定的法律依据，但更详细的措施还有待完善。因此，实现金融创新和安全的兼衡，发挥智能投顾在理财服务中的科技优势，对我国投资顾问监管制度仍是一个重大挑战。

课后习题

1. 常见的投资方式包括货币市场、股票、债券、共同基金四种，简述每种投资方式的特点。

2. 智能投顾是金融科技的产物，也反过来推动了金融科技的发展，在促进金融服务向数字化、普惠化方向转型的过程中起到了重要作用。请从金融机构和客户的角度，分析智能投顾的出现解决了哪些传统投顾存在的问题。

3. 客户画像是进行智能投顾服务的前提和基础，其中确定客户的风险偏好尤为重要。风险偏好是指人们对待不确定性的态度。在投资中，风险偏好影响客户的预期收益，了解客户的风险偏好可以帮助我们更好地理解他们的投资目标和需求，提供具有针对性和高质量的智能投顾服务。请回答以下问题。

（1）哪些数据对确定客户的风险偏好有用，为什么这些数据很重要？

（2）你会使用何种算法确定客户的风险偏好？请说明该算法的适用性。

（提示：确定客户风险偏好的算法形式多样，如基于规则、基于统计学方法和基于机器学习方法等。其中，基于机器学习方法的算法通常具有更高的准确性和预测能力，并且可以自动学习和优化模型。）

4. 根据教材提供的股市投资回报数据 Stock return.xlsx（下载链接：https://github.com/fintech-dataset/fintech-exercises-data）回答如下问题。

（1）基于每季度初的公司规模大小（size）将所有股票分为五类，每一类形成一个投资组合，每个投资组合连续持有该组合下的所有股票一个季度并在季度末进行抛售，计算投资组合的月度回报率。

（2）基于每季度初的机构投资者持有的流通股比率（instown）将所有股票分为五类，每一类形成一个投资组合，每个投资组合连续持有该组合下的所有股票一个季度并在季度末进行抛售，计算投资组合的月度回报率。

数据的变量描述如表 7-7 所示。

表 7-7　股市投资回报数据（Stock returns）变量描述

变量		说明
基本信息	stkcd	股票代码
	stknme	股票名称
	conme	公司名称
	month	日期（年–月）
个人投资收益信息	retrf	月度股票投资收益率减去无风险率
Carhart 四因素	mktrf	市场超额回报率
	smb	市值因子的模拟组合收益率，small minus big
	hml	账面市值比因子的模拟组合收益，high minus low
	umd	动量
公司特征	size	公司规模，定义为股票市场价值的自然对数
	bm	账面市值比，定义为权益的账面价值与权益的市场价值之比
	return12	12 个月前至上一个月的买入和持有股票回报（共 12 期）
	roa	资产回报率，定义为按滞后资产衡量的季度营业收入
	lev	杠杆率，长短期债务之和除以总资产
	ppe	（不动产+厂房+设备）/总资产
	intang	无形资产/总资产
	numanalyst	关注该公司的分析师人数
	instown	机构投资者持有的流通股比率
	mv	流通股的市值

5. 请根据教材提供的上市企业的月度线上销售数据 Online sales.xlsx 完成作业（下载链接：https://github.com/fintech-dataset/fintech-exercises-data）。

（1）汇总各企业的季度线上销售数据。

（2）从 CSMAR（China Stock Market & Accounting Research Database，中国经济金融研究数据库）下载这些上市企业的季报提取其季度销售总额，并绘制其季度线上销售额和总销售额曲线。

6. 智能投顾作为一种新兴的智能投顾金融理财工具，其技术开发还不够完善，存在一定的不足与风险，故消费者的接受度和认可度还在发展阶段，这会大大影响用户的使用倾向和使用意愿。对影响用户行为的关键因素进行分析，从而为智能投顾产品的完善提供方向，能够实现金融机构和用户的双赢。

根据整合型技术接受模型和感知风险理论，影响用户行为的主要因素有七个，分别是用户的绩效期望、用户的努力期望、智能投顾的社会影响、使用智能投顾的便利条件、用户的感知风险、智能投顾的产品流动性、智能投顾的产品认知度。

（1）从理论上分析七个因素对消费者智能投顾使用意愿的影响，并提出相应的假设。

（2）围绕期望绩效、努力绩效、社会影响、便利条件、感知风险、产品流动性、产品认知度、购买意愿和购买行为几个维度设计调查问卷，可以参考表 7-8 所示的问卷题项。使用克龙巴赫信度系数法检验信度，使用因子分析检验调查问卷的效度。

表 7-8　智能投顾使用意愿影响因素调查问卷题项

测量变量	测量题项
期望绩效	我认为智能投顾能够帮助我达成理财投资目标
	智能投顾可以为我创造良好的投资利润
	我认为智能投顾对投资理财的便利性提升有帮助
	我能够通过智能投顾来随时掌握资金情况
努力绩效	我能很容易地看懂智能投顾产品的 App 应用
	我能够比较快速上手智能投顾产品
	我能非常容易地学会智能投顾的操作
	我能完全掌握使用智能投顾产品的方法
社会影响	如果身边朋友推荐，我购买智能投顾产品的可能性很大
	我觉得智能投顾是理财的发展趋势，有良好的前景
	智能投顾产品的广告宣传会影响我的使用意愿
	我认为国家政策支持发展智能投顾
便利条件	我有银行账户、智能手机等购买智能投顾产品的硬件设备
	我具备一定的理财知识，能够使用智能投顾
	我有专业人士指导购买智能投顾产品的操作

续表

测量变量	测量题项
感知风险	我认为商业银行开发的智能投顾产品风险相对较小
	我在使用智能投顾时会担心资金取不出来
	我觉得智能投顾产品没有人工顾问服务全面
	我害怕个人信息从智能投顾产品中流出到网络上面
产品流动性	我更喜欢能够随时收回现金的产品
	智能投顾产品的资金收回时间太长会让我变得焦虑
产品认知度	我更倾向于购买知名度排第一的智能投顾产品
	上市时间更长的智能投顾产品更让我觉得放心
购买意愿	只要有闲置资金，就会考虑购买智能投顾产品
	智能投顾给我良好的体验，我会向朋友推荐
	我将愿意继续选择智能投顾进行理财投资
购买行为	我会经常使用智能投顾产品
	我有丰富的购买智能投顾产品经验
	我会向周围的亲朋好友推荐智能投顾产品

资料来源：萧飞（2022）

（3）使用结构方程进行假设验证分析，估计出模型回归系数，并根据结果为优化智能投顾业务提出相应的建议。

7. 传统人工投资顾问投资的服务费用高，主要为高净资产管理值用户提供服务。智能投顾服务与长尾用户需求吻合，同时也能提高高净值用户对平台的黏性，有利于企业规模的扩大。但企业开展智能投顾业务需要投入技术研发、硬件设施采购和人员投入等一系列成本。目前智能投顾处于前期发展阶段，盈利方式暂无成熟统一的模式，产生的利润难以直接计算。请通过实证分析智能投顾对金融信息技术企业规模经济和效益的影响。

（1）使用企业总资产的对数形式表示公司规模，营业利润表示企业效益，所需变量如表 7-9 所示。请以 2018 年至 2022 年开展智能投顾业务的公司为样本，构造变量并进行描述性统计。样本可根据见微数据库（https://www.jianweidata.com/）公告手动筛选获得，公司财务数据可从 CSMAR 获取。

表 7-9　智能投顾业务对企业规模和效益的影响变量说明

变量类型	变量名称	变量含义
被解释变量	企业规模	企业的总资产（万元）的自然对数
	企业效益	营业利润
解释变量	是否开展智能投顾	开展智能投顾为 1；未开展智能投顾为 0

续表

变量类型	变量名称	变量含义
控制变量	流动比率	流动比率是流动资金资产与流动负债的百分比
	流动负债	年度营业周期内所需要偿还的所有债务合计
	总资产周转率	年度营业周期内销售获得收入净额与平均资产总额的比值
	销售毛利率	销售额减去销售营业成本的差额与销售净值的百分比
	营业收入	利润的重要组成，代表企业的主要经营成果
	营业收入同比增长率	反映企业在此考量期间内营业收入的增长或减少情况
	资产负债率	期末负债总数额与资产总额的百分比
	年化总资产净利率	资金资产利用效率，公司净利润与平均资产总额的百分比
	利润总额同比增长率	通过生产经营活动所实现的最终财务成果增长率，衡量企业经营效果的评估指标
	企业成立年数	企业成立的年数加一，取自然对数

（2）建立以企业规模和企业效益为被解释变量的回归模型，分析智能投顾对企业规模和企业效益的影响。

（3）开展智能投顾业务的企业主要集中在金融业和信息技术业，请以金融业和信息技术业的公司为样本，分析智能投顾对金融业和信息技术业企业规模与企业效益影响的差异。

资料来源：蒋晓彬（2020）

8. 智能投顾业务以主动管理型基金为主，其背后是投资经理在负责管理，投资经理在尝试获取超越市场的收益时无法避免地出现投资风格的主动选择以及阶段性由持仓调整带来的风格漂移现象。对全市场基金进行风格的识别与分类，构建公平公正的基金评价指标是完善智能投顾基金组合配置体系的基础。

请从万得数据库获取基金标的为证监会分类口径下的非货币基金数据，包括股票型基金、混合型基金以及债券型基金。以 2022 年 12 月 31 日作为数据截止日，筛选截止日前成立满 2 年，资产规模合计超过 5000 万元且运作期间未进行过大类资产类型转换的基金作为样本。

（1）对基金进行聚类，分析国内主动管理型股票基金经过多年的发展，逐渐演化出哪些主要风格和行业主题。通过基金持有第一大行业占比和前三大行业累计占比定义该基金是否为行业主题基金，如果其第一大行业占比超过 30%或前三大行业属于同一主题且合计占比超过 50%则将该基金定义为行业主题基金，如果该分类下同一个行业或主题基金占比超过 50%则将该类别定义为行业主题基金类别。使用表 7-10 所示 15 个维度的基金特征数据作为聚类的输入信息。第一步，利用不同时间维度的基金收益率数据将全市场符合筛选条件的基金进行聚类；第二步，通过基金费率、持有人结构、季度申赎规模等数据对第一步聚类中需要进一步拆分的父类进行聚类。

表 7-10 基金特征

数据名称	维度	频率	聚类步骤
基金过去 1 天滚动收益率	237 × 3604	日频	第一步聚类
基金过去 5 天滚动收益率	237 × 3604	日频	第一步聚类
基金过去 20 天滚动收益率	237 × 3604	日频	第一步聚类
基金过去 60 天滚动收益率	237 × 3604	日频	第一步聚类
基金过去 120 天滚动收益率	237 × 3604	日频	第一步聚类
基金过去 250 天滚动收益率	237 × 3604	日频	第一步聚类
基金费率	3604 × 1	节点值	第二步聚类
基金持有人数	10 × 3604	季度	第二步聚类
基金人均持有份额	10 × 3604	季度	第二步聚类
基金机构持有者占比	10 × 3604	季度	第二步聚类
基金个人持有者占比	10 × 3604	季度	第二步聚类
基金申购份额	10 × 3604	季度	第二步聚类
基金赎回份额	10 × 3604	季度	第二步聚类
持有股票市值占资产总值比例	10 × 3604	季度	第二步聚类
持有债券市值占资产总值比例	10 × 3604	季度	第二步聚类

（2）基金经理评价体系涉及的具体指标如表 7-11 所示。通过不同的评价指标进行基金筛选，可以对我国公募基金投资经理的投资风格进行不同维度的定义。以基金经理的行业配置能力相关指标为例，通过行业集中度和行业调整活跃度两个指标，可以将投资经理分成专注赛道投资（行业集中度高且行业调整活跃度低）、景气度趋势投资（行业集中度高且行业调整活跃度高）、均衡轮动投资（行业集中度低且行业调整活跃度高）和均衡配置投资（行业集中度低且行业调整活跃度低）四个行业配置风格类型。请以成立时间早于 2010 年 12 月 31 日的存续且规模大于 1 亿元的基金为样本，根据行业选择能力对基金经理排序，列出前 20 名基金经理以及其代表作品，并根据行业集中度和行业调整活跃度对他们的行业配置风格进行定义。

表 7-11 基金经理评价体系

指标类别	具体指标	指标定义	数据频率
择时与选股能力	择时与选股能力	基金的平均回报和市场的平均回报之差	月频
行业配置能力	行业集中度	基金投资组合的行业权重与市场投资组合的行业权重之差的平方和	半年频
	行业选择能力	基金投资组合的行业权重与市场投资组合的行业权重偏离程度与行业相对收益的乘积	半年频
	行业调整活跃度	基金投资组合当期的行业权重与上一期的行业权重之差的绝对值	半年频
个人特质能力	独立决策能力	单只基金与所有基金平均业绩的关联系数	季频
	套利能力	传统收益归因模型不能解释的部分	月频

资料来源：陈晓非（2022）

参考文献

陈晓非. 2022. 基于深度学习的智能投顾基金组合配置研究. 北京：北京交通大学.

蒋晓彬. 2020. 智能投顾对企业规模和效益影响实证分析. 杭州：浙江大学.

罗明雄，侯少开，全忠伟. 2018. 金融科技三大支柱：一本书读懂大数据金融、区块链与智能投顾. 北京：中国财政经济出版社：108.

萧飞. 2022. 用户行为视角下商业银行智能投顾业务发展探究：以工商银行 AI 投为例. 杭州：浙江大学.

Fama E F，French K R. 2010. Luck versus skill in the cross-section of mutual fund returns. The Journal of Finance，65（5）：1915-1947.

French K R. 2008. Presidential address: the cost of active investing. The Journal of Finance，63（4）：1537-1573.

Linnainmaa J T，Melzer B T，Previtero A. 2021. The misguided beliefs of financial advisors. The Journal of Finance，76（2）：587-621.

第八章

保　　险

📖 **本章导读：**

自然灾害和意外事故是困扰人类已久的问题。为了分摊风险、降低损失，保险业务逐渐形成。近年来，信息技术的兴起为保险业的开展提供了新方法。本章首先介绍保险理论，然后讨论保险科技涉及的关键技术及其应用。

第一节　保险理论

无风险，无保险。保险基于风险的存在而存在，因风险的变化而变化。本节主要从保险原理、保险业务、保险市场等方面介绍保险理论。

一、保险原理

风险是指事件发生的不确定性，生活中常见的不确定性通常与自然灾害、意外、疾病等相关。保险所关注的风险是保险对象遭受损失的不确定性，风险越高，遭受损失的可能性越大。保险的核心思想是风险分摊，将个体单独承担风险变为共同承担风险。以航海贸易为例，从前商人们在航海贸易中，为了减少船只沉没带来的损失，每个商人出海前均为自己的船只缴纳一定的费用，形成一个资金池，用来补偿船只遇险的商人。商人愿意这样做的原因在于沉船是不确定的——船是否会沉、什么时候沉、哪条船会沉都不确定，如果不分摊，对于遭受风险冲击的个体就是 100%的损失。风险的存在让人们意识到采用分摊方式的互助可以降低个人损失。

知识拓展：航海风险

假设有五个船队出海航行，每个船队都有十分之一的可能性遭遇险况，一旦遇险就会导致一万元的损失。在出发前，每个船队需缴纳1000元形成资金池用来补偿遇险的船队，以降低其损失。如表8-1所示，出险船队数越多，出险概率就越小。例如，约有33%的概率仅有一个船队出险，此时该船队获得5000元的损失补偿；而所有船队同时出险的概率为十万分之一，此时五个船队各自获得1000元的损失补偿。

表8-1 出险概率

出险船队数 n	出险概率 p
0	$C_5^0(1-0.1)^5=0.590\ 49$
1	$C_5^1(1-0.1)^4(0.1)=0.328\ 05$
2	$C_5^2(1-0.1)^3(0.1)^2=0.072\ 90$
3	$C_5^3(1-0.1)^2(0.1)^3=0.008\ 10$
4	$C_5^4(1-0.1)^1(0.1)^4=0.000\ 45$
5	$C_5^5(0.1)^5=0.000\ 01$

从表8-1中可以看出，出险船队数为0或1的总概率约为92%，即此次航行中大概率没有船队或者仅一个船队出险。如果没有船队出险，资金池得以留存；如果仅有一个船队出险，该船队也能获得一半的损失补偿。无论是哪种情况，保险对于双方而言都是有利的。

二、保险业务

（一）保险种类

根据保险标的不同，保险可分为人身保险和财产保险，财产保险进一步分为财产损失保险、责任保险和信用保证保险。

人身保险以人的寿命和身体为标的，主要包括人寿保险、年金保险、健康保险和意外伤害保险。人寿保险以人的寿命为保险标的，当被保险人在保险期内死亡时，保险公司进行赔付，常见的寿险包括定期寿险、终生寿险、两全保险等。年金保险是指以被保险人生存为给付保险金条件，并按约定的时间间隔分期给付生存保险金的人身保险，养老年金保险就是一种常见的年金保险。健康保险对被保人因疾病或意外伤害而遭受的损失进行赔付，常见的健康保险包括疾病保险、医疗保险等。意外伤害保险是指被保险人在保险期内遭受意外事故导致身体残疾或死亡时，保险公司进行赔付，常见的意外伤害保险包括交通工具意外险、旅游意外险等。

财产损失保险以物质财产及其相关利益为保险标的，按合同约定对损失进行赔偿。常见的财产损失保险包括企业财产保险、家庭财产保险、运输工具保险、货物运输保险、工程保险和农业保险。

责任保险以被保险人依法对第三方应负的民事损害赔偿责任为保险标的，保险人承担被保险人所面临的赔偿责任。责任保险主要包括公众责任保险、产品责任保险、职业责任保险、雇主责任保险等。在产品责任保险中，在使用食品、饮料、化妆品、奶粉、电子设备等产品的过程中，若因产品自身缺陷致使消费者人身、财产损害的，由保险人承担部分或全部本该由产品制造商和销售商承担的对受害人的赔偿责任。在雇主责任保险中，若公司所雇员工在正常工作期间遭受意外伤害，由保险人承担部分或全部本应由公司雇主承担的对员工的赔偿责任。

信用保证保险以无形的信用为保险标的，分为信用保险和保证保险，常用于企业的风险管理。在信用保险中，投保人投保信用风险主体的信用。以进出口贸易为例，为避免进口方拖欠货款，出口方会对进口方信用进行投保，一旦进口方拖欠货款导致出口方经济损失，保险人要承担赔偿责任。在保证保险中，投保人投保自身信用。以工程项目为例，为避免承包方逾期交付工程项目，业主会要求承包方购买保证保险，若承包方未能按期交工造成业主经济损失，保险人要承担赔偿责任。

根据风险转移层次不同，保险可分为原保险和再保险。随着商品经济和世界贸易的发展，对巨灾损失保障的需求逐渐产生，为再保险的发展创造了条件。再保险以原保险人承担的损失补偿或给付责任为保险标的，是保险人在原保险基础上二次签订合同，将自身所承保的部分风险和责任转移给其他保险人的保险业务。在再保险业务中，分出业务的一方是原保险人，接受业务的一方是再保险人。通过再保险对风险进行分散处理，能够提高承保能力，稳定经营效果。按责任限制类型，再保险可分为比例再保险和非比例再保险。比例再保险中，原保险人与再保险人订立再保险合同，各自按照保险金额的一定比例分担责任。非比例再保险中，原保险人与再保险人约定原保险人的赔付额度，额度内由原保险人自行赔付，超过该额度按约定由再保险人承担其部分或全部赔付责任。

（二）业务流程

保险业务的流程可以分为产品设计和开发、保险营销、承保、理赔管理、资产和投资管理五个步骤，如图 8-1 所示。

图 8-1 保险业务流程

1. *产品设计和开发*

保险产品设计和开发是指保险公司基于自身发展和市场需求，创造新产品或对现有产品进行改良的过程，是保险公司所有经营活动的前提。保险产品设计和开发的内容包括保险标的、保险责任和责任免除、保险期间、保险价值和保险金额、保险费、保险金赔付办法等。该过程需要保险公司对市场变化有敏锐的洞察能力，设计符合消费者需求的保险产品。

2. 保险营销

保险营销是指以满足消费者的保险需求为导向，运用营销手段将保险商品销售给消费者。保险营销包括细分市场、选择目标市场、市场定位、选择营销渠道、保险推销等环节。需要强调的是，保险营销不等于保险推销，保险推销只是保险营销过程中的一个步骤，保险营销还要树立企业良好声誉。

3. 承保

承保是指保险人在被保险人提出投保请求后，审核投保申请，做出是否接受以及如何接受的决策的过程。承保工作中最主要的环节是核保，即审核投保信息，对保险风险进行评判与分类。例如，对被保险人的身体状况进行核查，确认是否存在未告知的隐性疾病等。在综合考虑保险标的状况、风险等级等因素后，保险人做出承保决策，确定是否承保、承保条件、承保范围以及保费费率。

4. 理赔管理

理赔管理是指保险公司在保险标的发生事故后，按合同规定处理被保险人的索赔要求的过程，主要包括确定理赔责任、认定损失、赔付保险金等步骤。

（1）确定理赔责任。理赔前，要先确认保险信息，包括保险单是否有效，案发时间、地点等索赔案件信息是否与保险单一致，是否为所承保的风险引起的损失，赔偿申请人是否有权提出索赔等，避免欺诈索赔行为。

（2）认定损失。审核理赔责任后，保险人可及时派人现场调查，或根据被保险人自主上传的事故信息，确定事故发生的原因、实际损失及程度、理赔金额等。例如，房屋着火造成财产损失，需要确定是意外失火还是人为放火，保险公司不对人为放火导致的损失承担责任。若是意外失火，还需进一步认定烧坏财产的具体价值及理赔金额。

（3）赔付保险金。核实赔付条件无误后，保险人依照合同约定向被保险人或受益人进行保险金赔付。赔付方式分为赔偿和给付：赔偿具有补偿性质，保险人只对实际产生的损失进行赔偿，不会超额赔偿，该方式常用于财产保险；给付是指当保险标的遭受的损失无法用金钱衡量时，按照保险合同约定额度给付保险金，该方式常用于人身保险。在财产保险中，除支付货币外，保险人也可与投保人约定修复、重置财产等其他方式。

5. 资产和投资管理

资产和投资管理是指保险公司将保险资金进行集中化、专业化和市场化的投资管理，以实现公司的盈利和发展。这一过程不仅包括对资金的有效利用，还涵盖了对各类资产的投资决策，旨在确保保险公司拥有足够的流动性和资本实力来应对未来的赔付需求，同时追求合理的投资回报，支持公司的长期稳定发展。

保险资金来源于投保人按期缴纳的保费，具有负债性、长期性、稳定性等特点，这就决定了保险资金投资要兼顾期限匹配、收益覆盖、稳健安全三大原则。期限匹配是指保险资金可用于投资周期相对长的资产，但必须要在到期日前回收，避免偿付信用风险；收益覆盖是指保险资金投资收益要覆盖保单预定利率，降低利差损失风险；稳健安全是指保险资金对投资的安全性要求高。

对闲置资金池进行有效的投资管理，能够避免资金浪费，提高抵御风险的能力。保险公司的投资方式以委托保险资管机构、公募基金等第三方平台为主，也可以选择其他投资方式。

三、市场实践

（一）保险市场

保险市场是保险供需方进行保险交易的场所，交易对象是保险人为消费者所面临的风险提供的各种保险商品。保险市场的参与者包括保险人、投保人和保险中介。保险人即保险公司，为投保人提供保险服务；投保人指与保险人订立保险合同并按合同支付保费的人；保险中介把保险人和投保人联系起来并建立保险合同关系，如保险代理、保险经纪人等。下面分别介绍全球保险市场、中国保险市场和再保险市场。

1. 全球保险市场

全球保险市场是国际保险业务往来的市场。欧洲是全球最早发展保险业的地区。1688年英国商人劳埃德（Lloyd）在伦敦塔街创立Lloyd's咖啡馆，为往来商人提供可靠的航运新闻，后来逐渐发展为世界上首家保险组织劳动合作社，向其成员提供保险交易场所和相关服务。英国在全球保险市场上曾一度处于领导地位，直到20世纪60年代，美国、瑞士、德国、日本等发达国家保险市场日渐兴起，领导地位才有所下降。日本保险市场以寿险为主，虽起步晚于欧美，但发展迅猛，20世纪90年代其保险市场规模位居世界首位，直到1999年被美国超越。得益于人口、技术、政策等因素，美国是目前全球规模最大的保险市场。2016年中国保险市场崛起，保费收入超越日本，成为仅次于美国的全球第二大保险市场，也是目前亚洲规模最大的保险市场。近年来，全球保险业发展迅速。根据安联集团发布的《2024年安联全球保险业发展报告》，2023年全球保险业估计增长了7.5%，创下了自2006年以来的最快增长。全球保费收入达到6.2万亿欧元，相比于三年前增长了1.1万亿欧元，增幅达21.6%。该报告预计，未来十年（2024—2033年）全球保险业保费收入将以每年5.5%的速率增长，与全球GDP的增长率持平。

2. 中国保险市场

1979年国务院批转《中国人民银行全国分行行长会议纪要》，提出要逐步恢复我国保险业务。1980年至1995年，我国先后恢复财产保险业务、人寿保险业务和保险公司投资业务，同时诞生了一批股份制保险公司，如1988年成立的中国平安保险、1991年成立的中国太平洋保险。1995年，《中华人民共和国保险法》出台，保险业务运行和监管有法可依。1998年中国保险监督管理委员会成立后，监管体系初步形成，保险市场无序发展的状况开始改善。2002年，保险市场进入投资开放阶段。以2002年《中华人民共和国保险法》的修订为开端，保险公司各类投资渠道有序放开，投资标的由固定收益类产品向权益类产品扩展，投资范围从国内逐渐扩大到国际市场。

自1979年保险业务恢复以来，我国保险业持续高速发展，现已成为全球第二大保险市场。从国家金融监督管理总局公布的数据来看，截至2023年底，在保险相关企业数量方面，我国保险相关企业数量为238家，涵盖了保险集团13家、财险公司88家、人身险公司91家（包括寿险、养老保险、健康险），此外还有再保险公司、保险资产管理公司等多元化、专业化主体共46家；在资产规模方面，我国保险行业资产总额为29.96万亿元，同比增长10.35%；在保费收入方面，我国保险行业原保险保费收入为5.1万亿元，同比增长9.1%。

3. 再保险市场

再保险市场是进行再保险交易的场所。国际贸易涉及的保险责任重大，对再保险业务的需求旺盛，推动了全球再保险市场的发展。目前，全球再保险市场主要由欧洲、北美和亚洲三大市场组成。欧洲以伦敦再保险市场和瑞士再保险市场为主，北美以纽约再保险市场和百慕大再保险市场为主，亚洲主要由新加坡、日本、中国再保险市场组成。2023年标普全球评级发布的再保险公司全球排名中，前十名分别来自美国（2家）、德国（2家）、百慕大（2家）、中国、瑞士、法国、英国，如表8-2所示。

表8-2 标普全球评级全球前十大再保险公司

排名	公司	所属国家/地区	评级	2022年再保险保费净额/亿美元
1	慕尼黑再保险公司（Munich Reinsurance Co.）	德国	AA–	487.48
2	瑞士再保险公司（Swiss Reinsurance Co. Ltd.）	瑞士	AA–	439.17
3	汉诺威再保险公司（Hannover Rueck SE）	德国	AA–	319.70
4	伯克希尔哈撒韦公司（Berkshire Hathaway Inc.）	美国	AA+	221.47
5	法国再保险集团（SCORSE）	法国	AA–	170.47
6	中国再保险集团［ChinaReinsurance（Group）Corp.］	中国	A	154.53
7	劳合社（Lloyd's）	美国	AA–	143.03
8	美国再保险集团（Reinsurance Group of America Inc.）	英国	A+	130.78
9	珠峰再保险公司（Everest Re Group Ltd.）	百慕大	A+	123.44
10	合伙再保险公司（Partner Re Ltd.）	百慕大	A+	75.44

随着金融业对外开放稳步推进，在原保险业务快速发展的背景下，国内再保险市场也保持较快发展态势。数据显示，2022 年我国原保险保费收入约 4.7 万亿元，同比增长 4.6%；再保险保费收入约 2288.3 亿元，同比增长 8.7%，再保险行业增速要高于原保险行业。我国再保险市场中，中国再保险集团是境内唯一的本土公司，占有近 80%的份额。

（二）实践难点

由于信息不对称、信任关系等原因，保险行业在发展过程中出现了逆向选择、道德风险、保险欺诈等问题，影响保险市场的运行秩序和效率。

1. 逆向选择

保险市场中常见的逆向选择是卖方逆向选择，即高风险人群投保意愿较高，低风险人群投保意愿较低。当保险公司对潜在投保人了解不够时，投保人可能会利用信息差为自己牟利，这无疑会提高保险公司的平均赔付比率。为了保证营收，保险公司又会反过来提高保险费率，导致低风险的投保人因费率过高而陆续退出保险的恶性循环。以健康险为例，身体状况良好的人一般不愿意购买，疾病风险较高的人更愿意购买。如果保险公司按平均费用向以上两类人收取保费，高风险人群带来的损失会使得保险公司产生亏损；如果公司考虑高风险人群而将保费调高，年轻、健康的低风险群体将不会购买该保险，这就出现了逆向选择。

2. 道德风险

保险中的道德风险是指由于受到保险的保障，被保险人的日常行为发生变化的倾向。道德风险源于保险公司拥有的信息不全面，通常表现为被保险人及其关系方为骗取保险金而人为制造风险。从保险事故发生的时间来看，道德风险可分为事前道德风险和事后道德风险。

事前道德风险是指保险可能会对被保险人防止损失的动机产生影响，更容易造成事故。事后道德风险是指损失发生后，保险可能会对被保险人减少损失的动机产生一定影响，更易于扩大事故的损伤程度。以车险为例，在已为车辆投保的情况下，车主开车可能不如未购买车险时谨慎，从而导致发生一些本可避免的交通事故，这就是事前道德风险；当车辆在行驶过程中发生了轻微剐蹭，因保险公司只对损失超过免赔额的部分进行赔偿，轻微剐蹭的损失较小，车主为获得高额赔偿故意增大汽车的受创面，这就是事后道德风险。

3. 保险欺诈

保险欺诈是指为获取经济利益而故意欺骗保险人的行为，例如，夸大索赔、申报过程中扭曲事实、对从未发生过的伤害或损坏提出索赔、人为制造事故申请索赔等。由于欺诈行为隐蔽性强、手段多样化、造成的损失巨大，保险欺诈一直是保险行业面临的巨大挑战之一。根据国际保险监督官协会的测算，全球每年约有 20%—30%的保险赔款涉嫌欺诈，损失金额约 800 亿美元。

公开资料显示，我国车险欺诈是保险欺诈的重灾区，车险欺诈渗漏在保险欺诈中占比高达 80%，涉案金额保守估计每年高达 200 亿元。艾瑞咨询联合众安科技发布的《科技定义保险新未来——中国保险科技应用价值研究报告》显示，中国财产险公司的综合赔付率均值约 60%，而每年保险行业的欺诈损失则高达 10%—15%。在健康险中，保险公司为了避免带病投保的欺诈行为，通常会设置免赔期，即对于保险生效之日起一定时间内发生的保险事故，保险公司不承担保险责任。例如，重大疾病险免赔期一般为 90 天，即保险合同生效 90 天内发生重大疾病，保险公司不承担责任，90 天后发生重大疾病，保险公司会按合同赔付。

第二节 保险科技

保险科技是金融科技在保险领域的分支，是有潜力改变保险业务的各类新兴科技和创新商业模式的统称。保险科技通过技术手段重塑保险业务的价值链，对保险的商业规律和发展模式进行全新的诠释。本节介绍保险科技中的相关技术及其在各业务环节的应用进行介绍。

一、保险科技相关技术

大数据、云计算、人工智能、区块链为保险行业向保险科技方向的转型提供了技术支撑。信息不对称是制约保险公司进行风险评估和管理的因素，利用这些新型技术手段能够有效应对信息不对称问题，有利于保险公司对业务的精准把控。

大数据技术能够对海量数据进行分析和预测，有效挖掘客户需求，提升客户风险画像能力，通过风险级别和保险费率的动态匹配实现精准营销。云计算是大数据技术实施的硬件基础，能够便捷地向企业提供软件、平台、信息技术基础设施等产品和服务。保险公司可以灵活地按需租用云计算服务和产品，节省企业自身在硬件和软件方面的投入。人工智能技术用算法替代人工，使保险流程更加自动化和智能化，有利于提高客户体验和企业运营效率。区块链基于独特的数据存储方式和共识机制，强化保险人与投保人之间的信任关系，有效处理承保合同的不确定问题和身份管理问题。利用标的溯源和智能合约等技术，区块链能够兼顾数据流通和安全，妥善应对理赔效率低、数据重复、欺诈风险等问题。

此外，物联网、基因诊断、移动互联网等技术也促进保险行业发展。物联网增加用户互动途径，持续追踪监测用户身体及财产状态，增强了保险公司的风险识别能力。例如，可穿戴设备能够对被保险人的心率、血压、血糖等身体指标进行实时监测，车联网利用先进的智能传感技术可以感知用户驾驶行为和车辆损坏程度。基因诊断技术可用于筛查健康风险，提高健康险的风险识别能力。移动互联网能够提高保险产品和服务的可得性和便捷性，打破时空限制，结合大数据设计场景化的保险产品，并利用电子商务进行产品销售。表 8-3 展示了保险科技的关键技术及其应用。

表 8-3 保险科技关键技术及其应用

项目	产品设计	营销	承保	理赔
大数据：挖掘海量数据价值	用户需求挖掘	精准营销	客户风险画像	
云计算：构建基础设施，资源动态分布		自动化营销引擎		
人工智能：业务流程自动化			智能定价自动化 核保	智能理赔 智能客服 反欺诈识别
区块链：构建可信环境，打破数据壁垒			标的溯源	智能合约
物联网：实时获取数据	智能穿戴设备、智能家居		UBI 车险	
基因技术：身体状态精准诊断	寿险产品开发		提高核保准确率	
移动互联网：打破信息不对称	场景化保险设计	保险电商		

二、保险科技业务应用

保险科技利用信息技术促进保险行业向数据驱动转型，打通保险生态系统中各环节的信息壁垒，通过多元化渠道与利益相关方开展合作，实现保险业务的全流程优化。

（一）保险科技在风控端的应用

传统保险风控系统以专家经验为基础，依靠人工在核保、勘察、定损、理赔等环节发现风险，不仅成本高、手段单一，信息的真实性和准确性也难以保证。保险科技用智能算法辅助人工进行风险管控操作，能够准确快速、全面有效地对各业务环节的风险进行识别和处理。随着数据获取维度的拓展以及前沿技术的应用，保险公司可以提前感知和预防相关风险，降低损失，将风险管理由被动向主动、由事后向事前转移。

案例：利用机器学习方法识别保险欺诈

传统保险欺诈检测手段十分依赖基于经验的审计和检查。然而，随着科技的发展和保险行业经营规模的扩大，传统方法不再适用。保险欺诈犯罪手段日益多变，基于固定算法准则来识别欺诈案例在大多数情况下不再切实可行。在此背景下，保险行业亟须将灵敏高效的自动化模型整合到欺诈检测系统中。

在欺诈检测的相关研究中，依赖标签训练的监督学习模型最为常见。标签需要人工判断，可能发生误判。保险欺诈手段多变，增大了标签误判概率，监督学习算法难以准确识别保险欺诈。

无监督学习模型不依靠标签进行学习，在不存在主观判断偏差的情况下能更好地确定数据的特征表示。深度学习是机器学习的一个子集，它将数据特征表示在神经网络的不同层次上，实现了对数据更好的理解和表征，使模型更加灵活、性能更加出色。随着保险业务规模扩大，保险欺诈案件数量攀升，此时深度学习模型比传统机器学习模型有更好的表现，如图 8-2 所示。

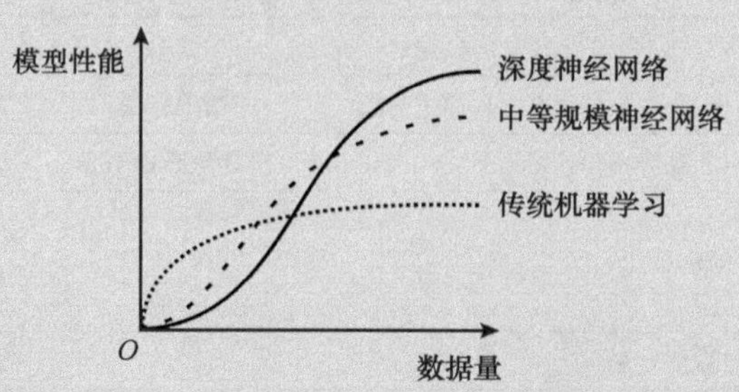

图 8-2 深度学习与传统机器学习模型性能对比

鉴于此，Gomes 等（2021）利用无监督深度学习模型——自编码器，对保险欺诈案例进行识别。自编码器由编码器与解码器两个部分组成。编码器通过编码器函数将输入的高维数据压缩到较低维度，这一过程使模型学习到了输入数据最具代表性的特征。解码器通过解码器函数将低维数据还原到初始维度，目的在于根据输出与输入特征矩阵差异度的变化，不断对所选特征进行调整，找到可以最小差异度还原输入数据的特征，即数据集中最具代表性的特征。在识别保险欺诈案例的场景下，数据集中欺诈案例相比非欺诈案例占少数，模型学习到的将是非欺诈案例的代表性特征。测试时输入欺诈案例的原始特征矩阵，模型利用学习到的代表性特征还原出的特征矩阵就会与输入特征矩阵有较大差异。设定差异度阈值区分欺诈与非欺诈案例，即输入与输出特征矩阵差异度超过该阈值为欺诈案例，反之则为非欺诈案例。

在识别欺诈的过程中，若欺诈案例被误判为非欺诈案例将使保险公司付出巨大代价。利用假负例、查准率、查全率与 F1 值可对比监督学习与无监督学习模型的性能。假负例表明欺诈实例被识别为非欺诈案例的数量；查准率表示被识别为欺诈的案例中实际是欺诈案例的比例；查全率是欺诈案例被正确识别的比例。模型应在减少非欺诈案例被误判的情况下保证欺诈案例被准确识别。F1 值又称平衡 F 分数，它同时考虑了查准率与查全率，是衡量模型是否在这两者之间取得了较好平衡的指标。如表 8-4 和表 8-5 所示，在无监督学习中，假负例数量最多的模型的 F1 值与监督学习模型中假负例最少的模型的 F1 值相当，表明使用无监督学习模型能更有效地避免欺诈案例的错误判断。

表 8-4 无监督学习模型效果

阈值	假负例	查准率	查全率	F1 值
15	1	0.0025	0.9928	0.0050
20	7	0.0053	0.949	0.0106
30	14	0.0154	0.8986	0.0303
40	18	0.0576	0.8696	0.1080

表 8-5 监督学习模型效果

监督学习模型	假例	查准率	查率	F1 值
朴素贝叶斯	19	0.0701	0.8623	0.1297
随机森林	21	0.9360	0.8470	0.8897
K 近邻	23	0.9426	0.8333	0.8846
支持向量机	30	0.9474	0.7826	0.8571

资料来源：Gomes 等（2021）

（二）保险科技在销售端的应用

传统保险服务存在销售成本高、销售模式效率低等问题，保险科技能够利用机器学习、深度学习算法从多维度进行客户画像，准确识别用户需求和偏好，实现保险业务的精准营销。保险科技从个性化角度出发，通过移动互联网将功能定位清晰的保险产品推给大众群体，在交通出行、物流运输、电商交易等具体场景中嵌入保险，提高消费者购买保险的主动性和灵活性。通过数字化保险平台，保险公司还可以跟踪客户交易动态，结合线上线下的多元化渠道，强化用户对保险产品和服务的感知。

案例：水滴公司——“大病筹款+保险”的商业模式

水滴公司于 2016 年 4 月成立，旗下业务包括水滴筹、水滴保等。该公司以人工智能、大数据为技术支撑，首创“大病筹款+保险”的商业模式。通过“水滴筹”众筹引流与“水滴保”保险变现的营销策略，已成长为国内领先的互联网保险平台。

水滴筹是帮助经济困难的大病患者向公众募捐的平台。患者或其家属在水滴筹上发布求助信息，以微信群转发或朋友圈分享的传播渠道向公众募捐。出于同情心、救死扶伤等心理，许多微信用户都自发捐款及转发，形成一传十、十传百的指数级传播效应。水滴筹从实际募款中抽取 3%作为服务费，0.6%作为第三方支付平台手续费，单例筹款收取费用不超过 5000 元。依靠人工智能技术，水滴筹还可以自动识别医疗收费票据、检验报告单、门诊急诊出入院材料等，支持全国 90%以上地市级公立医院单据，可验证 100 多种材料的有效性。大病患者在水滴筹上填写的疾病名称、求助金额等信息，也将与平台疾病数据库、大病花费历史数据库比对验证，不符合发起要求的求助项目将无法通过审核。

水滴筹为众多困难家庭筹得了医药费，水滴公司也借此向公众宣传了购买保险的重要性，并将大量用户引流到旗下的水滴保，通过引导购买获得商业收益。2021 年，水滴保带来的保险相关收入为 30.71 亿元，占公司净营收的 94.7%。水滴保提供了医疗险、重疾险、意外险、寿险等保险产品，用户既可以根据自身需要自主挑选，也能够通过平台进行个性化定制、风险测评，在填写年龄、性别、收入等个人信息后，由系统自动推荐。水滴保实现了从承保、续保到退费、退保等所有服务的用户自主线上操作，提升了运营效率，优化了用户体验。

除此之外，依靠水滴筹、水滴保积累了海量的用户数据和保险数据，水滴公司能够运用大数据技术对用户进行精准画像，提供更有针对性的保险服务——首次在国内推出了针对60岁至80岁老年群体的百万医疗险，从供给侧填补了该年龄段人群全面医疗保险市场的空白；陆续推出了针对甲状腺、糖尿病、高血压患者的保险产品，为行业带病投保的产品定制提供了示范。

资料来源：水滴官网

（三）保险科技在承保端的应用

由于缺乏有效的投保人或被保险人信息，保险定价难成为保险业务中的一大难题。保险科技能够有效应对这一难题。在定价环节中，保险公司可以利用人工智能算法和模型，对用户、产品、交易记录等多维大数据进行全方位分析，实现一人一事一价的精准测算。例如，在车险中，利用车载传感器和远程通信技术获取并监控驾驶指标，如位置、时间、里程、驾驶频率、危险区域、速度、加速率和制动习惯等，对车险业务的风险进行量化评估，根据风险等级实施个性化定价，避免逆向选择。在人身险中，利用可穿戴设备等智能设备可以获取被保险人的健康数据为定价提供依据，还能针对被保险人的不良生活方式提供建议，降低事故发生概率。结合无人化、智能化的核保模式，保险科技还可以提升核保效率，降低人工失误率，促进核保系统由慢核保向快核保、精核保发展。

案例：UBI车险

传统车险定价从车的角度出发，根据车辆类型、配件价格、维修费用、驾驶区域等信息确定保险价格，对驾驶习惯良好、出险率低的驾驶员较为不公。基于驾驶行为良好的驾驶员应获得优惠折扣的设计理念，美国前进保险公司率先推出了UBI（usage-based insurance）车险，即基于实际使用的保险。UBI车险通过车载设备实时采集车辆、驾驶员、外部环境三个维度的数据，综合评估发生事故的风险，制定个性化的保险费率。

车辆维度的数据主要通过前装设备和后装设备采集。前装设备是汽车出厂前由制造商安装的数据采集设备，刚性固定在车上；后装设备是汽车出厂后安装的终端设备，包括车载诊断（on board diagnostics，OBD）系统等。这两类设备能够采集汽车在行驶过程中的车速、油耗、部件温度、发动机扭矩、排放量、油门、刹车、挡位、空调、故障信息等数据。图8-3展示了相关的数据采集设备。

驾驶员维度的数据可以通过手机应用软件采集。利用智能手机的内置传感器和GPS可以获取驾驶员急加速、急减速、急转弯、超速、疲劳驾驶等驾驶行为数据，并由车险公司开发的手机软件记录下来。一些车载设备也能识别疲劳驾驶等违规行为，如图8-4所示。这些行为数据不仅可以为UBI车险定价决策提供支持，还能提示甚至预警违规行为，减少交通事故的发生。

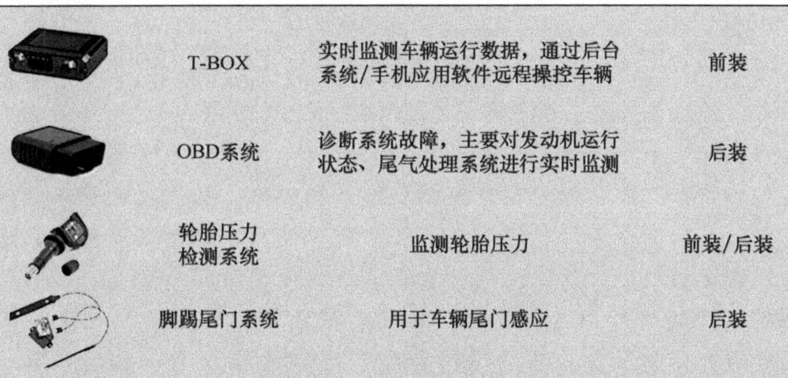

图 8-3 UBI 车辆数据采集设备

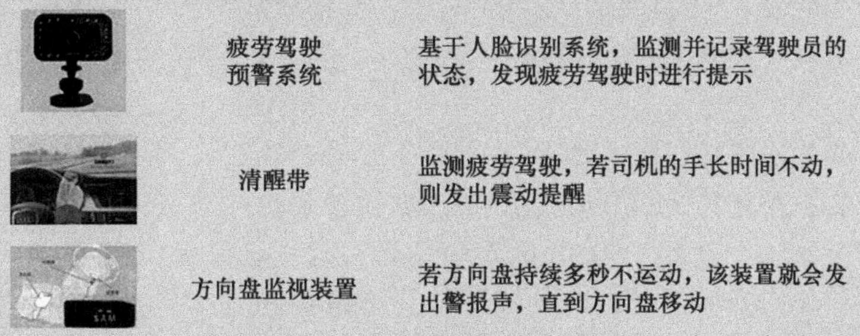

图 8-4 疲劳驾驶提醒装置

外部环境维度的数据主要通过高级驾驶辅助系统（advanced driver assistance system，ADAS）采集和监测。在汽车行驶过程中，ADAS 利用车载传感器实时采集环境数据，通过智能算法系统进行分析和预测，进行危险预警，帮助驾驶员察觉潜在危险。图 8-5 展示了四种主要的采集设备。

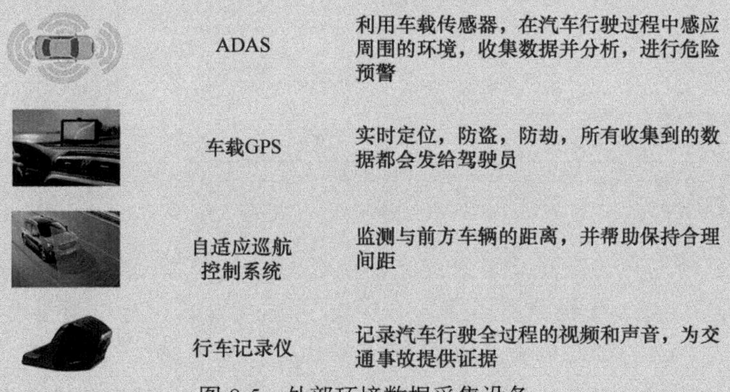

图 8-5 外部环境数据采集设备

资料来源：京东数字科技研究院

案例：基于驾驶行为的车险计费模型

Guillen 等（2021）收集了 641 位司机 2016 年到 2019 年共计 7570 个周的驾驶数据，包括历史车祸数据及车载 OBD 盒子采集到的数据，开发了基于驾驶行为的计费模型。其中，历史车祸数据包含车辆受损严重程度、车祸频次、赔偿金额及车辆基本状况等变量。车载 OBD 可采集汽车行驶速度、油耗、司机使用手机情况等数据，通过第三方处理，得到急加速和急刹车的不良级别和次数、手机使用时间等变量。

模型一对不良驾驶行为进行惩罚，在固定保费的基础上增加收费。基于样本车辆的基本状况和历史信息计算出平均赔偿金为 1.95 欧元/周，作为固定保费。对驾驶员每周急加速、急刹车的平均次数以及使用手机的平均时间这三类数据进行泊松回归，得出各种驾驶行为对出险理赔的影响，按一定方式将理赔的变化转化为保费的变化，得出急加速、急刹车以及使用手机的惩罚金额分别为每次 2.36 欧元、每次 0.75 欧元和每分钟 0.18 欧元。

表 8-6 展示了按照惩罚式计费方法，一位司机连续五周需支付的保费。第一周，该司机没有任何不良驾驶行为，只需支付 1.95 欧元的固定保费。第二周，司机在驾驶过程中使用了 2 分钟手机，受到了 0.36 欧元的惩罚，需支付保费 2.31 欧元。第五周，急加速、急刹车次数以及手机使用时间大幅增加，惩罚共计 27.47 欧元，保费总额为 29.42 欧元。五周保费总额共计 53.56 欧元。

表 8-6 惩罚式计费方法

周次	每周行驶距离/km	初始保费/欧元	急加速次数/次	急刹车次数/次	手机使用时间/min	不良驾驶行为惩罚/欧元	每周总保费/欧元
第一周	30	1.95	0	0	0	0.00	1.95
第二周	73	1.95	0	0	2	0.36	2.31
第三周	104	1.95	2	2	2	6.58	8.53
第四周	260	1.95	2	6	1	9.40	11.35
第五周	705	1.95	4	19	21	27.47	29.42

注：五周总保费为 53.56 欧元；每周总保费=1.95 +不良驾驶行为惩罚；不良驾驶行为惩罚=2.36 × 急加速次数+0.75 × 急刹车次数+0.18 × 手机使用时间

复杂路况下的不良驾驶行为不可避免。基于此，模型二设定奖惩阈值（急加速最多 2 次，急刹车最多 1 次，手机使用最多 1 分钟），若不良驾驶行为在阈值内，则降费奖励；反之则双倍惩罚。设定固定保费为每周 6.66 欧元，与上述模型计算过程一致，得出阈值内减少急加速、急刹车以及手机使用时间的奖励金额分别为每次 2.36 欧元、每次 0.75 欧元和每分钟 0.18 欧元。若超过阈值，则对急加速、急刹车以及手机使用行为分别惩罚每次 4.72 欧元、每次 1.5 欧元和每分钟 0.36 欧元。

表 8-7 展示了在奖励式计费方法下，一位司机连续五周需支付的保费。前三周，该司机的不良驾驶行为在阈值内，将获得降费奖励，每周保费小于按照惩罚式计费方法算出的金额。第一周，司机获得了 2.36×(2–0)+0.75+0.18=5.65 欧元的降费，仅需支

付 6.66–5.65=1.01 欧元，小于表 8-6 中对应的 1.95 欧元。后两周的不良驾驶行为超过阈值，将受到双倍惩罚，每周保费大于按照惩罚式计费方法算出的金额。例如，第五周的惩罚为 4.72×4+1.5×19+0.36×21=54.94 欧元，保费共计 6.66+54.94=61.60 欧元，大于表 8-6 中对应的 29.42 欧元。五周保费总额共计 87.23 欧元。该计费方法在鼓励良好驾驶习惯的同时，也吸引驾驶习惯良好的人投保，缓解了逆向选择问题，成为保险公司更偏好的车险定价方式。

表 8-7　奖励式计费方法

周次	每周行驶距离/km	初始保费/欧元	急加速次数/次	急刹车次数/次	手机使用时间/min	不良驾驶行为惩罚/欧元	每周总保费/欧元
第一周	30	6.66	0	0	0	–5.65	1.01
第二周	73	6.66	0	0	2	–5.29	1.37
第三周	104	6.66	2	2	2	0.93	7.59
第四周	260	6.66	2		1	9.00	15.66
第五周	705	6.66	4	19	21	54.94	61.60

注：五周总保费为 87.23 欧元；每周总保费=6.66 +不良驾驶行为惩罚；若急加速次数＞2，则不良驾驶行为惩罚=4.72×急加速次数，否则不良驾驶行为惩罚=–2.36×(2–急加速次数)；若急刹车次数＞2，则不良驾驶行为惩罚=1.5×急刹车次数，否则不良驾驶行为惩罚=–0.75×(1–急刹车次数)；若手机使用时间＞2，则不良驾驶行为惩罚=0.36×手机使用时间，否则不良驾驶行为惩罚=–0.18×(1–手机使用时间)

资料来源：Guillen 等（2021）

（四）保险科技在理赔端的应用

在保险理赔过程中，取证难度高、取证时间长严重影响了理赔效率，理赔难一直为人诟病，也是部分消费者排斥保险的重要原因。越来越多的保险公司开始重视这一问题，致力于改善理赔流程的科技手段逐渐兴起。图像识别技术能够自动识别保险事故图像，结合深度学习算法对事故造成的损失做出准确判断。保险公司可使用基于人工智能、区块链的欺诈调查系统，调查索赔方的社交媒体账户、犯罪记录、财产和车辆历史等相关信息，验证事故信息的真实性和时效性，为检测欺诈性索赔提供支持。智能理赔优化了以客户为中心的理赔流程，能够协助保险机构降成本、控风险，提升理赔服务的质量和效率。

案例：区块链在保险中的应用

区块链是由多方共同维护的分布式账本，具有去中心化、开放透明、数据不可篡改、可追溯等特性。在承保阶段，区块链的不可篡改性和数据有效性有助于改善承保合同的不确定问题与身份管理问题；在保费管理阶段，区块链自动执行损失通知书可以缓解耗时长和配对难问题；在索赔阶段，区块链的数据管理和智能合约能够提高理赔效率，避免数据重复和欺诈风险；在结算阶段，区块链点对点和不可篡改的特性改善了对账与结算的延迟问题。

美国保险公司 State Farm 是全球第一大财险公司，2021 年 1 月 26 日该公司宣布将区块链技术应用于索赔支付流程，实现代位求偿过程的自动化。代位求偿是指因第三方对保险标的的损害造成保险事故的，保险公司先垫款向被保险人赔偿保险金，再向第三方收回索赔费用的过程。若保险人追偿到的金额不大于赔付金额，这笔钱归保险人所有；若追回金额大于赔付金额，超出部分偿还给被保险人。在传统模式下，该过程需要手动签发支票，效率十分低下。State Farm 创新部门主管菲尔兹（Fields）表示这是一个非常依赖人工且耗时的过程，保险公司之间往往需要逐个索赔，再邮寄纸质支票到其他部门实际检查。每年 State Farm 和另一家保险公司 USAA 之间需交换约 75 000 张代位权支票。仅在 2018 年，所有保险公司通过代位权过程交易的美元总额就超过 96 亿美元。这一过程需要消耗大量的时间和资源。

区块链的智能合约能够帮助 State Farm 安全地将代位求偿流程自动化。智能合约为每笔付款创建一个永久的交易记录，这些记录在区块链的公共账本上，透明且同步，无须对账。一旦双方定责无误，并同意共享不可变的记录后，两家保险公司之间的损害索赔就可以立即支付。这不仅加快了索赔速度，还减少了错误的发生率，也便于验证数据的准确性。该公司在选择区块链平台时，还考虑到能否邀请其他公司加入这一要素。这也表明了 State Farm 期望未来能有更多保险公司进入该平台，共同建立一个跨保险公司的区块链平台。

资料来源：《美国公司推出区块链代位求偿保险解决方案》，https://ishare.ifeng.com/c/s/7nCger9BY11，2024 年 8 月 7 日

案例：无人机技术在农保理赔的应用

农业保险作为一种面向农业生产的风险转移机制，能够让农民在遭受自然灾害后获取一定的经济补偿，对于保障农民收入、稳定农村社会、保护农业发展具有重要意义。然而，发生重大灾害时，由于受灾农田范围广、周围自然环境恶劣，传统人工勘察定损的方式耗时长、成本高、准确性差。为了提高理赔效率和准确度，安华保险、平安产险、中华保险等国内多家保险公司将无人机技术运用到了受灾农田面积的核实工作中。

无人机本身就具有携带便捷、操作简单、对起飞场地要求较低等优点，天然适用于很多发生重大灾害后相关人员无法及时到达的场所。通过与遥感遥测、无线通信、GPS 定位等技术相结合，无人机能够实现快速响应、高清摄影、精准定位等功能，精准获取受灾农田的高清影像、空间位置等信息。通过无线传输手段将相关数据实时上传到后台计算机系统做进一步的处理与分析，实现对受灾农田面积、地点、发展趋势等关键信息的实时动态监测。这让农业保险公司能够更有针对性地安排理赔工作，也为当地政府与农户更好地开展防灾减灾工作提供了参考。

资料来源：根据公开资料整理

案例：车险智能闪赔服务

客户在购买保险后，最希望的是出险后能尽快完成理赔，赔偿金能快速入账。2019年，中国平安财产保险股份有限公司推出智能闪赔服务，借助人工智能技术实现车险的全自动理赔，彻底与人查勘、人审核、人赔付的传统模式告别，为客户带来更方便快捷的理赔体验。

客户拍照上传车辆受损情况后，系统运用 AI 图像识别技术，自动判别该车是否为投保标的车，并自动识别该车车型、全车外观件、损伤部位，判断损伤程度，识别精度高达 90%以上；所有损伤部位均核定无误后，系统以过往真实理赔图片为样本，通过机器学习自动匹配损伤部位和程度的信息，并依靠覆盖全国、精确到各市县的工时配件价格体系，以秒级速度确定修理或更换部件的方案，核算出理赔总价，在线上与客户达成一致后，即可完成支付。在整个理赔过程中，系统采用智能风险拦截技术，依据基于逻辑回归、随机森林等多元算法开发的 30 000 多项数字化理赔风险控制规则，能够及时发现欺诈风险并进行阻断，有效降低骗保事件发生概率，维护企业正当权益，提升车险理赔的效率和准确性。

资料来源：《深化智能时代，平安产险如何布局“AI+”？》，https://www.36kr.com/p/1724000157697，2024 年 8 月 7 日

（五）保险科技在管理端的度量

传统保险模式下，各个业务环节需要大量人工参与，存在获客成本较高、理赔效率低、定价不准确等管理问题。在保险科技蓬勃发展的背景下，保险行业亟须数字化转型。保险数字化是以数据为关键要素，以信息通信技术与保险业务全面融合驱动商业模式为主线，以提升行业和企业质量效益为目标的动态转变过程。数字化转型作为保险行业提升创新能力和高质量发展的必由之路，无法度量就难以精细化管理。与城市化、老龄化等其他趋势相比，数字化发展的精确程度不易度量，如何衡量数字化及其与企业经营成果的关系仍在探索中。

案例：保险公司数字化水平度量

现阶段，公司数字化程度的相关信息主要体现在报告中的描述性文本上，缺乏定量指标。公司在数字化转型方面做出的努力越多，其报告中数字化相关内容也越多。以有关保险业数字化的第三方文档为参考标准，一般而言，公司报告与其相似度越高，公司的数字化水平越高。

Fritzsch 等（2021）运用文本挖掘技术量化公司报告和数字化相关文档的相似度，生成数字化水平指标，进而探究公司数字化程度和市值的关系。在获取 86 个保险公司 2006 年至 2015 年间共 748 份年度报告后，Fritzsch 等通过分词、去除停用词、词干提取等步骤进行数据预处理，取出有效词语。运用该方法整合得到的文档–单词矩阵较为稀疏。

稀疏矩阵会增加算法的空间复杂度和时间复杂度，可能使算法效果大打折扣，降低算法的处理速度。为保证模型效果，常用 LDA 模型进行降维。这是一种无监督学习算法，可以将每份文档降维成指定数量的主题，并给出各主题及主题中的词汇在各文档中出现的概率。Fritzsch 等把年度报告和参考文档各分成 45 个不同的主题分布，分别和参考文档进行相似度比较，得到 86 家公司的年度数字化水平的量化结果，描述性统计如表 8-8 所示。数字化水平的平均数和中位数分别为 0.15 和 0.05，表明保险行业的数字化转型仍处于发展阶段。

表 8-8 保险公司数字化水平描述性统计

项目	观察值	平均值	中位数	标准差	最小值	最大值
数字化水平	748	0.15	0.05	0.20	0	1.00

Fritzsch 等将数字化水平作为自变量，将反映公司市场估值的公司市值、市值和账面价值之比作为因变量进行回归，探究公司数字化水平对短期市场业绩及长期市场前景的影响。结果如表 8-9 所示，在其他条件相同的情况下，公司数字化水平越高，公司市值越高，市值与账面价值之比越高。保险公司的数字化转型有利于提高其短期市场业绩，提振市场对其长期前景的信心。

表 8-9 保险公司数字化水平回归结果

自变量	市值	市值/账面价值
数字化水平	0.238*** （0.084）	0.188*** （0.110）
总资产	0.207（0.171）	0.726*** （0.278）
ROA	0.007（0.008）	0.014* （0.007）
总投资	0.590*** （0.134）	–0.348* （0.201）
偿债能力比率	0.035*** （0.005）	–0.017（0.010）
流动性比率	–0.009*** （0.002）	0.011** （0.005）
观测数量	748	735
R^2	0.98	0.71
F 值	39.79	3.95

注：小括号内的数字表示标准误差

*、**、***分别表示显著性水平为 10%、5%、1%

资料来源：Fritzsch 等（2021）

课后习题

1. 名词解释：风险、再保险、逆向选择、道德风险。

2. 举例说明保险科技相关技术在保险业务流程各环节中的应用。

3. 保险公司过去是基于车辆性质和历史理赔数据的统计分析定价，不能准确客观地反映风险状况，需要增加更丰富的动态因素。车联网使保险公司能够采集到实时驾驶行为数据，包括里程、速度、加速度、急转弯、油耗、夜间驾驶比例等。相较于传统数据，驾驶行为数据及时、庞大、多样，能够帮助保险公司更科学、更接近现实地预测车辆风险。

（1）过去的车险定价仅考虑车辆情况和历史理赔数据，围绕道德风险分析这种缺乏差异化的定价方式可能引发的问题。

（2）将驾驶行为纳入风险评级具有什么意义，请从驾驶员、保险公司、汽车行业的角度分别讨论。

4. 王先生在30岁时购买了一份重大疾病保险，缴费期10年，年缴保费31 440元。理赔范围包括数种特定疾病、轻症疾病和重大疾病，赔付金额分别为50万元、10万元和10万元。自购买保险起，未来各年的保险费和保险利益如表8-10所示。若王先生38岁罹患脑癌，将获得首次重疾保险金和特定疾病保险金赔付；70岁双目失明，将获得二次重疾保险金赔付。假设折现率为8%，分析王先生购买此保险的合理性。

表 8-10 不同年龄的保险费和保险利益

保单年度末	保险年龄/岁	保险费/元		保险利益/元					
		当年度保费	累计保险费	首次重大疾病保险金	第二次重大疾病保险金	轻症疾病保险金	特定疾病保险金	身故保险金	保单现金价值
1	31	31 440	31 440	500 000	500 000	100 000	100 000	31 440	6 594
2	32	31 440	62 880	500 000	500 000	100 000	100 000	62 880	19 066
3	33	31 440	94 320	500 000	500 000	100 000	100 000	94 320	34 771
4	34	31 440	125 760	500 000	500 000	100 000	100 000	125 760	52 880
5	35	31 440	157 200	500 000	500 000	100 000	100 000	157 200	72 430
6	36	31 440	188 640	500 000	500 000	100 000	100 000	188 640	93 477
7	37	31 440	220 080	500 000	500 000	100 000	100 000	220 080	116 093
8	38	31 440	251 520	500 000	500 000	100 000	100 000	251 520	140 347
9	39	31 440	282 960	500 000	500 000	100 000	100 000	282 960	166 310
10	40	31 440	314 400	500 000	500 000	100 000	100 000	314 400	194 062
11	41	0	314 400	500 000	500 000	100 000	100 000	314 400	200 223
12	42	0	314 400	500 000	500 000	100 000	100 000	314 400	206 480
13	43	0	314 400	500 000	500 000	100 000	100 000	314 400	212 822
14	44	0	314 400	500 000	500 000	100 000	100 000	314 400	219 237
15	45	0	314 400	500 000	500 000	100 000	100 000	314 400	225 710
16	46	0	314 400	500 000	500 000	100 000	100 000	314 400	232 173
17	47	0	314 400	500 000	500 000	100 000	100 000	314 400	238 665
18	48	0	314 400	500 000	500 000	100 000	100 000	314 400	245 174
19	49	0	314 400	500 000	500 000	100 000	100 000	314 400	251687
20	50	0	314 400	500 000	500 000	100 000	100 000	314 400	258 195
25	55	0	314 400	500 000	500 000	100 000	100 000	314 400	289 788
30	60	0	314 400	500 000	500 000	100 000	100 000	319 178	319 178
35	65	0	314 400	500 000	500 000	100 000	100 000	346 434	346 434

续表

保单年度末	保险年龄/岁	保险费/元		保险利益/元					
		当年度保费	累计保险费	首次重大疾病保险金	第二次重大疾病保险金	轻症疾病保险金	特定疾病保险金	身故保险金	保单现金价值
40	70	0	314 400	500 000	500 000	100 000	100 000	368 932	368 932
45	75	0	314 400	500 000	500 000	100 000	100 000	386 068	386 068
50	80	0	314 400	500 000	500 000	100 000	100 000	395 905	395 905
55	85	0	314 400	500 000	500 000	100 000	100 000	401 463	401 463
60	90	0	314 400	500 000	500 000	100 000	100 000	403 416	403 416
70	100	0	314 400	500 000	500 000	100 000	100 000	389 793	389 793
75	105	0	314 400	500 000	500 000	100 000	100 000	381 569	381 569

资料来源：都汇康健长期重大疾病保险

5. 保险欺诈近年来层出不穷，损害消费者权益，阻碍保险业健康发展。识别保险欺诈是保险行业的关键业务场景。机器学习为解决保险欺诈提供了新工具，通过分析大量数据，找出保险欺诈的模式和规律，进而判断每一笔索赔是否属于欺诈。教材数据集提供了车险索赔数据（https://tianchi.aliyun.com/competition/entrance/531994/information），包含的变量如表 8-11 所示。请根据以下步骤，使用该数据集构建判断索赔是否属于欺诈的决策树模型。

表 8-11 变量说明

变量	说明	变量	说明
policy_id	保险编号	umbrella_limit	保险责任上限
age	客户年龄	insured_zip	被保人邮编
customer_months	保险时长（月）	insured_sex	被保人性别
policy_bind_date	保险绑定日期	insured_education_level	被保人学历
policy_state	保险所在地区	insured_occupation	被保人职业
policy_csl	组合单一限制	insured_hobbies	被保人兴趣爱好
policy_deductable	保险扣除额	insured_relationship	被保人关系
policy_annual_premium	年度保费	capital-gains	资本收益
capital-loss	资本损失	bodily_injuries	身体伤害
incident_date	出险日期	witnesses	目击证人
incident_type	出险类型	police_report_available	是否有警察记录的报告
collision_type	碰撞类型	total_claim_amount	整体索赔金额
incident_severity	事故严重程度	injury_claim	伤害索赔金额
authorities_contacted	事故后联系机构	property_claim	财产索赔金额
incident_state	出事所在省份	vehicle_claim	汽车索赔金额
incident_city	出事所在城市	auto_make	汽车品牌
incident_hour_of_the_day	出事时间点	auto_model	汽车型号
number_of_vehicles_involved	涉及车辆数	auto_year	汽车购买年份
property_damage	是否有财产损失	fraud	是否欺诈

（1）数据质量影响模型效果，在构建模型前需进行数据预处理，包括处理缺失值、转换数据类型、对数据进行独热编码和处理类不平衡问题。

（2）划分训练和测试数据，分别用于训练模型和评价模型效果。

（3）使用训练数据构建基于决策树的保险欺诈识别模型，并绘制决策树图。

（提示：Python 中的 sklearn 库可用于构建决策树模型，graphviz 库可用于绘制决策树图）

（4）使用测试数据对模型效果进行评价，包括准确率、召回率、F1 分数、AUC 和 ROC 曲线。

6. 稳定农民收入、保障粮食安全是我国大力推行政策性农业保险的主要目标，发展低碳农业、推动农业绿色发展又是增加农民收入和保障粮食安全的应有之义。如何通过政策激励引导农业经营者发展环保型农业，已成为决策部门在制定农业支持政策时必须考虑的问题。请以我国 2018 年在六个省（自治区）推行的完全成本保险和收入保险试点政策为准自然实验，考察政策激励对农业碳排放水平的影响和作用机制。

（1）以 2003 年至 2022 年 31 个省级行政单位为研究对象，构造表 8-12 所示变量。农业碳排放数据来自《中国农村统计年鉴》，其他数据来自《中国统计年鉴》《中国农村统计年鉴》《中国保险年鉴》以及各省区市统计年鉴和财政厅网站。

表 8-12 政策性农业保险的碳减排效应变量说明

变量类型	变量名称	变量含义/计算方法
被解释变量	农业碳排放密度	单位播种面积碳排放量（kg/ha）
解释变量	政策试点	政策变量
中介变量	农业经营规模	农作物播种面积/乡村人口数（ha/人）
	粮食作物比重	粮食作物播种面积/农作物播种总面积
	农业经营收入	农村居民经营净收入（元）
控制变量	城乡收入差距	城镇居民人均可支配收入/农村居民人均可支配收入
	二产结构	第二产业增加值/地区生产总值
	三产结构	第三产业增加值/地区生产总值
	人均农业产值	人均农业总产值（元/人）
	机械动力	单位播种面积机械总动力（kW/ha）
	农业产值占比	农业产值/农林牧渔总产值
	农业产业聚集程度	（地区农业总产值/地区生产总值）/（全国农业总产值/全国生产总值）
	财政支持力度	财政农林水事务支出/政府财政支出

（2）农业保险对农业碳排放水平的影响机制可分解为规模效应、结构效应和收入效应，请分别分析影响机理。

（3）使用双重差分法检验政策激励对农业碳排放水平的影响和作用机制。参考以下步骤。

第一，将试点作为准自然实验，利用非试点省（自治区、直辖市）构造反事实，试点省（自治区）为处理组，非试点省（自治区、直辖市）为对照组，进行处理组与对照组、试点前和试点后两次差分，得到的结果即为试点的影响效果。

第二，采用事件研究法，检验试点省（自治区）和非试点省（自治区、直辖市）的农业碳排放在政策发生前是否具有共同趋势。

第三，使用中介效应模型对规模效应、结构效应和收入效应三种机制进行检验。

资料来源：徐雯和张锦华（2023）

7. 公私合作的地震巨灾保险模式可解决市场失灵和政府失灵问题。市场需求风险分配模式有三种：模式一为自愿投保，政府不补贴保费；模式二为自愿投保，政府补贴部分保费；模式三为强制参保，政府补贴保费。偿付能力风险分配模式也有三种：模式一，政府仅承担兜底责任；模式二，政府除承担兜底责任外，建立政策性地震巨灾保险再保险；模式三，政府直接经办地震巨灾保险。

请使用蒙特卡罗仿真方法模拟不同市场需求、不同偿付能力风险分配比例下，地震巨灾保险的运行情况，选择地震巨灾保险模式。使用偏 t 分布生成地震灾害损失时间序列数据，参考全国城乡居民住宅地震巨灾保险的实践，设置其他参数。为简化模型，做如下假设：农村居民和城镇居民的保费分别为每年 20 元和每年 48 元，投保户数按照《中国统计年鉴2022》抽样比对2021年全国户数折算，农村居户和城市居户的投保比例为 4∶6，保险费率及金额在模拟期间保持不变，不考虑费率调整和通货膨胀等因素。不考虑保险公司的资本金和其他资金，忽略初始资本金的支出。

（1）按照不同市场需求模式的参保率计算地震巨灾保险总赔偿金额。

（2）依据风险分散体系中各层次的责任限额，将总赔偿金额分配至各责任层。

（3）分别计算每种偿付能力风险分配模式下，保险机构和政府的收入、支出、净利润及支出波动，按照标准选取最优模式。

资料来源：刘玮和孙双琳（2023）

8. 除经济、制度外，还存在其他影响个人商业保险购买意愿的因素，如社会互动、社会资本、金融素养、传统家庭观念等，这些因素都涉及社会信任。社会信任是一种双向的关系。保险领域的社会信任分为保险公司对消费者的信任以及消费者对保险公司的信任。请分析社会信任对个人购买商业保险决策的影响。

（1）所需变量如表 8-13 所示。请从中国综合社会调查网站（http://cgss.ruc.edu.cn/）获取 2015 年、2017 年、2018 年和 2021 年的相关数据，构造变量并进行描述性统计。

表 8-13 社会信任对个人购买商业保险影响的变量说明

变量类型	变量名称	变量含义
被解释变量	商业养老保险购买决策	购买商业养老保险赋值为 1，否则为 0
	商业医疗保险购买决策	购买商业医疗保险赋值为 1，否则为 0
核心解释变量	社会信任	按信任程度由低到高赋值 1 至 5
控制变量	性别	男性赋值为 1，否则为 0
	年龄	周岁
	健康状况	按自我评估健康状况由低到高赋值 1 至 5
	户籍	非农业户口赋值为 1，否则为 0
	收入	前一年个人收入的自然对数
	房产数量	拥有房产数量
	子女数量	子女数量

续表

变量类型	变量名称	变量含义
控制变量	婚姻状态	有配偶赋值为 1，否则为 0
	社会养老保险	参加社会养老保险赋值为 1，否则为 0
	社会医疗保险	参加社会医疗保险赋值为 1，否则为 0
	经济增长	2013 年至 2018 年地区生产总值增长率均值
	城市化率	2013 年至 2018 年地区城市化率均值
	法制化指数	2016 年樊纲指数
	失业率	2013 年至 2018 年地区失业率均值

（2）使用 Probit 模型分析社会信任对个人购买商业保险概率的影响，公式如下所示：

$$\Pr\left(\text{商业养老保险购买决策}_i = 1\right) = \Phi\left(\alpha_0 + \alpha_1\text{社会信任}_i + \sum_{j=1}^{n}\alpha_{ij}\text{控制变量}_{ij} + \varepsilon_i\right)$$

被解释变量为虚拟变量，若个人购买了商业保险，则取值为 1，否则为 0。核心解释变量为社会信任。下标 i 和 j 分别表示第 i 个人和第 j 个控制变量，控制变量包括个人特征变量与地区特征变量。个人特征变量均来源于中国综合社会调查，地区特征变量中的经济增长、城市化率和失业率根据国家统计局统计数据计算。涉及具体金额的变量以 2021 年所在地区的消费者价格指数为基准做标准化处理。

（3）使用工具变量法检验内生性问题。提示：以受访者过去一年的社交频繁程度作为社会信任的工具变量。社会交往有助于构建社会信任，而未必对个人购买商业保险的决策有直接影响，因此衡量社会交往的社交频率可以作为工具变量。选取问卷问题：过去一年中，您是否经常在空闲时间进行社交？数据方面沿用社会信任的赋值方式，对社交频率由低到高赋值 1 至 5。

资料来源：王泰等（2022）

参考文献

刘玮，孙双琳. 2023. PPP 地震巨灾保险风险分配模式的比较与选择. 保险研究，（1）：28-42.

王泰，朱衡，卓志. 2022. 社会信任对个人商业保险购买决策的影响：基于 CGSS 数据的实证研究. 保险研究，（8）：3-16.

徐雯，张锦华. 2023. 政策性农业保险的碳减排效应：来自完全成本保险和收入保险试点实施的证据. 保险研究，（2）：20-33.

Fritzsch S，Scharner P，Weiß G. 2021. Estimating the relation between digitalization and the market value of insurers. Journal of Risk and Insurance，88（3）：529-567.

Gomes C，Jin Z，Yang H L. 2021. Insurance fraud detection with unsupervised deep learning. Journal of Risk and Insurance，88（3）：591-624.

Guillen M，Nielsen J P，Pérez-Marín A M. 2021. Near-miss telematics in motor insurance. Journal of Risk and Insurance，88（3）：569-589.

第九章

监　　管

📖 本章导读：

金融科技的创新推动着监管体系的不断发展和完善。本章首先介绍金融科技的监管理念，梳理各国在金融监管中形成的共识性原则，然后讨论当下各国采取的创新性监管方法，并阐述中美两国的监管实践。

第一节　监管理念

金融科技的迅速发展改变了金融市场格局，导致监管理念发生了转变。本节首先分析市场格局的变化，然后介绍金融科技带来的挑战，最后讨论监管理念的转变。

一、市场格局变化

随着新兴技术加速融入生产生活，传统金融业在基础设施、市场支配力量、资金供给和需求端产生了革命性变化。在基础设施方面，互联网、大数据和人工智能等技术实现了金融服务终端的移动化。依托于信息加密技术、身份识别技术和 NFC 支付技术，快捷支付模式使支付在安全的前提下更加便捷、简单。通过吸收区块链技术，CBDC 交易成本低、隐私保护水平高，能帮助中央银行对货币体系进行管控。利用人脸识别、云计算等技术，征信系统的信用评级方式更多元，有助于提升金融普惠性。在市场支配力量方面，拥有海量数据、掌握核心技术和算力的科技公司成为金融市场中新的支配力量，与传统金融机构形成竞合关系，激发市场创新活力。科技公司应用技术开展金融业务，助力传统金融机构创新业务模式。在资金供给端，新兴技术的应用使金融产品和服务完成了标准化到个性化的转变。得益于智能投顾等新兴业务模式，投资门槛降低，资金来源增多，个人投资者的投资渠道和投资选择更加丰富。在资金需求端，新信息技术颠覆传统征信方式，使得长尾客户也能获得金融服务。新技术也刺激了客户对多元化、个性化金融产品和服务的需求。

融资方式的多样性使得资金的需求方能在较低的成本下获得资金。

二、金融科技挑战

金融科技给过去的金融监管模式带来了全新挑战：第一，金融科技是创新的产物，如何平衡好创新和监管是如今金融监管的首要问题；第二，金融科技使得金融风险隐蔽性、易扩散性和破坏性的特性出现新的变化，如何维护金融系统安全是金融监管的重点问题；第三，金融科技利用新技术变革传统金融业务形态，如何确保科技向善，处理好科学技术与伦理的关系是金融监管必须解决的问题。

（一）创新与监管

IT 咨询公司加特纳提出了超周期的概念来刻画新技术及其应用随时间发展的过程。一般而言，超周期分为图 9-1 所示的五个阶段，即创新产生、期望膨胀、创新幻灭、启蒙斜坡和生产力高原。市场对新鲜事物产生了过高的兴趣，引发过分的想象，导致不切实际的期望，这一过程称为期望膨胀。之后若产品未满足市场预期，市场对新产品的信任会出现暂时性缺失，引发幻灭。经历这一过程后，市场对创新会抱有更加务实的态度，期望会随着新产品的研发沿着启蒙斜坡缓慢提高，进入生产力高原，此时生产力提高，创新实现。图中实线表示没有监管介入的期望变化，虚线表示加入监管引导后的期望变化。对比发现监管减少了期望的波动，因为适当的监管可以促进商业模式成熟，加速产品落地，以此降低市场过高的期望。监管还可以减少期望幻灭带来的信任损失。

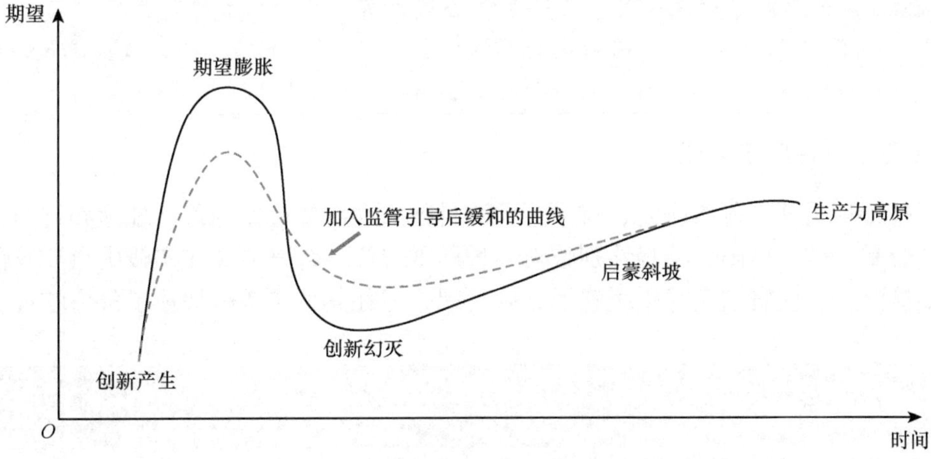

图 9-1 新技术发展的超周期

平衡好创新与监管并不容易。在金融创新的过程中，早期商业模式通常不够清晰，风险隐患难以识别，传统的监管模式滞后，监管机构也难以及时出台针对性的监管细则和风险防控措施。

（二）效益与风险

金融科技带来了巨大的效益，但同时也使金融系统面临更复杂的风险。首先，金融风险的特性发生诸多变化。金融服务形式更加数字化，不同业务相互关联，边界模糊，使得金融风险更加隐蔽；时间和空间对金融风险的限制程度降低，金融风险传播速度更快，影响范围更大；金融风险具有较高的突发性和不可预测性。其次，金融系统还面临着计算机系统漏洞、数据丢失和泄露带来的技术风险。此外，金融本质没有改变，高风险高回报的基本规律没有改变，人性的贪婪没有改变，传统业务中的道德风险依然存在。我们应该牢固树立金融安全意识，守住不发生系统性金融风险的底线。坚持预警和处置相结合，健全金融风险相关制度体系，补齐金融风险防范化解制度短板。

案例：金融系统的技术风险——病毒勒索事件

2020年新年前夜，总部位于伦敦的外汇交易公司Travelex遭到病毒攻击，该公司被迫关闭30个国家的网站，以遏制病毒传播并保护数据。黑客声称六个月前就开始访问Travelex的网络，他们获得了客户的信用卡信息、公民保险号和出生日期等敏感数据。如果Travelex七天内未能支付600万美元赎金，他们将出售这些信息。最终，Travelex向勒索团伙支付了230万美元的比特币，达成和解。这次攻击也针对了依赖Travelex外汇服务的合作伙伴，如塞恩斯伯里银行、汇丰银行、巴克莱银行等，造成了严重后果。

安全研究人员指出，Travelex在处理用于远程连接的虚拟专用网络服务器的安全问题上进展缓慢。相关服务商Pulse Security于2019年4月发布了公告和软件补丁，但是Travelex在八个月后才对服务器进行补丁，给黑客留下了可利用的漏洞。

资料来源：《2020年影响最大的勒索软件攻击》，https://www.kaspersky.com.cn/resource-center/threats/top-ransomware-2020，2024年8月7日

（三）科技与伦理

科技伦理是开展科学研究、技术开发等科技活动需要遵循的价值理念和行为规范，如促进公平、减少贫困、减轻性别歧视与种族歧视等。金融科技在实践中也涉及伦理问题，如算法在一些贷款实践中缓解了种族歧视，但在其他实践中加重了价格歧视。

案例：金融科技与种族障碍

基于大数据的机器学习算法已被用来处理信贷审批。算法本身并不考虑申请人的种族身份，可以在一定程度上缓解种族歧视问题。在美国，少数族裔企业评级低，历史贷款数据少，收入较低，注册资本较少，相比非少数族裔企业更难进入信贷市场。Fei和Yang（2021）利用美国薪资保护法案数据库中的贷款数据与Yelp.com公布的餐厅贷款信用评级，对比非金融科技贷款公司与金融科技贷款公司在2020年和2021年间每日的贷款金额，发现在非金融科技贷款公司中，少数族裔与非少数族裔的贷款金额差异很大，

在金融科技贷款公司中，少数族裔与非少数族裔的贷款金额差异较小。回归结果显示，少数族裔获得贷款的可能性与算法的使用存在显著正相关关系，且 2021 年数据回归结果比 2020 年更显著。这表明金融科技可以缓解少数族裔在传统贷款模式中受到的歧视。此外，传统个人抵押贷款向少数族裔收取更高利息。Shoag（2021）利用 2018 年至 2019 年住房抵押贷款披露法案的公共贷款数据，研究发现金融科技公司的市场份额每增加 10%，非金融科技公司的超额收费就减少约 2 个基点，即金融科技公司的发展降低了传统金融服务的歧视性收费。

在印度，低种姓贷款较为困难。Tantri（2021）根据一家印度商业银行的贷款申请数据，使用 XGboost 算法对借款人信息和贷款是否违约等属性进行了模型训练。借款人信息包括职业、性别、贷款金额等硬信息和银行贷款专员实地走访收集的软信息。研究表明，金融科技中的机器学习算法不会采取歧视性的贷款方式，甚至可以提高低级种姓的贷款比例和贷款额度，且没有显著增加违约率。

资料来源：Fei 和 Yang（2021）

案例：金融科技与性别歧视

一般情况下，女性的风险厌恶程度比男性更高，冒险意愿更低，违约概率更低。实际上，机器学习算法却使得同等条件下，女性所支付的利息高于男性。Chu 等（2023）基于北京某在线借款平台 2014 年 1 月到 2015 年 11 月的随机贷款样本进行研究。样本期间，该平台从“基于人的系统”转变为“基于机器学习的系统”，研究者回归利率后发现，使用机器学习系统后，女性的贷款利率相对于男性高了 45 个基点。这是因为平台使用的机器学习系统利用女性对利息不敏感的特性，收取更高的利息，造成女性群体受到价格歧视。

资料来源：Chu 等（2023）

三、监管理念转变

图 9-2 展示了公司规模与监管方式的关系。在有限的监管资源约束下，小规模公司的创新性业务容易被监管部门忽略而被默许。当公司规模逐渐变大，公司业务受到监管部门的重视，监管力度逐渐加大。同时，其在金融系统中的重要性逐渐增强，大而不能倒的特征显现，监管变得更加困难和复杂。

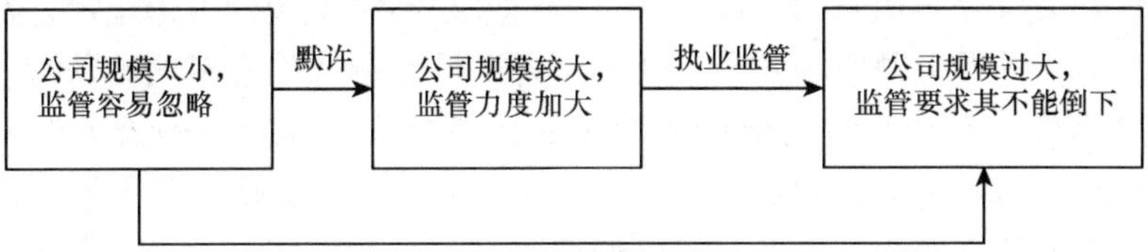

图 9-2 公司规模与监管方式

在创新缓慢的时代，公司业务规模的增长速度较为缓慢，监管部门有较为充足的时间调整监管的策略和力度，这种渐进式监管能够从容应对公司规模的变化。随着信息技术的发展，技术创新的步伐加快，大大缩短了公司规模扩张所需时间，极大地挤压了监管机构的反应时间，传统渐进式监管的效果减弱。为了提高监管部门的响应速度，选择适当的监管方式，基于业务模式还是基于实体开展监管成为监管领域争论的话题。

基于业务模式的监管方式是指不论企业类型，监管机构对同类业务采取相同的标准开展监管。该方式促进了不同类型实体间的公平竞争，通过限定业务底线，将金融市场单一领域的风险控制在一定范围内，防止引发系统性风险。然而，当实体内部业务相互影响且被监管业务受其他业务影响程度不同时，不同实体的整体风险并不相同，逐一对各项业务开展监管难以把握实体的整体风险。

基于实体的监管方式是指监管机构对具有特定牌照的实体开展监管，不仅监管实体的单项业务，也监管整体的运作情况。该方式在实体层面上监控风险的积累和商业模式的演变，弥补了基于业务开展监管的不足，更好地维护金融市场的秩序。但只基于实体开展监管，为不同类型的实体业务制定特殊限制，就会破坏金融市场的公平竞争环境。

在监管实践中，应平衡两种监管方式，在业务监管的基础上开展实体监管，实现优势融合、弱势互补。针对银行业、保险业等对金融市场系统稳定性造成较大影响的行业，有必要在基于业务监管的基础上开展实体监管。例如，投资者从银行承兑公债后转为投资有风险、短期、流动性较低的资产，单独对承兑业务、投资业务开展监管无法控制两项业务组合带来的风险，有必要在实体层面进行风险监管，防止引发系统性风险。对于大型金融科技公司，需要采用业务监管和实体监管相结合的方式。大型金融科技公司利用用户数据优化产品与服务，发展新用户，扩大的用户规模又会产生更多的用户数据。这就导致了其在金融体系中的影响力不断增大，引发金融市场上系统性风险的可能性增加，因而需要在业务监管的基础上开展实体监管。

第二节 监管原则

各国国情和监管理念不尽相同，但对金融科技的监管存在许多共识性原则，主要体现在包容审慎、权益保护、合法合规和公开透明四个方面。

一、包容审慎

金融监管的关键是对监管力度的把控，力度过小不利于金融市场稳定，力度过大会抑制创新主体活力，阻碍金融市场发展。创新监管工具要秉持包容审慎的监管原则，统筹兼顾创新与监管力度。在金融科技市场风险较低的情况下，监管机构给予市场一定的包容性，对相关企业施加相对宽松的要求。以马来西亚数字银行为例，获得数字银行许可的公司在初期可以全方位开展银行业务，但受到总资产敞口的限制。公司证明其能满足所有条件且平稳运行一段时间后，额外的限制就会取消，只需遵守适用于普通银行的监管要求。

金融科技是一个迅速发展的领域，法律法规的更新往往滞后于实践。对于监管来说，既要划定刚性底线，又要设定柔性边界，努力破解当前创新监管遇到的“一管就死，一放就乱”的难题。

二、权益保护

保护金融消费者的合法权益，是金融监管机构保障参与者权利的基本要求，也是监管机构维护金融市场稳定、促进金融市场发展的现实需要。随着信息技术的发展，金融科技公司搜集消费者个人信息的能力显著增强，消费者权益更容易受到侵害。以消费者隐私为例，金融科技公司为进行风险控制，往往需要采集大量消费者数据。相比传统金融机构，金融科技公司在数据的采集和后台保管过程中，更容易引发数据泄露问题。为加强消费者隐私保护，应确立好数据收集边界，防止数据被非法采集，并严肃处理隐私泄露案件。

坚持消费者权益保护原则，还需要提高金融科技公司收集数据的透明度，引导消费者增强隐私观念，加强大数据利益相关者的道德自律建设。在保证创新所需生产要素的基础上，避免侵犯消费者权益。

三、合法合规

合法合规地开展金融活动，能减少市场中的潜在隐患，规范和促进市场健康发展。创新容易触碰到监管边界，突破现有的监管框架，开展合法合规监管对于金融科技创新具有重要意义。

金融作为特许行业，必须持牌经营。以往从事金融业务的大多是金融机构，符合金融主体持牌经营的原则。随着科技与金融的融合日益加深，很多科技公司也开展了金融业务。为防止科技公司无牌或超范围从事金融业务，放大金融风险跨产品、跨市场传染的可能性，干扰市场秩序，金融科技公司必须持牌经营并在政府的监督下开展业务。表9-1是2021年国际清算银行金融稳定协会总结的不同国家和地区金融主体在金融科技领域获得牌照的情况。

表 9-1 大型互联网企业所获金融科技领域牌照

企业	巴西			中国			欧盟			英国			美国		
	B	P	C	B	P	C	B	P	C	B	P	C	B	P	C
亚马逊									√			√			√
苹果															√
脸书									√			√			√
谷歌									√			√			√
蚂蚁金服			√	√	√	√			√			√			√

续表

企业	巴西			中国			欧盟			英国			美国		
	B	P	C	B	P	C	B	P	C	B	P	C	B	P	C
百度				√	√	√									
京东					√	√									
腾讯				√	√	√									
自由市场			√												
都科摩							√		√			√			
乐天株式会社							√		√			√			√

注：P 代表与支付相关的许可证；C 代表与贷款相关的许可证；B 代表银行执照

四、公开透明

企业完整、真实、及时、充分地披露信息，有利于创造客观公正的金融市场环境，便于监管机构发现和聚焦企业存在的问题。公开透明已成为金融科技企业需要遵循的价值理念和重要规范。

创新业务的基本信息是公众了解金融科技产品和服务的必要条件。企业应当充分披露业务主要功能、潜在风险、补偿措施等基本信息，帮助公众做出理性判断，才能形成良性的投资环境。根据公众具体的金融需求，企业还需公开所涉业务存在的不利信息，避免其利用信息不对称向公众推荐不适配的产品或服务。企业通过设立畅通的投诉与建议渠道、积极回应监管机构提出的问题、及时公开整改情况等方式，主动接受外部监督，能促进企业了解并遵循监管要求，减少监管阻碍。

第三节 监管方法

为解决平衡创新与监管、效益与风险等监管难点，各国都在积极探索新的监管方法，比较有代表性的是监管沙盒、创新办公室、加速器和伦理审查。

一、监管沙盒

监管沙盒是指监管者提供一个监督金融创新的测试环境。创新者可以在监管者的密切监督下开发产品，在测试期间仅承受较低的监管负担。2015 年，英国率先提出监管沙盒的概念，并于 2016 年实行针对金融科技的监管沙盒制度。随后，新加坡、澳大利亚、日本和中国香港等多个国家和地区陆续采纳了这一监管设计。2020 年 11 月，中国人民银行发布的《金融科技创新应用测试规范》在很大程度上借鉴了监管沙盒的理念。根据国际货币基金组织的数据，表 9-2 总结了几个国家和地区的具体实践。

表 9-2 监管沙盒比较

国家/地区	准入标准	时间跨度	特点	结果
澳大利亚	公司须有不超过 100 名零售客户，客户总风险敞口低于 500 万澳元，符合消费者保护要求，有充分的赔偿安排，以及内外部争议解决程序	12 个月	避免了高门槛的培训和资格管理要求，公司可以及时测试产品或服务的可行性	所有豁免到期后，公司将会被颁发证书
新加坡	应有技术创新，如果技术已经被沙盒中企业或者少数金融机构应用，或者距离第一次出现有两年时间，申请者应说明技术上的差异	未指定	放松的监管要求；如果申请人使用的技术还未在新加坡被应用，则还可以申请至多 50 万新加坡元的资金支持；符合条件的申请人可以参加“交易星期五计划”，该项目将帮助沙盒实验企业接触外部投资者社区	实验成功的公司退出沙盒实验后应遵守相关法律和监管要求
英国	申请人需要满足英国金融行为监管局的标准和资格，并说明参与沙盒实验的必要性	6 个月	公司在受控环境中测试产品和服务的能力；有机会了解商业模式是否对消费者有吸引力，或特定技术在市场上的运作方式，以可能更低的成本缩短上市时间；监管者为识别相关消费者保护措施提供支持	公司应在实验结束前提交总结报告
沙特阿拉伯	已经获得监管当局许可，希望进入沙盒以测试其创新方案的公司，如银行、保险、证券等公司；未获得许可的公司需要跟获得许可的公司合作或者获得监管部门书面同意书	6 个月	测试期间，公司需要向监管当局报告测试的详情以确保其符合同意书中的要求，当监管当局发现公司不满足相关要求或者可能损害消费者权益时可以暂停或终止测试	在测试期即将结束时，公司应当提交测试报告总体结果、退出策略、延长许可的申请等信息
中国香港	能证明真正致力于使用金融科技开展受监管活动的公司。公司还须说明边界（测试业务范围、时间、终止协议）、消费者保护措施、风险管理控制措施、准备工作和过程监控等	未指定	放宽了测试和试点项目的要求，但仍需有足够的投资者保护措施，并在需要时由监管机构决定限制客户数量	在试验结束时符合监管要求的公司可启动其服务

在监管沙盒中，创新者仅需承担较低的监管负担，就可在安全的环境中测试产品。通过与创新者密切合作，监管机构可以了解监管框架是否需要改变。监管沙盒具有以下优点：第一，监管沙盒利用真实但受限的安全环境，而非依赖财务指标进行测试，在风险可控的前提下，有助于激发金融创新潜力；第二，监管沙盒强调让消费者受益，包括更低的价格、更优的服务质量、便利性和可得性等方面，为消费者保护提供了新思路；第三，监管沙盒使得监管目标不再局限于维护金融稳定、保护消费者合法权益，还可以鼓励创新，促进市场有效竞争和正常运作。

监管沙盒也存在局限，需要在发展过程中不断完善。第一，进入沙盒的公司需负担一定的测试成本，这给初创公司造成一定压力；第二，测试环境不同于真实环境，测试结论的可靠性和普适性可能受到影响；第三，测试需要对公司制订单独的方案，批准标准还依赖于监管者的经验，部分金融创新公司可能错过时机。

二、创新办公室

创新办公室的目标是促进监管者和创新者间的互动与学习，是一种能使金融科技企业和监管者双赢的解决方案。监管机构可以增加对金融科技企业商业模式和创新技术的了解，更好地监督和管理金融市场。金融科技企业可以明确监管框架对于自身产品的适用性，更好地了解创新涉及的监管规定。

英国是最早推出这一模式的国家。该模式帮助金融科技企业熟悉监管规则，获取相关业务许可。创新办公室往往起始于一个有监管者参与的小团队，为金融科技企业提供咨询和支持服务，鼓励企业提高金融普惠性，增强消费者保护意识。为确保在进入创新办公室前，创新者需充分了解如何管理和化解风险，一些监管机构会要求创新者研究与其项目相关的所有风险。值得注意的是，创新办公室具有非正式的特征，即通常不涉及金融创新产品或服务的测试，其提供的咨询和建议仅作为监管部门制定措施的参考。

三、加速器

一些监管机构设置了加速器，与业界一起为金融科技初创企业提供政策或资金支持。与创新办公室相比，加速器增加了产业孵化和加速的功能。实施加速器策略的国家和地区主要有新加坡、法国、葡萄牙、韩国、阿联酋迪拜等，典型代表有新加坡金融管理局的全球金融科技孵化器和迪拜国际金融组织的金融科技加速器中心。新加坡全球金融科技孵化器自 2016 年推出以来，每年举办金融科技节，吸引了世界各地的政府人员、创业者和投资者的目光。在 2021 年，新加坡金融科技节汇聚了来自 160 个国家和地区的 6 万多名参与者。2017 年 1 月迪拜国际金融中心（Dubai International Financial Centre，DIFC）推出金融科技加速器计划（DIFC FinTech Hive），旨在促进成熟金融机构与新兴金融科技公司之间的合作。《海湾新闻》2020 年 8 月报道称，当年有 600 多家初创企业申请了 DIFC FinTech Hive，申请数量超过 2019 年的 425 家，领域涵盖金融科技、保险科技、监管技术和伊斯兰金融科技。

四、伦理审查

科技在助力金融发展的过程中产生了许多伦理问题，如数据滥用、算法歧视和数字鸿沟。对此，我国监管部门先后出台了《关于加强科技伦理治理的意见》和《金融领域科技伦理指引》，明确了守正创新、数据安全、包容普惠、公开透明、公平竞争、风险防控、绿色低碳七个方面的价值理念和行为规范，提出了履行伦理治理主体责任、落实金融持牌经营要求、践行服务实体经济使命、秉持科技赋能金融定位、坚持诚信履约行为准则、严格恪守依法合规底线、切实维护各方合法权益七大要求。

以落实伦理治理主体责任为例，监管主体应建立健全伦理管理组织架构与制度规范，探索设立企业级科技伦理委员会。在事前、事中、事后强化审查和监管，即在开展金融科技活动前，对活动进行风险评估或审查。一旦进入实施阶段，就要开展科技伦理风险跟踪预警工作，紧跟活动动态，做好科技活动研判，制定相关对策，将科技活动可能造成的影响控制在一定范围内。若发现有违反科技伦理法规的行为，应严肃问责。

第四节　监管实践

作为世界金融强国和金融大国，美国和中国对金融科技监管的实践为其他国家提供了借鉴与参考。本节主要介绍美国和中国的监管框架、监管业务及监管实例。

一、监管框架

1. 美国金融科技监管框架

美国现行的监管体系如图 9-3 所示，该体系是双层多头的模式："双层"是指联邦和州两个层级均设有金融监管部门，"多头"是指联邦政府分业监管，设立了多个监管机构，各金融监管机构只负责某一类业务的监管。在联邦层面，金融稳定监督委员会负责监管宏观经济风险，保证金融业稳定运行；美国联邦储备委员会制定货币政策并监督实施。另外，表 9-3 展示了金融稳定监督委员会和美国联邦储备委员会的部分成员单位及其监管职责和监管措施。

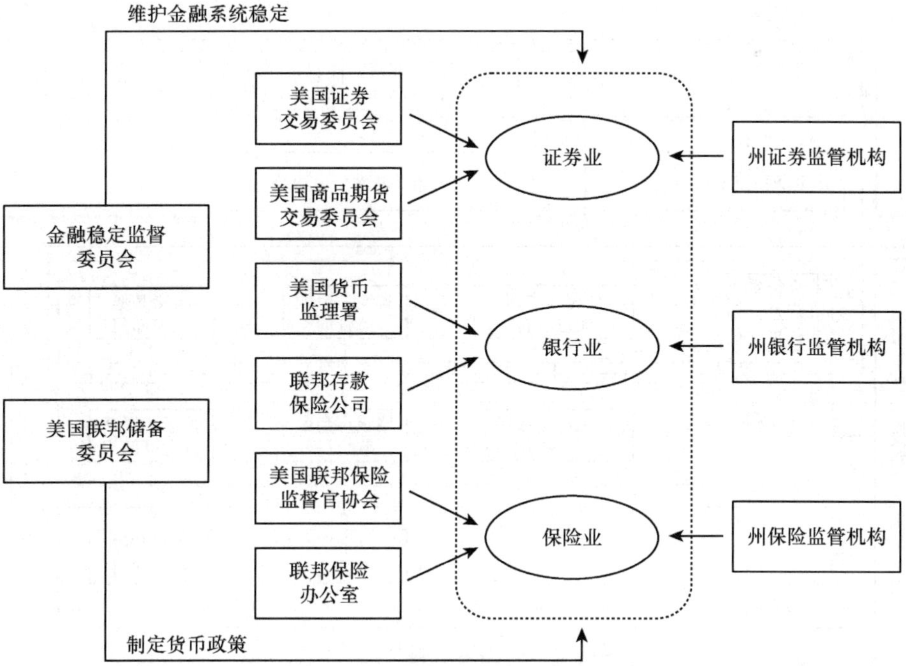

图 9-3　美国金融监管体系

表 9-3 美国部分监管机构的具体职责

监管机构	监管职责	具体监管措施
美国证券交易委员会	加强信息充分披露，保护市场公众投资利益	要求网络借贷平台在美国证券交易委员会登记注册，需向美国证券交易委员会提交登记材料；网络借贷公司经营需遵守证券业相关法律标准
美国联邦贸易委员会	确保国家市场行为具有竞争性繁荣、高效发展	监督并制止网络借贷公司一切不公平、欺骗性行为；对与网络借贷相关消费者投诉案例负有执法责任
美国消费者金融保护局	对提供信用卡、抵押贷款等消费金融产品和服务的金融机构实施监管	整合网络借贷金融消费者投诉数据；监督管理投诉案例；在已有网络借贷消费者金融保护法律下，制定网络借贷消费者保护法规
联邦存款保险公司	为存款提供保险、检查监督并接管倒闭机构，维持金融体系稳定	对网络借贷公司关联银行承保，并对网络借贷公司流经银行的款项进行监督检查；要求关联银行遵守金融消费者隐私保护条例

2. 中国金融科技监管框架

自 2023 年 5 月 18 日起，中国的金融监管框架确立为“一行一总局一会一局”，即中国人民银行、国家金融监督管理总局、证监会和国家外汇管理局。国家金融监督管理总局在中国银行保险监督管理委员会（简称银保监会）基础上组建，统一负责除证券业之外的金融业监管。同时，在地方上还有各地金融监管局作为补充。

中国的金融科技监管如图 9-4 所示，包括中央和地方两个层面。目前中央采用双峰监管方式，即审慎监管和行为监管。中国人民银行承担审慎监管即宏观监管的责任，维

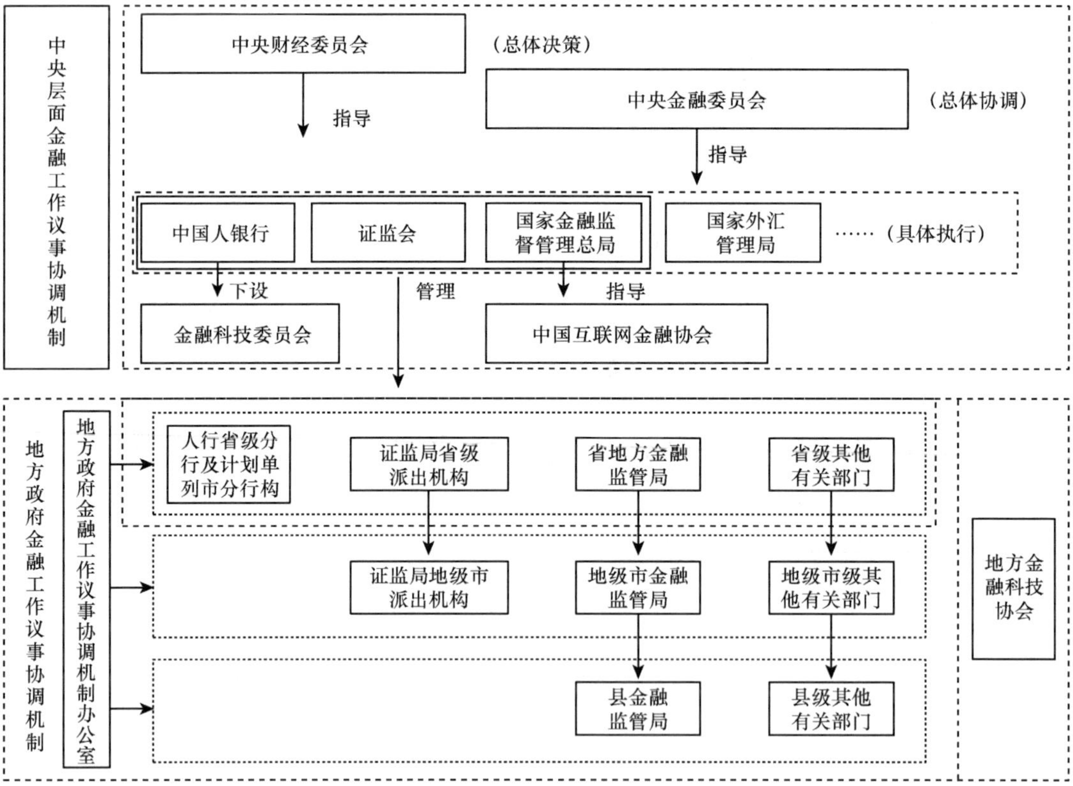

图 9-4 中国金融科技监管体系

护金融稳定，防范和化解系统性风险；国家金融监督管理总局和证监会进行行为监管，主要防范金融机构可能出现的道德风险，保护消费者和投资者权益。地方层面包括省（自治区、直辖市）、地市和县三层。监管体系由地方政府、地方金融监管局、证监会派出机构和地方金融科技协会构成。相关行业自律协会也参与监管，如中国互联网金融协会，该协会会员涵盖了银行、证券、保险、基金等金融机构。

二、监管业务

金融科技监管业务包括金融牌照监管和金融业务监管。

（一）金融牌照监管

金融牌照即金融许可证，在金融市场准入制度中处于核心地位。金融机构只有具有金融牌照才能合法开展相关业务并受到法律保护。金融科技在产品设计和业务模式上的应用尚未改变支付清算、债务融资、股权融资等金融业务的基本属性，也未改变金融体系的基本结构。各国监管机构普遍按照业务实质、申领牌照的必要性及牌照类型决定适用的监管规则。

1. 美国金融牌照的监管

金融科技业务的快速发展推动了美国金融牌照监管方式的变化。一方面，原有牌照的相关规定会根据实际业务情况进行调整，另一方面，新业务的开展也会催生新牌照。下面以两种金融科技业务监管为例，阐述原有牌照的演进与新牌照的探索。

（1）货币服务牌照。1999 年颁布的《金融服务现代化法案》将非银行支付机构界定为货币转移服务商。成为货币转移服务商需要获取货币服务业务许可证和货币转移服务商两种牌照。前者为联邦层面牌照，由美国财政部金融犯罪执法网络局受理注册申请并监管；后者在各州注册，允许申请者开展资金转移及汇款服务。申请两种牌照都需要遵守《银行保密法》，接受最低净资产、安全性、用户审查等方面的监管。

（2）特殊目的国民银行牌照。2016 年 12 月，美国货币监理署（Office of Comptroller of Currency，OCC）发布《探讨向金融科技公司发放特殊目的国民银行牌照》，明确了向金融科技公司发放特殊目的国民银行（Special Purpose National Bank，SPNB）牌照的权限、条件及监管要求。该文件表明，如果 OCC 决定授予金融科技公司国民银行牌照，那么这些公司必须像所有其他由联邦政府颁发牌照的机构一样，在安全性、可靠性、公平准入和公平对待消费者等方面达到同样的高标准。2018 年 7 月，OCC 根据收到的反馈对其相关规定进行了补充，并开始接受金融科技公司申请 SPNB 牌照。

2. 中国金融牌照的监管

中国的金融牌照按业务划分，主要有银行、保险、信托、证券、基金、期货等类型。与金融科技相关的牌照主要有五类：吸收存款类、发放贷款类、支付类、资本筹集类和投资咨询类。在存款业务方面，要求吸收公众存款的机构获取金融牌照；在贷款业务方面，要求使用表内资金发放贷款、在表内承担风险的业务需获取金融牌照；在支付业务方面，要求持有金融牌照；在资本筹集业务方面，主要指股票发行，纳入证券发行的许可和监管范畴；在投资咨询业务方面，要求持有投资咨询业务牌照。

（二）金融业务监管

1. 美国金融业务监管

美国金融系统监管的业务可分为三大类：对银行的监管、对证券的监管和消费者保护。每种类型的监管机构都有权制定规则、发布指导、监督金融机构运行、强制执行有关法律。联邦银行监管机构包括美联储、联邦存款保险公司、美国货币监理署和国家信用合作社管理局，具有审查和监管向银行提供服务的第三方供应商的权限。证券监管部门有美国证券交易委员会和美国商品期货交易委员会，负责关注证券相关活动，引导金融科技公司的业务融入现有监管框架。消费者保护机构包括美国消费者金融保护局和美国联邦贸易委员会，通过颁布与金融科技相关的法规防止消费者权益受到损害，维持市场竞争状态。此外，各监管机构也致力于合作打造金融科技监管体系。

2. 中国金融业务监管

中国实行金融分业监管体系。在“一行一总局一会一局”的监管框架下，中国人民银行负责宏观审慎管理和系统性风险预警等工作。国家金融监督管理总局同证监会及地方金融监管部门负责行为监管。国家金融监督管理总局主要负责具体机构和行业监管工作的落地和执行，以及金融消费者权益保护。证监会仍然负责资本市场监管职责，其核心是维护资本市场秩序和健康发展。

三、监管实例

1. 网络借贷

为弥补传统金融模式的不足，提高金融机构的资金运作效率，网络借贷应运而生。但在发展过程中出现了非法集资、资金混同、混业经营、产品异化等问题。为降低金融风险，保护消费者利益，美国和中国都出台了一系列举措，加强对网络借贷的监管。

2008 年 11 月，网络借贷公司 Prosper 发行的受益权凭证被美国证券交易委员会认定为涉及投资合同，根据 Revesv. Ernst & Young 案确立的规则应界定为证券，由美国证券交易委员会进行监管。2010 年 7 月，美国出台了《多德–弗兰克华尔街改革与消费者保护法》，该法案将网络借贷定义为“个人对个人的借贷”，并建议将监管权转交至美国消费者金融保护局。此后，美国对网络借贷实行多部门协同监管，每个部门具体分工如表 9-4 所示。

表 9-4 美国网络借贷监管体系

机构	工作职责
美国证券交易委员会	监督证券市场的欺诈或操控行为
美国商品期货交易委员会	监督金融期货和期权有关的诈骗、市场操纵、不正当经营等活动
美国货币监理署	监督美国银行的各项金融活动，制定与金融科技公司和加密货币公司运作有关的监管政策
联邦存款保险公司	为银行和储蓄机构的存款提供保险，识别和监控存款、保险基金中的风险，限制银行和储蓄机构倒闭时对经济和金融体系造成的影响
美国联邦保险监督官协会	协调不同州的保险监管，保护保险购买者的利益
联邦保险办公室	就保险领域的系统风险向金融稳定监督委员会提供咨询，与各州保险监管机构协商国家保险问题

2008 年 5 月，中国人民银行、中国银行业监督管理委员会发布了《关于小额贷款公司试点的指导意见》，授权省金融办批准设立小额贷款公司，中国银行业监督管理委员会负责监管。2015 年至 2017 年，网络小额贷款市场快速增长，引发了过度借贷、催收不当、异常高利率、侵犯个人隐私等问题。越来越多的在线小额贷款公司将其网络贷款证券化，容易产生系统性风险。2017 年，互联网金融风险专项整治工作领导小组办公室下发《关于立即暂停批设网络小额贷款公司的通知》，敦促省级政府立刻停止对新的网络小额贷款公司的审批，并限制跨地区放贷。2020 年 11 月，银保监会、中国人民银行发布了《网络小额贷款业务管理暂行办法(征求意见稿)》，对网络小额贷款公司设立了严格的监管条款。

2. 第三方支付

20 世纪 90 年代以来，伴随着电子商务的崛起，中国的第三方支付快速发展。从交易规模来看，根据央行历年《支付体系运行总体情况》的统计，中国第三方支付业务交易规模从 2015 年的 49.48 万亿元增长至 2023 年的 340.25 万亿元，年均复合增长率为 27.25%。相比之下，美国近年来第三方支付也持续发展，出现了 NFC 支付、条码支付以及人脸支付等方式，但由于美国消费者信用卡支付习惯根深蒂固，对这些第三支付方式认知度和使用度都较低。

美国对第三方支付进行联邦和州的双重监管。联邦政府设计和制定第三方支付的国家宏观监管框架。在监管框架下，美联储、国会、货币监理署、联邦存款保险公司等监管部门，制定和颁布一系列第三方支付监管法律法规。各州政府根据监管框架，结合辖内第三方支付发展现状及经济金融环境，制定监管细则并执行。

我国对第三方支付的监管由中国人民银行及其分支机构负责，按照属地原则进行监管，即以中国人民银行为主导，行业自律管理、商业银行监督为辅。中国人民银行于 2010 年发布的《非金融机构支付服务管理办法》规定中国人民银行为监管机构，同时负责发放“支付业务许可证”，规定从事支付业务的注册资本最低限额要求和申请人应具备的条件。2015 年，中国人民银行发布《非银行支付机构网络支付业务管理办法》，要求第三方支付机构妥善保管用户关键信息，不得向其他机构或个人提供用户的隐私信息。2016 年，中国人民银行进一步发布《非银行支付机构分类评级管理办法》，根据客户备付金管理、合规与风险防控、客户权益保护、系统安全性、反洗钱措施、持续发展能力六项监管指标，以及由中国支付清算协会制定的自律管理指标，将支付机构分为5类11级，对不同类别的支付机构采取差异化、针对性的监管措施，以提高监管效率。2017年1月，《中国人民银行办公厅关于实施支付机构客户备付金集中存管有关事项的通知》公布，规定集中存管支付机构客户备付金。同年，为提高透明度以及获取相关信息，中国人民银行建立了集中清算平台，规定第三方支付提供商必须连接到该平台，涉及银行账户的任何支付业务必须由非银行支付机构网络支付清算平台进行处理，接受中国人民银行监管。该平台的建立从技术层面增强了对第三方支付机构的监管。2018 年，《中国人民银行办公厅关于支付机构客户备付金全部集中交存有关事宜的通知》公布，要求自 2018年7月9日起，按月逐步提高支付机构客户备付金集中交存比例，到2019年1月14日实现100%集中交存。2021年1月，中国人民银行发布的《非银行支付机构条例（征求意见稿）》严格控制了非银行支付机构的设立与准入，强化了个人信息保护、反垄断等方面的监管。

3. 消费者信息安全

消费者信息安全是消费者保护的重要领域之一。数据泄露事件在金融领域高频发生。Verizon是美国最大的无线通信服务供应商，其发布的《2021年数据泄露调查报告》指出 2021 年约 64%的金融机构发生了数据泄露。从国际监管趋势看，各国通过重点监管企业对金融信息的使用来保护用户个人信息。

根据《多德-弗兰克华尔街改革与消费者保护法》，美国于 2010 年成立消费者金融保护局，在金融领域落实消费者保护政策。2015年2月，美国白宫颁布了《消费者隐私权利法案（草案）》，增加金融机构的保护义务，规范商业活动中消费者信息的使用。2017年，美国废除联邦通信委员会发布的《网络用户隐私权保护法案》，允许网络供应商收集和出售用户的网络浏览历史、位置信息等数据。2021 年 10 月，美国联邦贸易委员会发布的修订后的《消费者信息保护准则》，要求非银行金融机构开发、实施和维护全面的安全系统，确保消费者信息安全，加强了对消费者数据安全的保护。

中国各监管部门和机构出台了一系列措施和法律，保障数据安全和个人信息安全，如表9-5所示。

表 9-5 部分关于消费者数据保护的措施和法律及主要内容

年份	文件	发布单位	主要内容
2011	《商业银行信用卡业务监督管理办法》	中国银行业监督管理委员会	商业银行经营信用卡业务，应当依法保护客户合法权益和相关信息安全。未经客户授权，不得将相关信息用于本行信用卡业务以外的其他用途
2016	《国务院办公厅关于促进和规范健康医疗大数据应用发展的指导意见》	国务院办公厅	要求对涉及患者隐私的信息严格保护
2017	《中华人民共和国网络安全法》	十二届全国人大常委会	明确规定了个人信息保护的行为规范
2021	《关键信息基础设施安全保护条例》	国务院	对关键信息基础设施实行重点保护，将维护网络安全推向了新高度

续表

年份	文件	发布单位	主要内容
021	《中华人民共和国数据安全法》 《中华人民共和国个人信息保护法》	十三届全国人大常委会	标志着我国旗帜鲜明地在数据隐私领域开展立法
2022	《中国银保监会办公厅关于银行业保险业数字化转型的指导意见》	银保监会	推动银行保险机构全面提升数据治理与应用能力

知识拓展：大数据杀熟

2021年1月7日，中国消费者协会召开网络消费领域算法规制与消费者保护座谈会，会中提出存在经营者利用算法进行价格歧视的现象。一是对不同用户制定不同价格，对于同一商品，会员用户反而要支付更高的价格；二是对不同地区的消费者制定不同价格；三是多次浏览页面的用户可能面临价格上涨；四是利用繁复促销规则和算法，进行价格混淆，吸引计算真实价格困难的消费者。

2021年4月13日，国家市场监督管理总局会同中央网络安全和信息化委员会办公室、国家税务总局，召开互联网平台企业行政指导会，决议严肃整治“大数据杀熟”现象。2021年7月6日，深圳市推出国内数据领域首部基础性、综合性立法——《深圳经济特区数据条例》，明确提出数据权益，着重强化个人信息数据保护，对App“不全面授权就不让用”、“大数据杀熟”、个人信息收集、强制个性化广告推荐等问题说不，并给予重罚。

此后，针对“大数据杀熟”的法律法规相继颁布。2021年8月17日，个人信息保护法草案三审稿提请全国人大常委会审议。该草案进一步完善了个人信息处理规则，对应用程序过度收集个人信息、“大数据杀熟”等行为作出了针对性规定，为个人信息处理活动画出红线。2022年1月，国家互联网信息办公室、工业和信息化部、公安部、国家市场监督管理总局联合发布《互联网信息服务算法推荐管理规定》，该规定针对算法歧视、“大数据杀熟”、诱导沉迷等进行了规范，要求经营者向用户提供不针对其个人特征的选项，即不得根据消费者偏好、交易习惯等特征，利用算法在价格等交易条件上实施不合理的差别对待。

4. 防范平台垄断

金融科技平台垄断造成资本在金融领域无序扩张，影响市场健康发展。反垄断对维护市场正常秩序，确保市场公平竞争具有重要意义。在发展到一定程度后，金融科技企业将会面临垄断问题。根据移动支付网的数据，从交易规模来看，2023年第三季度，支付宝和微信支付的交易量分别为118.19万亿元和67.81万亿元，合计占市场总份额的94%以上，移动支付市场呈现双寡头垄断格局。一方面，二者经常对消费者的支付进行补贴，专注于做支付业务的中小企业竞争力减弱，难以维持生存。另一方面，二者对支付市场的垄断可能扰乱市场秩序，产生系统性金融风险。

针对平台垄断问题，国务院反垄断委员会制定了《国务院反垄断委员会关于平台经济领域的反垄断指南》。此外，中国人民银行同有关部门研究起草了《非银行支付机构条例（征求意见稿）》，对《中华人民共和国反垄断法》在支付市场的实行进行了必要补充，旨在预防和制止平台经济领域的垄断行为，维护消费者利益和社会公共利益。针对平台强迫用户二选一等突出问题，国家市场监督管理总局联合中央网络安全和信息化委员会办公室、国家税务总局召开互联网平台企业行政指导会，要求平台企业把握正确方向、依法依规运行、履行社会责任，做到严防资本无序扩张，确保经济安全，严防垄断失序，确保市场公平竞争。

案例：Epic Games 公司对苹果公司的反垄断诉讼

2021 年 9 月 10 日，美国加利福尼亚州联邦法院对 Epic Games 诉苹果案作出判决：苹果公司禁止用户通过 Epic Games 官网充值并强制用户应用内支付是反竞争行为，非法剥夺了消费者的选择权，违反了加利福尼亚州的反不正当竞争法。法院向苹果公司颁布一项永久禁令：苹果公司不得禁止开发者以外部链接等方式引导用户使用应用内支付之外的支付方式。

资料来源：《Epic 诉苹果垄断案裁决出炉，法官下令苹果放松对应用商店限制》，https://www.jiemian.com/article/6585819.html，2024 年 8 月 7 日

课后习题

1. 简述金融科技监管的共识性原则。

2. 系统性风险是宏观经济、政治因素的变化给市场整体带来的不可分散和消除的风险。金融科技可以使金融业务有效提速和扩容，但也显著增加了操作风险、信用风险和流动性风险，增加了风险控制的难度和维度。请分析在金融科技的背景下，系统性风险隐患点的变迁，并思考监管部门防范系统性风险的举措。

3. A 公司是专注于个人信贷领域的金融科技平台，通过大数据风控、智能匹配、区块链等技术，为个人和机构提供借贷匹配服务。A 公司利用金融科技优化了信贷流程，降低了信贷成本，为广大中低收入人群提供了便捷的借款渠道，但也存在资产质量、合规性、信息安全等方面的风险。2020 年 12 月，由于涉嫌非法吸收公众存款等罪名，A 公司被警方立案侦查，并被要求停止运营。

党的二十大报告指出，“加强和完善现代金融监管，强化金融稳定保障体系，依法将各类金融活动全部纳入监管，守住不发生系统性风险底线”①。依法将各类金融活动纳入监管，意味着金融监管将实现全覆盖。请从监管部门的角度，分析 A 公司依托金融科技转型升级的过程中，应该通过哪些措施进行监管以防范金融科技可能带来的风险。

---

①《习近平：高举中国特色社会主义伟大旗帜 为全面建设社会主义现代化国家而团结奋斗——在中国共产党第二十次全国代表大会上的报告》，https://www.gov.cn/xinwen/2022-10/25/content_5721685.htm[2024-03-10]。

4. 金融科技的跨界性、技术性以及复杂性等特征使其明显区别于传统的金融活动，不能将传统的金融监管方式直接套用在金融科技的监管上。对于金融科技带来的监管挑战，国际金融监管组织和各国金融监管当局积极回应，从不同角度研究了金融科技的演进方式、风险环节以及对金融体系、金融监管的影响，探索出了改进金融科技监管的方式。巴塞尔银行监管委员会成立了金融科技工作小组，重点关注金融科技对银行业的市场地位、经营模式和系统性风险的影响，以及对银行业监管的挑战；支付与市场基础设施委员会关注金融科技给传统支付方式与支付体系等金融基础设施带来的影响，以及给支付清算领域带来的潜在风险；国际证监会组织主要关注金融科技对资本市场的影响，特别是众筹融资业务的风险问题；国际保险监督官协会主要关注金融科技对保险业和保险监管的影响，特别是对保险业信息科技风险的影响。

请从支付、众筹、保险三个行业中选择一个，分析金融科技给该行业带来了哪些区别于传统行业的风险。监管部门应当采取何种具有针对性的措施?

5. 比例风险模型是一种半参数回归模型，可以同时包含类别变量和数值变量，同时评估几种风险因素对生存时间的影响，运用场景广泛。请利用比例风险模型对数据集（https://github.com/fintech-dataset/fintech-exercises-data）进行回归分析，检验平台良性或恶性退出的可能性和平台特征之间的关系，平台特征包括注册资本、是否加入行业协会等。变量说明见表 9-6。

表 9-6　P2P 平台风险变量说明

变量	说明
fullname	平台名称
OnlineTime_YMD	平台上线时间
Bankrupt_WDZJ	平台倒闭时间
Province	平台注册地所在省份
City	平台注册地所在城市
Collapse	虚拟变量，平台是否倒闭
Benign	虚拟变量，倒闭平台是否良性退出
Fraud	虚拟变量，倒闭平台是否因欺诈而倒闭
RegCapital	注册资本（万元）
Background	平台背景
Capitaldeposit	虚拟变量，是否和第三方建立资金存管服务
Obtaininvest	虚拟变量，是否获取融资
Joinasso	虚拟变量，是否加入行业协会
Autobid	虚拟变量，是否提供自动投标服务
Transright	虚拟变量，是否提供债权转让服务
Riskdeposit	虚拟变量，是否建立风险准备金第三方存管服务
Thirdguarantee	虚拟变量，是否和第三方机构合作提供担保服务

6. 监管部门对互联网金融平台的监管范围和力度不断加强。让监管机构成为全能全知的先知是不现实的，更好的方法是利用平台的声誉来缚其行为，使其创新的脚步迈向

合规合法的道路。请分析互联网平台金融创新与传统金融监管的博弈关系。

互联网金融平台可分为保守型和激进型。假设平台永续经营，平台与市场或监管机构的博弈是重复多次的。以 t 期为基期，在 t 期前，平台不存在过度创新行为；在 t 期后，激进型平台在利益最大化的驱动下，进行适度创新或过度创新的选择。平台在 t+1 期之后的博弈不再产生影响消费者判断其平台类型的额外信息。互联网金融平台和政府监管机构的博弈过程如图 9-5 所示。

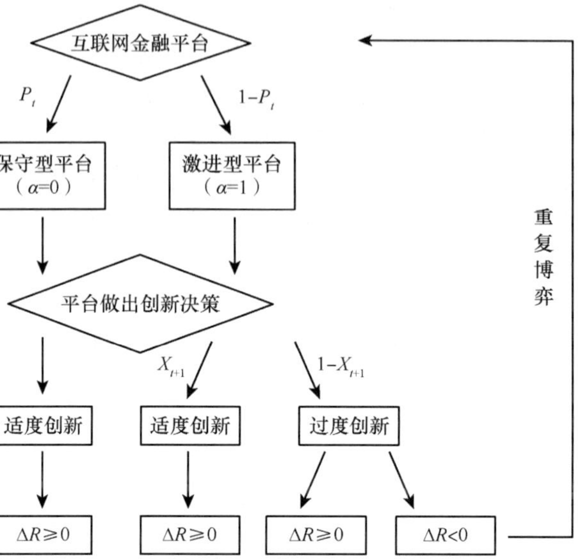

图 9-5 互联网金融平台和政府监管机构博弈过程

其中，α 是平台类别标识，α=0 和 α=1 分别表示平台为保守型和激进型；P_t 和 $1-P_t$ 分别表示 t 期市场消费者认为平台为保守型和激进型的概率（$0\leqslant P_t\leqslant1$），P_t 越大，平台的声誉越好；X_t 和 $1-X_t$ 分别表示 t 期市场认为激进型平台选择适度创新和过度创新的概率（$0\leqslant X_t\leqslant1$）；R_t 表示 t 期平台的声誉，$\Delta R=R_{t+1}-R_t$。

（1）以 Y_t 表示 t 期激进型平台进行适度创新的概率（$0\leqslant Y_t\leqslant1$）。当 Y_t=0，即激进型平台采取适度创新策略时，写出 t+1 期消费者认为该平台为保守型的条件概率，并计算激进型平台只采取适度创新策略能够获得的收益增量。

（2）以 D_t 表示 t 期激进型平台过度创新行为被市场消费者捕捉的概率。当 Y_t=1，即激进型平台采取过度创新策略时，根据市场和监管当局是否发现其违规，分为以下四种情形：第一，市场和监管当局均未捕捉到平台过度创新的行为；第二，市场捕捉到了平台的过度创新行为，但监管当局未捕捉到；第三，监管当局捕捉到了平台的过度创新行为，但市场未捕捉到；第四，市场和监管当局均捕捉到了平台过度创新的行为。考虑以上四种情况，根据发生概率，计算激进型平台采取过度创新策略相较于适度创新策略所获得期望收益的增量。

（3）监管机构对平台的监管可分为事前、事中和事后三个阶段，对应创新决策前的宣传引导，决策后对过度创新行为的捕捉和对过度创新行为的曝光、惩罚。实施监管会付出成本，分别记为 C_1、C_2 和 C_3。理论上存在最优的监管安排（C_1、C_2、C_3）使平台违规创新的概率最小，且监管成本最低。请在上述模型基础上建立多目标规划模型，求得最优监管组合（C_1^*, C_2^*, C_3^*）。

资料来源：熊宇潇（2022）

7. 为应对金融科技创新引发的监管难题，各国家和地区制定了相应的金融科技监管政策。

（1）金融科技相关业务及技术如表 9-7 所示。针对表 9-7 列举的业务类型，就美国、欧盟、日本、韩国、新加坡和中国的具体监管措施进行比较分析。

表 9-7　金融科技相关业务及技术

业务类型	主要技术
数字银行	应用程序接口
金融科技资产负债表贷款	大数据
贷款及股权众筹	大数据
智能理财	云计算、人工智能技术
电子支付	应用程序接口、生物识别
加密资产	生物识别、分布式记账

（2）目前我国金融科技监管仍存在精确度不高与监管滞后等问题。部分金融政策尚未针对金融科技的特殊性进行调整，仍按照传统金融业务进行管理，例如，境内暂未设立专门的互联网银行牌照。监管部门对金融科技相关技术的规范和指导不足，加大了风险防控难度。数字金融处于发展初期，不当的技术应用不仅会引发市场风险、操作风险等传统金融风险，还会诱发算法风险、数据风险、垄断风险等新型风险，不利于维护金融市场的稳定。请分析为健全当前的金融科技监管机制，我国可以借鉴其他国家的哪些监管实践。

资料来源：夏广涛等（2022）

8. 金融科技监管的本质是监管机构和金融科技行业的策略博弈。监管机构的策略选择取决于不同监管策略下的成本收益比，金融科技行业的策略选择取决于不同发展策略下的成本收益比。金融科技监管博弈中存在两个主体，分别是监管机构和金融科技行业。监管机构可以选择的策略有严格监管和宽松监管，金融科技行业可以选择的策略有合规创新和违规创新。金融科技行业与监管机构博弈模型所需参数如表 9-8 所示。

表 9-8　金融科技行业与监管机构博弈模型参数

符号	描述
I_1	金融科技行业合规创新发展正常收益
I_2	金融科技行业违规创新发展超额收益
I_3	金融科技行业合规时的名誉收益
P	对金融科技行业违规创新的经济处罚

续表

符号	描述
S	对监管机构严格的财政支持
R	监管机构基本收益
C_1	宽松监管的成本
ΔC	严格监管的额外成本
δ	传统监管效率
x	监管机构严格监管的概率
y	合规发展的概率

（1）基于以上假设，构建监管机构和金融科技行业双方的静态博弈矩阵，写出不同策略下监管机构与金融科技行业期望收益的表达式。

（2）监管机构采取两种策略的期望收益可以写为金融科技行业合规发展概率 y 的函数。将使得监管机构采取两种策略期望收益相等的 y 记为 y^*，当 y^* 为 0 时，无论监管机构选择何种策略，都不会改变其收益结构，该点为监管机构策略选择的静态纳什均衡点。写出监管机构两种监管策略下期望收益的表达式，求解均衡点，并分析静态博弈下监管机构的最优博弈策略。

资料来源：李展（2022）

参考文献

李展. 2022. 我国金融科技风险的度量与监管研究. 北京：北京交通大学.

夏广涛，李颖婷，钟煊. 2022. 金融科技监管的跨境比较研究. 国际金融，（10）：50-54.

熊宇潇. 2022. 数字金融发展中的创新与监管：基于蚂蚁集团金融平台的案例研究. 杭州：浙江大学.

Chu Y Q，Sun C X，Zhang B H，et al. 2023. Fintech and gender discrimination. http://dx.doi.org/10.2139/ssrn.4322257[2023-05-27].

Fei C Y，Yang K. 2021. Fintech and racial barriers in small business lending. Chapel Hill：University of North Carolina .

Shoag D. 2021. The impact of FinTech on discrimination in mortgage lending. http://dx.doi.org/10.2139/ssrn.3840529[2023-05-17].

Tantri P. 2021. Fintech for the poor：financial intermediation without discrimination. Review of Finance，25（2）：561-593.

后　记

金融科技的浪潮席卷而来，以前所未有的速度变化和发展。尽管本教材在内容上尽可能涵盖金融科技各方面基础知识，但金融科技仍是新生事物，基本规律尚未完全显现，发展方向仍富有争议，因此编者只能在尽可能保持严谨的基础上着重介绍目前发展规律已相对明晰的事物，其中部分内容有待读者进一步思辨。

此外，金融科技各应用领域的发展是不同步、不平衡的。例如，支付、货币等领域场景需求和作业流程已较为成熟，形成了较为完善的业务体系，而投顾、保险等领域金融科技的应用还处于起步阶段，业务形态及发展潜力还有待挖掘。因此，本教材的取材也难以均衡，发展成熟的部分介绍较为详细，而发展中的内容较为概括，仅作简要介绍。我们将继续追踪金融科技前沿发展，择时对教材进行更新，以飨读者。

希望本书的出版能够为金融科技教育事业贡献一点力量。

编　者

2023 年 7 月